法兰西浪漫史

(Theodore Zeldin)
[英] 西奥多·泽尔丁 / 著
郝险峰 邵建宇 / 译

A History of French Passions
Taste & Corruption

品位
与
堕落

中信出版集团 | 北京

图书在版编目（CIP）数据

法兰西浪漫史．品位与堕落 /（英）西奥多 · 泽尔丁著；郝险峰，邵建宇译，-- 北京：中信出版社，2021.6

书名原文：A History of French Passions：Taste and Corruption

ISBN 978-7-5217-2927-6

Ⅰ．①法… Ⅱ．①西… ②郝… ③邵… Ⅲ．①文化史—法国 Ⅳ．① K565.03

中国版本图书馆 CIP 数据核字（2021）第 042874 号

法兰西浪漫史——品位与堕落

著　　者：[英] 西奥多 · 泽尔丁
译　　者：郝险峰　邵建宇
出版发行：中信出版集团股份有限公司
（北京市朝阳区惠新东街甲 4 号富盛大厦 2 座　邮编　100029）
承 印 者：天津丰富彩艺印刷有限公司

开　　本：880mm × 1230mm　1/32　　印　　张：14.5　　字　　数：428 千字
版　　次：2021 年 6 月第 1 版　　印　　次：2021 年 6 月第 1 次印刷
京权图字：01–2019–4130
书　　号：ISBN 978–7–5217–2927–6
定　　价：59.00 元

目录

1. 品位的高低

埃米尔·莱特在词典中如是定义“品位”：“品位是一种本能，它先于思考而产生。人人都有品位，但人各有异。”这不禁令人生出些许困惑。首先是对个体独立性的疑问。传统的道德家们认为，人是有权力进行选择的，如选择善恶与美丑，而不受外力所控。进入 20 世纪，人作为个体的处境越发艰难。一方面，人深信自己拥有了个人权利，这是大革命带来的胜利果实，人获得了空前的自由。但同时，善与恶不再能够一锤定音，不再那么容易被辨别，事事都需三思而后行。另一方面，人确信社会与经济的力量强于自身，所以人不可避免地要从属于某一利益阶层，民主会湮没个体，直至个体与他人趋同。历史学家总是局限在纯意识形态领域争论这些问题，而不屑于考量这些意识所产生的现实土壤。那么，人是否真的变得日益趋同，社会是否还有个体发挥的空间呢？凡此种种，均需探究。

首先我们得搞清楚，历史能够或应该说明多少问题。传记的风靡在很大程度上源于其含蓄地表明：个体具有超越一切类群的独特性，个体能够对重大事件产生一定影响。而历史学家们已经逐渐脱离这种方式，去更多地追溯事件的各种成因、各方影响、错综势力及重重危机。当然，我们如果站在足够远的距离审视历史会发现，所有人物都是融于历史大格局之中的。这也就给了读者两套说辞，它们彼此间既不关联，也不统一。由于各方势力错综复杂，所以从个人的角度铺陈往往难以展现历史全貌。而在各种决定性因素共同作用后，个人行为又往往会显得古怪、随意、游离动荡。这就好像历史的一面是分子的世界，里面的许多原子是有序结合的；另一面是电子的世界，处处驳杂混乱。历史无法记录每个人的历程，只能对无可辩驳的史实加以概述。不过，我们依然能够通过历史，尽可能详细地研究其存在于规律与不规律、共性与特性之间的关系。

品位亦是如此，如雾里看花，以其昏昏，使人昭昭。品位既主张个性，又接受标准。莱特认为，大众品位的表象是本能和非理性，它仿佛“原始人”遭受来自头顶上方的压力时立马做出的反应。品位同爱与焦虑一样，都是实施破坏的扳手，使社会这台机器无法正常运转，而人们自己也深知，这些毁坏社会的扳手正是社会自己造出来的。文艺品位只是品位的一种，因其最容易表达，所以成为很有价值的出发点。不过，除了偏见、兴趣和娱乐这些因素，我们必须将文艺品位置于大的背景下才能领会其含义。

历史就像大浪淘沙，淘得只剩下岁月的残渣。首先淘得的是书籍和手稿。歌德说：“所言所行，只写下一小部分，而这一小部分，也仅剩其中更小的一部分还有人记得。”因此，所谓文学，只是“沧海一粟”。这一时期[①]有30位作家可被视为“一级重要”作家：他们基本上能够满足人们的猎奇心理，人们对其作品也做过细致的研究。另有几百位被视为“重要作家”，我们对他们的研究也多少有了一

① 指1848—1945年。——编者注

些。这样便造就了作家中的“统治阶级”，就像在政治上居于统治地位的国王和议会，除他们之外的其他绝大多数作家均默默无闻。人们评判他们的标准是文学化的，即通过“品位”来评判。但是，作家到底是如何成名的？名望是如何形成的，又是如何失去的？哪些作家当时拥有的读者最多？文学潮流是如何变换的？作家处于什么样的社会地位？作品发行量的增长对他们来说有什么影响？评论家们是怎样引导舆论的？只有为诸如此类的问题找到答案之后，我们才能充分解读历史。然而，找到答案并不容易，当时的图书出版和销售还处于初期，写出公众对于非政治事件的议论、偏见和公众思想观念的变化历程也很有难度。如果坚持认为文学能“反映”社会，以为这些问题的答案都可以从文学中找到，就有可能形成一种恶性循环。有一种流行的说法认为，文学不仅美丽、有趣味、能够彰显人性，而且是呈现历史的最佳方式。一位当代的文学专业的学生曾说：“文学是社会的良心，它表达出一个时期的社会情感，并分析、评价了这些情感。这就好像地震仪，记录并放大了所有引起社会不安的震动——舆论的风向、情绪的波动、模糊的渴望、不满及渺茫的希望。”[1]事实上，一些小说家在作品中所体现出来的对社会的观感的确比历史学家们记载的更丰富、更深入，但其真实性却比不上历史作品。以前，历史学家们一直避开小说家喜欢围绕的个人话题，文学自然就成了思想启蒙的重要来源，它深度激发了大众的行为动机、理想、品位和担忧。然而，我们衡量文学所做出的贡献时，也需要对比同时期的其他文献资料。作者写作时不可避免地会从自己的角度出发来表达观点，即使是历史学家也常会在作品中借助某一特定历史人物，来表达其对当时社会的观感，以及对当时的社会进行解读。对于作者的态度所造成的影响，我们不宜过快下结论。作者与读者之间关系的复杂性，用纯文学术语是无法阐明的。浪漫主义、现实主义、象征主义等各种文学流派前仆后继，并不意味着每一个时代的所有人都要被贴上同样的标签。小说家们所鼓吹的为时代发声，几乎可以忽略不计。因为任何一代人都不可能只发出一种声音，法国社会更是复杂无比，绝不可能出现这样的情况。我们需要调查作者的读者群大小，其思想影响的范围的广度，以及在其读者心目中是否还有别人的思想与其思想共存。同作者相比，读者很少会持有清晰分明、一贯的态度。针对作家进行的每项新研究都表明，赋予作家的标签都过于夸大和简单化了。因此，我们必须寻求一种方式，在理解品位的发散性和多样性的同时，不会损害其多样性。

首先，我们看看已出版图书的统计数据（对其价值先不予置评），相关数据如下[2]。

表 1.1 1815—1970 年法国图书出版量

年份	数量（部）	年份	数量（部）
1815	3 357	1915	4 274
1830	6 739	1917	5 054
1847	5 530	1920	6 315
1848	7 234	1924	8 864
1855	8 253	1925	15 054
1860	11 905	1926	11 095
1869	12 269	1930	9 176

（续表）

年份	数量（部）	年份	数量（部）
1870	8 831	1935	7 964
1875	14 195	1939	7 505
1880	12 414	1945	7 291
1885	12 342	1948	16 020
1890	13 643	1950	11 849
1900	13 362	1955	11 793
1910	12 615	1960	11 827
1913	14 460	1970	22 935

从表 1.1 中明显可以看出两个事实。一是在大众文学到来之前，法国图书出版数量大增。19 世纪的图书出版数量增速最快，从 1815 年到 1900 年，增长了近 3 倍。进入 20 世纪，尽管图书出版数量空前大，但报纸才是当时最新鲜的事物，接受了新式教育的大众纷纷将目光投向它。在人们心目中，图书无法简单、直接地反映民主舆论，从而对人民思想产生重大影响。二是法国这个文学大国有点儿名不副实。法国文学辉煌灿烂，有诸多文豪享誉世界，这让人们以为文学在法国应该占有更重要的地位。但实际上，法国的图书出版数量低于其他国家，这也许是因为其他国家的作家数量更多，所以作家的重要性就相对没那么大了。总之，从搜集的比较数据来看，法国的图书出版数量是相当低的。

表 1.2 1950 年和 1970 年四国图书出版量

（单位：部）

国家＼年份	1950	1970
法国	11 849	22 935
日本	13 009	31 249
联邦德国	14 094	45 369
英国	17 072	33 441

1950 年之后，法国的图书出版呈现出新局面。此前，法国的图书出版量一直相对稳定。至少从 1900 年开始的相关统计数据显示，20 世纪上半叶法国出版图书的种类和数量一直相对稳定。[3]

表 1.3 20 世纪上半叶法国各类图书出版量

（单位：部）

类型＼年份	1900	1910	1920	1930	1938
普通类	40	40	39	80	353
宗教类	793	891	422	402	558
哲学类	192	168	108	217	238
科学类	286	350	178	781	424
医学类	1 347	1 229	392	791	501

（续表）

类型＼年份	1900	1910	1920	1930	1938
应用科学类	890	842	1 041	706	1 044
社会科学类	2 516	1 985	867	735	1 140
历史和地理类	1 568	1 894	1205	1 765	1 170
艺术类	190	516	172	289	411
文学类	2 185	2 397	1 383	3 414	2 297

文学类图书（包括所有小说）的出版量只占图书出版总量的约四分之一，但基本是占比最大的一类。毫无疑问，那的确是小说风靡的年代。1950年之后，文学类图书出版量始终保持领先地位；到1970年，社会科学类图书出版量增长了三倍，文学类图书出版量同比只增长了一倍，但仍居领先地位。可惜我们只知道这些图书的出版量，不知其销量如何。直至近期，人们搜集到的相关数据显示，1970年，文学类图书的销量约占当年图书总销量的一半；教科书及儿童读物的销量约占总销量的三分之一；科学类图书只占5%左右；社会科学类图书销量略高于宗教类图书，约占3%；艺术类图书占比略高于1%；历史和地理类图书占比不到0.3%。

那时的读者数量还无法确定。伏尔泰说，在巴黎的宫廷和市区，有3 000人引领人们的读书品位。但实际上，当时的巴黎并不像能够引领风范的样子。据估计，1660年法国约有15万人读书，1820年约有100万人读书。在民间进行深入调查后，我们才得到了实际的统计数据。1960年的统计显示，法国有一半人从不读书，这令知识阶层极为震惊。如果不是由于教育的空前发展，情况甚至会更糟：当时青少年中只有18%的人不读书，而成年人中有56%的人已经放弃了读书。农民和工人读书最少（但也有一些工人虽然生活穷困，却酷爱读书）。相比农村和小城镇，大城市里的读书人更多。1974年的一项更为全面的调查显示，受访者中有70%的人全年至少读了一本书，8.9%的人读了25~50本书，12.6%的人读书超过50本。读书量这么大，当然是得益于战后法国出版业的生产力增加了一倍，以及中高等教育的普及。即便如此，法国仍有27%的家庭无书可读。[4] 如今，在法国15岁以上的3 800万人口当中（我们姑且认为这些人都有阅读能力），只有大约500万人会大量买书、读书，使自己真正成为文学公民。而1945年以前，这样的人可能连500万的一半都不到。

读者群体之所以增长缓慢，部分是因为图书售价太高。19世纪初，在英国买一本8开本的书要花12先令①或14先令，买一本12开本的小说要5先令或6先令；沃尔特·司各特爵士写的《湖上夫人》，每本的售价是42先令，但依然售出了2万本。狄更斯的《匹克威克外传》（1837）便宜很多，但每本的售价也要21先令。而在同一时期的法国，图书的售价通常为7法郎50生丁②，约合6先令；而且每部小说通常包含好几册，每册书上内容稀疏（每页15~18行），比如大仲马的小说《巴黎的莫希干人》（1854）共分19册，整套书的价格为142法郎50生丁（约合6英镑）。公共图书馆十分鼓励这种分册出版的方式，因为大多数人都在图书馆看小说，分成多册便于读者分享。图书馆在

① 先令是英国原辅助货币，在1971年英国货币改革时被废除。1英镑=20先令。——编者注

② 生丁是法国原辅助货币，现已不用。1法郎=100生丁。——编者注

法国王政复辟时期开始发展壮大。1819 年巴黎有 23 家图书馆，1845 年增至 198 家，1860 年有 183 家，1870 年有 146 家，1883 年有 118 家。实际上可能还有更多图书馆未被列入统计。读者月付 5 法郎，就可以到藏书 2 000~10 000 册的大图书馆看书。1888 年，巴黎最大的图书馆（在枢机主教夫人的名下）的藏书达 16 万册（1918 年后，比利时城市鲁汶将其买断，用来重建被德国人毁坏的当地图书馆）。读者若想带书回家，每册另付 10 生丁或 20 生丁即可。另外，社交聚会场所也有报纸和期刊供人们阅读。[5] 不过，法国的公共图书馆远不及英国。位于英国新牛津街的穆迪图书馆，在 19 世纪 50 年代的藏书就已达到 96 万册（其中一半都是小说）。该图书馆还购置了 2 400 册托马斯·麦考莱的《英国史》第 3 卷和第 4 卷，以及 2 000 册《弗洛斯河上的磨坊》。而在法国，一般小说的全国发行量也仅为 1 000 册。

两个新事物的出现导致图书售价整体走低。第一是盗版书的大量涌现。这些盗版书在比利时印刷，然后以低价卖出。盗版非常成功（其价格大约为正常价格的十分之一），据说在 1834—1845 年，盗版书印刷量增加了十倍。巴尔扎克说，他的作品的盗版有 50 万册都出自比利时，如此算来，比利时算是抢走了巴尔扎克的不少稿费。第二是从 19 世纪 40 年代起，小说开始在报纸上连载，从而拥有了更为庞大的读者群。1844—1845 年，《宪报》连载欧仁·苏的《流浪的犹太人》，使其读者群从 3 000 人猛增至 40 000 人。为应对这一挑战，1848 年，时年 33 岁的法国书商热尔韦·查庞迪将小说整本书印刷，不再分册，售价为普通书的一半，即 3 法郎 50 生丁。法兰西第二帝国时期，书商米歇尔·莱维更是将书的价格降至 2 法郎，他的商业对手贾科特则将书价降至 1 法郎（约合 10 便士[①]）。1904 年，菲亚出版社出版了新式插画小说，每本定价为 95 生丁；其于 1913 年发行的古典小说，每本定价为 10 生丁。尽管如此，法国图书的降价速度还是赶不上英国，到 19 世纪 60 年代，每本英国小说的售价已经低至 6 便士。面对英国书商的轰炸式营销，法国书商无力竞争。1889 年，英国麦克米伦出版社推出了金斯利的百万册畅销书，而法国却没有任何出版纪录可与之媲美。[6]

虽然铁路促成了法国的统一，截至 1882 年，阿榭特出版社已在 750 个车站设立书摊，但法国各地的居民阅读量差异仍然较大。1945 年公布的一项调查显示，在法国的包括中西部贫困省份在内的许多地区，居民年人均购书支出不足 10 法郎。购书支出最多的省份有塞纳省、罗纳省，以及上加龙省、阿列省、上萨瓦省和阿尔卑斯滨海省。大城镇的人读书普遍不太多（波尔多地区除外）。这样的地区差异似乎有其历史根源，而非由工业或者其他现代发展因素所致。1764 年对法国各大书店进行的调查显示，其地理位置分布明显与 1945 年相似，这说明购书在很大程度上受传统束缚。[7] 相比之下，烟草的传播就容易多了。时至今日，法国人花在香烟上的钱还是比花在图书上的要多得多，其人均购书支出仅为德国人和荷兰人的三分之二。

人们在法国公共图书馆里很难找到小说或当代作品，因为这些图书馆多数是从教会、修道院、最高法院或流亡人士手里接管过来的，后又有当地学者馈赠图书，使馆中藏书渐丰，它们统一由偏爱中世纪研究的法国国立文献学院管理，开馆时间只适于那些有闲人士光顾。1968 年，法国仍然只有 700 家市图书馆，很多人口数量超过 1.5 万的

---

① 便士是英国辅助货币。英国在 1971 年进行了货币改革，改革前，1 英镑 =20 先令，1 先令 =12 便士；改革后，先令被废除，辅助货币改为新便士，1 英镑 =100 新便士。——编者注

城镇仅有一家图书馆。1945 年，法国政府下令大力在小城镇兴建图书馆，并补贴建馆费用的 80%，但是到 1960 年才建成 23 家，到 1968 年也才建成 44 家，一半农村人口没有公共图书馆可用。1960 年，法国人的图书借阅量仍然相当小。

表 1.4　法、美、英三国年人均图书借阅量

（单位：本）

	法国	美国	英国
年人均图书借阅量	0.74	5.4	9.4

因此，到 1900 年，公共图书馆在法国的地位就没有在英国高了。[8]

要想了解法国读者的品位，从作家的作品销量中就可以看出端倪。我们会发现，许多现今被视为文学瑰宝的重要作品，在当时的法国几乎不受关注。比如，波德莱尔的《恶之花》（1857）当年只卖出 1 300 本，魏尔伦的《被诅咒的诗人》（1884）只卖出 253 本。《新法国评论》起初每期只售出 120 本，后来由于该刊物发表的某个作品广受推崇、大获成功，所以到 1914 年其发行量才增至 2 000 本。纪德的《地上的粮食》（1897）第一版也只卖出 500 本。19 世纪初，作品销量能达到 2 500 本已实属罕见，只有保罗 · 德考克和维克多 · 雨果能创造这样的佳绩。像欧仁 · 苏、苏利埃和杰宁这样的作家，其作品也就能卖到 1 500 本，阿尔弗雷德 · 德 · 缪塞的作品销量也仅为 600~900 本，康斯坦特的《阿道夫》（1816）的销量为 2 000 本。拉马丁是第一个打破这种低迷局面的作家，他的《沉思集》（1820）3 年竟卖出 2 万本，

而拉梅内的《一个信徒的话》(1834)一年就售出10万本，这可算是打开了畅销书的全新局面。勒南的《耶稣传》(1863)5个月内以每本7法郎50生丁的价格卖出6万本，4年内销量达13万本，另外还售出10万本删节本。[9]

1961年，出版商依据往年发行记录列出了世纪畅销书单。《拉鲁斯词典》位居榜首，从1906年开始发行到1961年，总销量达2 500万本。20世纪法国出版的图书中只有11本的销量超过百万，它们分别为：圣埃克苏佩里①的《夜航》(1931)、阿兰·傅尼耶的《大摩尔纳》(1913)、玛丽安妮·德马雷的《激流》(1951)、保尔·热拉第的《你和我》(1921)、天主教福音出版社出版的虔诚信徒盖伊·德封加兰的自传、《少校汤普森的日记》(1955)、欧文·肖的《幼狮》、F. G. 斯劳特的《谁都不该死》(1942)、连环画《丁丁历险记》、《赞美诗》及泽维尔·德蒙蒂尔长达千页的言情小说《面包小贩》(出版于1895年)。圣埃克苏佩里还有两本书的销量有近百万。除此之外，还有不少其他作家的作品也大获成功，如乔治·奥内的《炼狱之王》(1848—1918)、埃德蒙·罗斯丹的《西哈诺·德·贝热拉克》(1898)和克洛斯特曼的战争作品《大马戏团》(1951)的销量均为90多万。贺克多·马洛的《苦儿流浪记》(1879)、儒勒·凡尔纳的《地心历险记》(1864)、吉内特·马蒂奥的《我知道怎样烹饪》(1932)、弗朗索瓦兹·萨冈的《你好，忧愁》(1957)及玛格丽特·米切尔的《飘》(1936)的销量均为80多万。加缪最成功的作品《鼠疫》(1947)、马尔罗的《人的命运》(1933)、韦科尔的《沉静如海》(1943)、塞居尔伯爵夫人的畅销

① 安托万·德·圣埃克苏佩里(1900—1944)，法国作家、飞行家，他的童话《小王子》更为中国读者所熟知。——编者注

书《苏菲的烦恼》(1859)、亨利·波尔多的《雪中的足迹》(1911)和热尔曼·阿克勒芒的《绿帽夫人》(1934)的销量均为70多万。塞居尔伯爵夫人的另一部儿童读物《一头驴子的回忆录》(1860)、《新约全书》、D.H.劳伦斯的《查泰莱夫人的情人》(1928)、皮埃尔·博努瓦的《亚特兰蒂斯》(1919)、贝尔纳诺斯的《乡村牧师日记》(1936)、维克多·马格丽特的《假小子》(1922)、路易·埃蒙的《玛丽亚·沙德莱恩》(1916)、吉尔伯特·塞斯勃隆的《圣人下地狱》(1952)等作品的销量均为60多万。纪德最成功的作品《田园交响曲》(1919)、左拉的《娜娜》(1871)和《小酒店》(1876)、雅克·普莱维尔的《话语》(1947)、巴比塞的《火线》(1916)、阿尔芒·卡雷尔的《陌生男子》(1935)的销量均达59.4万。普鲁斯特的《去斯万家那边》(1913)的销量为44.9万，而戴高乐将军的《回忆录》(1954—1959)、拉迪盖的《肉体的恶魔》(1923)、帕尼奥尔的《马里乌斯》(1931)、莫里斯·多列士的自传《民族之子》(1937)也都达到了同样的销量。在超过四分之三个世纪里，左拉有6部作品的销量达三四十万，德伊和H.阿德尔的女性读物中也有几部作品达到了同样的销量。[10]不过，要列出诸多作品的详尽清单着实不大可能，因为很多出版社的档案已缺失。因此，对那些所谓“世纪经典之作”的真正流行状况，还有待研究。不过上面也的确列出了不少流行作品，有时候公众对作品的推崇也能在一定程度上反映出作品的文学价值。当然，这并不是说单凭作品销量大，就可以判定其“具有影响力”。

公众对大文豪的认知，在很大程度上受到其儿时所读作品的影响。1966年进行的一项相关调查要求每位受访者列出5个作家的名字，其中维克多·雨果被提及的频率最高，其次是拉·封丹、大仲马、莫里哀、阿尔丰斯·都德、伏尔泰、圣埃克苏佩里、拉辛和拉马丁。在普通人列出的作家中，19 世纪的作家超过了半数。而中学毕业生给出的答案则与此完全不同，与这些知识分子精英相比，普通大众的品位显然落后了近 50 年。这些年轻人更喜欢谈论笛卡儿、司汤达、福楼拜（福楼拜在普通大众流行榜单上的排名非常靠后，也许是因为当时其作品还未被改编为电影）、陀思妥耶夫斯基、柏格森、普鲁斯特、佩吉、卡夫卡和贝尔纳诺斯。[11] 有一个现象值得注意，这些榜上有名的作家几乎都是法国人，这与被译成法语的国外著作引入时间尚短、数量尚有限不无关系。1913 年，法国仅有 127 部译著出版（其中一半译自英国作品）。两次世界大战之间的和平时期，在加布里埃尔·马塞尔等人的努力下，国外作品首次在法国大量涌现：1929 年有 430 部译著；1935 年有 834 部；1938 年译著有上千部，占到法国图书总量的 13%（在随后的年度中也有与该比例持平的纪录，但是再未有超越）。此间其他各国译著数量能超越法国的也只有西班牙，法国译著出版数量甚至高出英国好几倍①。[12] 译著的传播使更多人能够读到莎士比亚的作品，以及查尔斯·摩根、伊妮德·布莱顿、雷克斯·斯托特等作家的作品。

1966 年进行的一项对受访者阅读习惯的调查显示，40% 的学生和教师喜欢古典文学，但只有 23% 的职员、8.6% 的工人和 5% 的农民对这些书感兴趣。相教于其他群体，教师和学生读小说更多，不过，喜欢读侦探小说的群体却以公司职员（57%）、工人（52%）和农民（37%）为主，并且（不同于受教育程度较高的群体）比起读书，他

① 1971 年法国图书出口数据显示了不同国家对法国图书的兴趣：加拿大和瑞士为当时最大的法国图书进口国，它们都从法国进口了价值 2 900 万法郎的书，意大利则进口了 1 200 万法郎的书；美国相对较少，只进口了 700 万法郎的书。英国进口了不到 300 万法郎的书，荷兰进口了 350 万法郎的书，西班牙进口了 370 万法郎的书，德国进口了 400 万法郎的书。

们更喜欢去电影院看电影。49% 的农民、41% 的工人、26% 的职员、15% 的学生及 11% 的教师认同内含爱情故事的小说才是好小说，而且农民和工人还要求小说要有完满的结局。除农民和教师外，其他读者对科幻小说很感兴趣。[13]

1934 年，在巴黎最好的一所学校，有一位六年级的教师分析了自己学生所读的书。其中，有 22% 是当代小说（最受欢迎的作家包括安德烈 · 莫洛亚、克洛德 · 法雷尔、皮埃尔 · 博努瓦和莫里亚克，只有一个学生读过普鲁斯特的书），8% 是老一代作家（尤其是都德、皮埃尔 · 洛蒂、阿纳托尔 · 法朗士、埃米尔 · 左拉和莫泊桑）的作品，18% 为浪漫主义作品（雨果——迄今为止拥有读者最多的作家，以及维尼、大仲马、夏多布里昂、福楼拜、桑德的作品），4% 为侦探小说（尤以柯南 · 道尔的作品为主），11% 为探险作品（如儒勒 · 凡尔纳、杰克 · 伦敦、H. G. 威尔斯、吉卜林等作家的作品）。学生没在学校学过的法国古典文学作品占 9%，当代英国小说占 4%，诗歌占 3%，戏剧类作品占 5%，政治与社会类作品占 1%，战争类作品占 4%，历史、文献和音乐类作品占 7%，色情文学占 1%。[14] 虽然基于此个案不足以下太多结论，但它再次证明当时的大众品位与批评家和后世的观点存在分歧。浪漫主义作品未必在浪漫主义时期最受欢迎，古典文学甚至在反古典时期仍屹立不倒。因此我们不妨关注一下不同作家在不同时期的受欢迎程度，比如在法国喜剧剧院，莫里哀一直是最受欢迎的剧作家，1680—1920 年，这里上演的剧作有七分之一都是他的，这使其受欢迎程度比拉辛足足高出 3 倍。雨果的剧作《欧那尼》，在其面世后的 1830—1849 年，只上演了 102 次，而在所谓的反浪漫主义时期（1867—1920），其上演次数竟然为浪漫主义时期的 6 倍。此外，斯克里布和奥吉尔的作品在法兰西第二帝国时期盛行，帕耶宏的作品在 19

世纪七八十年代盛行，这些情况都值得我们深思。[15]

法国的全国统计并未显示某些时期的读书量高于其他时期。一家公司的销售数据表明，尽管图书出版总量一直保持相对稳定，但在经济繁荣时期，图书发行量和销售量一般都会有所上升，尤其在1895—1925年达到顶峰。特别是“一战”极大地刺激了出版业的发展，有关“一战”的作品大受欢迎，相关市场展示出巨大潜力。但随后危机出现了，部分原因在于有太多出版商想要瓜分这块肥肉，到了20世纪30年代，图书销量大幅下滑。比如，菲亚出版社在20世纪第一个十年的小说发行总量为82 000册，1924年降至35 000册，1934年降至20 000册，1937年降至16 500册，到了20世纪50年代，其发行量仅为12 000册。不过，出版业产能过剩未酿成灾难，因为“二战”期间图书需求量屡创新高，当时只要有纸可印，书皆倾售一空，出版商自然可以借此机会将积压库存一扫而光。[16]

不少图书是由作家自己出资出版的。到了20世纪中叶，纸和印刷成本大幅下降，连囊中羞涩的人也有能力支付几百法郎来出版自己的作品。1862年，一位默默无闻的19岁男孩儿卡米伊·弗拉马利翁，因为认为其他星球上也可能存在生命，并一心希望世人知晓自己的想法，于是出版印刷了500本自己的作品，每本印刷费仅为2法郎。[17]而在外省印刷图书，费用还能更低，这导致各个学科方向的专著数量激增，有的专著甚至只印了100或500本。① 当时普鲁斯特找不到出版商愿意给自己出书，于是就自己出钱出版。于斯曼、纪德和莫里亚

① 当时在巴黎，若要装订发行500份厚达300页的18开的书，需耗资725法郎，若装订1 000册则需900法郎。在奥贝出版社，印刷装订500份厚达156页的12开的书需340法郎。G. Tillié，*Éditeurs contre auteurs*（约1910年，未注明出版日期），53—54。

克也都是这样发行自己的处女作的。1870 年之前，法国一直限制印刷工的数量，但之后取消了限制，于是印刷工数量骤增到原来的 10 倍，激烈的竞争使其薪酬不断降低。很多像菲亚这样的出版商都会通过无情降低印刷工的薪酬，来拉低书的销售价格。

更难的是图书的销售。一开始，很多出版方面的事务都由书商来承担，书商既是作家代理人，也是印刷厂代理人，只收 5% 的佣金，还要承担可能的经济风险。到了 1815 年，其佣金增至 33%，此后不久，书商转型为单纯的零售商，佣金更是增至 40%。此外，书商还拿到作为出版商的受托人所享有的特权，可将卖不出去的书退回，并拿到全额退款。这就使图书销售成本最终增至出版费用的 51%。① 书商之间相互竞争，导致图书大减价，“79 折包邮”是 1900 年前后最常见的售书广告。打折并不影响书商们继续卖书，直到 1974 年，仍有 1 300 家书商只卖书，其他什么都不管。书商从出版社拿到书后，头三个月可以不付款，先在自己店内展出新书，如果一直没人买就退还给出版社。这导致每批书的流行时间都很短，一批书下架，另一批很快取而代之；书的库存量也不会太大，人们如果想找一年前出版的书，往往需要直接联系出版社。19 世纪初，各家书店都会设立自己的小型顾客委员会，帮助选定要从巴黎购进的书，这些书既会被放在书店销售，也会被摆在书店附带的阅览室里。委员会的选择反映出法国各地对巴黎风尚的理解，各书店对所售图书的见解自成一体，但随着书刊数量的骤增，选择变得难上加难。[18] 何况，还有上门推销员与之竞争。1875 年，艾贝尔·皮隆开始赊销图书，以至于直到 1922 年，还有 12

① 《编辑》[Robert Laffont，*Éditeur*（1974），140] 中这样记录道：印刷 8 000 本，每本 320 页，售价为 23 法郎一本的书中有 51.39% 为分销成本，17% 为生产成本，3% 为广告宣传费用，6.5% 为税费，10% 为作家的稿酬，12.78% 为出版费。

家公司追着他讨账。更有“成千上万的街头推销员”怀抱苦心钻研出来的推销技巧——一本300页的小册子，指引他们该怎么说、怎么做，被他们奉为宝典。[19] 拉鲁斯就是凭借这种办法，以200法郎一套的价格卖出15万套包含多卷的《新百科全书》(1928)，足足赚了3 000万法郎。[20] 随着降价售书越来越频繁，恶性竞争日益加剧，到1840年更是一发不可收拾。很多公司常会买断滞销书，然后用金色纸包装，卖给学校做奖品，虽然里面加利200%，但利润仍只有原成本价的四分之一。报社也会买走滞销书，附送给长期订阅报刊的读者。这导致许多读者对买书持观望态度，总想等打折的时候再买。由此，图书销售市场一片混乱，危机四伏，到处怨声载道。

不过，二手书店还是有很大发展潜力的。这些书店一般以出版价格的七分之五处理二手书。1886年，人们花30法郎就能买到一套牛皮包装的47卷本伏尔泰作品全集，5卷孟德斯鸠的作品散装本只需5法郎。[21] 于是法国掀起了图书收藏热，这类似于艺术收藏，但要更活跃。巴黎的塞纳河畔就是收藏家的猎场，这里的书各式各样，种类繁多，汇集了来自各地的修道院图书馆和贵族图书馆的大量古旧书籍。法兰西第二帝国时期，人们可以称重买书，在孔蒂河畔的皮尔茹书店里，书的价格为每千克20或30生丁。当时人们对图书收藏的狂热程度从A. M. H. 布拉德这个人身上即可看出。他本是一名公证员，后来为了一心一意搞图书收藏，就放弃了自己的职业，1825年他去世时留下的藏书达50多万册。不过他收藏图书更多是基于书的外观，而非书的内容。尤金·拉塞纳则不同，他收藏与巴黎及其历史相关的所有书籍。他的藏书极其珍贵，现存于法国国家图书馆。“一战”之后，很多外省人涌入巴黎，为弥补战时损失而补充书源，他们显然是想重现图书馆昔日的辉煌，使它变回被德军破坏前的样子。[22] 这些藏书家组成了零零散散的互助会，彼此知道谁有什么书，哪类书在谁那儿能找到，藏书家和书商之间没有明确的分界线，专业书商通常是博学的专家。总的来看，古籍收藏爱好者一般看不上新书。有些热爱图书的收藏家根本不看图书的内容好坏，而只是因为它们有特别的装订、高档的用纸、原版的插图及罕见的初版。1917 年左右，现代的初版书开始获得追捧，出版商为满足这种市场需求，在书名页上加印了“初版”二字，每部作品还推出一些精装版，以此获利。1929 年有人这样写道：“当下藏书界的风气是物以稀为贵，如果有一位时下知名作家突然心血来潮，把自己的洗衣账单印在马达加斯加的报纸上发行 60 份，我敢保证这报纸就算卖 200 法郎一份，订阅量也得超过发行量 20 倍还多。”[23]

公众想要从浩瀚的书海中选择适合自己的书看，只能靠少数比较有见地的出版商所提供的信息，这种感知很模糊，没人能理解得透。1967 年的一项民意调查显示，约 10% 的人购书是因为读了书评，10% 的人是因为看了广告。[24] 在报纸上刊登广告有时需要付费，[25] 往往还需要与其编辑和员工搞好关系。例如，出版商奥巴内尔手下有 500 位报纸书评撰稿人，他说：“有些人觉得我们请他们写这些文章适当引导读者是好的；有些人则不愿意，觉得我们在左右读者的思想。”[26] 媒体向来是出了名的唯利是图，所以这类书评搅不起什么风浪。相较于买书的人，这些评论对作者自身可能更重要，因为这些基本都是一个圈子里的人在相互回应聊表敬意。广告影响力不足，导致出版商越来越依赖各类文学奖项来刺激图书的销量。而设立文学奖的初衷本是在当前学术界传统下，鼓励特定类别图书的出版，如蒙蒂翁文学奖表彰对提升道德修养有助益的书，圣母荣誉奖表彰优秀的赞颂圣母玛利亚的书或诗歌，韦斯奖表彰“具有最纯正的古典风格”的作品，法国亚洲奖表彰颂扬亚洲之爱和法国在亚洲的文化使命的作品，法夫尔文学奖表彰女作家创作的非小说类文学作品，卢西安·格罗奖表彰的则是各省作家颂扬各省的作品。[27] 1939 年法国有 60 多个文学大奖，其中最具影响力的是小说类大奖——龚古尔文学奖。这些文学大奖的评委一般也是作家，在两次世界大战之间，大部分文学奖的评审都由伽利玛出版社或格拉塞出版社负责。如果参评作品不是这两个出版社出版的，获奖概率就比较低了，这是由作家和出版商之间强大的合作气场所决定的。使这些作品获奖其实也就是给这些大公司出版的书做宣传。“二战”之后，从 1949 年至 1962 年，伽利玛出版社出的书在 14 次龚古尔文学奖评选上获奖 10 次。它和阿榭特出版社（后来收购了格拉塞出版社）共同包揽了 20 世纪 60 年代 85% 的文学大奖。[28]

出版商对公众品位的影响无疑很大，出版哪些书、书的印刷尺寸多大都由它们来决定，但公众对出版商的个性、想法往往知之甚少。出版商的第一个共性就是喜欢进行高度专业化分工，这就像食品零售行业可以细分为鸡蛋奶酪商、糕点商或熏肉商一样。法兰西第二帝国时期，医学类图书主要由马松出版社出版，法律类图书由安格雷、科蒂和杜兰这三家出版社出版，戏剧类图书由特雷斯出版社出版，宗教类图书由勒科弗尔和高梅出版社出版，外文图书由克林西克出版社和加里尼涅出版社出版。1819 年，靠医学类图书出版起家的 J. B. M. 巴耶尔（1797—1885）将其业务拓展至大众科学类图书出版领域。不过当时科学类图书最大的出版商为博德里出版社（它最早成立于比利时，1863 年将其总部迁至巴黎）。1884 年，毕业于矿业理工学校的查尔斯·贝朗热注资该出版社，并于 1899 年将其收购，到 1925 年，该出版社的出版书目列表已长达 300 多页。[29] 卡尼尔兄弟出版社在 1833 年成立之初主要出版通俗文学和政论类图书，后来就以出版古典文学作品为主了。该出版社发行的一些宣传册销量空前，比如《工人、农民和士兵的真相》（1848—1849）售出50多万册；它因出版蒲鲁东的《革命正义论》（1858）而名声大振，卡尼尔兄弟俩为此还蹲了监狱。后来两人把出版业务转向相对安全的18世纪古典文学作品，推出了一大批拉丁语作品译本，颇受学生的欢迎。卡尼尔兄弟之一移民巴西后，巴西也成了他们的主要图书出口市场。[30] 阿尔芒·科兰（生于1842年，父亲是外省书商）于1871年成立了自己的出版社，专门出版小学教材，其中有不少校园畅销书让科兰获益颇丰，如尼尔的系列读物、拉维斯的历史书、拉里夫和弗勒里编写的语法书、保罗·伯特的科学系列读物、莱塞纳的《算术》等。阿尔芒·科兰珍藏系列（1921年由保罗·蒙特尔推出）使科兰出版社成为知识普及的引领者。卡尔芒–莱维出版社成立于七月王朝时期，由米歇尔·莱维和他的兄弟卡尔芒共同创立，初期以出版戏剧作品为主，后来他们将其业务扩展至期刊出版（如《插图宇宙》《星期天杂志》等）。卡尔芒和莱维的书店营业到晚上10点钟，当时有很多知名作家在此聚会，形成了文学沙龙，而卡尔芒–莱维出版社也的确出版了不少当代文豪的大作，从基佐、托克维尔到阿纳托尔·法朗士，再到爱伦·坡、麦考利及狄更斯，可以说是名家荟萃。如果史学家们忽视这些传扬文学与知识的出版商，那就太可惜了，它们的出版事业不但丰富多彩，而且还有效地帮助作家赢得受众。我们真的应该调查一下出版商（比如专门出版哲学类书籍的费利克斯·阿尔坎出版社）在诸如哲学类作品的出版中到底发挥了多大的作用，或者到底是不是教育体制带来了对此类出版物的大量需求。对于这类品位的确切形成过程，我们目前仍不清楚。[31]

有一部分人喜欢徜徉在自己相对独立的阅读世界中，远离当代文学思潮，只吸收传统元素，比如天主教徒，他们有自己的书店、图书馆和出版社。教士们虽然清贫，却非常热爱阅读，他们相信好的书能唤醒无知，大大促进后代人的思想进步。他们倡导传播一种特殊的文学，不过对其传播历史并无记载。他们的教区图书馆的数量甚至大大超过了法国政府所建的图书馆。有一位阿拉斯的书商长期为他们专供图书，其售书单中列出的相关书目，供货价格极低，且多数书的作者根本没有被文史学家提及过，然而正是这些书伴着一代代拥有虔诚天主教信仰的女孩子长大。这一时期，享誉世界的法国文学名作大都被天主教会列为禁书。修道院院长路易·贝特莱姆推出了读书指南，告诉信徒什么书无害可读、什么书要避而远之。[32] 因此，在 1932 年，大部分“爱情小说”都在天主教禁书之列，甚至连巴尔扎克、大仲马、福楼拜、司汤达、左拉、欧仁·苏、梅特林克和法朗士的作品全集也在其中，其中还有孟德斯鸠、卢梭、边沁、达尔文和康德的作品，连伊波利特·丹纳的《英国文学史》都难逃在册。而狄更斯、柯南·道尔、乔治·艾略特、勒内·巴赞、亨利·波尔多等作家在当时本来名不见经传，却由于受到天主教会的推崇，其作品得以畅销。保罗·费瓦尔（1817—1887）可能是其中最典型的一位，他写了大约 200 本书，在 1876 年因“命运的逆转与妻子的影响”皈依天主教后，为了让天主教徒接受自己的作品，他从出版商那里把自己的书全部买回，一一修正。贝特莱姆院长把费瓦尔的作品列为“一流基督教小说”，并对其中 45 本给予特别推荐。他的《拉加代尔的骑士》再版后，仅在 1900—1923 年就卖出 25 万册。[33] 另一个典型是塞奈达·弗勒里昂（1829—1890），1932年，他的83本书被天主教列为“可以多读”之列，尤其是对女孩子来说，尽管其中“有一些书描写了世俗群体，其尺度和宽泛度可能会令乡村民众和受教育程度较低的民众感到困惑”。而埃德加·华莱士的作品，尽管“道德上无可指摘”，但还是被天主教认为“思想太过新潮”。于是，信奉天主教的读者在道德理念上并未受到外界变化的滋扰，他们的品位也能维持不变，就好像钟表在不同年代、面对不同的人永远以同样的步调在转动一样。当然，天主教徒也并未忽视非天主教徒的作品，仅仅因为他们热衷于批驳、攻击他们的对手，他们还充分利用了自己欣赏的文学思潮。比如于斯曼，人们记得他主要是因其不朽之作——《逆天》，但就算是《逆天》，也难以与于斯曼的其他单纯讲述皈依天主教的作品相匹敌。于斯曼在世时，《逆天》共售出 14 000 本，逝世后，在 1910—1960 年，《逆天》又售出 50 000 本。而他的《大教堂》在 1898 年售出 20 000 本，直至 1960 年，又售出 169 000 本；其作品《上路》销量达 90 000 本。[34] 1951 年，法国约有 120 个天主教出版社，其业务活动主要是满足天主教市场的需求。布卢与盖伊出版社（1875 年成立）负责出版“科学与宗教”系列丛书（始于 1897 年），到 1950 年已出版 700 部作品。同时期的德布劳威尔出版社（1877）一年出版图书近 100 万册。曼恩出版社（1767 年成立，初为印刷厂，1796 年转型为出版社）雇员有近千人。不过我们别忘了，就像菲亚出版社出版达尼尔·罗布斯的作品、弗拉马利翁出版社出版莫里亚克的作品一样，这些天主教出版社也是既出版天主教作家的作品，也出版信仰其他宗教的人的作品。比如，塞伊出版社（1936）原本为天主教出版社，“二战”之后为了恢复元气便对各种作品兼收并蓄，同时也让天主教徒更好地融入文学界。[35]

为什么有些书成为名作备受欢迎而有些书却没有呢？这当中有些奥秘。[36] 或许有人认为发表文学作品就像买彩票一样，买一大堆也难中一回奖。同样地，作家寄给出版社的手稿 99% 都会被退回。但有的作家名声大振，有的却寂寂无闻，这不仅仅是运气的问题。从作品的甄选、出版、发行到销售的整个过程，目前尚未有足够的研究能让我们搞清楚文学声誉因何鹊起，但也有一些案例显示作家会在诸多阻力下成名。马塞尔·普鲁斯特就是一个力证。1911 年，普鲁斯特开始向出版社投稿，他的手稿厚达 1 500 页，因为稿件不是打印出来的，所以其中有一些地方的字迹难以辨认。他没敢把手稿发给知名的大出版社，因为害怕稿件太不正式而遭拒。他很希望由作家们创办的《新法兰西评论》能采纳自己的稿子，可惜他有着花花公子、业余作家、新闻记者的不好名声，大家谈论的多是他的古怪行为，却很少有人知晓他为该作品的创作付出的无数艰辛。为出版社审稿的安德烈·纪德只是粗略地翻了翻他的稿件，给了几句简单的评语，说里面的内容晦涩难懂，就退稿了。当然，也可能是由于普鲁斯特的小说主题为智能社会，而这群清教徒作家对此不屑一顾，所以就退稿了。《法国信使》也拒绝了他的作品，原因是稿子太长。出版福楼拜和左拉的作品的法斯克尔出版社也退了普鲁斯特的稿，审稿者们说："这部作品太过与众不同，不适合大众读者的口味。"欧伦托夫也不理解这本书，他说："或许是我愚钝吧，我无法理解为何要用长达 30 页的篇幅去描写入睡前在床上的辗转反侧，看得我都要疯了。"最后普鲁斯特只好自己掏钱出版了那本小说，他倒没因此感到不快，因为自己出版至少不用删掉手稿中的某些内容，只不过第一本仅出版了手稿中的 500 页，成为他唯一的遗憾。度过初期的艰难之后，普鲁斯特后续作品的出版再也没有遇到问题，都是经过正常商业途径出版的。他的经历表明，并不是只有富人才能自己刊印作品。几年前，一位几乎身无分文的普通农民埃米尔·吉约曼在遭到出版社几次退稿后，以分摊售书利润的方式，成功出版了自传。这的确也说明，作家的出版意愿往往与出版商的期望大相径庭，出版商更希望出版那些它们认为符合当代读者品位的作品，但大众品位并非出版商所能决定的，加之彼此间的竞争、各商家不同的偏好，使得品位之争莫衷一是。出版商也会听取作家的建议，但作家对此也是众说纷纭。格拉塞认为主导小说出版命运的是二流作家，因为这些作家同时是出版社的读者，他们宽容大度地“拥护平庸之作”，作家多如牛毛，平庸之辈占多数也不足为奇。他们评判作品的标准是不比别的差就行，其中也不乏同病相怜之感。这限制了他们的眼界，但同时也给一些有影响力的文坛新人带来了发表作品的机会，无论这些作品的思想和风格多么与众不同。格拉塞认为出版社应抵制这类平庸的读者，至少他自己是这样做的。他认为平庸的读者十分自负，以为自己知道“公众的喜好”。同时，总有出版商喜欢捧一些另类作家。

作家分为两种：一种作家会拼命努力让自己的作品受到关注，另一种作家则会被动地等待自己的作品由同时代人或更多由后人来评判。普鲁斯特无疑是第一种，做到这一点还需要有足够多的朋友。普鲁斯特非常渴望自己的作品受到关注，他从一开始就把书降价三分之一来销售，只要不赔本，就往外卖。他还不断鼓动朋友帮他在媒体上做宣传。他曾非常巧妙地让人转载了一篇评论家对其作品的好评，不是直接转载，而是他写了一篇文章称赞该评论家对重要的新作能慧眼识珠，并以这篇好评作为例证。他找到《费加罗报》转载这篇文章，并加上标题：“《去斯万家那边》——致《费加罗报》主编”。有一次，他看到一家报纸把他的书讯放在第二版，认为这样不妥，于是小题大做地要求那家报纸第二天把书讯一字不差地在头版重新发布一遍。他通过一位女性朋友劝说《瑞士时报》刊登他的小说节选，要知道，《瑞士时报》是一家严肃的政论报纸，刊登小说实属罕见。普鲁斯特认识不少当时的大作家，法朗士情人的儿子和他是好朋友。有了这层关系，他的第一本作品集由阿纳托尔·法朗士作序。《去斯万家那边》照旧还是由他朋友来吹捧，朋友把他比作莎士比亚、歌德和陀思妥耶夫斯基。等这本书入围龚古尔文学奖候选作品的时候，市面上甚至都没有相关评论，因为他本人实在是没什么影响力。但在1919年，他的确获得了龚古尔文学奖，这多亏他另一位好友的父亲都德的力荐。人们一般认为是这次获奖让他真正出了名。然而由此带来的争议可不单单是关于奖项本身，更多的负面评论铺天盖地而来。事实上，普鲁斯特的名望一直都仅限于小众群体，他与右翼人士和贵族圈子多有往来，这让很多人不喜欢他。20世纪30年代，当人们向作家寻求政治承诺和指导时，他的作品显得无关紧要。普鲁斯特是以6票对4票的微弱优势击败了多热莱斯的反战小说《木十字架》而获得1919年龚古尔文学奖的，而《木十字架》的销量几乎是普鲁斯特的《去斯万家那边》的1.5倍。直到“二战”以后，普鲁斯特的书有了平装本和七星诗社版（1954），才得以大卖。不过，1956年，其销量还是不到10 000本，而同期弗朗索瓦兹·萨冈的作品销量达450 000本，加缪的达84 000本，多热莱斯的达63 000本，萨特的达12 000本，柯南·道尔的（译本）达20 000本。《追忆似水年华》的第一卷《去斯万家那边》的销量是其他几卷的8倍，但读过《追忆似水年华》整套（7卷）的人是否有很多，普鲁斯特的思想是否已深入人心，我们毫不清楚。

普鲁斯特取得成功并不是因为他的作品有多少创新、有多少文学技巧，以及人物塑造有多少新意。评论家对他古怪的文风感到颇为迷惑。当时有名的评论家苏代就曾抱怨其作品杂乱无章，有的地方无聊至极，有的地方又文不对题、故弄玄虚。而且那些认可他的人之所以认可他，只是单纯地将普鲁斯特置于他们能理解的传统视角中进行审视，他们所看重的并非如今普鲁斯特的那些令人称道之处。雅克·里维埃虽然对其作品的心理层面颇感兴趣，但他也只是泛泛地称赞其作品用实证主义的方法来解析情感，这可是克洛德·贝尔纳和实证主义创始人奥古斯特·孔德都认可的方式。里维埃认为，这部作品具有一定的革命意义，它动摇了意志至高无上的地位，他坚称这是一次对古典的变革，是对浪漫主义的模糊不清所做出的回应，是理性的胜利，是逻辑分明的法国智慧的胜利。里维埃并不认同普鲁斯特离经叛道的爱情观念，其实在很多人眼中，普鲁斯特就像一座道德堡垒。曾有评论家称赞他爱护家人，注重孝道，了解民情，其佳作中尽显道德寓意。拉马丁也有着和普鲁斯特相同的命运，他的那些他在世时颇受人追捧的诗作，如今却被人们认为无甚创意。因此，要说普鲁斯特传达出了他那个年代的人的思想是不太合理的。普鲁斯特早期在国外更受欢迎，当然，这也得益于他对某个小圈子的逢迎。1922—1959 年，普鲁斯特的作品译本在英国年销约 1 250 本。乔治·佩因特为他写的传记既宣扬了他的各种癖好，也令他名扬四海。那时还有一小群美学家也为其作品进行个人推介。（可能是因为弗洛伊德的思想在法国最不受推崇，所以普鲁斯特在国外的名气才更大一些。[37]）早先，作家要想成为“名家”，通过在小圈子里得到认可比通过巨大的作品销量得到公众认可要容易一些。近来这种小圈子的能量变得越来越大。随着教育的普及，普鲁斯特的追随者渐渐发展出一个小型产业。20 世纪 40 年代，有至少 108 本写普鲁斯特的书出版。1955 年，写普鲁斯特的书更多，其受关注度是其他法国现代作家比不上的。仅 1971 年，就新增了以他为题材的 17 本书和至少 74 篇文章，不过这时的普鲁斯特不再是受关注度最高的作家了。同时期写加缪、纪德和德日进的书各有 23 本，写贝克特和萨特的各有 22 本，写克洛岱尔的有 19 本，然后才是写普鲁斯特的。还有作品是写非同时代的左拉的，多达 12 部，这也说明此类学术关注能够自己繁衍生息。普鲁斯特友人协会（1947 年成立）有 2 000 多名会员，更令这种风尚盛行。正是这些商业、社会、文学、个人等多种因素共同造就了普鲁斯特的声望，以及他日后声望的起伏。

出版商对人们的择书偏好也有影响，而最初的影响源自作品的发行量。19 世纪下半叶，巴尔扎克、大仲马的作品发行量（包括再版）大致相同，只不过巴尔扎克更喜欢多次分版发行，每版仅发行 500~1 000 册，而大仲马的作品的每版发行量则大得多。[38] 导向性强的出版社能把书成功地推介给很多人。格拉塞出版社就是个中翘楚，它曾把一位年仅 17 岁的男孩儿雷蒙·拉迪盖（1903—1923）写的小说捧为畅销书，这个男孩儿是同性恋作家谷克多的宠儿。格拉塞新设立了一个文学奖——巴尔扎克文学奖，表面上是为了鼓励青年作家搞创作，实际上无非是为了吸引这些作家来自己的出版社出书。因为它有权出版获奖书目，既可以提高关注度，又可以从中获益。格拉塞听说谷克多的朋友拉迪盖后，读了他的手稿，认为他是个天才，就决定把他捧为格拉塞的标杆，并且同他签约十年。在这十年内，拉迪盖写出的所有作品都归格拉塞出版社独家出版，而出版社也会连续两年每个月给拉迪盖 1 500 法郎作为报酬。在出版拉迪盖的书之前，格拉塞先把校样分别发给 41 位主流评论家，听取他们的意见，同时也告知他们，像法国诗人兰波那样年纪轻轻就发表作品的天才作家又出现了。格拉塞把“兰波式的天才作家拉迪盖”作为广告语，大肆宣扬，还跟谷克多、拉迪盖一起写了一篇吸引眼球的书评，同时带领一众评论家为这本书造势。在这本书出版后的第一个月内，就有 30 多篇相关评论，这些评论都引用了三人写的那篇书评，或称其所言极是，或抨其大谬不然。之后还有一部电影，讲的是“法国最年轻的小说家”拉迪盖与伟大的伯乐出版商共创佳绩的故事。拉迪盖不仅获得了巴尔扎克文学奖，还获得了新世界文学奖。在巴尔扎克文学奖评审委员会中，格拉塞的人占了多数，而新世界文学奖评审委员会中有谷克多坐镇。这本书在出版后的第一年内就售出 4 万本，对于初出茅庐的作家来说，这个业绩已经相当不错了。但要比起格拉塞之前推出的《玛丽亚 · 沙德莱恩》又相形见绌了，这本书在出版后的第一年内便售出 16 万本，不过格拉塞可是花了 10 多万法郎为其做宣传，还给记者和作家们免费赠送了共一万多本书。格拉塞认为，一本书能否成功，早在出版前就已成定局。但也有人不认同他的做法。很多评论家极力反对把庸俗的商业手段引入文学界。格拉塞不以为然，反驳道："卡度公司（法国著名的天然婴儿用品生产商）能为香皂打广告，我们怎么就不能利用商业手段传播艺术与信仰？"随后，他以更大的声势发行了拉迪盖的第二本小说，并且借朋友之力获得法国总统特许，使拉迪盖得以延期服兵役，修改校样。但格拉塞出版社的主编丹尼尔 · 哈列维拒绝在自己负责的丛书系列里发表拉迪盖的小说。他认为，越是处于重压之下，越应该强调文人的独立性，出版商不能总是靠助推来创造作家的成功。当时格拉塞出版社的竞争对手也竞相挖掘类似的天才少年，以至于公众开始对这类作家感到审美疲劳，而这些少年作家在确立了自己的地位、有了一众忠实读者后，也开始想要控制市场走向。[39]

人们为何选择这样的读书品位，其原因并不能一概而论。人们不见得对书中的人物有多认同，也不见得对其所反映的当代问题有多少感受，读者的品位受到很多其他因素的制约。作家究竟如何对公众产生影响，我们对这个问题仍然不好下定论。最有影响力的可能是那些跨越不同时代、可以有多种解读的作品（其中最著名的当属卢梭的作品)。有时候作品带来的影响并非出自作者本意，其所谓影响力甚至来自错误的解读。也有机缘巧合使某位作家年少之时赢得一众忠实读者，随着这些忠实读者后来有了影响力，该作家也会一跃成名，而往往在那个时候作家本人已不在人世。文坛里只有一小部分人能成为这样的文学大家，并且其中伴有诸多偶然因素。或许就是因为这种偶然性，才使得越来越多的人执笔从文，以期一举成名。据估计，17 世纪法国只有三四百位作家；1876 年的人口统计显示，约有 4 000 人称自己为“文人”。[40] 1960 年，法国有各类作家共计 40 000 人，其中只有 3 500 人认为自己担得起“专业作家”之名。[41] 那些靠写作为生的人每年平均只赚得 4 000 法郎。[42] 而文学奖中安慰奖的奖金也不高，就算是名家也不会给多少。雨果的《悲惨世界》卖了 24 万法郎，拉马丁全部作品卖了 200 万法郎，路易·勃朗的历史书《法国大革命》卖了 50 万法郎，但人们不应该忘记，圣伯夫的畅销书《周一的讨论》单卷仅卖了 2 000 法郎（卖断版权），福楼拜的《包法利夫人》只卖了 400 法郎，乔治·桑的处女作也是如此。据估计，1899 年，即使那些已风靡十年的名作家，其年收入一般也不超过一万法郎（即 400 英镑），这几乎和国会里一个无名小卒的薪酬差不多。这一时期大部分作家的小说只能卖到 500~1 000 法郎。[43] 不过好在他们受到越来越多评论界、期刊社和大学的关注，至少在名声上得到了补偿。至于其作品的价值和意义，大家总是争论不休，这主要是文坛内部的问题，文坛的壮大也意味着文学界的独立。虽然有些作家被后世遗忘，但我们对那些曾给他们带来荣誉的评论家的确无可厚非。多数喜欢革命和创新的人不见得会喜欢文学，有品位的人才会心怀文学。也就是说，文学是要让普通学者，尤其是受到古典文学熏陶的学者认可，感受到其意义所在。《回顾两个世界》的主编勒内·杜米克被人称作“巴黎文坛的警务长”。因为其对文坛新现象接受速度慢，总要等人们对新现象习以为常之后，他才会对其敞开心扉。他说，变化与创新本身必然要经历曲折。每一代人都会痛斥前辈的有眼不识泰山，每一代人的选择都有自己的理由，时移世异，从而使默默无闻的作家转而成为一代文豪。[44]

大众文学

另有一类图书，批评家对其不予置评或鲜有关注。它们形成了一个独立的文学世界，人们将其斥为“糟粕”或“俗物”。喜欢它们就代表没有“品位”，可它们的销量比那些“阳春白雪”要大得多。它们的出现完全是出于商业目的，其文学影响力并没有多大。不过人们或许会心生疑问：大众文学是否彰显了群众的兴趣?“大众文学”的历史也很悠久，不过图书馆和书店里找不到它们的踪影，基本都是卖书小贩在四处兜售它。特鲁瓦的“蓝色丛书”是 18 世纪大众文学中最受欢迎的畅销书系列，其中包括 120 部宗教类图书，约 80 部小说、故事和戏剧，约 40 部史书，50 部游戏指南，等等，共计 450 部。这或许多少能显示出当时大众文学读者的兴趣偏好。该系列中科学类图书极少，而涉及超自然的内容则比较多。人们也很喜欢买含有天文信息的日历，想知道未来会发生什么，以及怎么解决当前面临的实际问题。算术表、气象表、药方等都符合他们的需求。人们很少会买商贸方面的书，因为他们认为经商之道应该是口口相传习得的，不该取自书本。他们更想从书中找到一些神奇的方法。与巴黎的精英群体相比，他们的思想落后了几个世纪。他们读的书的很多内容都袭自 16 世纪贵族、宗教人士和骑士的作品。他们读的游记也不是最新的地理发现，而是朝圣者和商人的旅行日记。这些书中所涉及的历史多为关于查理曼大帝、贵族的奢华生活及十字军战争这类古旧的内容，而对贫民的苦难、资产阶级与封建贵族的矛盾、苛捐杂税等却只字未提。教育类图书主要为礼仪指南，教人行文风雅、举止有度，但对社会歧视现象却一言不发。宗教类图书对詹森主义的争议避而不谈，依然循着原始的方法传播基督教，大肆渲染神迹。歌曲通常赞美圣徒，歌颂善有善报，大部分（60%）为爱情歌曲，25% 歌颂酒德。故事类小说中把世界上的人分为三类，即统治阶级、普通群众和草莽之徒。群众通常被刻画得粗鄙不堪，贵族则是可歌可泣的。书中也有一些反传统旧俗的英雄人物，他们行走四方，打抱不平。草莽之徒的故事也很受欢迎，但这些故事并非暗讽社会，只是以草莽之徒的不幸遭遇给读者带来笑料而已。大众最喜欢的往往是那些充满俚语脏话、双关语和滑稽场面的作品。那时还没有探险故事和英雄传奇。爱情小说里写的都是关于如何征服女人，如何娶妻成家的，内容少有乐观的基调，呈现的内容多是婚姻会摧毁激情，女人是如何反复无常、任性妄为的。人们喜欢读犯罪故事，这类作品讲述了人类无法抑制邪念而导致犯罪的故事。死亡故事通常很恐怖，主要宣扬众生归于平等，以及批判神职人员利用人们对神的畏惧来谋财。[45]

19 世纪大众文学基于此发展起来。1852 年，政府成立专门委员会对其进行监管。该委员会认为有三分之二的书有悖道德，应当禁止，其余图书则应接受审查并由地方行政长官授权批准才能出版。[46] 在这一时期，有大约 3 000 名书贩在全国流动售书，兼售画作、钱包、眼镜、日志、文具用品等。这些人主要是比利牛斯和加斯科尼贫困地区的农民，但其背后有几百家专业出版商支撑。这些书贩每年售书达 1 000 万 ~4 000 万册，1868 年共售出约 3 700 万册，其中年鉴

1 000 万册，图书 140 万册，宣传手册 600 万册，“广告宣传册和各类杂册”2 000 万册。这些通俗作品虽然销量巨大，却无法与非大众文学作品相提并论。最早记载的非文学作品出版总量是 1959 年的，为 14 500 万册，1970 年为 32 200 万册。[47] 我们可以把大众文学看成日报和周刊的雏形，日报和周刊的兴起是大众文学衰落的主要原因（审查制度并非主因）。我们也可以由此了解到报刊业的兴起及发展走向。

到 1852 年，报刊上已开始连载通俗小说，从而形成了最庞大的一类作品；照片也开始以版画的形式出现；歌曲依然数目庞杂、种类繁多。小说中的历史英雄从查理曼大帝变成了拿破仑，但像《不厌倦的艺术》《梦想的关键》《情人问答集 / 做爱的艺术》《法国军队的辉煌史》这类书依然很受欢迎。年鉴基本上也只在报纸上出现，内容主要还是关于保健、宣传波拿巴主义、布道、讣告、婚约、刑事案件报道、名人的生活、商业布告及中篇小说连载。这一时期的小说仍然有关于中世纪的故事，但 18 世纪末或 19 世纪初的新题材也逐渐多了起来，比如多邦东夫人的作品（她的《沙漠中的泽莉》于 1786 年出版，到 1861 年重印了超过 21 次）。小说故事的情节基本雷同，人们要隔很久才能看到新题材。不过通俗小说的专业写手这时已经崭露头角，其中最成功的就是 F. G. 杜克雷 · 杜米尼（1761—1891），他可以说是报刊连载作家的鼻祖。他模仿拉德克利夫的写法，专门写恐怖故事，还特别迎合了孩子们的口味。可以说，虽然大众也喜欢学校那些有用或者陶冶性情的书，但有一种另类的精神食粮更令他们着迷。他们想了解这个世界，但同时也想，甚至更想逃离这个世界。现实的规则将他们牢牢束缚，所以他们把自己看作小说中那些反旧俗的英雄，想借文学之手一展胸臆、追逐梦想、感同身受。国家施行义务教育从某种程度上是想要使大众远离那些被认为“有害”“低俗”的作品。小学教师本应取代书贩，让大众拥有清新、健康的精神食粮，但整体来看，他们并未发挥应有的作用。[48]

不过，我们如果更仔细地研究大众文学，就会发现所谓大众文学与学识修养背道而驰的看法是过于武断的。虽然大众文学中有民俗成分，但二者不应该被混为一谈。大众文学也是文学，大众文学的作者来自资产阶级，通常是那些没拿过“文学”成就奖的新闻记者。这些资产阶级作家会为大众读者提供几种阅读选项，多数人会按照自己的喜好，喜欢读什么就选什么。目标读者不同，通俗小说的质量和价格也不尽相同。所谓“大众”，也不同属一类群体，同样的作家对不同文化程度的人的吸引力也不一样。比如，侦探小说的崛起说明新的读者群开始出现，这类读者喜欢在逃离现实的同时，锻炼一下自己大脑的思维能力。

通俗小说经历了几个不同的发展阶段。对于传统故事类小说，读者往往在阅读之前就能预测出其结局，小说不再利用超自然的神秘事件而是靠重重悬念引人入胜。19 世纪 30 年代，最早一批在报纸上连载的通俗小说主要为历史题材（约占 50%）。犯罪小说取材于 18 世纪的一些大盗的故事，而侦探小说的兴起使这类小说有了新的发展动向。犯罪与暴力总是很吸引读者。侦探小说引入了新的写作手法，《勒科克先生》（1868）的作者加博里欧（1835—1873）认为这一手法就是作者与读者之间的智力博弈。第一个夏洛克·福尔摩斯的故事出版的前一年，亨利·科万（1847—1899）创作了一个与福尔摩斯类似的人物，名叫马克西米利安·埃莱尔（1866），他也有毒瘾，也有一位忠诚的医生陪伴左右，他还与一位叫威克森的博士关系密切。英国侦探小说逐渐成为法国作家创作侦探小说的参照，事实上，法国出版的大部分侦探小说都是来自英国的译本。莫里斯·勒布朗（1864—1941）创作了绅士大盗亚森·罗宾的故事，罗宾可以说是法国版的福尔摩斯。

当然二者有所不同，罗宾是法国式的英雄人物，本是位无名小卒，他想要向读者证明他能够战胜自身的软弱，他知道如何反抗权威，知道怎样演绎如戏的人生。不过，勒布朗本人倒是生在富裕之家，其父是鲁昂地区的船主。加斯东·勒鲁（1867—1927）创作了鲁雷达比勒（一个天才报社记者兼侦探），还有人物谢利比比。勒鲁继承了百万法郎遗产却因赌博败光家业，倾家荡产后选择执笔从文。创作了罗康博尔这个人物的蓬松·杜泰拉伊（1829—1871）自称“子爵”，他开启了探险小说的大门。这些作家刻画的人物多少都带点儿反社会情绪，但他们并不是想挑战已有的秩序。大众更关注的是其中所反映的科学技术，而非社会问题。

通俗小说中最常见的英雄设定就是那种敢于打破旧俗陈规的罪犯，他们纵使身负罪行，依然备受推崇。方托马斯便是其中的一个典型，他打破了邪不胜正的常规。方托马斯生来叛逆，在俄国人眼中简直就是社会公敌。方托马斯探险小说系列的第一卷（1909）出版后，到1967年共售出近250万册：1909—1914年出版了31卷，直至1962年，该系列书一直风靡，销量巨大。其主要作者是马塞尔·阿兰（1885—1969），他一共创作了197部作品。一开始他基本上十天写完一本书（1914年之前，他和皮埃尔·苏维德共同执笔，轮流写有关章节）。1909—1914年，阿兰和苏维德还创作了《纳兹恩莱特》系列35卷，《提提·勒莫布罗特》12卷。当时，阿兰是《科摩多尼亚》杂志的记者，苏维德是《汽车》杂志的记者，他们二人还共创了汽车专刊《重量级》。他们创作了大量文学读物，读者喜欢什么，他们就创作什么。阿兰说他在作品中倾注了自己的哲学理念，可惜读者并不关注这方面，但他要是在细节上出了错，哪怕只是一个小问题，哪怕只是说错了蒸汽机的制动方式，火车司机们就会写200封信对他笔诛墨伐。

欧仁·苏也和自己的读者有过类似的交流。[49] 这种情况现在更多。马塞尔·阿兰的读者不想他把心理问题搞得复杂难懂，对潜意识没有兴趣，有的小说虽然逻辑不尽合理，他们也能接受，但同时读者很关注其作品对现实生活描述的准确度。阿兰会从报纸的社会新闻报道中选取相关素材，以供创作所需。[50] 最重要的是，他是一位讲故事的人。

社会地位稍高的读者群体更喜欢小说家乔治·西默农（生于 1903 年）。西默农的父亲是列日省的一名保险办事员。西默农的笔下主要描写那些他成长过程中身边出现的贫苦人民，其主题更具普遍意义。在他看来，生存是一切的本质，是人类的本能。他笔下展现的是逃离与挣脱：逃离那虚有其表的伪善，挣脱那些笼罩心头的家庭与工作的束缚，但最终还是要面对一个冰冷无情的世界。西默农最敬爱的舅舅在外流浪，但他依然是西默农心中永远的英雄。西默农想整顿这个混乱的世界，为此，他一生修缮了 30 多个农场和城堡。西默农相信每个人都有自己不为人知的一面，每个人都有自己羞于启齿的一面。所以他想通过创作告诉读者，没有人是孤独的存在，世上总有人和自己一样经历过内心的折磨，即便如此，每个人都有自己可爱的一面，每个人也都有功成名就的可能。西默农认同罪犯的改造，提倡让罪犯重新获得自尊。在他看来，如果一个人不能为所处的社会接受，那将是莫大的耻辱。所以他塑造的侦探不是警察，而是“命运的修理工”。他崇尚大男子主义，认为父爱的力量大于母爱，觉得很多女人根本不知母爱为何物。他笔下的女性往往是负面人物，他更喜欢称她们为“雌性动物”。他对社会底层观察入微，并试图解读其行为。在梅格雷探案系列面世之前，西默农就已经出版 200 多部通俗小说和 1 000 多篇短篇故事。他 17 岁开始创作，1932—1970 年出版了 230 部小说。从开始创作到 1970 年，他的作品被译成 27 种语言，销量达 5 000 多万册，有读者约 4.5 亿人。他是唯一一位享誉世界的用法语创作犯罪小说的作家，在俄国和美国都颇受欢迎。[51]

人们可能会有这样的疑问：大众文学如果一开始就有地域化区分，那么当它风靡以后，是否会使全国更大范围的地区文学偏好趋同？法兰西第二帝国时期，法国外省也出版了很多大众文学作品，以迎合地方民众的需求。普罗旺斯的艾克斯地区、图卢兹市、里昂市是大众文学图书的主要出品地。研究发现，当时里尔市的公共图书馆里基本都是神学类、历史类、科学类和艺术类的图书，几乎没有任何“大众书”，朱尔·西蒙和基内的作品在这里都仅有一本。1836—1872 年，该图书馆不再提供借阅服务，而且着装不正式或穿木屐者禁止入内。这时，当地一家出版商推出 50 生丁一本的低价书（1859），给里尔市市民带来了大量的读书选择。这家出版社一般每版书刊印 3 000 本，有的书再版十多次。1827—1866 年，这家名为莱佛特的出版社共推出 692 部作品，里尔市还有很多像这样的出版社，莱佛特是其中最大的一家。莱佛特本人也写了不少书，他身后还有一个庞大的作家团队协助他。这些人都没有多大名气，其中有笃信宗教的女士，有退休绅士，还有勤勉的牧师。其中一位是约瑟芬·戴高乐夫人（戴高乐将军的祖母）。莱佛特的很多书都是匿名出版的，主要传播基督教道德准则。除了在当地，人们在其他地方几乎很难见到这些书。它们都有类似“朱尔”或者“贫穷的美德”这样的名字，意指饥饿的工人来生将会获得福乐安康。[52] 它们有一定的市场需求。妇女和女孩子们一般都有自己独特的读书喜好。因此，总体来看，全民的读书偏好并未趋同，依然有地区差异，人们的兴趣在不断变化，新书也越来越多，给读者的选择也空前多样。

以儿童文学为例，19 世纪初儿童文学便已出现，并有了一定规模。

1811 年有 80 部儿童文学作品出版，1836 年则有 275 部。在之后整整一个世纪，儿童文学作品年出版量几乎都是这个数字，到 1945 年以后，其数量骤增一倍，1958 年的出版量达 650 部。[53] 不过，我们可别就此觉得这类书的影响有多大。塞居尔伯爵夫人（1799—1874）是最成功的儿童文学作家之一，但这位奉行独裁主义的俄裔女子是否真有那么大的影响力也不好说。她向读者提倡节制、接受社会等级制度和义务，现代很多评论家都谴责其为受虐狂。[54] 儿童是有能力从故事中学习来达成自己的目标的，父母则会把一些不错的作品当作儿童经典读物让孩子们看。17 世纪学校让孩子们学的古典神学作品格外无聊，夏尔·佩罗创作的《鹅妈妈故事集》应运而生，受到家长们的欢迎。这些民间传说本来不是针对儿童的，内容对孩子来说有些超前，但人们忽略了其中宣扬的神学，把它作为儿童文学作品供孩子们阅读。格林兄弟创作的故事知识量大，注解多，本是为了唤起德国人的民族意识，但还是被法国的家长们纳入麾下，他们觉得这些故事能给孩子带来一个新奇的世界。拉·封丹的寓言本是为了讽刺旧制度、讽刺人类，卢梭和拉马丁曾批判这些寓言过于尖刻无情，寓意不好，但不管内容如何，最终这些寓言也变成了儿童读物。[55]

所谓品位，无论高低，都是时间的产物。它会因时尚而变化，会在新潮流中彰显，当然，这种新奇也应适度。大部分畅销书也很受后辈喜爱。儿童读物更是如此，会渐渐成为儿童的成长必备。小说也是一样，作家往往要经过一段时间的积淀才能拥有自己的忠实读者，一旦他有了自己的忠实读者群，他就可以创作更多此类作品，直到最后被奉为文坛大家，连学校也会把他的作品纳入必读书目。“一战”之前，西默农的小说每版的出版量都不大，只不过他创作的作品很多，所以总出版量相对较大。“二战”之后，他的书越来越受欢迎，这时才开始大批量印刷。纪德是两次世界大战之间最重要的小说家，“二战”之后他再次风靡。[①]《大摩尔纳》(1913)在出版后20年间的销量就已经很大了，而它现在的年销量约为那20年总销量的3倍。[②]没有以文学之名出现的通俗小说在经历了一段时间的发展后就消亡了，跟中世纪浪漫主义文学的命运一样。泽维尔·德蒙蒂尔(1823—1902)的《面包小贩》(1885)在1907—1923年共售出32万本,1923—1956年，其销量几乎达64万本。“二战”之后，保罗·费瓦尔(1817—1887)还是很受欢迎，他的作品当时的再版量几乎和纪德的一样大。只不过这时候出版商不愿再重印旧书，而是像法兰西第二帝国时期及20世纪50年代那样，对旧书做大尺度修订后再版。当然，这些大修订的意义所在还有待我们探究。

历史类图书的销量一般都不太好，但在这一时期，写得不错的历史书还是受欢迎的。米什莱的《大革命史》第一卷发行了6 000本，6年后，还有3 500本没有售出。这样看来，此类图书也还是不断有市场需求的。[③]雅克·班维尔的《法国史》(1924)最初发行了22 000本，当时一售而空，同年又重印了5次，共售出77 000本，之后每年仍有重印，1941年销量巨大，达40 000本，1946年为30 000本，一直到1969年，共售出303 000本。班维尔的《拿破仑传》(1931)发行后第

---

① 纪德的《窄门》出版于1934年，第一版发行了26 400本，之后在1935—1941年重印了4版，每版发行8 250~13 200本，1947年再次重印33 000本，1950年又印刷44 000本。(资料来自菲亚出版社档案。)

② 1913—1931年售出59 523本，1950年以前，每年售出12 000本，20世纪70年代，年销售量在16万~20万本。G. H.，‘Recherches bibliographiques sur Le Grand Meaulnes’，*Le Livre et l’estampe*(Brussels，1972)，9—16.

③ 然而，米什莱的《女人》(1859)在发行的第一年就卖出了近1.3万本，他的《爱》(1858)在发行的第一年卖出了5 700本。该信息源自M.保罗·维亚拉内友情提供的米什莱及其出版商之间的非公开信件。

一年售出 55 000 本，到 1968 年共售出 197 700 本。他的《法兰西第三共和国》（1935）从出版到 1941 年共售出 64 000 本，至 1960 年销量已达 100 000 本。安德烈·莫洛亚的《英格兰史》（1937）一年内重印 7 次，共售出 84 000 本，至 1940 年共售出 108 000 本，到 1951 年共售出 146 000 本。路易·伯特兰的《路易十四》（1923）到 1949 年共售出 75 000 本。丰克·布伦坦诺的《旧制度》（1926）最初发行了 1 100 本，三个月内售罄，同年重印两次，到 1942 年共售出 42 000 本。希特勒的《我的奋斗》，出版后一年内售出 33 000 本，1938 年便有译本，但到 1942 年总共售出 41 825 本。皮埃尔·加克索特的《腓特烈二世》（1938）的销量要更好一些，到 1941 年销售达 44 000 本。或许人们觉得加克索特是一名更出色的作家，他的《法国大革命》（1928）一年内就售出 40 000 本，到 1970 年共售出 124 000 本。可能法国人对外国历史没那么感兴趣，他们更喜欢看自己国家的历史。莫洛亚的文笔如行云流水，他笔下的英国更是引人入胜。而菲尔曼·罗兹的《美国历史》（1930）到 1943 年仅售出 25 000 本，到 1956 年也仅售出 41 000 本。路易·伯特兰的《西班牙史》（1932）到 1956 年也只售出 36 000 本。拿破仑三世的妻子欧仁妮皇后的传记、罗马国王的传记、圣奥古斯丁的传记的销售情况类似。增大销量的一种方法是制造一种大家都在购买的假象。出版商通常会把销量印在书的封面上，有时会印上“已售出 5 万本”的字样。不过这种商业手段基本上是公开的秘密，不必当真。像菲亚出版社就习惯在书封上标上图书实际销量的 2 倍，而很多公司更是夸大到 4 倍，所以一般书上写“已售出 1 000 本”基本上代表实际销出的是 250 本。古斯塔夫·朗松的《散文的艺术》（1921）当初发行了 1 650 本，到 1936 年总共售出不到 6 000 本，可是书上竟标着“已售出 26 000 本”。而当时哪怕是出自名家的文学作品，每版发行量也是比较小的。卡皮（1921）当时还是一位红极一时的剧作家，他的全部剧作分成 7 卷发行，总共发行也不过 2 200 本，而且之后没有重印。多奈的《莫莱尔传》（1922）最初发行了 1 650 本，后来重印了 1 650 本，不过那也是 4 年之后的事了。[56]

电影

现在人们对电影业发展的看法其实和以前大部分法国人的理解不太一样，无论是艺术品位还是大众品位都差异巨大。不过严谨点儿说，电影的制作成本确实远高于图书的制作成本，相应地，电影观众的花销也必然要大得多。1895 年 12 月 28 日，在嘉布遣大道的大咖啡馆里，卢米埃尔兄弟放映了一系列短片，这是世界上第一次有人公开放映影片。每部影片只有一两分钟，这是新闻短片的开端，虽然那时候短片不过就是动态图片而已，但放映后 3 周内创造了每天 2 000 法郎的收益。起初，电影因四处巡演的表演艺人而流行起来，喜剧电影是当时最流行的一类。法国第一位国际影星是麦克斯·林代（1883—1925），据说他是卓别林的徒弟。他在法国发家，之后又在美国大赚一笔，可惜后来因为抑郁症（喜剧演员常见病）自杀。乔治·梅里爱（1861—1938）是一位业余魔术师，他的父亲有一家鞋业公司，后来他继承了父亲的遗产，用其买下了罗伯特-胡迪尼剧院。他认为特技摄影是让魔术出神入化的一种新方式。梅里爱也专注于新闻短片和电影制作，他擅长在电影中重构事件，德雷福斯事件①就是其中之一。“一战”之前，他制作了将近500部影片，随后他的制作技术受到新技术的挑战而败落，最后他沦落到在巴黎的蒙帕纳斯车站卖玩具。1908年,《尼克·卡特探险记》打开了动作电影的大门，紧接着《方托马斯》(1913)及很多其他流行侦探小说也被拍成了电影。1912年，屠户之子夏尔·百代开始携带留声机四处表演，后来成为法国的电影大亨。他制作的电影《蛇蝎美人》开创了一个新的电影题材，从此这类电影经久不衰。在这一时期，宗教类电影也非常流行，有些是根据耶稣的生活编创的，后来罗马教皇禁止在电影里涉及《圣经》中的角色。战争电影于1914年开始出现，但发展并不理想，因为观众更倾向逃避当时的战争现实。21世纪初法国电影业年收入已达1 600万法郎，有报刊报道，电影已成为继煤炭和小麦之后的世界第三大商品。[57]

在一个时期内，当新兴艺术以其新奇之处不断引来人们的惊叹时，要鉴别不同观众的品位并不是难事。文人们总能从电影里那些荒谬可笑、囧言失态和天真无虞的桥段里找到乐趣。诗人路易·阿拉贡接受某报刊采访时说：“我喜欢直接明了的电影，杀人也好，做爱也罢，单刀直入最好。我喜欢电影里的漂亮演员，他们的完美肌肤经得起近镜头观看……我喜欢的电影不需要用哲学和诗意去渲染。”[58] 1915年，美国电影开始入侵法国电影市场，很快成为法国影迷的主要娱乐选择。可能是因为美国电影适应了当时的大环境，也或许是因为美国影片产量巨大，抑或是因为法国电影产业自身发展不当，当时很多法国电影

---

① 1894年法国陆军参谋部犹太籍的上尉军官德雷福斯被诬陷犯有叛国罪，被革职并处终身流放，法国右翼势力乘机掀起反犹浪潮。此后不久即真相大白，但法国政府却坚持不愿承认错误，直至1906年德雷福斯才被判无罪。——编者注

巨头都觉得直接发行美国电影要比自己制作电影获益更多。1927 年，夏尔 · 百代把公司的部分产业卖给了美国伊士曼柯达公司，百代在法国的主要竞争对手莱昂 · 高蒙次年也隐退。1929 年，美国派拉蒙影业在巴黎建立欧洲分部，把美版电影制作成各种主要的欧语版本。

而对于电影标准降低这个现象，早在 1925 年，雷内 · 克莱尔就深表痛惜，他说："电影艺术濒临灭亡，正被电影产业吞噬。"但即使这样也并没有阻碍电影的创新和发展。法国人最先把电影视为一门艺术，1920 年法国成立"第七大艺术友谊协会"，同时巴黎等地还开设了一些专业的小影院，放映一些低成本电影。投资商彼此竞争激烈，因为在电影产业中本就有博弈，有时候即便是起步很晚的人也可能得到丰厚的回报。或许电影产业的各个方面都具有世界性，演员、制片人、技术人员、赞助商都是如此。极右分子公开谴责电影是犹太人的阴谋。[59] 比如在雷内 · 克莱尔移民英格兰和美国之前，其早期创作的有声电影是由德国公司托比斯投资拍摄的，但这并不妨碍法国发展出独具本土特色的电影产业。克莱尔认为，一般总是要等到创新和尝试不新鲜了，公众才会认同它们。他认为电影就像一种毒品，让思想获得新的体验。剧本不是重点，画面才是核心。观众应该像对待梦想家一样对待电影，让自己随着影片的力量游走。[60] 小说家、诗人兼剧作家路易 · 德吕克（1890—1924）也制作电影，但他的目的不在于讲故事，而在于创造一种心境，演绎记忆和梦想。马塞尔 · 帕尼奥尔（1895—1974）则认为电影剧本非常重要，他喜欢用语言和雄辩取胜，虽然他在电影中展现法国外省农村时对其进行了重构，但其作品的感染力更多来自影片所创造的氛围。让 · 爱泼斯坦（1897—1953，波兰裔，曾在法国里昂接受教育）试图用电影展现不一样的世界，展现人们仅凭肉眼难以看到的那些方面。阿贝尔 · 冈斯（生于 1889 年）致力于突破摄影技术的局限，创造全新的电影效果，他的电影《拿破仑传》(1927)采用了三面荧幕立体放映的方式，起初由一家德国公司赞助。让·维果(1905—1934，其父阿尔梅利达是个无政府主义者)在一位波兰实业家的资助下开始从事电影制作，并成为知名的社会讽刺作家，后来有一个犹太商人投资他的巨作《操行零分》(1933)。这部影片讲述了孩子受到大人的压榨，就像资产阶级对大众的压榨一样。天主教报刊称这部影片是“疯子之作，内容混乱，毫无艺术可言”，直至1945年这部影片仍被禁映。[61]那时候，创意并不受推崇，但也没有遭到扼杀。让·雷诺阿(生于1894年)的父亲是一位画家。后来雷诺阿继承了300万法郎的遗产及一些画作，便开始从事电影创作。当然，这点儿资本不够他在电影业支撑太久。他一共创作了25部影片，其中有些确实赚了钱，比如电影《堕胎》(1930)，编剧是乔治·费多，电影剧本一周写完，用了4天完成拍摄，又用了一周完成剪辑，该片总投资仅20万法郎，却赚了100多万法郎。他那些现在被视为经典的电影作品在当时却是失败之作，《游戏的规则》(1935)在当下还遭到禁映。雷诺阿的创作目标并没有多么深奥。虽然他素来崇尚简单，但他对电影却倾注了相当大的心血，他力图探寻阶级差异的问题和人类动机的复杂性，认为“人人都有自己的苦衷……不得已的苦衷”。他像他父亲和其他画家做研究时那样，仔细观察事物的表象和自己的日常所见，用电影研究“法国人的一举一动”。他会尽量不戴有色眼镜去看人们习以为常的现实世界，而是尽可能用“肉眼”去“看世界，讲故事”。他将此称为“启发”，而直至“二战”后人们才开始理解其内涵。他认为“不加矫饰才是创作的根本”，即应展现最原汁原味的内容，从而也使后来的法国人可以透过雷诺阿的电影审视自己。[62]

1954年的一项有关公众电影偏好的调查显示，最受法国人欢迎的电影是历史类。一部包含多种元素的冒险片往往是不错的电影，其中既要有异域风情，又要有精美服装，还要有暴力元素。一部优秀影片的各种成分排序应当如下：

> 历史（13%）、神秘谋杀（10%）、情感喜剧（9%）、纪录片（9%）、音乐喜剧（7%）、轻歌剧（7%）、戏剧喜剧（6%）、惊险电影（6%）、轻喜剧（6%）、社会问题（5%）、漫画（4%）、戏剧（4%）、间谍元素（4%）、英式幽默（3%）、军旅喜剧（2%）、西部影片（2%）、战争（2%）、音乐讽刺剧（1%）、科幻（1%）、恐怖（1%）。[63]

这一时期西部影片已经不太受欢迎，只不过具体是什么时候出现了这样的惨淡光景还不清楚。22% 的人讨厌西部题材，其次是低俗电影（13%），继而是战争电影（12%）。不过人们其实并不太关注电影的艺术价值，虽然中产阶级也会阅读影评，但是大部分穷人去电影院看电影并不关注影片想展现什么艺术主题。相较于其他欧洲国家，电影在法国还不算热门，法国年人均观影仅为 9 次，而联邦德国年人均观影 12 次，意大利 15 次，英国则是 25 次。但普通法国人在酒类上的花销是电影的 10 倍。[64]

品位并不能简单地一概而论。在历史的长河中，图书的出版、群众的择书偏好及人们对电影的选择都证明了这一点。在诸多因素影响下，才会触发人们做出抉择，也只有在这样的抉择中人们才能理解何为品位。品位并非清晰明了的，我们必须一一检验所有的相关因素，从而做出精确的判断。

2.

共性与迷信

在某种程度上，共性与个性之间的矛盾是每个国家现代历史发展的必然主题。但在法国，这一矛盾颇具争议，而且多种价值观的评判更使其模糊不清。主导该问题风向的是法国的政治分歧，这就使矛盾体现在对革命的态度上。这样对问题的简化是基于一种思想，即认为所有分歧都可以用同样的方式解释，但这却掩盖了一个事实，即共性有多种含义。既有与传统态度和价值观相符的共性，也有与新流行的观点相符的共性；既有展现社会凝聚力的共性，也有在竞争背景下缺乏安全感的共性；公众在集体影响之下的共性和个人思想情感方面的共性也存在很大差异。本书展现出在不同社会阶段法国政府为统一语言、教育、思维方式，建立中央集权，以及实行平等的政治制度而做出的巨大努力。本书分析了各阶层和行业内形成的归属感和行为模式，研究了男性、女性和子女在家庭中所扮演的传统角色。全书论点如下：对共性施压没有能完全成功的；道德家、教育家和政治家的理想实际上远未实现；法国人派系众多、关系错综复杂。

然而19世纪中期，法国杰出的政治思想家亚历西斯·德·托克维尔（1805—1859）认为，在两股几乎不可抗拒的势力——中央集权和民主传播的影响下，法国人变得越来越相似。在他看来，美国人展示出民主是如何成为多数人的暴政的，他们孤芳自赏，不在乎批评和指责，结果导致独立思想和自由言论受到束缚，平庸之人比天才更受青睐，平淡无奇比英雄美德更受尊重，恶行比罪行更能被容忍，物质繁荣成为普通大众追求的目标。在美国，大众很难获得无限权力，但是在法国，其阻力要小得多，因为中央集权能赋予国家无限权力，并扫除地方政府、私人团体和宗教教派可能带来的各种障碍。如果托克维尔的观点是正确的，那么本书所涵盖的百年历史应该体现出民主所带来的社会结果，即共性逐渐取得胜利。然而这种情况并没有发生。一是因为法国采用的民主并没有像托克维尔担心的那样是完全反贵族制度的，二是因为法国的中央集权无法有效抑制地方的多样性。托克维尔最重要的论点之一是，制度只对人的命运产生“次要影响”，政治措施和立法的效果有限，社会的性质更多地取决于“一个民族的观念和情感”、人们的“思想习惯”和“风俗习惯”。但是托克维尔并没有把这些观点完全融入他的主要著作。他终究是政治家，而非道德家，而且他是个失败的政治家，一生都没有完全脱离自己的贵族身份。托克维尔提出的关于多数人暴政的理论是贵族对其不喜的发展趋势的抗议，但他没有对这种趋势进行详细的研究。他认为知识分子在影响舆论方面起着重要作用，但并未就其影响机制进行深入探究。[1]

想要正确理解个体压力和从众属性，就需要深入研究托克维尔提出的“一个国家的风俗和思维惯性比制度更有影响力”的观点。因此，与其把共性看成对个性越来越大的威胁，与其把二者看成对立关系，不如逐一研究个性和共性所展现和宣扬的不同生活态度。二者一般可以按时间来划分，因为它们是一系列相互承继又相互取代的“时期”。浪漫主义时期持续到1848年左右，接着是实证主义时期，到

1890年左右，反智主义时期到来，最后，幻灭主义和极端主义成为两次世界大战期间的主导力量。但这样的区分过于简单化，因为任何思维模式在任何时候都不可能至高无上，除了有极个别杰出的大家能够以其思想暂时影响蒙昧的大众。而就算文学界的领袖被看成某一时期的代表人物，他们通常还是比其身上附着的标签要复杂得多，片面界定他们的思想往往会忽略其大部分个性。研究思想史和文学史的历史学家当然想挖掘出相关作家的原创性和独特性，但如果想要理解人们的行为和思想，研究人类整体和整个社会，就需要把这些思想作为一系列层级来进行研究。因为思想会相互影响，相互渗透，盛行许多年之后仍然具有影响力。而人们对新思想的接受和吸收需要时间，它们通常会被整合为一套不同的思想体系，新旧思想在表面上会有所调和，但新思想不会完全取代旧思想。人们会从不同渠道获得新思想，而这些渠道本身也并不连贯。采用新思想的时尚人群往往是双重顺应者，他们也会将这种措辞叠加在传统的思维模式上。

因此，需要研究的第一层共性也可以被称为传统的、非理性的、识字前的或迷信的共性。19世纪末期，法国已成为一个有文化的国家，但很少有人提及与科学、文学和政府文明并存的口语文明。虽然口语受到这三者的排挤，但它依然保持着自己的传统和态度，其影响力依然巨大。然而，简单地称这种文明是一种口语会产生误导，因为其中很多重要内容是设定好的而非单凭嘴说出来的，而且在有了文字之后，口语也会发挥新的作用。识字能力反倒让流利口语和某些口音成为权力和威望的来源。而我们也应注意到这其中还有一些抵制科学和理性的力量。[2]

索邦大学现代哲学史教授吕西安·莱维-布吕尔（1857—1939）是研究有文字的文明和没有文字的文明的差异的第一人，他撰写了一系列有关“原始人”研究的著作。他认为，人类的思想并非只有一种，原始思维与现代思维存在明显差异。基于人类学家的发现，他认为原始社会的居民有不同的逻辑，或者说不仅仅受逻辑支配。他们到处可见超自然现象，因而矛盾对他们来讲是正常的，无须担忧，他们对因果关系也有不同的看法。超自然现象令原始居民感到恐惧，对他们来说，世界感性而神秘，非人类认知所能看透。而现代人则一直把神秘和理性或多或少地进行了区别对待，把神秘局限在宗教和童话故事中，认为原始人甚至分不清梦境与现实、象征本身与象征的具体内容，分不清个体与集体、身体与精神之间的界限。比如，他们会把衣服和脚印也视为自身的一部分。后来，莱维–布吕尔修改了这些观点，放弃了最初的原始思维只存在于原始社会的看法，在他去世后出版的期刊中，他承认自己夸大了原始社会的神秘性和现代思维的理性，并认为无论是原始思维还是现代思维，都存在不同程度的神秘性或“前逻辑”思考。

这些问题引起了民俗学家的注意，19 世纪 80 年代民俗学家人数骤增，同时旧的文盲社会也在消失。直到近十年，民俗学家才被排除在大学之外，几乎不再受重视。但在科学和技术未能占主导的领域，他们的研究仍颇有成效。可以看出，科学只影响了人们生活的一部分，而且几乎没有一个人的思想中全部都是科学观点。此外，对科学和迷信的简单划分是 19 世纪论战的产物，并不足以描述矛盾的方方面面。比如，最近关于文盲进入文化圈的研究表明，文盲的一个重大转变是从声音世界过渡到视觉世界，眼睛有了新功能，时间的意义变了，自由的性质也变了。以前文盲会用外放的、情绪化的方式表达自我，同时也认同个人愿望应服从于家庭利益，但现在他有了自己的理想之路，视野变得更开阔，但也需要其有更强的自控意识。理性和感性这对矛盾最早由希腊人提出，法国古典派人士继续崇信它，它将人类行为过度简化为一种精神分裂模式，认为通过追求适度与中庸能够克服这一矛盾。这种二分法是通过将大部分活动降级至次要地位来维持社会秩序的。然而，这些次要活动的确切属性有待进一步研究。[3]

这个时期幸存下来的一套信仰是迷信，特别是占星术。20 世纪 30 年代，医学院学生 L. H. 库代尔巧妙地利用占星术，得到了一些关于人们求助占星家的非常精确的信息。库代尔那时正在接受精神科医生的学习培训，他注意到精神病院里的许多患者都咨询过占星家、解牌人和卜卦者，于是决定撰写相关论文。他通过调查发现，神秘职业的受欢迎程度远远超出当时只拘泥于自己小世界的科学家们的想象，而且去咨询占星家的远不止那些没有主见的人，很多人都会去。科学显然比占星术更受人们尊重，很多占星家称自己为教授（他们自创了想象学院）、算命人或是通灵者，当然也有占星家会给自己起奇幻的东方名字。几乎每份报纸、文学、科学和色情刊物上都有他们的广告，数量甚至远超那些征婚交友广告、堕胎服务广告和江湖医生们吹嘘单靠通信就能治疗癌症、梅毒的广告。占星家主要为人们占卜是否能幸福、是否能成功，尤其是爱情和财运。他们迎合社会各个阶层的需求，少则收取 5 法郎占卜费，多则收取 500 法郎左右，还给有钱的客户配接待员，候卜室里很多人看起来都挺有身份，像在法国部长接待室里一样肃穆。库代尔循着这些广告找占星家挨个儿咨询了个遍，得到的答复却出奇的一致，就好像他们同属一个工会。他们一开始收费 200 法郎或 80 法郎，但答应可以给你 40 法郎或 50 法郎的折扣价。要是你没回信，他们就会再来信，他们会在信中把情况说得更严重来吓唬你，同时价格也降得更低。他们向客户承诺不满意可以退款，但这种承诺很少会兑现。占星家们写信和占卜的方式类同，但其实际操作过程却差异甚大。那些只通过书信往来进行占星操作的占星家，其目的只是赚钱。而解牌的占星家往往成了顾客的忏悔神父和道德导师。还有一些“骗子”占星家会迎合顾客的色情需求，甚至还有脱了顾客衣服、给顾客按摩被判有罪的。库代尔学会了这些技巧后，自己在报纸上刊登占星广告，按照占星家们写信的内容写信并寄出。紧接着，库代尔收到大量回复信件，从中了解到顾客的需求。他说，这些顾客中很少有人存在精神缺陷，大部分人智力正常，接受过教育，有些人甚至智力超群。但他们对未来都感到焦虑，难以处理好日常问题，难以排解孤独和怒气。有人在信中这样写道：“我想知道我喜欢的那个女孩儿（但她和我的关系不好）是如何度过周末的？她是否与别人有暧昧关系，要是有的话又是谁呢？她是否还是纯洁的女孩儿呢？”一位 60 岁的女士这样写道：“我这一生麻烦重重，但这不是我的错，我一直勤奋节俭，坦诚直率（根据我的字迹你可以看出来）。请告诉我，我是否应该再婚？有位年轻的男士向我求婚，我应该答应他吗？他的求婚是出于真心，还是一时兴起？请您再仔细看看我的字迹。”库代尔回信安慰她，说她是位聪明的女士，很有勇气。而这位女士随后又写信问：她应不应该买一块地？还有一位得到晋升的军官给库代尔写信问：“你能想办法帮我摆脱一个缠着我结婚的女人吗？她借着我害怕丑闻想控制我，我无法摆脱她的纠缠。我的社会地位不允许我和她这样的女人结婚，她所处的文化环境和她的受教育程度跟我不般配。”随后的书信来往表明，原来那个女孩儿是个越南女子，是他在远东服役时认识的，后来她跟着他回到法国。这位军官想让库代尔施用“催眠暗示法”让女孩儿离开他，但当他发现库代尔其实是个医生后，就中断了书信往来。术士像是正常世界的局外人，这正是他们的价值所在。一位商人写了这样的信：“有两个女人是我最大的敌人，她们经营着一家公司，和我的公司是竞争对手。你能摧毁这家公司吗？”还有人来信请他帮忙策划一场严重的车祸，因为“那个人给我的全是伤害”。还有很多人请求库代尔帮他们中彩票，或是女人们请求库代尔指点她们找到另一半。虽然刑法禁止占卜、预言和解梦（第 479 条），而且 1896 年法国警务总监重申了此禁令，称违者将受到严惩，但法院认为占星家出售的是建议，顾客购买时是知道的，因此其行为不存在欺诈性。[4]

而正是在医学上，迷信作为理性的替代品被存留了下来。19 世纪科学疗法和迷信疗法之间的区别并不是很大。例如，巴尔扎克曾向专业医生贝纳西斯展示用蜗牛汤可以治疗肺结核；“二战”以前，护理修女和业余治疗师一直都把卡津博士的古老著作《药用植物论》奉为教科书；[5] 至于助产士，虽然她们也按医学专家提供的方法助产，但是把干燥的脐带保留到孩子 7 岁生日这一传统一直延续到 20 世纪 20 年代；1961 年在索漠，仍然有父母要求医生割新生儿的舌头，认为这样“有利于孩子以后说话”。非科学的医学方法并不都是巫术。当时接骨医生会用加热加糖的葡萄酒或黄油作为消毒剂，像这样神奇的办法还有很多。有一位名叫皮埃尔-布里乌德（1831—1905）的奥弗涅（法国中部旧省名）的业余医生很有名气，他一开始卖乳酪，后来开始治疗动物和人，疗效还不错。1890 年前后他每天都要接待 25~30 名患者，有些人从远方慕名而来，甚至还有患者来自美国的奥弗涅社区。布里乌德因此赚了不少钱，他的女婿开了家酒店，为患者提供住宿。他死后，巴黎的奥弗涅人出资在纳斯比纳尔竖起了他的雕像。他生前就是整骨师，也是虔诚的天主教徒，人们认为他有特殊的治愈能力，他的善行既不同于巫师，也不同于术士。

1910 年有位作家出版了一本关于巫师的书，书中写道，在法国，几乎每个区都有巫师。1909 年，布洛瓦有对夫妇被捕。他们敲诈农民，让每家给他们交 3 000~30 000 法郎，否则就要受到诅咒，但此事却让很多人知道了巫师的能力。人们对巫师的需求很大，所以他们非常富有，能开着车去见顾客，名下有三套房。有的巫师是残疾人，据说十有八九是牧羊人，他们过着孤独的生活，人们既怀疑又敬畏他们。涉足巫师行业的还有铁匠（人们认为铁匠与魔鬼有一种特殊的联系）、裁缝和修鞋匠（人们认为他们对女人有某种影响力）、有野心的孩子（像那些没能成为牧师或是有点儿学问的孩子）、助产士、殡仪业女性等。他们通常从父母那里继承衣钵，就像其他孩子从父辈那里继承杂货店或法律事务所一样。至少在 1914 年之前，人们普遍还是觉得每个村庄都需要有一名巫师。[6]

人们信奉圣人可以帮助自己奇迹般地治愈疾病，这种信仰有别于其他宗教形式。20 世纪 60 年代对“治愈圣人”的信众所进行的调查证实情况的确如此。在维尔弗兰奇地区进行的一项问卷调查显示，59% 的男性和 78% 的女性求助过这些“治愈圣人”；只有 20% 的男性和 12% 的女性没求助过他们（其余数据不详）。各地各级圣殿参加礼拜的人数比例没有太大的不同，乡村地区和工业地区也没什么差异。代卡泽维尔矿区的工人中虽然只有 5% 的人去教堂参加礼拜，但他们去圣人的圣殿很勤。该区的农村家庭大多每年参拜圣人两三次，一般只是求“治愈圣人”保护他们的家畜不生病，当家畜真生了病的时候，他们还要多参拜几次。不过，代卡泽维尔的工人会不断找寻新的圣人来庇佑自己，有时候每周日要参拜两三家圣殿。他们连起码的基督教祷文都不会背，每到一家圣殿还得让别人告诉他们怎么参拜，如果让他们就自己的宗教信仰多讲两句，他们就不知所措了。老人因为常生病，参拜这些“治愈圣人”的次数也就更多。还有一些“治愈圣人”吸引了年轻人，比如圣人布莱斯，年轻的摩托车骑手感冒了会去找他。① 人们很少向本村的圣人求助，除非因为行动不便无法去圣殿。但村里经常会制定新的祭仪来纪念本地的圣人英雄。20 世纪 60 年代，每年约有 2 000 人去拜谒巫医马列维尔（1758—1840）的墓。他一生受风湿病折磨，据说他后来找到了治疗这种病的方法。在奥隆纳克，每年仍有 150~200 人向巫医博斯克里登寻求庇佑。此人于 1857 年患咽喉疾病去世，因为能治疗百日咳而受人膜拜。[7] 教区记录显示，这些“治愈圣人”的信众数量一直相当稳定。例如，1906 年 6 月在圣普里帕特（洛泽尔省），约有 15 000 名信众参拜圣殿,1939 年 6 月约有 20 000 人，1958 年 6 月仍然有 15 000 人。[8] 一些圣殿的信众少了，不断又会有新的圣殿取代它们。随着一些疾病的消失，能治疗这些疾病的圣人的信众也会消失。到 20 世纪 60 年代，人们对“治愈圣人”的求助主要表现在治疗动物和儿童疾病、原因不明的疼痛、皮肤病和烧伤、神经疾病、牙痛、消化不良等方面。当然，这些圣人也提供其他服务。比如，1962 年以前，圣人贡东的雕像一直被供在索尔伊村，女孩儿们可以在雕像上钉钉子，求他帮自己找到如意郎君。1939—1945 年战争期间，在丰特奈勒孔特地区，人们甚至连脱粒机停止工作都要去圣殿参拜。一位来访的教师吃惊地看到，在人们尝试了各种办法想重启脱粒机但都无济于事之后，一位机修工居然取来一瓶圣水洒在脱粒机上。1965 年的全国民意调查显示，49% 的法国人承认如果传统医学无法治愈疾病，他们就会找巫医寻求帮助。农民的态度也是一样，如果科学帮不了他们，他们会向那些“还没被学校惯坏的人”寻求帮助。[9]

---

① 在接受调查的 65 岁以上的人中，73% 的人承认曾向“治愈圣人”求助；年龄在 45~65 岁的人中，有 68%；年龄在 35~45 岁的人中，有 59%。

人们想要预知未来的愿望也使得占星术一直活跃，虽然反对它的呼声也一浪高过一浪。17 世纪和 18 世纪的《利格奥瓦年鉴或伦斯伯格年鉴》在 19 世纪依然大行其道。天主教会并没有打算摧毁人们对它的追捧，至少没有打算完全摧毁它。占星术认为星座可以影响人的运势，天主教会对这种说法大力反对；而占星术认为星座可以影响气候和农业，天主教会却表示支持。科学家对占星术的反对态度更坚决。1800 年，拉马克在《气象年鉴》中摆事实讲道理，可惜过于学术，并没有产生什么社会反响。出版商“小寡妇”出版了一本年鉴，书名为《巴黎占星术或新的马修·伦斯伯格》，书中认为月亮对天气并没有影响，对健康的影响更小，但问题是它把“伦斯伯格”放在了书名里。另一位出版商帕格纳在《小利格奥瓦》（1837）一书中也是这样做的。对旧年鉴的信仰幸存了下来。在占星术开始消亡时，新的大众媒体拯救了它。[10] 和农民那些更复杂的信仰一样，它实际上是城市人的一种信仰。1963 年的调查显示，有 53% 的人会定期阅读报纸上写的星座运势。1968 年的调查显示，办公室职员是占星术最狂热的粉丝（68% 的办公室职员会定期或不定期地阅读报纸上的星座运势），老板和工人紧随其后（62%~63%），只有 44% 的农民对此感兴趣。据说 1954 年法国有 30 000 名职业算命人。据统计，1971 年仅巴黎人就花费了 6 000 万新法郎来测自己的运势。[11]

神秘学的传播往往得益于那些有学识的人，他们以此来反抗科学的局限性和令人失望之处。他们出版了大量玄奥的神秘主义和博学著作，从神秘学角度解释科学发现。路易·卢卡斯（1816—1863）想把炼金术和新医学合二为一。[12] 菲利普·昂科斯博士发现，实证主义教学“枯燥得令人心寒”，进化论“只让成功人士感到欣慰”，于是他创立了“深奥研究独立小组”和“炼金术科学院”，吸引了不少二流作家和艺术家。他想让自己的方法与基督教教义相容，所以脱离了神智学社，该学社一直对东方神秘主义很感兴趣。一些知名小说家和诗人也对神秘学感兴趣，在这方面我们需要在更广阔的背景下进行深入研究。

许多学者试图记录和解释被归为民间传说的各种信仰和习俗，阿诺尔德·范·热内普（1873—1957）是其中最知名、最具独创性的一位。他的家庭背景很复杂，是典型的人类学家的背景。他是混血儿，父母在他 6 岁时离异，之后母亲再婚两次。他的继父是医生，继父希望他也从事这一行业，但范·热内普去巴黎学习了社会学、民族学和语言，还娶了一个没有嫁妆的妻子。于是他的继父和他断绝了关系。他被迫在俄裔波兰人家里当家教谋生。范·热内普写了关于马达加斯加禁忌和澳大利亚神话的论文，但由于遭到法国社会学之王迪尔凯姆的厌弃，他无法在大学找到合适的工作。1901 年，范·热内普回到法国，住在巴黎郊外的波拉-雷因（除在南方做了 6 个月的养鸡实验外），一直当翻译员，先是在农业部，后来在佩尔曼研究所工作，他熟悉大多数的欧洲语言。在业余时间，范·热内普总是工作到凌晨，他撰写了《当代法国民间传说手册》(1943 年开始撰写，直到 1945 年，他才终于获得法国国家科学研究院的资助，完成了这一著作），并编辑了几份主题相似的期刊。范·热内普想要说明，人们不应该简单地把民俗学研究看成收集古雅习俗、取悦古物学家，也不应该把它看作与魔鬼崇拜和异端邪说相关的神学的一个分支。他将其定义为对“大众”和“大众集体信仰”的研究，并将其主题与文学主题进行对比，认为文学更关注个人创作，通常面向精英读者。在他看来，民俗不应局限于传说和歌谣，也应包括各种礼仪、游戏、装置、祭仪、家用器具及一切“区分大众和上层人士的制度和情感表达方式”。他说 19 世纪的民俗学家基本上都是历史学家或文物学家，他认为社会学家已经掌握了历史研究法，“我们需要重新认识整个社会学”。范·热内普觉得自己更像语言学家，他知道语言是不断变化的。他称自己的研究方法是“生物的”，既基于对当前的观察，又要与研究对象的发展变化相联系。他尊重农民文化的本来面目，并严厉批评有些学者试图对其进行博大精深的理论解释。他反对将民俗定义为除写作外的一切传播形式，因为写作有时在歌谣的传播中也起着重要作用。范·热内普认为集体创作和个人创作在大方向上是一致的，他对民间传说中的旧思想和推翻旧思想的各种势力都很关注，他还推动了对学生、义务兵和罪犯相关的民俗研究的发展。

范·热内普认为，民俗研究显示出农民的精神世界有两方面内容：一方面是来自官方引导和正规教育所提倡的规则，另一方面则来自风俗习惯。农民自己也很难确定两者之间的界限，在实际生活中他们对两者都信奉，也就是说，农民对两者均不排斥。范·热内普搜集的大量事实证明，传统习俗贯穿人一生中的各个阶段。他还特别研究了人从一个阶段过渡到另一个阶段所遵循的习俗的变化，并对照了相关评价体系和国家对其进行的官方界定。他说这些习俗变化总是围绕新生、再生和季节性变化进行，因此单从个体心理学角度来研究人是远远不够的，还需要把人当作自然界的一部分，从生物学的角度进行研究。他对人们的一些迷信行为做了详细记录，如在怀孕期间（害怕引人嫉妒）、在孩子婴儿时期（有放任孩子、让其自由生长的习俗，比如不剪头发、不捉头发里的跳蚤、通过孩子身体上寄生虫的多少来判断其健康状况的好坏）、在婚姻方面和丧葬方面的习俗等。他的研究显示，官方教育体制很难改变孩子们在学校的执拗，代代如此，孩子们的暴力倾向、性情、说话方式也类似，当然，不同生活圈子和不同年龄段的孩子也会展现不同特性。范·热内普是最早研究青少年犯罪团伙的人之一，他记录了他们的破坏行为、聚众斗殴行为和暴行。他提到，当1939年巴黎药剂专业的学生在大街上游行，并在魔鬼与尤利乌斯·恺撒的巨型雕塑后面焚烧工作服的时候，他们不经意间几乎完全再现了他们中世纪前辈的形象。虽然范·热内普无缘在大学工作，但他的一些追随者和合作者根据其理论出色地做了相关研究。比如，塞格诺尔兄弟分析了巴黎郊外城市文化和乡村文化之间的关系，探究了民间信仰的衰落和遗存。1937年，在奥利，还有父母在小女儿出嫁时，用椅子抬着她穿过村子到广场上的篝火旁举行仪式。他们会在那里把椅子烧掉，以示他们从此再没有女儿出嫁了。奥利机场作为军事基地一直沿用到"一战"结束。[13]

古典精神

尚古并不是这类共性的关键。基于历史的共性多是教育造成的，而教育看上去并不像我们通常认为的那样具有革命性。有关教育的调查显示，学校总会把对过去的认识作为理性的出发点来培养人们看待人生的方式，这使得一代代的革命者不得不与所谓的古典精神抗争，而古典精神却依旧坚不可摧地存留下来，人们与之的争斗也只好不断重现。1877—1879年任职的教育部部长曾公开说，所有教师都应该有这样的理想——成为"17世纪所崇尚的诚实的人"。[14]文艺复兴时期的人和古希腊人仍然是19世纪的行为楷模。相比《圣经》中的句子，受过教育的人背诵起贺拉斯的颂诗更容易一些；提图斯·李维和马可·奥勒留倡导的理想美德在人们心目中的影响与教会的同样多。1789 年大革命加强了人们对古代的崇拜，而这并不是暂时的，随着学校教育的普及，以及考古学、比较文献学、古代宗教等古典学的发展，这种崇拜变得更加广泛。提奥菲尔·戈蒂埃（1811—1872）将《伊利亚特》的原文读了近 30 遍。[15] 帕纳塞斯诗人发现了古代庄严、壮丽和理想的美，而这种美在当时已不可见。古典文学不仅被视为法国文明的起源、智慧和简朴的典范，还被视为一种逃避现实的方式。福楼拜是浪漫主义思想和资产阶级思想的主要批评家，他阅读了大量希腊文作品。由勒孔特·德·利尔翻译的《荷马史诗》赢得了许多希腊人的喜爱。政治家赫里欧和克莱蒙梭都曾撰文赞扬希腊，克莱蒙梭把德摩斯梯尼视为英雄。巴雷斯的《斯巴达之旅》（1906）和蒂博代的《希腊形象》（1926）显示出对过去的不断回顾。纪德在日记中写道，在剧院里看到阿伽门农的名字就足以让他泪流满面，看到索福克勒斯的《安提戈涅》被过于聪明的谷克多亵渎，他是多么痛苦。他与谷克多和吉罗杜一样，常借用希腊主题。1929 年，吉罗杜自豪地表示："在我这个年龄的作家中，没有人能像我这样为古老所熏陶。"之后的克劳德尔被认为是"自博叙埃以来最具拉丁血统的法国人"，他认为维吉尔是人类有史以来最伟大的天才。[16] 本书在体现 20 世纪的显著特征，即原创性品位的同时，也充分尊重古典历史。而完全的原创在广大读者当中则遇到了相当大的阻力。当时最受欢迎的诗歌，现在却被认为最缺乏原创性。[17]

1891 年，知名文学评论家 J.-J. 韦斯写道："古典精神已经逝去……古典文化也是如此。1869 年前后，受过教育的人（所谓诚实的人）之间谈话时，内容不论是严肃的还是轻浮的、学术的还是世俗的，都要引经据典地讲到希腊或拉丁语录、《圣经》片段、神话典故和古代历史格言。后来随着时间的推移，这些东西变得愈发平常、老套，没有人会费心去追究它们是如何进入现代对话中的。一些文献里总结了一系列观点、感想和论点，人们便以此作为参照，理解别人话里的典故。总结就像速记法一样清楚快捷，但更加充实精准。对今人来说，这些文献读起来像是梵语。25 年足以改变法语的词汇，也足以大大改变人们熟悉的谈话环境。”韦斯对人们谈话内容变化的把握可能还是很准确的，但是那些经典著作、人们对过去的尊重、通过古代的楷模来定位自身的愉悦感等这些精神上的传承沿袭了几代人。人们广泛喜爱对古典的引用只是表面现象，这种态度暗示的是对普通人的尊重和认可，人们的智慧虽不见得超过前人，但也不见得比前人差多少。

持这种态度的哲学学说是由维克托·库辛（1792—1867）提出的。其著作《美丽的弗拉特》（1837）不仅在七月王朝时期被用作官方教科书（这一时期，他本人在大学也颇具影响力），并且在 19 世纪的大部分时间里一直被用作官方教科书，学生们对它的研究和对柏拉图、笛卡儿的研究一样多。它的传播源于其对中产阶级世界观的真实写照和证明。库辛的学说被称为“折中主义”，他试图将过去哲学中一切最好的东西结合到一起，将中庸的“奥尔良主义”应用到哲学中，抛弃一切曾受法国哲学谴责的前人的革命方法，想要以妥协思想解决理念上的冲突。折中主义反对怀疑主义，但也避免教条主义；以经验为基础，但反对经验主义。它自称运用了心理学方法研究人性，但同时也不背离常识。折中主义并不去钻哲学问题的牛角尖，而是把这些问题也当作必然的真理来接受，并将其纳入整个道德和美学体系中。它始于这样一个原则：时代最需要的是绝对真理。并且它迅速确立了这些真理，驳斥了约翰·洛克、康德等人的反对意见。真理中不可能没有上帝，所以上帝是存在的；他一定是善者，制定秩序是他的责任；

理性就是人类理解这一点的能力，理性直接能带来真理。库辛的推论很快就变得老套了，但起初他还是很有创新意识的。他重新将柏拉图（带领一群学生翻译柏拉图的作品）和受到18世纪哲学界质疑的笛卡儿引入法国哲学。他游历德国，带回康德“义务道德”的观点，为法国原始伦理学研究奠定了全新基础。他与黑格尔成为朋友，并带回了黑格尔的辩证法。库辛还把哲学术语“绝对”引入法国。这些对法国未来的思想发展产生了重要影响。这一切为年轻的库辛赢得了巨大的声望，使他成为新道德的塑造者。他宣称：“我们已经尝试太久，我们需要摆脱奴隶式的道德准则，获得自由。现在是时候开创一种哲学了，即柏拉图所说的‘自由人的哲学’。”儒勒·法夫尔写道：“难以想象他的思想对年轻一代意味着什么，他的思想给人们带来了希望、信心和自豪感。”[18]

库辛的伟大成就在于消除了怀疑。他确切地告诉了人们该做什么，逐渐式微的宗教信仰再也无法力挺传统，而库辛则赋予这些传统哲学式的颂扬。他说，最重要的责任是自律、保持理性；凡事都需审慎和节制，需通过教育提高认知水平，培养感性，感受家庭温情，多做慈善，尊重产权、正义与他人的权利，支持保障自由的政府，这些正迎合了奥尔良主义的君主立宪制；应热爱艺术，这能够激发对理想的崇拜、对上帝的崇拜，从而使艺术得到净化，使心灵至善至美。最好的艺术不是纯具象的，也不必像宗教那样直接寻求道德教化。最好的艺术应同时满足人们对理性、品位、想象和情感的需求。

库辛的学说在很大程度上借鉴了柏拉图的学说，非常接近泛神论。教会斥责库辛，而他又急于取悦各方，所以他大幅度地修改了自己的学说。在后来的版本中，他删去了书中大量有关形而上学的部分，而之前正是这部分论述为他在哲学领域赢得了声誉。最终，他将他的书修改成了一部关于道德和美学的著作。他重新评判了自己的“精神主义”学说，放弃了自己最为重要的成就之一，即将哲学确立为完全独立于神学的研究，并且他越来越强调宗教的必要性，此举恰逢很多人开始害怕自由思想的后果、回归天主教。这样，当教会在新一代知识分子中失去威望时，他却与之结盟，于是招致大量批评的声音。同样地，他把大部分精力放在了哲学课上，忽视了科学研究，而当时科学研究正方兴未艾。

在七月王朝时期，库辛地位非凡，难以撼动。他吸纳全国所有的哲学教师，组成自己的哲学团队，把他们当作宣传自己学说的喉舌。在假期里，教师们常会追随库辛来到他在索邦大学的公寓。库辛是个白手起家的人，像卢梭一样，其父是钟表匠（有人说是珠宝商），其母曾是洗衣妇。20 岁出头时，库辛的口才就颇受赞誉，与其说他是教授，不如说他是传教士。他在 30 年后仍能逐字回忆起大学考试中的每一次作答，其惊人的记忆力为其日后的发展奠定了基础。他很少奉承别人，从不屈服，长于嘲讽，对自己最喜欢的人也最为严厉，他的学生既怕他又敬他，他总是清楚地记得学生的优点和缺点，不辞辛苦地帮助他们升迁调动，给每个学生分配哲学任务、翻译或辅导工作，以充分发挥个人所长。库辛对任何事都能娓娓道来，这让人们觉得他简直就是个全能型人才。然而随着时间的推移，他的理论越来越显得缺乏连贯性、严谨性和精确性，其门徒也逐渐改弦更张，但也有些思维混沌的人一直追随于他。

库辛代表了共性，这种共性试图避免争论，让各种观点都可成为真理，而不会陷入怀疑。在七月王朝时期和法兰西第二帝国时期，保守派文学评论家领袖德西雷·尼扎尔（1806—1888）引领了另一种形式的尚古，他在文坛的地位几乎等同于库辛在哲学界的地位。尼扎尔是教育部科学与文学司司长，兼任路易·菲利普[①]时期议会议员，还是法兰西学院的拉丁语教授，后又在索邦大学教授法语演讲；1850年他当选法语协会会员，对战阿尔弗雷德·德·缪塞；1857—1867年担任拿破仑三世时期高等教育监察长和巴黎高等师范学院院长，从而影响了整整一代的法国校长。尼扎尔年轻时以《反对肤浅文学宣言》(1833)闻名于世，他抨击了小说，认为文学形式必须经过研究、应用和评论才能真正为人们所认可。尼扎尔在其著作《法国文学史》(1844—1861)中阐明了自己的观点，他认为文学创作的目的和评判方法都不具备原创性。"在法国，天才就是把大家都知道的事说出来的人，他只不过是群众的思想传声筒。他并未以个人见解令我们耳目一新，而是让我们看到自己的内心，正如蒙田所说，他让我们了解自己。"尼扎尔认为，人类已经没有更多的知识可以被发掘，人类所需要的只是表达知识，这就是艺术的功能。"艺术用完美的语言表达普遍真理。"完美的语言是可以识别的，它"对说这种语言的国家和对所有国家受过教育的人来说既清晰又易懂"。艺术所表达的真理和它所使用的术语不会改变。在法国文学史方面，尼扎尔要研究的不是变化——变化是短暂的，而是"法国精神中永恒的、本质的和不可改变的东西"。法国文学并不是思想和社会变化的反映——可以说尼扎尔的观点是坚决反社会学的。他自信地断言，法国文学在17世纪已臻于成熟和完美，18世纪开始式微。17世纪法国天才辈出，充分展现出法国文学的明晰性、规范性和实用性。法国文学与古希腊文学的不同之处在于：后者在"徒然的好奇和无聊的猜测"中浪费了太多时间，前者则热爱自由——"充满危险和差错的自由，而非赋予力量的规

① 即路易·菲利普一世，法国奥尔良王朝唯一的君主。——编者注

范”。法国文学最出彩之处在于对任何时期和任何国家生活理想的研究，但都带有一种实际的意图。“它对纯粹的好奇心和思辨关注不多，这些并不能带来可以付诸实践的真理。它从现实中除去粗鄙和多余的东西，使文学知识既有用又无害……在法国，所有大众不感兴趣的知识和行为准则都很可能会淡化和消退。”法国以理性、清晰、简单和精确至上。理性应该用于实践目的，艺术的作用在于进行道德教化，净化情感。它所提倡的必须是可信的，并且符合受过教育的普罗大众的观点。[19]

从阿纳托尔·法朗士（1844—1924）的一生，我们可以看到根植于古典传统的复杂结果。阿纳托尔认为，古典主义之所以能够长久存在，是因为它没有正面反对那些挑战它的力量，而是设法吸收它们。结果，它退化成一种无色的怀疑主义。对阿纳托尔·法朗士而言，它产生了惊人的智慧和流畅的风格，但这只是一种假象，它掩盖了深沉的绝望。他指出，将共性等同于自满或认为共性必然是静态的，是非常错误的。在1914年之前的20年里，阿纳托尔无疑是法国最受欢迎的作家之一。他出版了小册子《三位思想家：阿纳托尔·法朗士、耶稣和帕斯卡①》。他在文化精英和群众中都颇受景仰。[20]他被认为与拉伯雷、蒙田和伏尔泰齐名。他的逝世标志着一个时代的结束，反古典主义运动来势汹汹，迅速将其抹杀，再现了与维克多·雨果逝世时一样的场景。[21]他属于那类在世时声名远扬、离世后湮没无闻的作家。阿纳托尔的学院派后继者瓦莱里嘲笑其肤浅。人们一致认为阿纳托尔

---

① 布莱士·帕斯卡（1623—1662），法国数学家、物理学家、哲学家、散文家，西方科学和思想界的重要人物。——编者注

对文学没什么影响，也没有使自己的流派传承下去，他的重要性在于揭示了共性带来的一些问题。

阿纳托尔·法朗士不太幸运，他在古典主义方面没有什么建树。同时代的人对他知之甚少，人们印象中的他是一个温文尔雅、睿智的老学究，缺乏幻想，但很敏感和善良。直到他去世，朋友们发表了越来越多关于他的生活细节的回忆录，他才以悲剧性和忧郁的形象为人所知。阿纳托尔为生活所伤，被怀疑折磨，孤独得可怕，虽然时时爆出睿智的火花、常以微笑示人，但他其实并不快乐。当然，这种说法也多少带有个人成见。阿纳托尔白手起家（其父只是小书商），但成功也无法令他感到满意。他说，他生命的唯一热情是对母亲的崇拜。他不爱自己的妻子，婚后不久就和她离婚了。他不同意女儿订的婚约，便断绝了父女关系。他与阿尔曼·德·凯莱维特夫人保持了20年的密切关系，他是她沙龙的常客。但从某种程度上说，凯莱维特夫人更像是阿纳托尔母亲角色的替代，她不断敦促他努力工作，甚至搞得他为了能读轻小说，还要找些荒唐的借口。最后，阿纳托尔也离开了凯莱维特夫人，和她的女仆一起共度了余生。阿纳托尔·法朗士永远无法摆脱童年阴影，他写了四部自传，书中的主人公几乎都是孤儿，像他自己一样没有成就感。他为自己无法在爱情中得到满足而苦恼，认为爱情应该充满嫉妒、寻求不可能达成的统一、从不给人们想要的东西。所以他觉得自己应该做生活的观察者。他说自己是那种好奇、懒散、天真的巴黎人的典型，他基本上还是一个孩子，对任何事都感兴趣。虽然他不喜欢写作，甚至觉得写作是一件痛苦的事，但他还是写了很多书，就像把任务强加给孩子作为惩罚一样。

“我们为什么不快乐？”这是阿纳托尔的一篇文章的标题。其答案不仅仅是家庭生活的失败。阿纳托尔·法朗士代表着人对知识和进步的期待的幻灭，对科学发现的绝望（它们显示出人类的渺小），失去宗教信仰后的孤独，对“工程师和电工”主宰的社会前景的恐惧，对平凡生活的觉醒。他聪明绝顶，不相信任何理想。他设法让生活充实起来，用肤浅的快乐、幽默和美丽来使生活变得可以忍受。他放弃了年轻时对知识和革命的热情。他认为，人们需要的是想象力和“迷醉”，“忘记悲伤的真相”，逃离自己。他不再找寻现实，而是在幻想中重构现实，掩盖悲伤，让它变得有趣。他认为从真理之外找到希望和慰藉更为重要。他说：没有谎言，人类“将在绝望和无聊中灭亡”。因此，他把艺术放在最高的位置，但不是将其作为一种创新的手段。他认为原创性对于美并不是必需的，艺术家的职责也不是进入未知世界。他写作只是为了“给那些敏感而好奇的人以短暂的乐趣”。他的讲话是面向“脆弱的人”和受过教育的公众的。他说，只有这些人能够理解自己。他的成名也是偶然的，始于不理解。“轻描淡写”是他的密码。他认为脆弱的人不该被打扰，但他们疲惫的神经需要优雅和复杂的娱乐方式。由此他被定义为古典主义作家。他模仿 17 世纪散文的清晰和简洁、18 世纪散文的平衡和娴熟，其著作中充满了希腊神话，被誉为希腊和罗马古典主义及法国古典主义的最后一朵奇葩。阿纳托尔并不认为自己有多少原创性，他说：“我的全部艺术就是在书的空白处涂鸦。”他如此谦逊，正如纪德对古典主义的评价，这与浪漫主义的骄傲恰恰相反。

阿纳托尔的幽默，以及在政治上的反复无常，都是其古典主义观所带来的结果。他的幽默是讽刺性的，他把讽刺定义为“幻灭的最后阶段”。他最著名的小说人物之一——贝热雷先生，被其妻告知：“你会对不可笑的事情发笑，谁也不知道你是在开玩笑还是认真的。”阿纳托尔·法朗士对任何人、任何事都毫不留情，这并不是因为傲慢。他写道：“尽管我一直以来都喜欢嘲讽，但我嘲讽自己才是最厉害、最开心的。”这并不是说他没有理想主义观念，他支持当时的各种进步思想，一直紧跟时代步伐。拿破仑三世时期，他是自由共和主义者，虽然起初害怕共和主义，后来却成了德雷福斯的主要支持者之一；接着又转向社会主义；最后在名义上成为一名共产主义者。他虽然仍相信人类的所有行为都是虚妄的，但还是成为法国最受欢迎的政治演说家之一。他早上写怀疑主义的书，晚上在社会主义者聚会上满怀希望地谈论新世界。他并不虚伪，他说：“我们的矛盾是自身最真实的部分。”正是这种复杂性让他明白了什么是共性，共性无关乎信仰。阿纳托尔·法朗士的古典主义被认为是宁静与和谐的象征，但这是他追求的，而非他实现的。[22]

共性是社会学这门新兴学科试图研究的主要问题之一。在法国，埃米尔·迪尔凯姆倡导社会学应集中研究个人与群体的关系，其出发点为：社会面临崩溃的危险，需要通过建立新秩序和新道德来恢复。[23]迪尔凯姆认为，国家的发展并没有增强共性，反而促进了个体的多样性。社会群体越壮大，就越需要应对更复杂的情况，就越无法对抗个体的多样性。结果“人们越来越多地选择走自己的路”，国家则“逐渐进入多事之秋，而现在几乎已经发展成这样，一个社会群体的成员除了人性相似，不再有任何共同之处”。“除了人自身”，没有什么固定的东西“可以让我们拥有共同的爱和荣誉”。[24]这并不见得是对世纪之交法国社会的准确描述，因为迪尔凯姆的名望不在于他观察周边形势的能力，而在于其开创了一种研究社会现象的分析方法。迪尔凯姆的悲叹代表了人们对人之间更紧密联系的渴望，对 18 世纪个人主义扩张的渴望，这种扩张实质上是对政治约束的反叛。迪尔凯姆是人权联盟波尔多分会的秘书长、该市世俗青年协会的创始人之一，也是社会主义阵营的同情者。他继承了大革命的个人主义理念，但他作为哲学家却对这些理念不是很喜欢。正如另一位哲学家查尔斯·勒努维耶所说的，革命的支持者希望把那些所谓自由的、迷信的、世俗的和不道德的人变成理性之人，使其有能力和意愿过讲究道德的生活；而哲学家则把下层社会的人看成野蛮人，认为他们需要被驯服，把受过教育的上层社会的人看成失去灵魂的人，不能让其放任自流。迪尔凯姆的父亲和祖父都是学者，迪尔凯姆经过系统学习，成了哲学家，但他首先是道德家。说他是社会学家是因为他认为：过去共同思想和情感发挥的作用，现在改由新的社会制度和关系来决定，而这也改变了道德的本质。传统道德家把个人视为一个独立的实体，只依靠自己，而不考虑所处的社会环境，迪尔凯姆强烈抨击了这种观点。他希望道德研究能够建立在科学的基础上。他自称理性主义者，是康德和孔德的弟子。他认为，个人的欲望“本质上是无限的，无法满足的。如果没有什么可以控制它们，欲望也将无法进行自我控制”。因此，道德与建立社会规范相关。道德不是获取个人幸福的一种手段，而是防止社会和个人出现无政府状态的一种手段。他的传记作家这样写道：迪尔凯姆认为只有体会过悔恨，才能真正感受到幸福。他认为一个自由的人能够战胜自己的本能，自律本身是一件好事。他认为孩子就像原始人，需要教化，这就是为什么他在教育研究中投入了大量的精力，也是为什么他最想写的书是关于道德社会学的，但他却没能抽出时间来写。他的理想是形成具有理性的共性，在这种共性中，人们将获得自由，认识到自己的责任，无私地付出。但他也认识到，牺牲和无私的精神不可能通过单纯的教化就能让人们接纳，因此他又对宗教产生了越来越浓厚的兴趣。[25]

迪尔凯姆指出，随着共性的社会维度被揭开，其问题变得越来越严重。与此同时，他在其学说中提出了共性的另一个方面，即共性本身既代表反叛，又代表正统，同时又是一种催化剂。迪尔凯姆发展了社会学，将它从哲学中分离出来。他的第一代哲学门徒就像他一样，选择了异端思想。这一点表现在他们不太重视实地调查，而是专注于对一般理论的研究，界定是什么构成了科学事实，以及区分不同类别的真理。和库辛的学派一样，他们从引进外国思想中获得了很大的动力。在迪尔凯姆的期刊《社会学年鉴》所评论的书中，40% 是德语书，21% 是英语书，12% 是意大利语书，只有 26% 是法语书。迪尔凯姆对道德和宗教的痴迷程度可以从以下数据中看出：在这本期刊中，47% 的参考文献是有关宗教的，15% 是关于法律的，只有 20% 是关于经济的。[26] 迪尔凯姆在法国社会学领域拥有崇高的地位，受到哲学家，尤其是巴黎高等师范学院的哲学家的推崇。有人称赞《社会学年鉴》为“形而上学和道德的讽刺剧，是哲学的讽刺剧，是历史的讽刺剧”。很多教育家和道德家，如古斯塔夫·贝洛，以及逻辑学家戈布洛都支持迪尔凯姆。迪尔凯姆的社会学也受到了其他学派的猛烈抨击，比如沃姆斯（更偏重法律和经济学）和勒普雷的信徒（勒普雷专攻经验主义著作，在政治上更倾向于右翼）。迪尔凯姆逐渐确立了社会学的地位，使社会学成为法国大学中的主流学科，他的研究方法——该学派后人对其进行过不少修订——形成了一种新的话语方式。[27]

这要部分归因于社会学与来自其他学科的异教思想的结合。虽然吕西安·费弗尔反对政治历史学家的观点，但他从迪尔凯姆、迪尔凯姆的女婿马塞尔·莫斯、地理学家维达尔·白兰士、经济学家西米昂、米什莱那里都汲取了灵感，他开创的年鉴学派在某种程度上也是学科结合的产物。于是历史被无限地拓宽，正如吕西安·费弗尔所说的，他觉得其他学科的人比历史学家更了解自己。社会学方法（尽管费弗尔的思想比该方法所提出的内容还要复杂得多）代表了一代人的联盟（或者更确切地讲，是一代人中一部分人的联盟，因为传统历史就像传统哲学一样一直在蓬勃发展）。[28] 共同的性格和相似的好奇心将反叛者团结在一起，超越了明显的课题分歧。他们的联盟可以被称为一种新的共性。对共性的研究让人们认识到了共性的多样，而共性也不再仅止于作为静态阻力。[29]

3. 时尚与美

家具篇

在衡量国民品位方面，家具有着异乎寻常的价值。家具乃家居必备，从理论上讲，一旦购买家具，个人喜好就会展露无遗。家具史彰显了人们在特定社会背景下的审美理想，它受到时尚、技术革新、世俗、经济、实际需求等诸多压力的影响。然而，不幸的是，它的发展进程在艺术史，甚至在任何一部历史中，都是最不受重视的，故其在以下三个方面，仍有着广阔的探索空间：首先，家具业的经济史，即家具业在满足大众对于舒适和幸福的需求方面所起的重大作用；其次，相关的社会史，即新型家居形式所带来并折射出的社会行为的变化；最后，家具制造者的政治史，即他们在革命浪潮中的非凡表现。而人们凭借目前的碎片化信息，仅能试着就此做出粗浅的概括。[1]

人们之所以乐此不疲地为 18 世纪的家具著书立说，皆因那时有若干技艺精湛的家具出品。其中许多现已被博物馆收藏，随时可供研究之用。与之相比，19 世纪的家具却从未有过如此殊荣，或许是因为它的品位在转而迎合某些更高远的理想吧！旧制度时期①通常与为国王及贵族制作的昂贵而精美的家具联系在一起；19世纪却常被视为一个进行廉价生产，为大众市场平庸地翻新旧样式的时代。然而，如此对比这两个世纪的情况实属有误。由于人们误解了19世纪家具生产的目的，所以人们也就低估了它们的成就。用同样的标准衡量新旧政权下的家具业，本身就是有误导性的。我们不应该武断地认为，所有18世纪的家具都与那些馆藏品一样精致、考究或者制作上乘。若论对这一时期家具制造的批评之严苛，非当时的至尊工匠鲁博（1739—1791）莫属。鲁博曾哀叹，能造出精美家具的工匠少之又少。在他那个时代，家具制造的专业化水平已经很高，几乎这个行当的每一个人都只能完成其中的某一个环节。“他们的技能，”鲁博说，“也不过是为了顺利地按程序做事。他们很难遇到有见识的主顾。买家大多没品位，没知识，更糟糕的是，没钱买好产品。只要东西便宜，他们就会不由分说地全盘接受，这就是家具产量庞大且粗制滥造的原因。”[2]好家具本身就很昂贵，中间商抽了提成后，就变得愈发昂贵。工匠的确会亲自上门接受订单，听取买家的细节要求。有人认为这套做法是这个时代高标准和个性化设计的基础，但专业的室内装饰师在决定生产何种商品上，也起着举足轻重的作用，他们会从中干预并牟利。工匠对他们的憎恨不亚于其后来对百货公司的怨恨。除了极少数情况，廉价生产的压力无处不在。梅西耶在1788年写道，在巴黎生产的家具中，有四分之三是由本国买家购买的，他们购入了最劣质的商品。市面上欺诈成风。室内装饰师赊销家具时，要求预付30%的定金，对他们而言，这是成本，而其余的钱，他们会作为利润收入囊中。家具大多是用胶

① 法国旧制度时期一般是指法国1789年大革命之前的三个世纪。——编者注

固定的，用不了多久就会散架。装饰师之所以能操纵市场，是因为买家想用其组合的整套家具来装饰各个房间。若想替代这些粗制滥造的商品，就得购买那些结实的老家具，它们已历经岁月的洗礼，但找起来谈何容易！家具巨匠们生意兴隆，还要多亏某些贵族和富人阶层的存在，因为他们认为家具的更新速度应比肩衣服的更换频率。人们对时尚和新奇的痴迷，极大地激发了顶尖工匠的创造力，收藏精美物件之风也起到了同样的效果。这些物件即便无实用价值可言，但起码看上去是养眼的。于是，两种椅子应运而生：一种是供人坐的，另一种是用来装饰房间的。在顶级豪宅里，椅子甚至是量身定制的，即不同的身型匹配不同的椅子。然而，尽管对原创的崇拜之风盛行（这导致诸如中式装饰的引入），但有喜欢异国情调和新式家具的买家，就有喜欢古董家具的买家。1777 年，阿尔图瓦伯爵本人就购入了一件布勒亲手打制的复古家具。[3]

19 世纪的家具制造延续了业已确立的趋势。因此，法兰西第二帝国时期，人们继续生产了那些精美的家具，它们与 18 世纪享誉盛名的家具相比，也并不逊色。但长久以来，法兰西第二帝国时期的家具被视为既丑陋又非原创，将优秀作品做成了廉价仿制品，致使其在这个时期名誉扫地。亨利 · 弗尔迪诺瓦负责为拿破仑三世制造橱柜，堪称独具匠心、技艺高超。他的 32 本订货簿的手稿幸运地被保存了下来，上面配有他制作的每一件家具的插图，展示了他既借鉴历史又不失原创的聪明才智。他不仅为皇室和阿希勒 · 福尔德这样的政要打制家具，也为众多只想拥有“布满玫瑰和紫罗兰图案的丝绸扶手椅”的中产阶级客户服务。[4] 让 · 贝克尔是拿破仑三世的首席细木工匠，一直受雇来管理皇家家具，月薪 1 500 法郎，工资和高级官员一样多。有关这些工匠的信息足以表明，时尚无定式。生搬硬套是 20 年后的二流仿品给人留下的印象。足以评判法兰西第二帝国品位的重要人物之一艾梅·谢纳瓦尔（生于 1798 年），想象力丰富，将哥特式、文艺复兴式和东方风格家具融为一体。然而，与之相比，M.J.N 利埃纳尔（1810—1870）却倡导简约风。现在，家具装饰师给椅子加了下摆，还主张用上华丽的布料，这与细木工匠的理念截然相反。但二者达成共识的是，不同的房间应采用不同的风格：餐厅采用文艺复兴式，客厅采用 18 世纪风格，闺房和图书室采用帝国式风格。这一时期，他们引入了各式各样的新型桌子，以满足不同的功用。同时，创新也层出不穷，这还要归功于那些无法忍受单调乏味的富人。[5]

刚成家的小夫妇，得在日渐增多的各式风格中抉择，他们必须展示自己的品位，就像得承认自己的政治立场一样。他们可以遵从夏尔·勃朗的保守方案。夏尔曾于 1848 年和 1870—1873 年任巴黎美术学院院长，温和的夏尔·勃朗竟然是社会党人路易·勃朗的弟弟，这显然是个矛盾体：尽管他同情工人阶级，却崇尚古典艺术传统；他宣扬艺术应回到群众中，却将拉斐尔和安格尔奉为自己的英雄；他很好地诠释了共和制度中革命元素的局限性，以及那些憧憬现代和正义的人（如本书讲述政治的章节所示）又是如何保有诸多旧制度时期的价值观的。夏尔·勃朗在《装饰艺术法则》一书中指出，由于自然缺乏秩序、比例和统一性，所以其本身并不美丽。这三种品质恰恰是大家在家装中力求创造的，而秩序在装饰艺术中有着至高无上的地位。他认为，路易十六的家具远胜他人的原因就在于它捕捉了我们追求的庄重、优雅和精致的特点。勃朗倡导对称、和谐及审慎，在他看来，体面与美丽密不可分，同时，“品位是人们审慎理解人与物的关系的产物”。因此，人们不应该盲目追求时尚，而应在周边环境中，体现自己的道德价值观。对奢华家居的热爱并不是件坏事，因为它会激发我们对家庭生活的热爱。人们并非只有依靠财富才能打造出一个优雅的家，因为优雅不意味着只拥有富有的外表。赝品和模仿本身并没有错，壁纸成为大发明的原因即在此，它无法与奢华等效，但至少是奢华的幻影。我们应该尽情地使用各种现代技术资源，因为它们展现了艺术相较于物质的优越性，正是技术将卑微的物质塑造成了艺术。夏尔·勃朗指出，所以老百姓认为古典仿制品有可取之处，并在成功仿制时获得了成就感，也就不难解释了。教授们教导法兰西第三共和国的人如何用传统的表达方式解释他们的人道主义原则，这与勃朗的理念相差无几。[6]但勃朗的言论只是一家之言。我们还要听听个人主义学派的杰出代表亨利·哈瓦尔的声音，他是巴黎美术学院督学。他在《装饰法则》（1884）中指出，被18世纪的家具包围和穿着18世纪的衣服一样荒唐。人们迈出家门，应该尊重主流价值观，但回到家里，则应随心所欲，取悦自己。家装无定式，卧室尤为如此，在此，人们可以肆无忌惮地以舒适至上。餐厅应聚焦于用餐，不应遍布老家具，也不可装饰过度，而应明亮而惬意。如果老年人期望成为权威的化身，就应该坐在路易十四式的椅子上，而中年人可以选择路易十六式的椅子，但风格折中不失为上策，用现代家具布置私密的客厅再合适不过了。然而，折中也应适可而止，一件接着一件地堆砌摆设是不行的，这时，品位就派上用场了。一件佳作总好过一堆价值不明的家具。如果别人用数量来判断我们的财富，那他们对我们品位的判断，就全凭我们的选择了。在哈瓦尔看来，品位终究不是从书本上学来的。[7]

作为第三种声音，现代学派有一定吸引力也就不足为奇了。一场运动正在兴起，它反对仿制和混搭乱象，由此，家具变得更具独创性，而应用艺术在总体上也享有了更高的地位。这场运动的领军人物加雷、马若雷勒、普鲁韦、埃米尔·鲁尔曼均受威廉·莫里斯的影响。他们主要生活在南锡，所以对德国艺术的发展趋势很是清楚。他们制作的珠宝、陶瓷和图书插画，堪称世间罕见，但在家具制造方面，他们虽然得到了南锡重聚百货商店的年轻继承人科尔宾的赞助，但却遇到了前所未有的阻力。直到 1921 年，他们中一位叫杜弗莱纳的人成为巴黎老佛爷百货的艺术总监，加之另一位叫弗朗西斯·茹尔丹的人弃画从商，他们的家具才被公众广泛接受。但他们设计的装饰品在批量生产中导致品质下降，这与 18 世纪被再生产的精品的下场无二。摆脱平庸并非易事。[8]

人们购买什么样的家具，最终不仅取决于家具制造业本身的发展，也取决于那难以捉摸的品位。家具行业几乎一直处于危机状态：家具是人们在困难时期不需要的东西，但通过使用廉价材料达到低价出售的做法，一直以来都充满诱惑力，这的确是个问题。在 1848 年大萧条时期，众多细木工匠移民到英国寻找工作；1870 年的普法战争及接踵而至的巴黎公社运动致使数千名德国家具工人逃离法国。幸存的工匠不是在创新中求生存，而是转向通过摒弃设计环节来降低成本。迪歇纳收集的约 12 000 件 16—18 世纪的家具样式，满足了制造商近半个世纪的需求。仿造家具是有利可图的，因为仿造和创造之间的界限是模糊不清的。顶尖工匠的志向竟变成了仿效先前那些伟大的细木工匠，造出以假乱真的作品，甚至梦想着用自己的仿品冒充真品在博物馆展出。在 20 世纪，这种顶级的细木工匠可能仅有 80~100 人，他们过得衣食无忧。安德烈·梅弗特是一位抛光师，他技艺高超到连专家也难辨真伪。他于 1923 年开始在阿讷马斯开创真正的仿造业，大获成功；他以 120 万法郎的价格售出了一个梳妆台；他甚至大言不惭地撰文描写客户购买其产品时的那份轻信和贪婪。[9] 毋庸讳言，仿制家具的确总是带着神秘的面纱。鲜为人知的是，圣安东尼郊区的家具制造商在小心翼翼地保守着这样一个秘密：打着巴黎手工的名义出售的椅子，竟然是在默兹省大利佛勒镇制造的，大利佛勒是个仅有 2 000 名居民的小镇，而且人人都参与所谓的古董椅子架的制造；然后，巴黎工匠负责对大利佛勒的产品进行抛光，以达到以假乱真的效果。这一产业自 1864 年在大利佛勒创建，一直长盛不衰。为了保持公众对古董家具的兴致不减，巴黎的工作坊会定期举办“回顾展”，专门展出它们各个时期生产的库存产品。中央艺术装饰协会是一家自诩为致力于应用艺术事业的公正机构，却一度被伪造者和仿造者左右。假古董的出口量稳步增长，于 1927—1929 年达到顶峰。美国是法国最好的客户。美国在法国现代家具制造史上发挥着举足轻重的作用，在法国绘画史上亦是如此，扮演着法国旧贵族的角色。法国人可能会将家具以 4 倍于成本的高价卖给美国人。他们坚信，只要宣传巧妙，美国人照旧会被其劣质家具吸引：这些聪明的商人将自己包装成法国的领先制造商和工匠，借此从大西洋彼岸卸下的劣质商品中牟取丰厚利润。这种交易的本质是，客户从来就不太明白自己在买什么。古董的投资价值吸引了更多人来购买旧家具或仿旧家具，却鲜有人在意其外观。1865—1913 年，这些家具的价格大约涨了一倍，但 1914—1939 年，其价格只上涨了 12%。然而，到 1929 年，优质的现代家具开始升值（在接下来的十年间增长了 27%）。货币越贬值，实物投机反而越普遍。[10]

关于家具制造艺术，存在这样一个悖论：这一行的艺术家情愿屈居人后。家具制造者甘于默默无闻，这的确鲜有例外。他们与画家不同，其个人技能在圈外鲜为人知。这是因为该行业由店主和中间商主导，而这些人成了极端专业化和分工劳作的受益者。1938 年，近 90%

的家具制造者是以1~5人为单位工作的：从木工到镜子工、油漆工、抛光工及装饰工，每一道工序都是他们各自独立完成的。其中每一个工种只完成每一项渺小的工作，而且貌似都要花上好长一段时期，因此他们总是缺钱。商人整天围着他们转，伺机廉价购入他们的产品，尤其会抓住星期五和星期六他们急需现钱支付工人工资的契机。通常这些商人一转手就会赚取40%甚至100%的利润。大型百货公司会定期以极低的价格与他们签订合同，还坚持将家具冠以自己的名字，这一做法对整个进程起到了推波助澜的作用。正如一位细木工匠所言，原本工匠和公众之间只有通过不断地接触，才能交流彼此的“品位、想法和倡议”，如今这种途径也被堵死了。当营业额最大化成为唯一目标，“个人创意和职业操守”自然也就荡然无存。为了满足新贵阶层的需求，每家工厂逐渐发展为只负责生产某一特定类型的家具。从19世纪80年代开始，藤椅的生产主要集中在北阿吕安、讷维尔-科佩格勒和布雷勒地区；普通木椅生产集中在奥尔泰兹；酒店使用的可清洗的榉木家具生产集中在蒙贝利亚；而在利摩日，生产现代家具的这家大型工厂，建于1890年，最初依托当地的胡桃木生产亨利二世式家具。地方式家具（如民俗式、乡村式、五斗柜和四柱床）在“一战”后（像地方烹饪一样）逐渐盛行起来，由于旅游业的发展，其生产主要集中在奥莱（建了15家每家都超过百人的工厂）和布雷斯堡（从生产路易十五式家具转向满足新的古董家具市场的需求）。然而，给生产带来革命性变革的，不是需求的变化，而是胶合板的发明。1884年，胶合板在伦敦取得第一项专利（尽管一种能将木头锯得很薄的机器早在1834年就已被发明出来）。但胶合板上不能刻画，胶合板要求家具具有又大又方的表面，这些特性都是客户后来逐渐了解到的。但直到1945年，生活习惯的改变、对减轻家务的渴望、居住空间的有限，才使得人们欣然接受了这种简易家具。于是，家具第一次不再是财富的代名词，而只是若干有用的物件。[11]

百货公司的加入，意味着人们可以便宜地购进与普通家具售价相差无几的仿制家具。于是，在 1878 年的好商佳百货公司，购买一把样式简单的维多利亚式扶手椅只需 75 法郎甚至 59 法郎，而一把蓬巴杜仿制椅也不过 95 法郎，一把太师椅或波洛涅兹椅只要 85 法郎，一把精雕细刻的路易十二式椅子仅售 125 法郎。[12] 在 1898 年的南锡百货公司，仿制椅的价格常与现代椅一模一样：路易十三式和藤竹椅均售 12.75 法郎；弯木椅更便宜，只要 6.5 法郎；弗朗索瓦一世式的老橡木椅的价格也仅是弯木椅的两倍。买一个平平常常的“现代”餐柜的花费为 225 法郎，而精心雕刻的“老橡木”材质的“文艺复兴”餐柜高达 600 法郎，但若将后者的装饰稍加改动，换成一件批量生产的“布雷顿”风格的餐柜，则只需 300 法郎。不过，最好的选择还是仅售 180 法郎的“亨利二世”式餐柜。[13] 19 世纪末，各地涌现的家具店，使当地原创家具的绝迹成为必然。路易十三式，尤其是路易十五式家具已经改变了当时乡村家具的整体面貌。即使到了 19 世纪 80 年代，当地工匠还在坚持制作实用的农村家具，而非生产设计浮夸的家具，但他们已感受到来自巴黎的巨大冲击。[14] 1827 年，波尔多曾拥有 1 700 家家具制造商，而如今波尔多竟被若干新开业的大型商店主导，这些店逐渐依仗那些严格按规格生产的小乡村工匠。据说，本地职员的结婚标配就是一整套低价购置的亨利二世式或路易十五式家具。波尔多的 25 家古董店，也逐渐开始按需求委托工匠生产这种冒牌款式。因此，工匠除了生产冒牌货，别无选择。木雕家工会主席在 1884 年说：如今，他们成员的技艺与其他任何时期的一样精湛，只不过他们已失去了原创的权利，世人要求他们制作文艺复兴式、路易十四式、路易十五式和路易十六式家具，他们在被迫仿制中沦为机器。几百法郎生产的物件，诸如珐琅模型、珠宝、瓷器，在国内由于无人问津，被散布到国外的古董店，在那里以原价的十倍被转售。[15] 问题是，外国人也变得同样精于仿制，加之他们的工资成本更低，他们的制作成本也就更低。像里昂这样的老地区中心，已停止生产自己本地的设计，变为巴黎风格的典范，只为取悦那些势利人士。[16] 一位作者将质量衰退归咎于设计师，认为是他们之间的竞争导致家具疯狂降价。例如，在1877—1897 年，波尔多的设计师从 8 人增至 121 人。经济带给那些无法完全满足个人野心的赞助人的困扰，不断增长的成本带给政府当局的困扰，都导致了招标合同的通过。结果，得到这份工作的，往往是最劣等的工人。大量的贸易在古城堡的碎片中发展起来，这些碎片被再次拆分，为新家居所用。工匠们抱怨鲜有人委托他们制作有趣的原创作品。

随着壁纸的流行，它的简化也佐证了如上的发展趋势。19 世纪中叶制作的壁纸乃巨幅壁画，通常由 30 个不同的场景组成，如由佩拉德（壁纸制造商、圣丹尼斯市市长）创作的名为“里昂-圣埃蒂安铁路”的壁纸（1854），仍幸存在 20 世纪 30 年代的一家咖啡馆中；抑或是德利库尔创作的“森林狩猎”（1851），包括 4 000 幅版画。早在 18 世纪，穷人就开始购买这些东西，然后像贴图片一样把它们贴起来。但是随着蒸汽机的引进（1858），壁纸产业发生了巨变，到 1889 年已涌现出 200 多家壁纸公司。其聪明才智大多用来仿造丝绸和其他与奢侈品相关的标志。非同凡响的壁纸是为富人服务的，但那些重复着基本图案的壁纸，尽管与前者几乎无相似之处，却因价格便宜，很快就抢占了市场。[17]

这个时期的人们之所以喜欢家具，首先源于它是地位的象征。穷人家里几乎没什么家具。即使是中产阶级，想要超越基本必需品的格局，即一张床、一张桌子和几把便宜的椅子，也历经了很长一段时间。在一个社会日益繁荣的时代，人们执迷于社会地位的提升，其品位也就表现在对家具和饰物的收藏上，那么他们沉浸在拥有财物的快乐中也就不足为奇了。而且在这一时期，人们钟情于那些令人印象深刻的实木家具，同时还要以此证明这些家具是他们用辛勤劳作的报酬换来的，也就无可厚非了。家具首先是财产，所以人们想尽可能地把自家的家具装扮成富人家的样子。获取地位的方式并不是唯一的，但是无论怎样炫耀财富，都逃不过邻居的双眼。尽管如此，这一时期的人们还是在竭力做到这一点。他们试图把自己的家，起码是客厅，装修成微型城堡。但他们青睐古式的或仿古式的家具，还因为它集财产的本质属性、持久性和投资价值于一身。他们偏爱巴黎风格（因为它被视为国家神圣的化身），而不喜欢本地工匠为了逃避城市的诱惑而呈现出的古怪风格。直到 1919 年，巴黎开始流行地区风格，相关行业的生产才在各地展开。由于人们在品位展示方面相互竞争，所以不同的阶层、职业及人群在家具收藏和展示上，也不尽相同。但他们在总体上的高度一致也证实，品位像教育一样，除了要使自我满足，还要有其目的性。

与炫耀相对的是经济束缚，这可能是影响家具外观和结构变化的首要因素。我们不应仅凭他人所购买的商品来评判其品位。英国若干年前的一项调查显示，不喜欢自家家具的人几乎是对其所购家具满意的人的三倍。人们不应臆想，家具反映了制造商或工匠的品位。因为二者为了生存，被迫将成本降到最低，而买家也需量力而行。人们日益关注的与其说是美，不如说是舒适，只因舒适更易获得。考虑到所有这些曲解因素，人们对美的理解的变化则仍有待研究。但迄今为止，经济史学家对家具售价的应用远不及其对其他商品售价的应用精准。

服饰篇

相较家具，着装品位的发展趋势貌似截然不同。在家具方面，大多数人依旧很欣赏一成不变的古董样式，但在个人外观方面，他们似乎要求变化持续不断，几乎年年要变。巴黎业已成为时尚之都。然而，这种对比具有欺骗性：对地位的追逐支配着人们的着装选择，就像它决定家具的选择一样，但是男性的确比女性更旗帜鲜明地、公开地对这一目标展开了追求。[18]

这一时期的男装革命，无论是给着装风格还是给人际关系都带来了极不寻常，也许是独一无二的变化。几乎所有的男性都喜欢穿黑色或深色的西装，毫无修饰，剪裁和布料的差别也小得微不足道。先前，男性的穿着是为了显示自己的地位、职业和自豪感；如今，他们展示出来的却是对平等的那份谨慎和谦逊，以及表面上的接受。1848年，男士的发型长短不一、千变万化；50年后，长发几乎影踪全无，男性理发师的技艺也随之失去了施展空间，只要能用剪刀理出略有变化的发型便足矣。上述情况在法国各地出现的时间先后不尽相同，这表明巴黎的博爱及平等原则（尽管也许并非自由原则）正在以这种外表趋同的方式逐渐取得胜利。直到1880—1900年，布列塔尼的农民才采用他们所谓的“法式风格”。此前，他们穿的夹克和马甲款式各异，装饰和刺绣方式也各有千秋，这样一来，人们一眼就能辨认出某人来自哪个村庄或村落。这就成了他们的制服，每种制服的款式仅供几百人享用，上面用针线绣着精美而多彩的图案，这些幸存下来的制服样本昭示着这些人对归属当地社区的那份自豪感，他们就像同属一个军团一般。[19]一位布列塔尼的医生在1904年写道，人们能在展销会和市场上看到各式各样的此类服装，仍能辨认出那些居民，虽然他们的城镇已发展得更加现代化。像蓬拉贝人，在过去的15年间，他们采用“法式风格”，把夹克从前面扣紧，以此遮住里面的绣花马甲，除了保留彩色内衬，已无其他装饰。正如这位医生所言，他们正稳步地朝着单调而陈腐的“欧美风”迈进。[20]事实上，这种风格最初是英国乡绅的打扮，19世纪初，法国贵族中的纨绔子弟，为了标新立异引进了这种风格。[21]这种风格背后的理论是由布鲁梅尔发展起来的，此理论认为，男人追求的不应是衣服的装饰、色彩的冲击或布料的华丽，而应是服装与身体线条的完美结合。领巾是此后他们留给自己的唯一幻想空间，同时，衣物的清洁度成了衡量他们体面程度的标准。我们不能过于简单地用西方世界的民主化进程来解释上述时尚成就。因为在最开始，只有顶级贵族才紧跟时尚。起初，英国绅士用统一的服装作为本阶层的身份标志，而模仿他们的人无外乎是想把自己也扮作这个显赫群体中的一员。统一穿着黑衣与其说是民主的胜利，不如说是追求社会身份的新方式。

其他阶级之所以能飞速地把自己扮作绅士，源于裁缝业在新商业实践中的转变。男性着装并没有因为法国大革命而立即简化：1803年，优雅一族要一件套一件地穿上三四件马甲；在波旁复辟王朝的不同阶段，“波兰”裤、“土耳其”靴、“哥萨克”马甲、“英国”短外套及大量金色纽扣甚是流行。然而，1825年左右，巴黎出现了成衣店。直至法兰西第二帝国末期，成衣店彻底改变了男性的着装习惯。这些店起初只出售那些无人认领的定制服装。穷人总是穿富人丢弃的衣服，这便缩小了阶级间的外表差异。但穷人不得不把他们捡到的不同款式的衣服混搭在一起，因此其穿着就变得更加多样化了。但是 1830 年，古塔尔公司在小香榭丽舍大街成立，其所出售的成衣和定制的套装价格无异，并且只收现金（与一般裁缝的收费相比，这可以让买家省下一大笔钱，尽管后者允许赊很长时间的账）。到 1867 年，这家公司雇了 40 位裁缝，为每个阶层的穿衣打扮服务，每年出口价值 300 万法郎的套装，主要发往南美和埃及。[22] 巴黎的百货公司借由他们寄出的商品目录，很快就把这套体系拓展到其他省份。1827 年，“美丽的园丁”开业生产成衣，1866 年，它迁入巴黎新桥边的一座新落成的宫殿式建筑中。①1875 年，法国艺评家夏尔·勃朗仍坚持认为，衣服应体现人的生活职能，但实际上，衣服却越来越起着相反的作用。勃朗还指出，当下服装的面料很不耐用，这也是社会高度流动的标志。他力劝男士应树立庄重的外在形象，因为服装不失为“个人道德的象征”。[23] 现在，人们用很少的花费就能武装出体面的外表。当然，外表是有欺骗性的。1908 年，衬衣制造商联合会主席在报告中指出，有相当多的男性对花哨的衣料（奇装异服）有需求，而且他们的衬衫还有不少卖弄风情的成分；虽然市面上最流行的仍是白衬衫，但最近，人们对印花的彩色衬衫的需求也越来越大。[24] 但是男性的这些渴望是不宜公开的。可以说，穿黑套装的时代更符合性压抑时代的特点，而不是与民主时代更吻合。男人在被迫放弃新奇着装的同时，开始隐瞒自己对婚姻的不忠。男人特别喜欢在周日穿着黑色套装去教堂。男装表现出对反常要求的局限性，人们对此是普遍接受的；着装要求普遍一致；那

① 至 1913 年，它雇用的工人达 10 000 人。其他男装公司的情况参见 H. Detrois, *Industries de la confection et de la couture*（1913）。

些基本源于势力或富有所产生的个人幻想，也只能在衣服的小细节上得以体现。

不过，如果男装之都是伦敦，那为什么女装之都却是巴黎呢？1850年的巴黎还担不起这一称号。的确，旧制度时期的末期，作为玛丽·安托瓦内特皇后的御用服装师，贝尔坦小姐就拥有许多外国客户（尤其是俄国人，当然还有英国德文郡公爵夫人），但此时，时尚还未呈现其现代特征。贝尔坦小姐尤以帽子和服装配饰的独特设计见长。[25]过去，女装行业发展缓慢，部分原因在于制作布满蕾丝和刺绣的女装耗时过长，客户订购后需几个月才能做好。另外，虽然女装的颜色和装饰物的搭配种类各异，制作一款服装所需布料也不尽相同，但其基本样式却相对有限。裁缝的工作就是用新布料仿制旧版型。直到1850年，巴黎才出现第一家既卖布又连带制衣的店铺，但其店主罗杰夫人（其店铺位于圣马丁大街）也仅有一种版型。1854年，年仅20岁的沃斯来到巴黎，他觉察到罗杰夫人这种成功的经营模式，便说服他的雇主，即伽休兰店的布料商们也如法炮制。一种布料定位一款服装，就这样，沃斯心灵手巧地设计了一系列女装款式。他的创意饱受批评，但他凭借毅力，用更舒适、更贴合身形的服装说服了一批又一批客户，让她们从标准样式中解脱出来，转而追求有个性的着装。起初，这些大多是外国客户，尤其是英国女士，她们的巴黎之行就是为沃斯而来的。沃斯的成功源于他的自信和他的说服力。对于他引入的新配饰，人们一开始并不喜欢，但他说服了贵妇们率先佩戴，引领时尚，最终流行开来。他敦促里昂的丝绸制造商生产有新颜色和新款式的产品。沃斯的至尊客户欧仁妮皇后原本极力抵制他推荐的任何创新产品，但沃斯劝她说，身体力行地穿戴这些时尚新品，会起到刺激纺织品贸易的作用，从而也在履行她作为皇后的职责。里昂的丝绸织布机数量在法兰西第二帝国时期的确翻了一番。沃斯还革新了寡妇的黑色丧服，引入绉绸布料，添加了紫色和翡翠绿。1872年，沃斯着手用里昂最古老的一种装饰织物——雕花天鹅绒做衣服。前几年，客户很抵制穿天鹅绒这种家具装饰布料，但经过磨合，一个批量生产天鹅绒布料的庞大产业竟然最终发展起来。当然，天鹅绒已由原来的丝质变为棉质。天鹅绒服装也因此蔚然成风。沃斯采用了新材料和新饰品，所以极大地刺激了商业发展，促进了蕾丝机械加工业及庞大的花饰和羽毛产业的发展。巴黎陆续出现了800家专门从事相关生产加工工作的公司。正如沃斯创立的那样，时尚是以实现服装的个性化为己任的。时尚并没有满足女性对新鲜感的追求，而是使得女性必须与她们的保守主义思想做斗争。只有当那些既富有又与众不同的女人或女演员展示她们的新造型时（剧院在普及女性时尚方面扮演了重要的角色），女人才会设想，只要自己穿上类似的服装，也会变得和她们一样漂亮。在大众看来，时尚就是模仿，这与个性化背道而驰。[26]现在，时尚必须不断更新，因为随着大型服装业的发展，新款转瞬就惨遭模仿，以至于富人为了引领潮流，就要求设计师继续创新；而穷人穿的却是那些拙劣的仿品，材料廉价，剪裁和色彩更无优雅可言，以至于他们对原创的艳羡之情迅速减退。随着服装数量的无限增长，这个行业的竞争也日趋激烈，以至于人们无法再确定谁在新布料的开发方面起着引领作用，到底是布料制造商还是女装设计师。比如说，某一丝绸制造商积压的云纹绸过多，他当然乐意将其低价卖给某知名设计师，而这位设计师就会用这批云纹绸给外套做里衬。云纹绸将因此成为时尚，其用途也随之变得五花八门，工厂必将对其加大生产。由于市场的不可预知性，这个行业想赚钱实属不易，但正因为它存在赌博成分及无法言说的独创性，所以它才吸引了更多员工的加盟。在

1850年的《上流社会名人录》中，158名巴黎时装设计师榜上有名；1872年，共有684名；而到1895年，已多达1 636名。况且独立服装设计师还未被列入其中。1895年，这些设计公司中有6家各雇用400~600名工人，另外50家每家约雇用100名工人。法国那时共有40万名工人专门从事女装生产。

各级制造商生产的服装良莠不齐。“高级定制”是指服务特定客户的单品生产，价格为800~1 500法郎（19世纪和20世纪之交时）。而法国人只占其买家的37%。法国人在服装设计上的创造性在很大程度上得益于外国人的赏识（艺术普遍如此）。究其原因，除了产品优质，也因为是外国制造。服装设计师每做一件“高级定制”服装，通常仅赚得约150法郎，但他得花大笔的钱购买奢侈品，在巴黎地价最高的区域租下优雅的展厅，以及过着声名远播的高档生活。当时，一般的裁缝每天只挣两法郎，但法国市场上的很多服装都是这些人生产的。[27]但德国在规模生产方面更高效，因此，法国进口服装数量与日俱增。由于服装生产商降价和降低质量的行为，曾经的神话（认为法国女性普遍穿着考究或优雅）也将不复存在。女人亲手制衣或请人专门制衣的时代，到19世纪末几近消亡。但此时，女性内衣仍为手工制作，还无专门的内衣公司，但紧身内衣行业大多已机械化。1848年，有约10 000名工人从事紧身内衣的加工；到1889年，人数翻了一番；1878—1889年，紧身内衣的花费已从1 100万法郎增至5 500万法郎，而此时也正是工业机械化的变革时期，定做的紧身衣仅占总花费的四分之一。19世纪30年代，紧身内衣的单价为8~15法郎（取决于是否添加鲸骨）；19世纪50年代，法国人以每件60生丁的价格从英国进口紧身内衣。1839年，巴黎工业展览会把紧身内衣列为危险品，禁入展会，但那时人们已发明了“安全”“无痛”的橡胶质地的产品。不过禁令也没带来什么变化，1902 年，教育部严禁女生穿紧身内衣，但这同样是徒劳无功的。人们不再系围巾、戴无檐帽，转而喜欢戴着檐帽招摇过市。[28] 巴黎的羽毛饰品、鲜花饰品及水果饰品的生产本已规模可观、堆积如山，现在却变得更加庞大。帽子作为身份的象征变得如此重要，以至于无论男女都不敢不戴帽子上街，而各自的帽子还需要与其追求的等级相称（这与法兰西第三共和国早期对外在平等所做的贡献相左）。依照法兰西第二帝国的《时尚法典》，个人穿着上留下个人梦想的印记即为时尚。问题在于如何发现或制作个性饰品，并且不为生产商的诡计所欺骗——这些无良商人用胶来使布挺括，加糖增加布的光感，而一场雨就会让这一切变得支离破碎。[29] 女人开始穿成衣，大约比男人晚了 50 年。到 1930 年，多数法国妇女都买成衣来穿，因为不仅百货公司，就连许多小店都出售成衣。生产商不再生产成千上万件同款服装，而是大幅度限产，他们每周都有新款出品。“一战”以后，随着染色技术的改进，原本昂贵的布料的颜色变得可以复制，大众仿制服装便随之成为可能。[30]

正是这些技术革新让时尚的更新换代快到每季都有新款推出。当然，新款改动的幅度极小，但只有生产商每年合力出售新品，才会迫使女人改变其形象。顶尖的服装设计师起初对这种趋势是抗拒的，后来才慢慢为其所用。保罗 · 波烈是继沃斯之后又一位伟大的时尚先锋，他重提了沃斯的指令，即女性的穿着应适合自己。“明年的时尚为何物？”这个渐被问起的问题令波烈有些惶恐。他因受雇于沃斯的两个儿子而出名，但他们带他生产的却是一系列简单的衣服。让 · 沃斯的制衣喜好是各式材料搭配珠宝。而其兄加斯东更看重商业方面的业务，他认为，随着 20 世纪的到来，即便是公主有时也需乘公共汽车出行，她们需要与之匹配的服装。加斯东还说：“我们发现自己置身于一家大餐厅，里面只乐于提供松露。但我们真的需要开一家供应炸土豆的小馆子。”波烈很快就自立门户，以便开展他特有的服装革命，他的和服式外套，为普通服装引入了东方元素，他本人也因此声名远播。1903 年，波烈接连宣布废止衬裙、紧身内衣、假发，以及配有叶子、花、丝带、水果和羽毛的帽子，每道废止令都敲响了相关行业的丧钟，引来抗议声一片。波烈并非试图“解放”女性：尽管他的设计更凸显了女性的自然曲线，但她们穿着他设计的紧身连衣裙，举步维艰，还得裸露后背，有时难免冻僵。他宣称时尚是一种良好的感官刺激；性感是其重要功用，巴黎之所以能引领时尚，是因为感性和性感的生活在此得到了最自由的发展。但他并未期待女性去盲目遵从他的设计：他的设计仅是建议而已，每个女人应学会适应自己的个性。他的某些建议惨遭拒绝，他坚持认为（1914 年以前）裙裤必将左右时尚，因为裙子的创新空间已耗尽；他还试图让女人穿上鲜亮的颜色，但她们同样抵制。波烈是法国首位赴美服装设计师，此举为他的贸易的繁荣起到了重要的作用。在美国，他被誉为时尚之王。但很快，他就被进行服装贸易革命的资本家势力取代。他批评美国女性缺乏想象力和个性，他对她们愿意购买与他设计的款式一模一样的服装表示惋惜，而法国女性则不同，法国女性会要求改动款式并换成其他颜色和布料。波烈说，美国女性一生都保有女学生的心态，所以她们看上去就像穿着制服的巨型孤儿。制造商利用此特点，从巴黎购入头一年的成名款，然后令人作呕地进行再加工。于是，时尚索性成了简单的年度变化。法国时装设计师目睹自己的作品遭到剽窃后变得面目全非。他们被迫任由自己的名字被贴在长筒袜、手包甚至衣服上出售，而他们却不参与这些商品的生产。波烈的破产，以及他得听命于一群对时尚一无所知的金融家的事实，让世人知晓了那些对独特天才的种种束缚。大萧条结束了对服装设计师的屠杀。“一战”后，制造商和设计师再次联盟，前者占主导地位：克里斯汀·迪奥是由纺织制造商博萨克集团资助的。迪奥指出，仅一个法国人就能让全世界的女性丢弃她们的旧衣服，但它的实现有赖于一个庞大行业的合作和其对自身利益的考量。法国在女性时装领域的霸主地位在一定程度上堪称传奇，正是女性杂志催生了这一传奇。设计师设计的时装仅有一小部分走入了百姓的生活，这还是通过资本家的斡旋实现的。当然，资本家的这段历史至今还无人书写。[31]

女性美、时尚及渴望穿着舒适，这三个概念之间的关系仍有待认真研究。想要知晓是否有一种符合大众品位的理想女性，或这种女性是如何进化而来的，实属不易。因为几乎所有的相关证据都来自作家，而他们的品位并无代表性。18 世纪的朝臣看似欣赏庄重的女性，但知识分子却找到了并非如此经典的女性形象的价值，找到了隐含在讽刺和智慧中的那份不寻常与叛逆的可贵。革命时期，优雅、纯真、女神般的庄重形象得到了各种令人困惑的称颂。浪漫主义者未必一定会爱上身形瘦削、面色苍白、忧心忡忡、患结核病的女人；而且人们不能一概而论地将母亲或家庭主妇作为这个世纪所有其他女性的代表，绘画和摄影作品中有更多女性肖像，它们完全可以打破所有这些比较。令人吃惊的是，小说家也无法说清他们的女主人公因何而美丽。其可能涉及这两大变化：一是瘦女人对胖女人的胜利，而 20 世纪的健康、运动型女性只是这种胜利的一个变体；二是女人在外人眼里的生命魅力期在延长。男人过去常说女人是上帝创造的尤物，但她们的美如昙花一现般短暂（也就是她嫁给男人的那一刻）。他们暗指并写道，大多数女人是丑陋的。[32] 女性显然是相信了这一说法，所以女性对巴黎时装着迷的同时，用的化妆品也越来越多。剧作家费多的父亲在 1873 年写道，如果漫步在布洛涅大街、香榭丽舍大街，甚至林荫大道上，你会发现至少有一半年轻女性是浓妆艳抹的。[33] 当时流行把头发染成“蛋黄”色和“牛尾”色。18 世纪的贵族会戴假发；20 世纪初，人们也用假发来做头发，不过较先前要自然一些。1902—1906 年，法国的头发进口量以翻一番的速度增长，高达 30 多万千克。“美容院”现在突然兴起，旨在帮助那些担心自己失去魅力的女性恢复活力。[34] 简而言之，女性在更努力地试图打造成“非我”的样子，因此理想的女性美，远非灵感，起码对女性自身而言，它是持续焦虑之源。[35] 据一位 19 世纪 80 年代为一本女性杂志提供咨询服务的医生说，女性主要忧虑胸部大小（占其读者来信的 40%）、如何化妆最好看（占 25%）及如何处理那些长错地方的毛发（占 10%）。这一时期，女性情愿把大笔的金钱花在美发店：花 5 法郎做个“普通”发型，花 15~20 法郎做个带鲜花和羽毛的舞会发型，花 20~30 法郎做个蓬松卷发，花 30~40 法郎做个“复古”发型，花 40~50 法郎做个个性十足的乔装改扮发型。[36]

时尚的魅力在于，它以一种简单的方式，让人们暂时忘却了那些对于美无计可施的问题：无论如何，用金钱都能买到一种看上去近乎理想化的美，无论它的存在是何等短暂，但它却简单明了、易于复制。这就是女人即使惨遭时尚暴君的诋毁，仍选择隐忍的原因。若不考虑对传统服饰的严苛规定，这些暴君便几乎成了自由的化身。而那些抗议的女性，以及那些反对将时尚的重担强加于女人身上的女性，几乎没有成功的先例。究其原因，部分在于这并非一场简单的舒适或平等与时尚产业之间的斗争。伟大的设计师也在以自己的方式成为解放者。就连衬裙在发明之初也是解放的象征，因为它摒弃了数量仍在日益增长的厚重裙撑。当时，许多与时尚相关的法令似乎都充满了好的变化与巧思。女人试图与男人穿同样的衣服，也一再受到压制。共和九年，警署署长在一项法令中告知，因为许多女人穿得像男人，所以该法令规定她们必须经他亲自授权，并且也只能出于健康的原因才能如此打扮。1848 年，一家妇女俱乐部成立，提出以马裤取代裙子的要求（同时要求男人每周至少做三次家务）。然而，法国无人效仿美国的灯笼裤，最终是运动让女性放弃了裙子。但到那时，历经长期的斗争，裤子已经以女性内衣裤的形式被接受。（正如 1852 年《时尚资讯》所报道的那样）参加舞会时裤子内穿是为了避免跳华尔兹和波尔卡舞时因动作不慎而走光；《妇女顾问》杂志于 1853 年发布了一款裤样，供“出游的女士”参考；《巴黎内衣》于 1854 年“应广大读者的要求”也刊登了一款裤样，把裤子界定为女士必备之衣物，尤其是冬季。最终是裙撑让裤子成为必需品，因为每当穿过局促的空间时，裙撑就得被部分地拆掉。1857 年，《优雅法兰西》中有如下抱怨：“我们穿得越来越像男人：圆帽、翻领、火枪手袖口，一应俱全，我们中许多人甚至还穿裤子。”但这次，时尚并未流行开来，因为农民和工人无力购买这么花哨的式样。一位医生说，从那肮脏的膝盖便知晓他们是农民或工人。

人们不应轻易地将这种时尚与性别平等联系起来，正如不应认为短发“解放”了女性一样。女人第一次将头发剪成提图斯式短发，是在法兰西第一帝国时期；留男孩儿发型（1927）迫使女人更频繁地接受理发师的服务。[37] 更为重要的或许是一场由可可·香奈儿（1883—1971）掀起的革命。“一战”期间，她为大众开创了一种新的优雅风格，她赋予廉价的材料以高贵品质，她生产的时髦且无装饰的舒适服装，竟然是由她低价买下的那些无人问津的毛线衫制成的。1921 年，她的设计借鉴了俄国农民的衬衫；1926—1931 年，她以“绝对男性化的剪裁”推动了英国时尚的发展。不过，她差不多算个局外人。她是小贩的私生女，最初只是个女佣，直到被穆兰的卫戍军官发现。她之后结交了若干外国情人，他们像她一样，也都是孤儿。比如英国人亚瑟·卡佩尔（据说是佩雷尔的私生子）、威斯敏斯特第二公爵、俄国大公德米特里和维希政府统治下的德国贵族。直到 20 世纪 50 年代，她的风格才真正流行起来，尤其是在美国。女性因此发起了一种新的便装时尚，男性也紧随其后。[38] 这说明，时尚正步入一个完整的循环——其最初的发展是在社会攀登的障碍消失后，作为其衍生的激烈竞争的一部分而存在的，并在社会攀登不再受人瞩目时，呈现出一个新的方向。[39] 当然，人们对自己穿着的喜爱程度则另当别论。

绘画篇

人们普遍认为，这一时期的绘画，以公众审美与绘画才华间的割裂而著称。像布格罗和梅索尼埃这样事业有成的画家，如今唯有美术史学家还记得他们，而像马奈和塞尚这些当今被公认为有史以来最伟大的画家，当时想卖掉作品都很难。从印象派到立体派，几乎每个新流派都备受敌视。在多数情况下，要成为一名画家好像是在反抗“资产阶级”社会，在谴责这个社会的多愁善感、伪善和物质主义。绘画艺术与社会的关系问题似乎需要用新的术语来讨论。

然而，这种现代与昔日美好时光的对比本身就是肤浅的。首先，现在看来，这一时期的画家与其同时期画家之间的裂痕貌似比实际更深，这源于一个与绘画无关但对艺术态度有着重大影响的新因素的介入，即报纸。当下，绘画艺术受关注度之高，已达到史无前例的程度。在此情形下，各种绘画形式都有人关注，即使它的表现有时只取悦了一小撮涉猎者。报纸将绘画艺术的讨论演变成空前激烈的争论——就像它们在每个活动领域的所作所为一样，但我们不应把它们视为公众舆论的准确反映。[40] 将画家划分为相互冲突的流派，这在某种程度上是新闻界的简单化处理，而在一定程度上也是艺术家借用文学手法和政治策略营造出的神秘感。人们最终不再用划分如此清晰的流派术语来看待这一时期的艺术史，而记者和评论家试图将其浓缩成的戏剧性争斗，也只能被视作故事的一方面和一部分。

无论如何，绘画的作用已变得错综复杂，但愿是因为参与其中的人越来越多。18 世纪，一般每年仅有三四百幅画会在巴黎秋季艺术沙龙（官方的年度艺术展）上展出。但在 19 世纪上半叶，参展的画作增至 2 000 多幅；到 1864 年，已多达 3 478 幅。1791 年，首届开放式沙龙展出了 794 幅画作，任何人都可以在未经官方评审批准的情况下参展。1848 年，第二届展出的 5 180 幅展品，是由 1 900 名画家的作品构成的。在接下来的一个世纪里，由于巴黎秋季艺术沙龙体系的解体，我们已经很难说出具体数字，但它仍在进一步增长是确定无疑的。1885 年，有 3 851 名艺术家向巴黎秋季艺术沙龙提交了作品。①1954 年（1962 年也是如此），约有 11 500 人在人口普查时自称为艺术家；②巴黎秋季艺术沙龙（已分化成 30 多个不同的展区）现已展出约 4 500

① 这些艺术家中有 1 243 人的作品得以成功展出。其中 389 人为外国人，以美国人居多（98 人），然后依次为比利时人（47 人）、英国人（34 人）、德国人（31 人）。

② 1954 年：画家 7 600 人（其中女性 2 260 人）；绘画教师 2 220 人（男女均等）；雕刻家 1 700 人（女性 260 名）。1962 年，仅有 2 595 名艺术家承认他们收入的大半为艺术所得。

名画家的作品。作为一个行业，较之文学，绘画的发展晚了约一个世纪（有目共睹，18 世纪书籍出版量翻了两番，19 世纪初增加了两倍，之后基本保持稳定）。因此，绘画行业是在姊妹行业或艺术对手的监督下成长起来的，无休止的评论和批评，使其生存环境变得极其复杂。

此外，观众并非简单地随着绘画的发展而发展。巴黎秋季艺术沙龙之后迅速成为广受欢迎的大众娱乐活动，各阶层都参与其中。1884 年，有 238 000 人参观。1887 年，在其通常持续的 55 天里，有多达 562 000 人参观。周日可免费参观，所以约有一半观众是这么进来的。然而，1887 年，有 8 612 人在特别的日子里通过支付 5 法郎（而非通常收的 1 或 2 法郎）进入展厅，而这些人或是行家里手，或是假内行。人们不应被这些数字误导而得出关于艺术普及程度的结论。画展肯定不如其他展览受欢迎，1855 年的情形即是如此：按这一年巴黎世界博览会的安排，想看画展得前去另一座独立的建筑，结果，参观工业区的有 4 180 000 人，而仅有 982 000 人参观了画展。[41] 这些数字令人唏嘘，但也表明，超过四分之三的参观者是拒绝观看画展的。况且，绘画艺术在地方的受欢迎程度远不如在巴黎。1887 年，即使在最大的省会城市，任何画展的参观者也都未曾过万，而当年，巴黎秋季艺术沙龙的单日参观量就高达 5 万。1885 年的穆兰画展（与农业展联办），有 275 名“业主”、164 名小店主和工匠、24 名职员参与展览的举办。然而，每当某省单独筹办画展而非参与某大区的联展时，展会的出席率总会很低，而且它几乎成了中产阶级的内展。1918 年以后，更明显的是 1945 年以后，两个新发展使局面得以改观。随着旅游人数的大幅提升，博物馆和历史遗迹被列入度假日程，一类新的人群——闲散的游客，开始光顾画展，尽管他们经常是些连自己当地的博物馆都未曾涉足的人。小型展会在增多，但它们开始依赖于有限的、以中产阶级为主导的客户，其中一大批是有闲暇时间的家庭主妇。尽管人们的休闲时光在增多，但在1974年接受调查的法国人中，仅有4.4%的人把绘画或雕刻作为爱好；与之相比，有15.4%的人说会演奏乐器，还有49.4%的人说摄影是他们的爱好。绘画爱好者更喜欢看画而非真的画画，而音乐爱好者则更愿意自弹自唱而非听音乐会。在这项调查中，1974年，有18.6%的人表示，他们至少有过一次看画展的经历；70%的人表示，他们至少读过一本书；51%的人曾光顾电影院，而人均为13次。此项调查说明，尽管法国人开始变得富有，但他们中约有半数的人的家中没有任何能称为与绘画艺术相关的图画或复制品；约20%的人的家中有复制品；约26%的人的家中有业余画家的原作，这说明业余爱好者的作品分布广泛；23.5%的人的家中有海报；8%的人的家中有当代职业画家的画作（但这最后一项在巴黎的发现频率是巴黎以外地区的4倍）。[42] 对绘画感兴趣的人总是少数，而非正统的、“难以理解的”绘画艺术的到来，可能对这些少数人的规模并未造成太大的影响，因为若想解读学院艺术的寓意及意义，常需具备渊博的知识和想象力。重要的是，绘画艺术的受众并未随着教育的发展而激增。学校教育大众化的结果反而是，绘画艺术成了那种相当难以阐释的“文化”的一部分，学校并未真正把“文化”传授给学生，而为了欣赏这种“文化”，似乎又需要大量的学校教育。于是，只有受过高等教育的人才懂得欣赏文化和艺术。参观博物馆（当然从未特别受欢迎过）仍是高学历阶层的专属活动。因此，20世纪60年代，在法国博物馆的参观者中，仅有1%是农民，也仅有4%是工人，5%是工匠和店主，但有45%来自“上流社会”。博物馆的参观者中有40%学过拉丁语，三分之一有高中学历，四分之一拥有大学学位。[43]

可能乍一看最有文化的阶层（受过的训练基本上是文字层面的）对绘画艺术的垄断和大众对其的疏离之间似乎存在着矛盾，大众恰恰喜欢图片而非文学，他们只局限于翻阅画报杂志和报纸。这是一个定义问题。通俗插图不属于绘画艺术，就像通俗小说不属于文学一样。审美意味着蔑视。高雅的审美，顾名思义，就有不为大众所分享之意。专属性随即成了艺术欣赏的基本特征。结果是，这既没认真努力地唤起大众的艺术兴趣，也未实现文化传播的义务。学校对绘画艺术的态度经历了四个不同的阶段。直到 1853 年，学校才开始关注美术，在哲学家拉崴松的影响下，美术才首次被引入中学教育大纲。拉崴松认为，自己是以列奥纳多·达·芬奇的学说为基础的，他坚信学校不应只教素描，也不应采取急功近利的方式。美术教育的目的是“训练眼力”，发展品位，向人们展示在普通中发现完美的途径。于是，孩子们被要求画人脸，旨在研究人的各种情绪。本着由简单到复杂的原则，老师要求他们从画鼻子、耳朵等脸的局部学起，只有学会了画这些才可以进展到画整张脸。他们是从临摹印刷品和照片开始的，然后尝试画古代雕塑，只有在这些方面具有颇高水平时，学生才有资格画真实的人脸。这种方法造成太多的困难也就不足为奇了，所以鲜有老师能将此方法付诸实施。[44] 因此，1878 年，拉崴松的直觉法被一种完全不同的被叫作“几何法”的体系取代。改革的灵感源自欧仁·纪尧姆，他在这方面不再是哲学家，而是一位意识到自己身处科学时代的画家。[①] 在他看来，绘画首先是一门科学，其教学目的并不是激发学生的个性，而是让他们具备复制模型的能力。所以，他竟然请数学

① 欧仁·纪尧姆（1822—1905）于 1845 年凭借他的作品《忒休斯在岩石下发现父亲的剑》在罗马大奖赛获奖。他于 1862 年成为法国美术学院的一员，又于 1879 年被儒勒·费里任命为法国美术学院院长。

老师来教授绘画。自然风光是最不被允许学生画的，他们首先得学会画二维画面，然后才能画圆锥体和立方体。老师甚至经常不允许学生临摹真实立方体，只允许参照立方体的照片或画作。但有时老师在美术课上会分发些由纸、灰泥或铁丝制成的小几何体作为美术课的主要教具。小学阶段的绘画也仅限于此，更多高年级学生毕业后方可临摹花瓶和些许建筑物，通常是古建筑。从理论上讲，下一阶段应该学画人物头像和动物，再下一阶段是人物全身像的学习，最后才有资格画风景。因此当时出现了古老和科学的混合体——古老是指大多数模型都是古代石膏雕像。据负责该体系实施的督察说，培养学生“通过视觉获得艺术感觉和情绪体验能力”固然有必要，但测量能力的培养更为重要，因为科学是现代文明的基础。传统的文学方法也被应用于绘画：“听写画”就相当于听写散文，教师在黑板上画，学生坐在下面临摹。直觉法被看作是无序的，因为孩子们的习作需一对一进行批改。而目前的“集体教学”意味着班上每位同学做的任务相同，而就此任务，教师课后会马上打出分数。[45] 但几何美术不久便遭到诟病。首先，实业家抱怨几何美术没能造就好的绘图员，这样并未实现其纯实用的初衷；其次，这也遭到来自教育家以儿童心理学名义发出的诘难。第四阶段与1909年的改革同行，流行“主动”法，这是受巴黎装饰艺术学院的教授加斯顿·奎尼奥斯思想的启发。他认为美术教育的目的不应是教授专项技能，而应是培养个人看法：老师该给有真情实感的作品打高分，而非给准确完成的作品打高分；孩子的艺术作品必须有其创造性；作品一定是在表达生活中的快乐。奎尼奥斯反对法国教育赋予写作优先于绘画的权力，他说绘画是孩子的天性，应允许他们在9岁之前随心所欲地画画。不应让他们临摹古典半身像，而应允许他们画自己所爱的事物。等孩子再长大些，就可以引导他们多观察。到 15 岁时，可以允许他们临摹绘画巨作。但是，美术课不应是技能的灌输，而应为幸福感的普遍提升做出一定的贡献。[46] 人们不应误以为学校的教学真的会如官方指令一般，从一种方式转换为另一种。美术课的师资向来都是不足的，教师培训计划仍处于初级阶段。皮蒂埃是改革的参与者之一，曾任卢浮宫博物馆馆长。他说自己求学期间从未上过任何形式的美术课。许多教师起初不喜欢美术为数学家所垄断，也不赞同之后允许孩子随心所欲地做事的理念，因为这与学校对纪律的普遍重视相悖。然而，关于这种教学的效果，我们还需做进一步的调查研究，不仅要调查广大民众的接受能力，而且要研究其对画家的影响。因为迄今为止，只有美术学校的培训引起了历史学家的关注。[47]

普通学校的美术课有两面性。一方面，直到 20 世纪，美术课都是用抽象的技术手段来讲授的，这样导致可能只有极少数学生具备艺术鉴赏能力。但是也许只有当孩子们在美术课上获得了自由时，他们才会逐渐认同一种强调个人表达至上的艺术。另一方面，学校装饰风格的演变方式截然不同，与美术课的发展不同步。19 世纪上半叶，学校墙上多是法国国王的肖像、“有趣的算术”和地图，图画少得可怜。在早期的幼儿园，就连这些图画平时也是存在资料夹里的，只有上相应的课程时才会被取出来。并且，通常图画太小，很难保证全班都看得清楚。突破来自 1867 年的巴黎世界博览会，其间的教材展成为亮点之一。平版印刷术的发明及新流行语“教训”的传播，促使出版商为学校制作了一系列海报。从 1871 年开始，E. 德罗尔成功出版了一系列关于动物和工业的海报，试图展现自然与世界的方方面面。这套彩色作品着眼准确，力求贴近实物大小。德罗尔认为，孩子们乐于学习自然科学，但苦于没有适合的图画，人们必须为他们提供有持续吸引力的彩色图画。继德罗尔之后，1879 年，阿歇特出版社推出“校用图片”系列，6 年后，又发行了 100 幅描绘法国历史的图片，仅售 11.4 法郎。1888 年，德拉格雷夫出版了《现代语言教学图片》。政府也成立了主管学校美术装饰事务的委员会，以期培养孩子们的品位及美学求知欲。但是，一种特殊的儿童美术开始出现，这种美术对道德意义的灌输过多。政府发行的第一批宣传画作品包括亨利·里维埃的《冬季》、威莱特的《小红帽》、莫雷奥·尼拉顿的《阿尔萨斯》。之后杜福小姐出版了一系列诸如《爱父母》《勇气胜过武力》《合作》等宣传画。视觉品位在学校无任何优先可言，远不及道德说教。美术老师的地位卑微到无法为美化教室添砖加瓦，美术课沦落到与学校的其他活动完全脱节。[48]

作为自由欣赏艺术作品的场所，博物馆是现代社会的重要标志。但这一时期，博物馆还无法胜任在艺术与大众之间担当媒介的角色。因为 1789 年之前，在巴黎之外，人们几乎无法找到公共博物馆。卢浮宫的皇家收藏得以面世还要感谢法国大革命，同时要感谢拿破仑在 1801 年创建了地方博物馆，展示了那些无法在卢浮宫有限的空间里展示的艺术品。为了这些馆藏机构的建设，国家会经常性地购买各种新旧艺术品，由此，19 世纪 80 年代此类机构已达 100 多家，截至 1945 年已发展至 700 多家。收藏家的捐赠和遗赠行为也成了既定习俗。迄今为止，国家和各市政府成为艺术品的最大拥有者。但博物馆自身并未受到任何教化热情的鼓舞。它们把自己更多地定位为对艺术品进行保护，而非展览，因为它们的展品的确只占所藏的一小部分。地方收藏的成长纯属偶然，尽管它们受以下两条原则影响：第一，本地出生的画家的作品应该被收藏；第二，对于每个时期及流派，应涉猎尽可能多的代表人物，即使仅获得某位的一幅非主打作品。因而，无美术背景的参观者很可能会在博物馆的这种不完整的氛围之下，感到迷惑不解，而非深受启发。博物馆员工的工资很低，所以大多数馆长通常都是兼职的外行人士。那么，在19世纪和20世纪之交，地方博物馆有“艺术监狱”之称也就不足为奇了。竟然有馆长认为梅索尼埃和布拉斯卡萨仍然活着，也有馆长把欧仁·布丹的生卒日期录作“不详”。建于1893年的沃库勒尔博物馆（默兹省）给仿制的古雕像穿上纸内裤。贝桑松博物馆还偶尔被用作集市。鲜有人会潜心研究绘画展品：20世纪的第一个十年，第戎博物馆一年仅售出40册目录簿，很可能是由于它的目录不完整且已过时；格勒诺布尔博物馆的收藏精良，也仅售出125册。然而，为了方便大家参观博物馆，门票价格从免费到1法郎不等。[49] 博物馆的馆藏也已远远超出传统绘画的范畴。1818年，卢森堡宫建了一所在世艺术家博物馆，后于1886年迁至橘园美术馆，1937年更名为现代艺术博物馆。[50] 费里于1879创立的法国纪念碑博物馆对雕塑史进行了全面的展示。十年后，里昂实业家埃米尔·吉美建立吉美博物馆，作为东方宗教研究中心。1896年，出身马耳他的亨利·赛努奇（甘必大的朋友）去世前不久把他收藏的中国艺术品赠给了国家。加列拉公爵夫人的收藏构成了装饰艺术博物馆（1877）的核心，大众艺术与传统博物馆（1937）收藏了若干杰出的农民手工艺作品。[51] 据说法兰西第三共和国的艺术品的收购支出大约是伦敦国家美术馆的三分之一，但无人真正统计过其用在博物馆上的花费。[52]

大多数人或许正是通过复制品才认识了绘画作品，大众对绘画印刷品的品位已日趋成熟，因为这些印刷品很早就出现了，但这种成熟也仅限于那些传统的、家喻户晓的、深受喜爱的主题。到19世纪，印刷商销售的17世纪绘画仍非现代化的版本。许多咖啡馆在1914年展出的《信用消失》，自1720年问世以来，几乎就没变动过。让·查尔斯·佩勒林（1756—1836）在埃比纳尔创办了一家儿童印刷品公司，非常成功，在法兰西第二帝国时期，就出品了大约 1 700 万张印刷品，其中很多使用的都是传统材料。印刷品小贩把画用晾衣夹夹在一根绳子上，在乡下兜售，这无形中成了百姓的重要娱乐来源。[53] 但 19 世纪下半叶，印刷品原作逐渐被纳入罕见艺术品范畴，[54] 大众也因此转向报纸和摄影复制品。作为普及摄影画作的先驱，阿道夫·布劳恩（1811—1877）长期享有卢浮宫画作的独家复制权。布劳恩于 1848 年在米卢斯开始了自己的摄影生涯，并因发行的 6 本花卉照相册而声名远播。他本打算把这些照片作为织物印花的样式。后来，他转向拍摄欧洲各博物馆的画作，并把它们印在至少一码见方的底盘上。到 1867 年，布劳恩雇的工人已多达 100 人。他的 1896 年的目录簿上大约有 20 000 种复制品，以每件 15 法郎（尺寸：40 厘米 ×50 厘米）的价格出售。他每年都会新增几百张美术馆的图片，就这样，到 1907 年，他总共拍摄了近 9 000 幅现代画作，集结了 1 000 多位画家在过去 30 年的作品。他的目录簿可能比博物馆的目录簿更能代表大众的图片意识。他能提供大约 800 种拉斐尔画作的复制品，列奥纳多、鲁本斯和伦勃朗的各约 400 种，米开朗琪罗和霍尔班的各约 300 种，丢勒和凡·戴克的各 250 种，提香的 200 种。在众多现代画家中，柯洛和米勒堪称布劳恩的最爱，有各约 150 种复制品；普维斯的油画 40 种，素描 150 种；保罗·巴德里的约 100 种；查尔斯·卓别林（1825—1891）的约 80 种；安格尔、大卫、布格罗和舍纳瓦尔的共约 60 种；梅索尼埃、罗莎·博纳尔和德拉克洛瓦的共约 50 种；德加 5 种；莫奈 2 种；马奈 1 种。德国人是复制印象派画作的先驱：1903 年起，德国开始出版有关印象派的插画书，书里的照片是法国人埃德瓦·德鲁埃拍摄的。印象派在法国的推广始于 1926 年，当时，《德鲁埃艺术专辑》得以发行（第一本是塞尚专辑），但仍是黑白的。布劳恩公司当时已发展到第四代，但雇用了乔治·贝松，他跟许多先锋派画家都是朋友。在两次世界大战之间，布劳恩公司开始出版印象派作品集，但直到 1945 年，它才开始考虑出版莫奈和马奈的专辑。因此，印象派画家离世约半个世纪后，才为世人所知。[55]迄今，我们尚不清楚当时的明信片（明信片是在 19 世纪 70 年代初出现的）把这些画家呈现成什么样子。人们对整个画作复制史仍知之甚少，部分原因在于原始资料有限。[56]但值得研究的是，哪些画家的作品在媒体上出现的频率最高。例如，在《图解》杂志中，塞尚直到 1905 年才露面；马奈在 1883 年之前从未被提及，直至 1929 年才有一篇像样的文章介绍他。相比之下，布格罗在 1853—1905 年有幸在《图解》中出现 28 次，但之后也仅被提及一次。普维斯、罗丹、罗尔和保罗·托马斯都是《图解》的“常客”，但这个杂志竟然在 1932 年还未曾提及修拉或西涅克的名字。[57]

在多数情况下，购买绘画复制品已成为受教育者的行为。1973 年公布的一项调查报告表明，58% 的买家拥有高中学历，只有 7% 的买家仅小学毕业。印象派是当时最热门的画家：在要求被调查者列举的十位画家中，提及频率最高的当属雷诺阿和凡·高，其次是莫奈和毕加索。四分之三的受访者能识别出雷诺阿和凡·高的作品，但仅三分之一的人能辨认出鲁本斯、埃尔·格雷科或科罗的画作，能识别普桑或克利的也仅占十分之一。然而，人们购买复制品的理由不一：最在意的是颜色，其次是主题；与家具、窗帘及墙壁的协调度占的分量也很重；有人甚至还会带一块壁纸的小样以求匹配。受过高等教育的人才会无视这些考量，也只有他们会选择抽象画。卧室摆放裸体画，餐厅摆放景物画。相对来说，没受过教育的老年人喜欢风景和花卉，正因如此，他们同样喜欢荷兰画家和某些印象派画家。受过中等教育的中年人，或父母未受过教育的大学生喜好传统大师，或某些现代大师，如尤特里罗和弗拉明克，当代画家中唯独贝尔纳·布菲受到他们的青睐。那些受过高等教育、有文化背景的年轻人喜欢从印象派开始的"现代"绘画。决定喜好的因素似乎并非教育或财富，而是那些童年既已习得的品位。在此，母亲的影响显然要胜过父亲。正是有修养的母亲在传承前卫的艺术品位。[58] 一位心理学家在调查法国和美国孩子的品位时发现，其品位并未因父母的社会出身而有显著的差异。总体上来看，孩子们更喜欢写实画，但接受自由的美术教育的美国孩子，长大后明显不像法国孩子那么排斥抽象画。法国工人阶级的确在成年后仍看重绘画中的现实主义，以及技巧和色彩；而受过教育的人做出的回答是纯主观的，唯一确定的是他们对画作喜欢与否，他们更津津乐道于画作的表现力和氛围，而非主题。[59] 因此在下面这一系列所指说不清的情况下，我们很难讨论人们在某一时期的品位。即所指的是对先锋派画家，还是对传统或业余画家的品位；所指的是特定的哪一代人，还是哪个特定的阶级或群体；所指的是哪个特定的地区、哪些博物馆访客还是哪些流行报纸的读者。例如，试图通过印象派反映社会经济变化，甚至想更大胆地反映同时期的哲学态势，这完全是过于简单化的误导性做法。[60]

就像 20 世纪的电影一样，摄影作为 19 世纪的流行视觉艺术，对人们看待绘画的态度及绘画本身的特质都产生了深远的影响。首先，与照片数量的激增相比，绘画产量的增加简直微不足道。据说在 1849 年，仅巴黎一地，就拍了 10 万张达盖尔式肖像照；另有消息称，在 1847 年，光巴黎就售出了 50 万张胶片。1850 年，马赛有四五位微图画家，其中两位享有一定的艺术声誉，他们每年画的肖像约为 50 幅。几年后，该市涌现出近 50 位摄影师，人均拍摄肖像约 1 000 张。微图画家几乎无法靠画画养活自己，而摄影师却收入可观。不久，每座大城市都吹嘘自己拥有至少一位摄影师。19 世纪 40 年代，拍张肖像照需 15 法郎，有时高达 100 法郎；但 19 世纪 50 年代，随着一种新方法和新版式（“名片”照，6 厘米 ×9 厘米）的发明，拍一组 12 张肖像的套照只需 20 法郎；19 世纪 60 年代，拍一套肖像照的价格竟然跌至 2 法郎，这使每个工人都能付得起。照片推广的引领者迪德里暴富起来，但他最终却在自己亲手炮制的这场竞争中毁灭，他离开人世的时候就像当初在尼斯海滩当摄影师时一样穷困潦倒。迪德里的座右铭是：“人们必须寻求主体的极致美。”他对美的看法显然是平淡无奇的，但这也正是它得以流行的原因。富有异国情调的记者兼热气球驾驶员纳达尔因贫困转行做摄影，他的成就表明，拍出高艺术品质的肖像照并非神话，而其早期的那些照片至今仍无人超越，可能是因为许多第一代摄影师同时也是画家。[61] 相机的第一受害者是微图画家，这一行当在 1850—1890 年几乎已不复存在，这时人们开始对照片的俗不可耐产生了抵触情绪，而这些微图画家却因此重获新生。他们大多成了摄影师，还有些人负责给照片上色，或拿着照片画肖像。相机的发明并非意味着绘画需求有所减少，人们反而要求绘画要像摄影一样精准。这促成了 19 世纪下半叶准摄影画的产生。有些画家甚至以创作出无法区别于照片的作品为傲。肖像画的革命性在于画家不再依仗素描，而是更多地求助于照片。像安格尔这样的大师率先使用了这种绘画技能。19 世纪 60 年代，人们发明了将照片直接投射在画布上的方法，更便于画家在上面作画。马奈的《处决皇帝马克西米利亚诺》中的人物形象就是借助照片来实现的，所以无论此画作的象征意义如何，它都不失为一份准确记录历史的文献。摄影因此曾一度强化了绘画的传统特征，促使绘画更博学而精准，但它也生发了新的绘画形式。1848 年，柯洛突然采用了一种模糊的绘画风格，这似乎与他发现的摄影用的镀膜玻璃相关，二者产生了异曲同工的效果。印象主义与快照的出现相吻合，快照带来了同样模糊的图像、同样的构图，同时，随机分布的人被框在同一幅画面中。高速快门技术的发展，让人们以前所未有的方式捕捉到物体运动时的状态，这也证明画家的画作是有误的。例如，这一技术表明马在飞奔时四条腿都是离地的。以前没人这样画。画家梅索尼埃，堪称精准度狂人，他因此专门为发现上述细节的摄影师举办了派对庆祝。德加能将关于运动状态的新知识融入画作，其灵感可能来自摄影，而非日本版画。像罗丹这样的艺术家的确说过，照片中奔腾的马看起来像是静止的，也只有画家——即使他们展示动物身体结构的角度是错的——能让马看似在奔腾。画家通常会掩盖自己对摄影的使用，因为他们对摄影师自称是艺术家的做作行为厌恶不已。后印象派开始抵制摄影及一切与之相似的绘画，绘画正以一种史无前例的激进方式，向世人表明它已厌烦了这种简单地呈现或模仿自然的工作。但柯达相机于 1888 年问世了。据估计，在参加 1900 年巴黎世界博览会的人里，有 17% 携带了便携式相机。那可能意味着巴黎单日携带相机的人多达 5 万。因此，表面上看来，在颇具代表性的常人的摄影艺术和画家的艺术之间好似正在产生裂痕，当然，画家出于自身利益同样关注影像。人们可以把这两种发展都看作对个人创造力的关注。二者的区别是：一类是喜欢制作照片的人，另一类是众多只把照片作为信息来源的人。

早在 19 世纪 40 年代，庞大的色情摄影业就兴起了，社会通常对其采取猛烈抨击的态度，但如果任何人想了解人们面对高层次艺术在情绪及想象力上会呈现出何种反应，都不能忽视这种非智力的视觉体验对人的吸引力。摄影和绘画其实并不像最初那样势不两立。奥斯卡·王尔德说过，所见为何物，以及如何看待自己的所见，是由影响我们的艺术决定的。这两种视觉形式的关系给人们的所见带来了非常重要的变化。[62]摄影将一个人们从未见过的世界展现在其面前。的确，光学的发展总体上被视作促进人类平等的重要手段。欧洲人有15%~20%患近视，有约50%患远视。在这些人普遍戴上高效眼镜之前，他们眼里的世界是那么的不同。我们凭借众多有视觉缺陷的画家的作品就可以判断其中的差异有多大。印象主义被称为“对近视眼的成功利用”，这种视力条件当然会影响画家对颜色和轮廓的感知。有证据表明，塞尚、莫奈、雷诺阿、毕沙罗、德加的某些怪癖都可归因于他们罹患的近视、白内障或角膜溃疡。最近的一项调查显示，巴黎美术学院48%的师生都患有近视，这几乎是全国平均水平的三倍。[63]

这一时期，法国出现了一批动机和审美各异的赞助人，绘画也因此呈现出色彩纷呈的态势。17世纪的日记作家约翰·伊夫林震惊于这样一个事实：在那个时代，普普通通的荷兰农民会把二三百英镑花在买画上。在19世纪的法国，买画的人早已不限于国王、贵族和富人。绘画已成为每个虚荣的家庭的基本装饰物。1893年，一位鉴赏家在描述波尔多的收藏品时写道：“每个富人之家都得拥有海量的画作，这可能基于两大原因：首先是出于对现代奢华的天然喜好，其次是财富驱使。”[64]势利固然重要，进行可靠的投资也同样重要。以罗斯柴尔德家族为首的百万富翁们纷纷照搬皇室和贵族的藏品。百货公司老板科尼亚克-热虽买进了画作但似乎对艺术毫无热爱之情，他通常会打发供画的画家去和他们专门雇用的助手洽谈相关事宜。有些收藏者是从亲戚和祖辈那儿继承画作的，他们对藏品的保护和积累会像对待其他财产一样。20世纪60年代针对法国收藏家的一项调查表明，以上这些外在动机依然存在：有些人仅仅视收藏为消遣；有些人用画作替代朋友，为孤独疗伤；还有些人的收藏行为不失为购买声望的方式，尤其是当他们不再以自己的财富来源为傲的时候。那些喜好博学多才或渴望引领时尚的人，更偏爱名不见经传或不被追捧的艺术家；那些意欲得到各个循规蹈矩的圈子认可的人，只想用一幅确定有价值的画作来装饰自己的家，因此他们会青睐在官方沙龙获奖的艺术家。当地人的忠诚发挥了作用：据说佛兰德斯的画家得到了对足球俱乐部有着同样热情的赞助人的支持；在巴黎，有上佳表现的省级画家通常会指望他们本地买家的垂青。但鲜有人承认经济或社会因素的主导地位。许多人成为痴迷于艺术的狂热收藏家，他们的状态很难用自私自利来解释。有些人唯用浪漫而富有激情的言语才足以表达他们对艺术的热爱，他们的热情之所以被激发，正是因为寻觅好的画作就像寻找完美的女人一样不易。

人们在绘画上的投入到底如何？从塞克雷坦的收藏可见一斑。作为实业家的塞克雷坦历时 15 年，逐渐成为法国首屈一指的收藏家。他于 1879 年破产，其藏品拍卖后合计获得 600 万法郎，一多半是法国油画的拍卖所得。塞克雷坦是巴黎秋季艺术沙龙的宠儿梅索尼埃的崇拜者，收藏了其 23 幅作品；还有特罗雍的 7 幅作品，狄亚兹的 5 幅作品，科罗的 4 幅作品，库尔贝的 1 幅作品，米勒的《天使》，4 幅伦勃朗的作品，2 幅鲁本斯的作品，1 幅委拉斯开兹的作品，4 幅弗兰斯·哈尔斯的作品，以及许多荷兰和弗拉芒画家的作品。[65] 这一时期的艺术品销售情况表明，一些真正富有的中产阶级男性成为重要藏品的所有者，例如《辩论报》编辑阿尔芒·贝尔丁，或喜欢特罗雍、杰利柯等法国画家的印刷商儒勒·克拉耶。也有人有幸低价淘到名作，比如巴黎铸币厂厂长科罗，他从 1799 年波拿巴在意大利的战役中满载而归，斩获一幅列奥纳多·达·芬奇的作品和其他公认大师的各类作品。[66] 19

世纪 60 年代，据说巴黎有时一天要举办多达三场艺术品拍卖会，政要和知名实业家会莅临各大拍卖会，艺术珍品频繁易主。[67] 省级艺术收藏家在他们的社会里是一群独特的存在。他们无法与巴黎收藏大家匹敌，因为他们面对巴黎藏品的价格只能望而却步。他们热衷于成立地方艺术协会（这种协会在 1885 年就有 368 家），并组织本地展览，也借此发行彩票。有时彩票只售 25 生丁，这样可售出 15 000 张（1886 年的阿热展），甚至 6 万张（同年的谢博展）；展票的售价通常是 10 法郎，是巴黎展票价的十分之一。波尔多艺术协会为了举办 1885 年的展览购进了 42 件参赛作品，均通过抽奖方式转售；另有 71 件是以个人名义购进的。最后，每件平均售价为 500~650 法郎。有钱的外国人偶尔会出高价购买作品，就像在同年的尼斯展上，两件布格罗的作品各卖了 25 000 法郎。[68]

1893 年，波尔多约有 30 位油画收藏家的收藏颇具规模，也因此引起了公众的注意。例如，阿扎姆博士拥有约 200 幅画作，大多来自荷兰和弗拉芒，只因其叔叔是与荷兰人打交道的商人，从 19 世纪 30 年代就开始收藏这些作品。福雷斯蒂埃也从他的叔叔——一位高级税务官员——那里继承了一批荷兰和弗拉芒绘画大师的作品。但除此之外，他还收藏了阿尔芒、让-保罗等沙龙画家的现代画作。商会会员布尔日收藏了 30 幅尤金·布丹的画，还收藏了更多的出自波尔多画家之手的作品，其他的则是瑞典人和挪威人的画作，这些是他在斯堪的纳维亚经商过程中淘得的。有些藏家只痴迷于某位艺术家的作品。弗里德曼作为德加的狂热崇拜者，非德加的画不买；奥古斯特·佩莱伦买了 17 幅马奈的作品，而塞尚的有一百多幅。雷南曾一度拥有 40 幅柯洛的作品。[69] 有时，友谊是赞助的基础：莫奈在塞纳河上结识了航海工程师古斯塔夫·卡耶博特，教他画画，两人关系日渐亲密，卡耶博特买了大量印象派画作。这既是出于对画家的钦佩，也有渴望解囊相助的原因，他后来把这些收藏遗赠给了国家。[70] 画家是画作最重要的藏家，他们常接触的拍卖师、颜料商和经销商亦是如此。那些以富有同情心的批评来支持艺术运动的作家，无形中帮画家造就了一众能给予其物质鼓励的崇拜者。例如，出版商乔治·夏彭特是印象派画家的拥趸（其父格尔维斯是公司创始人，支持浪漫主义），所以将雷诺阿的画作作为家庭纪念。[71] 1956 年，一位画家受邀成了沙瑟卢-洛巴侯爵的城堡的常客，这位画家的失明程度堪比德加，工作风格也与其颇为相似，马厩就是他的工作室。这种做法是一种向艺术家表达友好的传统的延续，正是这种传统成就了动物画家布拉斯卡萨（1804—1867），因为他就是得到了波尔多艺术协会主席、民用工程师兼画家理查德的支持。布拉斯卡萨成名后，常游走于法国各地，他乐于与贵族们相处，并为他们获奖的牛画画像。[72] 布格罗是从给巴塞洛尼、佩里尔等新兴金融家装饰房屋墙壁起家的，但这种受家庭之托的活计越来越少。

与 17 世纪的意大利的情况相似，法国当代艺术的赞助人经常是传统的统治阶层之外的人，他们的品位也就不受普遍存在的习俗束缚。[73] 如此一来，野兽派把画卖给了某些看似古怪的角色，如塞尔维亚的米兰国王和餐馆老板鲍希（鲍希的瓦利特斯咖啡馆还挂着塞尚和凡·高当时价格仍很低廉的画作）。但他们最终还是要依仗一小撮忠实的崇拜者。社会党代表马塞尔·松巴（他的妻子向古斯塔夫·莫罗学习绘画）是他们的老主顾：他把自己的藏画遗赠给国家，而国家却拒不接受，就像拒收卡耶博特遗赠的印象派画作一样。（是社会党人格勒诺布尔博物馆的馆长保全了松巴的藏品，因此格勒诺布尔成为法国首家展出野兽派画作的博物馆。）美国人利奥、格特鲁德·斯坦及抗菌剂含银液的发明人巴恩斯博士，不仅是野兽派，也是许多同时代其他画家的重要赞助人。巴恩斯最终收藏了约120幅塞尚的作品，200幅雷诺阿的作品，95幅毕加索的作品和100幅马蒂斯的作品。俄国商人莫罗佐夫和史楚金也购进了大量法国画家的画作，而苏联得以收藏大量法国现代画家的画作，与他们对巴黎的热情与慷慨密不可分。[74]“一战”之前，塞尚画作的藏家有作家奥克塔夫·米博和左拉、商人伯恩海姆和伏拉德，当然还有很多柏林人、汉堡人、布达佩斯人、莫斯科人和美国人。[75]法国人对本国的艺术作品不以为然反而让外国藏家渔翁得利，这或许是法国艺术蜚声海外的原因吧！

1938年，英国是法国油画的最大进口国，其次是美国，具体数据如下。[76]

表3.1 1938年各国进口法国油画数量

英国	317幅
美国	270幅
荷兰	82幅
比利时和卢森堡	51幅
瑞典	49幅
其他国家	88幅

到1953年，美国已赶超英国；而1963年，瑞士也超过了英国。法国绘画出口英国的详情仍有待调查，但我们目前对其出口美国的情况还是可以有一定了解的。伟大的美国藏家对法国当代最成功的画家

给予了热情的资助。到19世纪中叶，美国藏家手中几乎都握有布格雷、杰罗姆、梅索尼埃、特罗容和罗莎·博纳尔的画作。与宏伟的历史题材画相比，家庭生活画及内含有趣人物的风景画更受青睐。为进一步激发美国人对法国画作的热情，古皮尔与维伯特于1849年在纽约成立了国际艺术联盟，在19世纪余下的岁月里，“学术派”画家在继续取悦美国人。波士顿和新英格兰的藏家们曾多次率先引入更多颇受争议的法国画家的作品。从1850年开始，昆西·亚当斯·肖开始买进巴比松画派的作品，到1870年，他已收藏25幅米勒的作品。法国商人德沃斯在普罗维登斯（罗得岛州首府）站稳脚跟后，于1852年在美国举办了第一场柯洛画展，柯洛的作品在英国的影响发展缓慢，但在美国却大获成功，以致大量他画作的赝品及他友情签名的学生的仿作也被出口至美国。当然，法国人得与德国杜塞尔多夫学派和现代荷兰学派抗衡，因为美国人的品位极其广泛，涉猎各个时期的各类艺术作品。但法国人在美国画家中有特殊的拥护者，他们来法国学习，并将年轻一代画家的名声传播开来；某些美国藏家还与法国有着特殊的联系，如大西洋海岸公司的亨利·沃尔特。1885年，杜兰德·鲁埃在纽约举办的印象派画展引发了人们的共鸣。到19世纪90年代，莫奈出品的每一幅画在美国都能轻而易举地卖到4 000~6 000法郎；1922年，芝加哥艺术学院接受了印象派画家的大批遗赠；1929年，哈夫迈耶家族捐赠给大都会艺术博物馆36幅德加的作品、20幅库尔贝的作品、9幅柯洛的作品、8幅马奈的作品、8幅莫奈的作品及5幅塞尚的作品。印象派画家在美国成为博物馆大师的时间远早于其在法国。印象派画作在英国的销售则偏缓：仅依仗两大藏家，即从1905年开始购买此类画作的休·莱恩爵士及1922年开始购买此类画作的塞缪尔·科陶德。俄国的史楚金的相关收藏始于19世纪90年代。塞尚、野兽派和立体派得以进入美国，首先要归功于美国画家在1913年组织的军械库艺术展。但也有像阿道夫·莱维松这样的个人藏家，其艺术品位独到而坚定，远在现代画作流行之前就已购入相关作品。[77]

巴黎在1861年有104位画商，1958年增至275位（还有70位散落在法国的其他地区）。而这些数字仅代表众多中间商中的一小撮，还有画家的遗孀、失业的艺术家、有闲暇的妇女和那些生活在艺术界周边的骗子，他们从藏家的热情、画家的贫穷和两者的博弈本能中牟利。艺术是商品，但却是披着神秘外衣的商品，因为它的价格是如此难以确定，而它与商业的关系又是如此矛盾。艺术长期以来就是一种国际商品，其价值通常随着出口而增加，而经销商在17世纪就已在其中扮演着不可或缺的角色。但由于画作的增加，并且绝大多数作品不再是受人之托完成的，所以经销商现在扮演着更宽泛的角色，如银行家、库存商和筹办人。伦勃朗曾以薪水般的低价把画卖给一个经销商。杜兰德·鲁埃（1831—1922）通过引进新的元素使这一体系得以发展，即对他赞助的画家的作品实施垄断，他囤积了大量巴比松学派及印象派的作品。1866年，他买了70幅西奥多·卢梭的画；1872年，他登门拜访马奈，以35 000法郎买下了他手上所有的23幅画作。他通过举办画展、创办艺术刊物及开设纽约分公司（1886），竭力向藏家们宣传自己的品位。继杜兰德·鲁埃之后是银行家费德，他来自天主教全国联盟，但此联盟于1882年瓦解。杜兰德·鲁埃也时常濒临破产，对手如林，使他无法仅凭努力而获利。[①] 美国商人修顿收集了120幅莫奈的作品，而他只是整合欧洲的稀有物件，将其出口到美国销售的中间商大军中的一员而已。其实，19世纪40年代以来，他们对这

---

① 琳达·怀特利夫人正在牛津撰写关于杜兰德·鲁埃的博士论文。

些物件的出口已颇为可观。正是立体画派作品经销商卡恩维勒（生于1884 年）使杜兰德·鲁埃的垄断策略得以完善：他承诺收购胡安·格里斯和毕加索的所有画作，价格依尺寸而定，但他对艺术评论和大众见解不屑一顾，而且他从不在广告上投入分文。经销商能否成功的终极因素是到底能等多久。等待时间最长的可能是内森·威尔顿斯坦（1851—1934），"等待"就是他的座右铭，威尔顿斯坦最初只是一名阿尔萨斯纺织商，他转行干绘画交易纯属偶然，后来逐渐开始专攻先贤画家的作品，尤其是 18 世纪的作品。在他的运作下，这些画作在 1900 年左右开始流行。公司在其子乔治（1892—1963）的领导下，开始拓展经营印象派画作的业务。他们在纽约的藏画（已于 1902 年在第五大道开设画廊）曾一度有 2 000 多幅，其中包括 8 幅伦勃朗的作品、79 幅弗拉戈纳尔的作品、20 幅雷诺阿的作品和 250 幅毕加索的作品。然而，经销商并未营造出艺术品位，他们带来的影响是有限的。经济形势的改变及变幻莫测的时尚之风都可能让他们的努力付诸东流。例如，"一战"以后，一直稳步攀升的巴比松派画作的价格却在瞬间崩溃（少数作品除外），任何宣传都无法削弱经济大萧条的影响。各地继续为传统绘画提供稳定的市场，尤其是里昂、马赛等城市，它们都开设了自己钟爱的地方学校。然而，毫无疑问的是，经销商的确创建了声誉：雅克·维隆就是一个很好的例子，在 1942 年路易·卡尔为其做宣传之前，维隆画作的价格极其低廉，16 年间，卡尔在世界各地为他举办了 27 场画展，最终他的画价竟涨了 1 000 多倍。但人们也不应把这些经销商美化成未来品位的先知。保罗·罗森博格曾在 1948 年谦虚地说道："我是误打误撞才发财致富的，因为毕加索、布拉克和胡安·格里斯的画卖不掉，所以我保存了一辈子，而一夜之间它们又成了无价之宝。"布特维尔是纳比斯画作的主要经销商之一，他对所卖的画作知之甚少，因此经常对自己经手的那些古怪离奇的画作表示诧异。托斯坦于 1858 年在《费加罗报》上广而告之：为满足不同的品位，自己常年拥有 4 000 幅藏画，每 4 幅以 20 法郎的价格出售，他会负责镶画框并外加英文注释。也许托斯坦的情况并非不具有代表性。据说，昂布瓦兹·沃拉尔去世时拥有 700 多幅鲁奥的作品和数百幅印象派画作，但他同时持有像伊图里诺这种闻所未闻的画家的全部作品。许多年轻画家由衷地讨厌托斯坦，抱怨他利用他们的作品展来吸引对成名画家有兴趣的客户。他的店铺脏乱不堪，他本人穿的也是破衣烂衫。贝尔特·韦伊成功卖掉了野兽派的诸多作品，她从二手经销商做起，尽管最终拥有三家画廊，但却从未凭借才华发家致富。做过小丑的索利，以及最初经营着一家画家们常光顾的小酒馆，之后又从事摄影的德鲁埃，都是支持野兽派的经销商。[78] 然而，经销商往往既对自己支持的艺术家充满信心，又对艺术本身饱含感情，这必然会对艺术史造成一定的影响。

艺术评论家对品位的影响更加难以评定。莫奈在 1883 年写道："没有媒体，一切都无法达成。"媒体到底说了什么，他毫无兴趣，但"我们必须从商业的角度审视它……因为哪怕报纸发出再微小的声音，聪明的鉴赏家也会敏锐地感知到它"。但是，某位艺术评论家在 1859 年写道："今天的评论已毫无力量，鲜有人听。"[79] 在甄选时尚画家的过程中，媒体的作用不容小觑，尤其在画家日渐增多的年代，但被媒体诟病的人可能也会因为报道而与受媒体青睐的人一样从中受益。报界更倾向于讨论画家本身而非其作品，这样能否唤起那些对艺术毫无兴致的人对艺术的兴趣，尚不可知。在媒体上开辟了专栏的评论家从一开始就遭遇了敌意，且不限于来自没有文化教养之辈的敌意。1861 年，一位巴黎文学院的教授针对这些评论家的风格也发表了评论加以讽刺，文章指出，那些对展品备感迷茫的人可以在观展的这几个小时里精通鉴赏家的评论话语和矫揉造作之风。[80] 相对而言，艺术评论家仍属新兴职业，始于 18 世纪，进入 19 世纪后随着巴黎秋季艺术沙龙和报业的发展而壮大。拿破仑三世时期，法国约有 100 名艺术评论家，而到 1961 年已近 350 名。1899 年，他们成立了工会。这些人大多是兼职作家、记者、学者、小说家、失意画家及有闲暇的公务员。正因如此，他们才有望表达在巴黎秋季艺术沙龙里的所见所闻。但是，他们不断形成了自己的行话、花哨用语和陈词滥调，并已或多或少被他们那些善于炫耀的读者成功地模仿，他们试图凭借这些言语让艺术欣赏变得更加复杂。对某些人来说，他们起到了解释的作用，但他们也会对另外一些人的差劲品位加以批评，将其拒之门外。他们很难形成自己的品位，而是围着读者熟悉的正统观念兜兜转转，证实了那些久已存在的偏见，但却从道德层面对其加以支持，并试图说明他们认可的风格是如何不可避免的。与之相比，那些为小报刊撰稿的评论家却扮演着不同的角色。他们试图向公众证明新晋画家的主张及新派风格的合理性，有时还扮演着新作品的阐释者和引领者的角色。评论家通过纸上谈兵达到了巩固派系、稳固友谊和使争端加剧的目的。重要的是，评论家认为，把画家分成不同的派别，让他们顶着可耻的头衔，是一件合情合理的事情。在这个过程中，美学理论不断地发展，有时会激发出相关艺术家的兴致，但艺术家们对此常常或表现得无动于衷，或抗议这些理论把自己的宗旨表述得过于简单又过于条理化。评论家对艺术家分门别类地进行宣传，于是他们的世界被限定在一个框架里，但这个框架并没有准确地涵盖所有类别，而它作为一个画家和公众都无法逃脱的神话，仍具有一定的影响力。当今备受推崇的评论家在他们那个时代都被认为是最具偏见和最无学识的人。当然，波德莱尔对艺术史的了解堪称肤浅。年仅 26 岁的左拉的经验仅限于为出版商阿歇特做广告，这时，他对马奈发出了无尽的赞美。正如布拉克所说，阿波里奈尔甚至无法识别达·芬奇的手迹；他对绘画一无所知，但他热爱原创、变化、想象力及与之交往的画家；他对一系列新艺术流派的推崇均是性情使然。波德莱尔和左拉的热情并未持续太久，他们各自的追求都超出了画家所能给予的范畴，最后他们以谴责自己曾参与创建的现代艺术而告终。这类评论家的作为就是把哲学、神秘论、科学等学科的新理论和新词语引入绘画，这就像道德，为学术派画家开创的绘画风格平添了同样的分量。经过一段时间，通常是 30 年之久，地方评论家才吸纳了他们的学说。因此，直到 19 世纪 80 年代前后，现实主义才被地方评论家接受和拥护，他们的文章几乎一字不差地再现了多雷很多年前在巴黎写下的文字。他们抵制创新，至少要等到新事物为人们所熟知且其古怪气息有所缓和。他们有兴趣了解画家到底想要做什么，而巴黎评论家却让他们的地方同行花了这么长时间才领会到他们要传达的信息，这在一定程度上表明巴黎评论家是失败的。新晋画家之所以难以被接受，可能源于这样一个事实，即这些评论家执意要求画家要学会像普通人一样说话：印象派被地方评论家拒绝的原因是——正如 1886 年《道芬自由报》指出的那样——他们的眼睛出了问题，他们看不到“你我这样的普通人可见的风景”。[81]

公众对主张拥有独立而原创世界观的画家非常抵制。而评论家，一方面是这种抵制行为的始作俑者；另一方面，某些评论家又努力在公众和画家的观念之间架起一座桥梁，同时也在拓展公众的艺术感知能力。波德莱尔把“片面、狂热、政治意识、有趣、诗意”视为理想的绘画爱好者的必备特质。理想者要能分析和表达自己为一幅画所震撼的那种愉悦体验；理想者的想象力要能透过现象，感知到不同艺术形式之间蕴含的相似之处。他鼓励画家从现代哲学家的角度诠释自己所处的这个时代。他认为有气质或有个性是画家品质的关键所在。[82] 这仅仅是为了让绘画艺术成为那为数不多的快乐人士的专属享受。左拉将波德莱尔的劝诫重申道："一件绘画作品是从个性的视角来呈现大自然的某一个角落的。"但他又补充道，公众的反应与绘画一样重要。他想让画家在不做任何让步的情况下，用自己天才般的力量"征服大众"。[83] 波德莱尔和左拉这两位评论家就绘画艺术现状展开了一场悬而未决的辩论。

画家们是否有赢得独立的决心，能否有获得认可的信心，即让世人视自己的职业为富有创造性的高级行业，一直以来都是困扰美术界的决定性因素。画家们踌躇满志，希望自己的生活不单单是卖画，但又不得不与自己所背负的经济和社会压力抗争。事实上，整部美术史都在坚定意志的影响下，朝着同一方向稳步前行，尽管每次胜利都会带来意想不到的困难，都会陷入新的困境。他们在中世纪时期成立了行会，以免受其大雇主——教会的剥削，但这在一定程度上也切断了他们与另一个机构——大学的联系。结果，数百年来，美术与文学一直相互割裂，画家的实力也因自我孤立而逐渐削弱。随着时间的推移，行会开始变得专横跋扈，于是国王成立了法兰西艺术学院来与之抗衡，这样，他的宫廷画师就可以放开手脚去创作了。虽然这个学院让绘画精英们享受着皇家庇护带来的名与利，但它不久便为自己当初为维护和扩大声誉而制定的规则所累。18 世纪有了美术和实用美术之分。这对宫廷画师来说是莫大的成就，但从长远来看，画家将被进一步孤立于工业和科学之外。很多本可以成为优秀工匠的人被迫继续痛苦地做着蹩脚的画家。为了让自己更受人尊敬，美术学院对何谓绘画艺术做出了规定，这就不可避免地遭到几乎每一代人的反对。美术机构内部开始出现纷争。当美术学院从大革命的暂时废黜中起死回生时，尽管它已元气大伤，但仍保有并加强着对美术教育的掌控。美术学院的院士们都在美术学校担任教授，画家们则进一步被细分为学生画家、注册画家及院士画家，以保有原来的学徒、熟练工和师傅的分层。但这一体系在当时已不再适用。学生画家过多，成为院士的机会就变得愈加渺茫。在17世纪，二十几岁的人就有望入选学院任职；而在19世纪，美术学院新员工的平均年龄已达53岁。角逐罗马大奖成为年轻画家训练的核心，这项年度最高奖学金让画家踏上了一条通往成功之路。但失败几乎是不可避免的，如此重负让他们备感无助，于是他们将这种无助隐匿于对放荡不羁的“生活乐趣”的追求之下，其轻浮无聊的外表是为了掩饰其内心的不安与残酷。当师傅不能为弟子提供工作保障时，师生关系便就此破裂。在个人主义的冲击下，文艺复兴和巴洛克时期的合力创作之风便随之消亡。在库尔贝工作室及其他一些有印象派画家参与的独立工作室里，教学是不存在的，这标志着现有体制已出现危机。面对危机，许多学生知道自己无法取胜，自然选择了退出这场激烈的竞争，独立艺术的基础就此奠定。

然而，我们并不能说这个时期绘画风格的革命主要源于对美术学院的反叛。认为一种绘画艺术不是学院派艺术就是进步艺术或现代派艺术的想法——以喜用“主义”来归纳19世纪绘画史的那一系列著名学派为代表——有些过于简化且具有误导性。美术学院确实将自己视为17—18世纪信条的捍卫者。这些信条要求画家们审时度势地选择绘画主体，要求他们只画“高尚”主题，首先是古典史或基督教史中出现的主题；画作人物当是理想美的化身，要以完美的外形、为传统所称道的优雅体态呈现于画作之上；要以协调的构图和精准的勾画证明画家的高超技艺。美术学院试图让画作吸引更多才智超群之人的注意：一件绘画作品应传递“深邃的思想或独具匠心的理念”。普桑曾指出：“画家之所以苟且创作低劣之物，皆因其才能粗鄙。”画家应为有德之人，要向世人指出何为令人敬仰之物。这就是为什么学院艺术以绘制“战役、英雄壮举、神圣之物”等“鸿篇巨作”而闻名，这也是画家不辞辛劳地将精准的历史和神话细节融入其中的原因。[84]画家因博学，其水平已远远高于装潢师。梅索尼埃曾宣称，如果不当画家，他希望成为一名史学家。临摹旧画是培训画家的必要环节，它保有对先贤绘画技艺及手法的尊崇。如果绘画艺术是为国家服务的，而国家的职能是维持秩序、维护道德的话，那么无论这些17—18世纪的信条的美学价值如何，都是值得拥护的。迄今为止，国家一直是绘画行当最重要的资助人，它委托画家进行“宏大”创作，而此类作品既能陶冶情操又令人难忘。国王路易·菲利普为装潢凡尔赛宫，曾大力推崇历史题材的画作。于是，19世纪30年代，受国家委托之作大多属于此类作品。19世纪40年代，在国家购买的画作中，宗教题材约占85%；而到19世纪50年代，其占比为45%。[85]1851—1860年，国家共购买约2 000幅画作。这并不意味着这些画作各不相同，因为颇受欢迎的作品会被多次订购：例如，至少有32所教堂购买了普吕东《基督钉刑》的复制品，另外有32所教堂购买了他的《圣母升天》。国家购买的画作中只有约六分之一（共319幅）是原作，但原作和复制品的差别并没有那么大。受托绘制原创作品的画家事先已被告知所画内容，例如，为满足牧师的要求，画家受托画当地的30位圣人，以及受托绘制19位画家曾分别创作的《圣家族》的人物肖像画。法兰西第二共和国最浮夸的想法之一就是在巴黎建立复制品博物馆，以再现世界上最杰出的油画作品。为此，1851年，4位画家受命前往伦敦临摹其国家美术馆的画作。[86]法兰西第三共和国期间，众多市政厅和公共建筑拔地而起，画家继续被要求画教化类画作以用于装饰，只是要添加一抹“社会的”色彩。

然而，美术学院并未垄断国家的资助。实际上，现代画家也没有因为被归入对立派而被彻底剔除。在“学院派”艺术和“现代派”艺术之间，还有尝试调和二者的“官方”艺术作为中间地带。德拉克洛瓦长期被美术学院拒之门外，直至晚年才得以在院内任职，但他仍被国家委以重任。巴比松派画家虽然违反了学院的规定，但王子奥尔良公爵及首相卡西米尔·佩里埃却在他们早期的赞助人之列。法兰西第二帝国偏好巴比松风格的淡化版作品，后来又喜欢上了现实主义画派的淡化版作品，而诸多走中间路线的画家在从事此种创作。激进的创新派遭遇瓶颈，但他们不久就吸引到温和派模仿者，这些模仿者靠自己的适中来调和创新派的怪异，从而为后者赢得了尊重。德拉罗什使浪漫主义为大众所接受。之后，备受敬仰的巴斯蒂昂·勒帕热采用了浅色调及更宽松的印象派风格。在那个年代，印象派似乎是现代主义的主角。正如亨利·乌赛在1882年所说：“一旦印象派与马奈、莫奈、雷诺阿、卡勒波特、德加的名字联系在一起，就惨遭讽刺，但只要被冠以巴斯蒂昂·勒帕热、杜兹、热尔韦、丹东、戈奈特、比坦、马格丽特、让·贝劳德、达仰·布弗莱等人的大名，便备受崇敬。”真正的创新者无论如何都不会永远地被驱逐。法兰西第三共和国期间，马奈终于被授予奖章，而米勒的画也在19世纪70年代被国家收购。政治亦是如此：除了习惯于极端思想的人，几乎所有选民都对极端的红色分子感到恐惧，温和的激进社会主义者才有幸获准以相对温和的方式来实践自己社会正义的理想，在他们死后50年，乌托邦主义者被奉为英雄。人们不应因艺术思想相左，就彻底划清界限，在政治立场方面也是这个道理。从个人层面上讲，许多学院派画家和印象派画家都是朋友。一方面，印象派画家非常尊敬像皮维·德·夏凡纳这样的“官方”画家；另一方面，他们与更“现代的”画家相处得不太好：库尔贝讨厌马奈。依照画家的风格特点，将其分门别类、贴上标签的做法让事态变得更加混乱。人们对19世纪艺术家的抗争史研究得越深入，就越能发现前辈的艺术恩泽，以及吾辈与之的艺术关联是多么重要。因此，有人认为马奈虽然做了多年库图尔的学生，但他憎恶库图尔所代表的一切，而二者的对立学说之间的冲突成了印象派兴起的集中体现。但随着对库图尔的绘画和教学调查的深入，人们发现在库图尔所处的年代，他被视为学术理想的对立面：他告诫学生不要在意美术学院唯智主义者的态度，敦促他们专注于绘画技巧、纯粹的色彩、自发行为及自我表达。“创作之时须保持头脑清醒、朝气蓬勃。”他身边常聚集着一小撮忠实的仰慕者，但正如他自己所说的，他“受到如此重创”，便放弃了教学。印象派遭遇的斗争并非史无前例，只是库图尔经历的斗争碰巧没那么知名罢了。库图尔是美术学院的“产物”，却与成功擦肩而过：他是罗马大奖比赛的亚军，如果他夺魁的话，他的世界会发生何等变化？库图尔痛斥“严肃画作”，其反传统的做法与德拉克洛瓦的做法如出一辙，而后者最终反倒跻身美术学院。

我们不能因为这些纷争就说美术学院在与优秀画作为敌。它的规章制度并不像理论上那么绝对，实际上，它对那些与其理论相左的倾向是持鼓励态度的。在教学上，风景画属于低等的艺术形式，但1817年，它被写进教学大纲；瓦伦西纳院士编写了第一本风景画教科书，约50年后，毕沙罗将此书推荐给了自己的儿子；在19世纪，大多数美术学院的院士都画过风景画。格莱尔颇为重视风景画，有好几位印象派画家在他的画室学习过。而库图尔会进行户外教学，让学生在自然中创作。固化的创作题材体系在画家和公众的浪漫主义情怀下开始松动。美术学院再次从理论上强调线条而非色彩的完美，学生在掌握素描之前，根本不允许创作油画。美术学院谴责那些只画速写的浪漫主义画家，认为速写不论就道德还是艺术美感来说均属低等，它不过是为了加大产出而偷工减料的非诚信做法。即便如此，美术学院仍创立了别开生面的速写创作大赛，这对绘画的发展产生了重要影响。这是出于膜拜先贤旧作而流传下来的临摹习俗，以此将对历史的尊崇和对创意的培养结合起来。浪漫主义画家看重速写的表现力和自发性，它逐渐被视为一种真正的艺术作品，而非简单的画前准备。画风景速写画时，画家的兴趣会从所画的实物转移到对光线的研究与对色彩的呈现与安排上。正是基于此，印象派画家才萌生了户外速写的想法：这是一种历时几小时的自主艺术创作形式。曾经被贬为业余创作手法的速写，现在的地位得以提升，同时这也为真正的业余画家提供了极好的契机。如今，业余的绘画行为瞬间成了流行喜好，而长期的学术培训也不再显得重要。这一切并非巧合，那些铺天盖地的绘画自学书恰恰证明了这一点。1872 年，巴黎已有 20 家女子美术学校。[87]

在新旧事物的矛盾冲突中，自我表达的力量占了上风，它成为画家关注的焦点，同时也是始于浪漫主义的未来绘画风格的根源所在。画家们为独立而战已达到登峰造极的程度，这也标志着品位的衡量标准在发生着重大的变革。从理论上来说，美术学院清晰地界定了何为油画佳作，如果这一理念被严格解读的话，那么画家的职能仅是向这一理想目标靠近罢了。但美术学院也崇尚原创，然而它对原创的解读却带有贵族色彩。它认为只有某些人的作品可以称为原创，而大多数人的作品则注定不能；想出原创作品则须身为上流精英的一员。如今，一种针对原创的民主观点正向这种贵族式的解读发起挑战。早在 1819 年，亚历山大 · 勒努瓦就此发文称：“原创性属于每个人、每种风格。它与才华无关。”法兰西第二帝国时期，维奥莱公爵曾补充说道：原创性是“最重要的品质”。[88] 速写，即画家对事物的初印象，是一种原创性的表达方式。然而，画家们再次为他们的胜利付出了高昂的代价：他们与社会的关系变了。一方面，新准则的出现意味着每个人都是潜在的艺术家，作为艺术家不再意味着与世隔绝；另一方面，现在每个人都有权发表自己的观点，而把重心从与公众交流转到探寻自我上，这意味着画家比以往任何时候都要孤独。派系和团体的不断壮大，在一定程度上对此有所弥补，但艺术家的派别标签永远无法解释他们的全部或概括他们的个人抱负。结果，"好品位"变得愈发不可捉摸，它不再以统治阶级或上流阶层的喜好为导向。

1848 年，正如无条件向所有画家开放的巴黎秋季艺术沙龙所展现的那样，"法国绘画风格纷繁复杂，让所见之人无法相信法国学派的存在"。此时，成功之路各异，艺术家们专攻的市场也各不相同。大家对特定的人或风格的褒贬争论不休，这说明异口同声的评判永远不存在。虽然宏大的历史和宗教题材画作仍是最受尊崇的，从这个意义上讲，这方面的成功画作会带来官方嘉奖，但大多数私人买家还是偏爱描绘生活场景的画作，此类画作才是要价最高的。在很长一段时间里，经济上最成功的画家都是那些能将前者的崇高理想与后者的生活逸事相结合的人。有人嘲笑印象派画家，说他们的艺术没有思想内涵，天主教徒把他们定性为"唯物主义者"，他们被保皇党人称为"民主派"，又被富人的宣传刊物《费加罗报》称作"疯子"。[89] 但他们罪不在创新而在夸张，不在呈现的内容而在呈现的方式。倘若把布格罗（1825—1905）视为成功的学院派画家的代表，人们就会发现，尽管他像任何一个"现代派"一样真实，但他表现得更为谦逊，愿意在不影响整体效果的前提下改动画作以迎合传统。布格罗热衷于观察自然，他会花数小时来欣赏飘过的云彩或一朵野花，并陷入沉思。在创作方面，他相信艺术家的个性同样是一种灵感来源。他认为，人生来就是艺术家，因为艺术家是“一种拥有特别感知力的特别物种，这个物种能自发地、极和谐地捕捉到事物的外形和色彩”。画家需要通过不断练习和努力工作来练就一身技能，而布格罗本人几乎除了工作还是工作。因他收取巨额的酬金，所以有人指责他画画是唯利是图，但他对此持否定态度，并且他的确生活简朴，对上流社会敬而远之，只有几个画家朋友。他不但不会向学生灌输条条框框，还会鼓励他们顺应天性，通过个人研究和发挥天赋来发现自己的独创性。他认为以文艺复兴时期那些无所不知的前辈为范式来培养画家毫无意义。他本人就对哲学、政治、文学提不起兴致；他对绘画理论毫不关心，也不喜欢无休无止地分析画作。他对神话颇有了解，虽然他的画作大都关乎神话或古典题材，但他创作的重点并非这些主题里的诸神。他会先画出许多有着迷人肌肤的美丽女子，之后才为画作起名字，会分别为其贴上维纳斯、莫德林或“梦幻”的标签。据说他和妻子就画作冠名进行的长谈阔论很是风趣幽默。他尽自己的智慧和想象之能事，旨在实现作品寓意的浅显易懂。他的画作被公认为“过于完美无缺”，而他的速写则表明其才华远不止于精通绘画技巧。他被冷落了近一个世纪，但最近在纽约举办的布格罗作品展表明他有重新回暖的趋势。[90]

要正确理解布格罗时代的艺术家并非一朝一夕的事情，我们仍需做大量的研究工作，目前他们的作品仍被蔑称为“学院派艺术”。1974 年，他们那些于 1874 年就收藏在卢森堡博物馆（即当代艺术家博物馆）的作品被拭去百年灰尘，再次展现在世人面前。此刻，这笔巨大的财富是如此动人心魄。现在，人们无须再坚持认为，只有“现代派”画家，而非学院派画家的画作才具有“现代性”。杰罗姆（1823—1903）被视为反动艺术的化身，即使（或许更准确地说）是因为，他那博学的外表下包裹着色情的元素，他才成为“现代性”的代表人物。人们正是因为梅索尼埃精准的绘画手法才开始关注与他同时代的画家的。例如，阿道夫·利勒（1812—1891）和古斯塔夫·布里翁（1824—1877），他们从民间传说的角度记录当地生活，这样的视野是大多数巴黎画家在描绘郊外生活时所不能及的。儒勒·布雷顿（1827—1906）作为那个时代首屈一指的风景画画家，试图捍卫乡村景象宏大而庄严的一面。以工业和机器为主题的画家大军日益庞大，弗朗索瓦·博诺姆（1809—1881）就是其中之一。人们喜欢把查尔斯·乔舒亚·卓别林（1825—1891）的画作放在卧室和闺房里。J.J. 埃内（1829—1905）和儒勒·列伏斐尔（1836—1911）专画裸体女性，也大获成功。弗罗芒坦（1820—1876）以用色微妙见长：他那独特的玫瑰灰及精致的淡紫色，让众多仰慕者争相效仿。格莱尔（1806—1874）对光的出色运用，着实不可小觑，而他的学生雷诺阿、莫奈和惠斯勒在此方面则更胜一筹。欧内斯特·赫伯特（1817—1908）因试图迎合受众而惨遭波德莱尔谴责，但或许正因为他这一做法的成功，他着实值得被铭记。巴斯蒂昂·勒帕热开创了一种综合性风格，该风格一时被视为引领现代主义的先锋。他还精通轻歌剧，如果要对现代主义有个全面了解的话，这也并非毫不相关。[91]

画家在社会或政治层面究竟代表着什么，还真是一言难尽。因画家的绘画技法具有突破性，或因其某个作品的主题处理较新颖，人们似乎就可以水到渠成地得出其艺术具有革命性思想的结论，但它们之间其实并不存在必然联系。例如，J.F. 米勒（1814—1875）因农民画而闻名，但他画起农民画来却毫无伤感之情。因此，有人认为他是个蛊惑民心的社会主义者，也有人认为他是在教化“艺术仅限于对卑微之物的临摹而已”的思想。谁愿意在墙上挂一幅看似肮脏不堪、汗流浃背而又闷闷不乐的劳工像呢？但米勒最终却从忍饥挨饿的无名小卒一跃成为成就斐然的大画家，这是因为他虽然画风大胆，但也只是部分践行了现代主义风格。他描绘的是真实的生活，但他引经据典地评论了自己的作品；他的画作主题变化多端，既有当代主题，也不乏《圣经》相关主题。他的农民画可以吸引乔治·桑这样的浪漫主义者，因为他们饱含理想与忧伤。他说自己之所以画农民，是因为这个社会阶层是他最为了解的。他的确是农民的儿子，但他却与一位来自布列塔尼的女仆私通，还有了四个孩子，而他宁愿与父母决裂也不愿向他们告知她或孩子们的存在。他画作中的农民形象，一方面体现的是他对他所摒弃的生活方式的缅怀，另一方面体现的是他对他魂牵梦绕的《圣经》般的古典田园生活的阐释。实际上，他既不喜欢甚至也不了解那些与他一起生活在巴比松的农民：他认为他们心胸狭隘，对自然的魅力毫无感知力。米勒对“劳动乃幸福之源”的观点嗤之以鼻，这也是他令评论家头疼的原因之一。但他说，他之所以不描绘生活中快乐的一面，是因为他从未目睹过这一面。他唯一了解的幸福，就是休憩、平静与无声——劳作的对立面。他能深切地感知到生活带来的痛苦。正因痛苦的一幕是最能打动他的，所以那些被艰苦劳作压垮的农民成了他画笔下的主角。他承认自己的世界观是消极的，但他也未就此得出任何结论。他还说，自己并非哲学家，他既不想压抑不幸，也不愿想方设法地让人们或坚忍或漠然地面对不幸。作为一名画家，他相信自己的职责是画自己所见，还万物一个本来的模样。但所有这些细微之处都无法得到各个评论家、仰慕者和诋毁者的欣赏。他最终还是功成名就了，但是是外国人——比利时人——率先认可了他的才能。[92]

或许，古斯塔夫·库尔贝（1819—1877）更能体现政治与绘画之间的紧密联系，但库尔贝不仅是一名社会主义者，还是个自恋狂，他一张接一张地创作了很多自画像。然而令评论家恼火的是，他实际上并未表达清楚自己所要传达的信息。他宣称艺术应有其社会目的，而且艺术不是教出来的，而是个人灵感的产物，因人而异。[93] 有的画家对新思想、宗教观或所处时代的科技变革持认可的态度，而有的则对相关事物置若罔闻。印象派并不是将谢瓦利视觉发现应用在了艺术上，而是印象派画家了解到这些后，为自己的画风找到了正当的理由。毕沙罗和修拉认为，既然艺术旨在追求和谐，那就应该用科学去发现它。[94] 相反，雷诺阿则非常在意自己画匠的身份，反对理性主义的介入，称它“与艺术格格不入”。而“追求虚假完美的狂热分子，喜欢把工程师毫无修饰的简洁之作视为理想的艺术形式”，雷诺阿对此进行了抨击，但他这么做也并无政治用途。与“犹太人毕沙罗”和高更的画作同台展出的是“革命性的”作品，对此，高更说道：“在我这个年纪，我不想与革命性有什么瓜葛：公众不喜欢政治气息。”[95] 皮维·德·夏凡纳的父亲是一位采矿工程师，这同样导致他对机器心怀恐惧：自打参观了 1889 年巴黎世界博览会，他就开始噩梦不断，也由此慨叹：“面对工程师和机器的侵袭，我们画家将何去何从？”[96] 对他来说，绘画只关乎绘画。“我是无知之人，”他说，“我对哲学、历史和科学一无所知。我只会忙于自己的工作。”[97]

这些年来，绘画行当能极具创造力并不是由于政治或科学（虽然这两者对其均有所影响），而是因为画家的创作氛围更独立了，因为拥有独创权已成为他们工作的基本原则。这就意味着绘画首先成为他们抒发情感、表达态度的方式。库尔贝声称：“我本人也是一个政府”，库尔贝正以他那代表性的张扬方式宣告独立。凡·高则把绘画当作救赎精神和释放情感的途径：他称其为“我疾病的避雷针”；绘画是他经历那段焦躁不安、痛苦难熬的传教士生涯后的必然选择。[98] 这意味着艺术已踏上了对现实本质的不断求索之路。就印象派画家而言，这关乎对表象和转瞬即逝的瞬间的研究。象征主义画派画家的志向更为远大：莫罗认为自己得到了“福音讯息”，它可以揭示出他画作中“所有神话和宗教的真谛”。塞尚说他画风景之前必须研究当地的地质结构。高更之所以远离文明，是想通过新的视角让文明重新焕发生机。失真便成了画作中至关重要的元素，因为它让画家的自我表达成为可能：正如凡·高所说，偏差能揭示出比表面事实还要真切的事实。立体主义因而成了“现实主义艺术”：相较传统的创作手法，它囊括的信息量更大，这就要求观赏者投入更多的精力去重塑主体；这种方法也更具智慧，它呈现的并不是世界的表象，而是画家对世界的认知。但不得不提的是，1912 年，社会党议员 J.L. 布雷东谴责立体主义画家“显然是反艺术、反国家的”，还下令严禁他们在巴黎秋季艺术沙龙中参展。[99] 但如今，客观事物已变得不再是人们关注的焦点：抽象艺术让画家有机会建构自己的世界，立体主义也是这个演变过程中的重要一环。罗伯特·德劳内心无旁骛，只关注色彩。1925 年，巴黎当代绘画展宣称：“这种新的绘画技巧旨在将绘画艺术从热情匮乏的现实重负中解脱出来。人类急需逃离现实。”[100] 马蒂斯说他自己的作品的色彩选择毫无科学依据：色彩只为表达情感，并非基于事物的原貌。他旨在将自己的感知重组并简化，以便使其作品呈现出他在生活中孜孜以求的和谐、平衡和宁静的效果，他同时希望疲惫的生意人一看他的作品，在不费脑力的情况下，就顿感轻松，重获安宁。[101]

或许艺术家本人并不是解释他们所作所为的最佳人选，但那些将他们分门别类的评论家也未必可信。[102] 用“某某主义”来阐述艺术的发展是不正确的。接二连三的传记也并不足以说明问题——需要更多才行，但正如罗丹所说的，它们或许都在强调这样一个事实：该时期的绘画艺术发现，美无处不在。[103]

音乐篇

“无须辩驳，音乐是最受欢迎的艺术形式。”一位教育部的专家在1889年这样写道。而1964年《世界报》则说，音乐家是画家的穷亲戚。[104]这两个说法都没错。它们都表明，用名气来衡量法国品位是不对的，把国家支持的公众价值观作为流行价值观是荒谬的，而区分不同社会群体的态度和忠诚度是十分必要的。

大众的音乐品位并不是由学校灌输的。1833年，法国小学整改，歌唱课甚至未被纳入教学大纲的必修课，而那时，市面上也确实没有特别为孩子们编写的音乐书。虽然在1836年学校要求女性教师学习声乐（男性则不必），但在1851—1866年，她们仅学唱了宗教圣歌。1850年的教育法案将歌唱和体操一道列入学校选修课的末位。直至19世纪80年代才有人开始努力促进音乐教育的相关改革，但成效甚微。即便在1922年人们又做了进一步的改革，但人们对1941年“音乐教育在学校无立足之地”的说法仍无异议。然而，在德国的影响下，法国东部的情形则大有改观：据说19世纪20年代阿尔萨斯的每所学校都配有钢琴，音乐教师不但多为风琴手，还常常是技艺娴熟的音乐家。巴黎对音乐教学表现出了异乎寻常的兴趣。1819年，L. G. 博基永（1781—1842）被任命为管理巴黎各学校音乐教学的负责人。他（常用一个听上去更德文化的笔名，威廉）采用互助教学体系（即高年级学生教授低年级学生）来弥补教师数量的不足。但即使他的继任者古诺（1818—1893）、儒勒·帕斯德洛普（1819—1887）和弗朗索瓦·巴赞（1816—1878）也为此做出了努力，在法兰西第二帝国期间，巴黎也仅有50位音乐教师供所有学校差遣，他们在每所学校执教3小时，却只拿美术教师薪水的一半左右。法国的儿童歌曲创作远远落后于德国，实际上，第一本成功的音乐教科书还是由两个阿尔萨斯人根据德国的音乐书改编而成的，当然，其中添加了具有教化性的歌词，例如“让我们赶走忧伤”“生活真美好”“快快乐乐”。[105]

在校外的音乐事业中，改弦更张者则成功得多，在办合唱团方面尤为如此。七月王朝期间，威廉将他最棒的学生召集起来，组成一个1 200人的合唱团，取名奥菲昂（法语的音译名，意为“合唱团”）。几十年内，类似的社团遍布法国。巴黎凭借“蒙马特的雅典人”和“加洛林人”（1848年更名为“山岳派”，1852年更名为“蒂罗尔人”）而处于领先地位。截至1868年，法国共有3 243个合唱团，成员共计147 000人。桑斯大教堂的风琴手尤金·德拉波特是合唱运动的领袖之一，他于1859年带领3 000名歌手前往伦敦水晶宫参加国际比赛。因为合唱运动倡导“教化工人”“融合青年”，所以政府对其给予了支持，但支持的结果却是将这场运动一分为三。巴黎的合唱团成员大多是工人和职员，但在地方，中产阶级、公务员和神职人员也会加入合唱团。合唱队员被誉为能迅速改掉口音、穿着光鲜的模范市民；铁路部门也为合唱队员减免车费，方便他们奔赴各地参赛。合唱团中也不乏带有政治倾向的左翼群体。在19世纪40年代，合唱团曾一边行进一边歌唱，穿行于图卢兹的大街小巷，但此举后来被警方禁止。于是他们就开始举办由上流社会资助的音乐会。在19世纪40年代，像来自比利牛斯山的40位山区歌手及贝尔纳斯歌手组合这样的团队，一直在欧洲各地巡演。作曲家们争相为他们写歌。有越来越多的乡村合唱团进城参赛，但不久便又开始四分五裂。军乐团成了合唱团的竞争对手，而且在很多地方，军乐团受欢迎到取代合唱团的地步。[106]弗朗西斯克·萨尔塞称这些军乐团常喝得酩酊大醉，根本无心歌唱。人们也纷纷议论说军乐团里没几个识谱的，因此他们要花大量的功夫发明更便捷的识谱方法。合唱团的发展似乎在法兰西第二帝国末期达到登峰造极之势。据说，歌唱在法国从未如此流行。“法国起码已像德国一样崇尚音乐，音乐迷已从四面八方向我们袭来。”[107] 但合唱团发展的障碍在于，他们唱的是从未流行过的歌。或许因为掌控他们的作曲家水平拙劣，所以他们在比赛中唱的都是鲜为人知的库肯和施瓦哈尔歌曲。这样一来，他们的音乐与工人和农民喜闻乐见的粗俗小调及爱国的革命赞歌相差甚远。当维希政府在 1941 年将这些合唱团重组为法国青年音乐家协会时，其中仅有 13 万人。[108]

合唱团的发展经历之所以重要，是因为它见证了音乐是如何从宗教和社会仪式的组成部分，最终转化为一种独立的大众娱乐方式的。在 18 世纪，音乐大多被用作背景乐来烘托对话、剧场表演及宗教或军事仪式的氛围。浪漫主义者给予了它全新的意义，即探寻宇宙奥秘和人的至深情感：作曲家看重自我情感的表达，而人们也开始对梦幻曲、个人狂想曲，以及恰当地诠释了个人体验、自我感受的作品期待不已。与此同时，乐器的数量在成倍地增长，公演的场面也愈发宏大。在 17 世纪，巴黎歌剧院交响乐团有团员约 20 人；到 1860 年，已增至 84 人，而梅耶贝尔为了他的大歌剧《非洲女郎》竟然调动了 100 位演奏者，此举引起了不小的轰动。在法兰西第二帝国时期，时尚人士在演出到第二幕时才抵达歌剧院的现象依然普遍，他们并非为音乐而来，而只为瞧一瞧漂亮的芭蕾舞女郎，与朋友们碰碰面，最多感叹一下戏装的华美和布景的丰富，这一切恰好是梅耶贝尔尤为擅长的。罗西尼激发了人们对意大利音乐的兴趣，而这群狂热的歌剧爱好者也为意大利歌剧院营造了一种全新的氛围。与之相比，参加巴黎音乐学院音乐会（始于 1828 年）的观众就要文雅得多，他们比教堂的教徒还要安静，而且似乎真的把音乐会大厅奉作宫殿庙宇。因此后来就有了严肃乐和流行乐之分，它们的音乐爱好者仍保留着各自音乐原有的模样。但起初两者的差异并不明显。在拿破仑三世统治期间，帕斯德洛普开创了颇受欢迎的星期天音乐，把当时仍名不见经传的海顿、莫扎特、贝多芬和门德尔松的交响乐介绍给工人。拉穆勒于1881年创办交响乐团，他曾请观众不要在演出结束前妄下任何褒贬评价。在过去，音乐会，尤其是歌剧，就像剧场本身一样与喧哗脱不了干系。职业观众在领掌者的带领下鼓掌、发声，他们的出现把演出搞成了公共集会。职业观众很难根除，因为他们并非剧院所雇，他们的队长反倒要给剧院钱。当然，剧院这么做也是出于赚钱的考虑。队长有时把自己说成“剧院成功的造就者”。队长会拜访剧团经理、作曲家、编剧、演员和歌手，承诺为他们有偿捧场。之后，为了确保剧院座无虚席，他会包下成片的座席。他的势力强大到连大艺术家都得定期向他上交保护费。奥古斯特是巴黎歌剧院的“捧场队长”，他利用这个行当赚得盆满钵满，退休时的年收入高达20 000法郎。1855年，维多利亚女王在访问巴黎期间曾前往歌剧院观剧，当时全场坐满了职业观众，为把掌声表演得更逼真可信，他们均身着全套晚礼服严阵以待。巴黎喜剧歌剧院平日里的职业观众通常为50名，但首演之夜会增至300名。[109]

随着音乐产业在经济层面上发生变化，其观众和表演者的专业化程度也在不断提升。18世纪，达官贵人是音乐家的主要赞助人，但如今情况发生了变化，达官贵人不再供养私人音乐家。起初，公众欣赏音乐的机会是由歌剧院、剧院和教堂提供的，而在18世纪，专业音乐会也开始加入其中，比如当时专门演奏德国音乐并拥有世界上最伟大的乐器演奏家的巴黎圣灵音乐会，或者偏爱“进步音乐”，会在共济会集会处举办的业余音乐会。这一时期，观众难寻，1784年，莫扎特的维也纳系列音乐会预售联票，预购的人仅有176位。但到法兰西第二帝国时期，巴黎人的观剧选择剧增。以1866年为例，《唐璜》、《游唱艺人》、《恶魔罗勃》、《吉赛尔》、阿莱维的《犹太女》、韦克林的《和平》、《歌唱与伟大》，以及大师佩蒂帕和拉巴鲁合作的《伊维托国王》的首映，均在巴黎歌剧院上演剧目之列，观众可尽情选择。巴黎喜剧歌剧院也有 5 部新剧上演，其中包括古诺的《鸽子》和维克多·马赛根据拉马丁小说改编的《菲奥·达阿利扎》。意大利歌剧院上演着威尔第和多尼采蒂的作品，以及其他意大利作曲家的 6 部新剧。抒情歌剧院里则有包括新版《唐璜》在内的 8 部新剧。奥芬巴赫在巴黎轻歌剧院为大家奉送了 6 部新歌剧（其中一部由他亲自创作）。巴黎幻想歌剧院则上演着由年轻作曲家创作的 12 部歌剧。另外还有大约 10 家“非抒情”剧院上演轻歌剧。巴黎音乐学院举办了 11 场保留剧目音乐会，但这一年又加演了 3 个剧目。帕斯德洛普指挥了 24 场主打海顿、梅耶贝尔、韦伯和李斯特作品的流行音乐会。始创于 1865 年的巴黎爱乐协会演奏了现代音乐；而已成立 7 年的古典圣歌协会只演奏已故作曲家创作的合唱作品。韦克林的圣塞西尔音乐协会在其成立第二年举办了 6 场包括他本人作品在内的音乐会。意大利歌剧院的首席小提琴手德勒迪克也经营着一家交响乐作曲家协会，迄今已有 6 年；拉罗和圣桑为法国室内乐协会演奏；已成立 16 年的四人乐团一心致力于演奏贝多芬的晚期作品。除此之外，众多作曲家和演奏家还会举办个人音乐会，音乐学校举办的音乐比赛更是不计其数。当然，在通常情况下，地方只与当地音乐人合作，但这一年至少有 10 部法国新歌剧在地方上演。[110] 值得一提的是，像一个世纪前一样，歌剧仍是音乐舞台的主角，但演出的乐团大多都是新近成立的。作为一种社会活动，音乐演出仍与其他娱乐形式一起吸引着品位不一、身份各异的观众。盛大的演出利润不菲，歌剧演员的报酬颇高。诺丹作为当时最伟大的男高音歌唱家，1865 年，他凭借在梅耶贝尔的《非洲女郎》中的出色演唱，入账 11 万法郎，这约是法国 30 年前著名男高音收入的 6 倍。巴黎歌剧院 1866 年新晋导演的收入为 10 万法郎，这也使他跻身全国收入最高人士之列。歌者的地位也相应地有所改观。而法国 18 世纪最负盛名的男高音格拉特（卒于 1823 年）的家人却因其歌者身份而与他断绝关系。现在的歌者因备受崇拜，以至于动了写回忆录的念头。发现美国市场则进一步加大了回报率：意大利歌剧院公司通过 1891 年的赴美巡回演出，竟以百万美元的利润满载而归。[111]

进入 20 世纪，这一切都变了。最具魅力的不再是歌剧而是交响乐。巴黎各类音乐活动的布局如下：

表 3.2　1924—1925 年和 1938—1939 年巴黎各类音乐活动情况

（单位：场）

	1924—1925 年演出季	1938—1939 年演出季
交响音乐会	451	321
钢琴音乐会	296	121
室内音乐会	142	125
其他音乐会	921	452

1913 年，巴黎各类音乐会一共才 700 场左右；20 世纪 20 年代，这个数字翻了一倍多，增至每年 1 880 场；但 20 世纪 30 年代，音乐会数量骤降至 1938—1939 年的 1 009 场。事实是，演奏各类音乐的团体不断组建始于演奏法国新晋作曲家作品的国家音乐协会（1871）；传播交响乐品位的卡隆音乐会（1873）首推已蜚声海外的柏辽兹音

乐；还有提升对瓦格纳的崇拜的穆勒音乐会（1882）。音乐小团体在20世纪20年代经济繁荣的背景下蓬勃发展，但它们又在随后的经济大萧条背景下土崩瓦解。1945—1946年，有约85%的巴黎音乐会在亏本经营。人们越来越无心聆听新的音乐作品。“二战”以前，昂热的人口数为8万，然而能定期光顾当地音乐会的仅有约400人，但来欣赏巴赫、贝多芬和瓦格纳音乐作品的人却翻了一番，而《浮士德的天谴》的观众竟然翻了两番。在同期人口数为60万的里昂，听古典音乐的传统得以保留，某部每周上演5场的歌剧，其上座率（共有1 500个座位）与剧目的古典程度成正比。里昂爱乐协会每年举办10场联票音乐会，平均每场观众约有800位。有一小撮听众成长得越来越专业，欣赏音乐也随之演变为他们的专业活动。作曲家带动大众娱乐的社会职责也因此不复存在，他们成了孤家寡人，不再定期与演员和观众打交道，而他们的音乐作品也渐渐没了人气。起初，德彪西还说“音乐必须谦卑地实现娱乐大众的目的”，但他后来却对艺术为大众所欣赏的理念失去了信心，他的作品也变得愈发抽象，并断言“想要观众爱上美简直比让他们用手走路还难”。[112]

1780年，巴黎作为音乐出版的重要国际中心，已有44家相关专业公司。同时，欧洲，尤其是德国的音乐出版公司也开始壮大，并且不久就赶超他们的对手法国。现如今，古典乐出版商仅有23家左右，其中7~8家的发行量就占到了四分之三。而人们对活页乐谱的需求量甚至还不及此数额，因为每版通常只印几百份，但就连这几百份也要花至少50年才能售罄。乔治·奥里克的3首钢琴即兴曲于1946年印制了500份，但到1962年仅售出330份，并且类似状况极其常见。[113]中产阶级将钢琴奉作体面的重要标记，到底持续了多少年？家长一心想把懒散的女儿打造成多才多艺的淑女，这其中又有多少架钢琴是帮助达到此目的的？所有这些都值得精打细算一下，因为据此可以推测出人们对音乐的支持率。皮耶尔从王政复辟时期就开始制造钢琴，截至 1890 年，经他打造的钢琴已达 10 万台，[114] 他只是众多钢琴制造商中的一员。如今，个人拥有钢琴的法国人占总人口的 8.2%（但管理阶层占四分之一）。与之相比，吉他（12.9%）和管乐器（12.7%）的流行度更高。[115] 但现在法国人的乐器生产几乎已完全停止。1969 年，法国人的钢琴购买量仅为 13 000 台（美国则为 22 万台）。[116]

收音机显然给音乐带来了巨变。1939 年，法国约有 1 500 家店铺在销售收音机，而销售钢琴的仅有 160 家左右。[117] 20 世纪 40 年代法国电台各类音乐的播放量（每年播放的小时数）足以反映大众的品位或群众的音乐需求。

表 3.3　20 世纪 40 年代法国电台各类音乐的播放量

1 622 小时	轻音乐
1 555 小时	歌曲（包括民歌在内的各类歌曲）
1 369 小时	交响乐
942 小时	室内乐
916 小时	舞曲及爵士乐
463 小时	歌剧
229 小时	轻歌剧
61 小时	宗教音乐

一个世纪前还高高在上的歌剧，现已跌入谷底。如今，歌剧观众

仅占总人口的 2.6%，而观看交响音乐会的占 6.9%，欣赏芭蕾舞表演的占 5.8%，听轻歌剧的占 4.4%，参加爵士乐和流行音乐会的占 6.5%。但歌剧观众可能的确是发烧友，并且他们的观剧次数也可能是其他音乐爱好者的两倍。广播对音乐品位的影响仍未显现。[118] 但广播和留声机无疑加大了音乐的收听量，也拓宽了音乐的选择面。过去，音乐教师在中产阶级家庭中扮演的角色还是很重要的，但如今这一角色却罕见得很。1921 年，法国有 14 105 位教音乐和唱歌的老师，1936 年有 10 305 位，1946 年仅剩 6 941 位。另外，两次世界大战之间约有 12 000 名音乐家、6 000 名歌唱家及 700 位作曲家，他们的人数一直在减少。歌唱家的流失是最惨烈的，其人数在 1962 年降至 3 000 人以下。[119] 科技的发展也使音乐人才呈现集中化的趋势（因此，56% 的音乐家住在巴黎）。这些著名的艺术家吸引到众多听众，而那些名不见经传的地方教师根本无法与之抗衡。音乐成为一种前所未有的个人体验，而人们赋予它的含义也比以往任何时候都要变幻莫测。[120]

想撰写一部皆大欢喜的法国音乐审美史简直就是天方夜谭，首先因为众多法国作曲家已惨遭遗忘，在这一时期，能有幸为当代人所耳闻的大家也已寥寥无几。[121] 还有一些悖论有待解释：为何德国和意大利音乐如此流行？为何（正如罗曼·罗兰所言，虽然过于夸张）所有伟大的法国作曲家皆是外国人？但与此同时，为何还会有人不断地创作极具辨识度的法国音乐（以其独有的轻快见长），而其特点仍是那么一目了然？法国绘画能迅速变得国际化，而法国音乐则不能。

本章表明，美的理念正同时朝着两个相反的方向发展：一是艺术家的个人主义在不断增强，二是固守传统艺术品位的公众也承受着巨大的压力。我们随手翻翻报纸，就能对这些压力有更清晰的了解，因为报纸扮演着中间人的角色。

4. 报纸与腐败

报刊创造声誉的能力胜过一切。巴尔扎克曾把声誉比作头戴皇冠的妓女，若想获得声誉就必须支付金钱。看一看谁热衷于用金钱换取声誉，谁愿意待价而沽，就会明白法国报业为何会屡次受挫。报刊会为大众提供信息，但在记者和愿意花钱买信息的人之间却存在着种种交易。这是一个教育优先的时代，但人们似乎更渴望进行消遣娱乐。在新闻发展史中，我们见证了巴黎文化与传统品位之间的矛盾。说到底，新闻本身便是一个令人惊异的世界，它吸引着奇怪、迷惑而又幻灭的人前来探险，其探险经历带来的公众影响并没有其预期的那么大，即便如此，这一切仍值得我们研究。

报业的特点是由三种力量——记者、报纸拥有者和读者共同塑造的，而三者的利益和目标却难以达成一致。人们既不能简单地说前者在对后者施加影响，或对后者起引领作用，也不能接受新闻通过表达读者的观点和态度来反映“民意”的说法。新闻界面对的各种压力本身就具有无限的复杂性和多样性。

记者

当谈及法国记者时，我们很难在脑海中形成一个清晰的形象，因为他们拥有多副面孔。记者（从职业的角度而言）诞生于18世纪，但这个行业的起源仍是个谜。最初，记者就是个卖消息的，在巴黎街头兜兜转转，将打听到的一切流言蜚语四处扩散。他们经常出没于杜乐丽花园和卢森堡花园，科学家、经济学家、文学家会聚在花园的各个角落讨论时事。孟德斯鸠对这些记者颇为不屑，曾这样写道："他们对国家毫无用处，他们不过是讲讲重大项目、谈谈重大利益，就觉得自己有多了不起。他们谈论这些只是出于一种轻浮、荒谬的好奇心，而且没有什么办公室秘密是他们打探不到的，他们什么都想知道……毫无理智可言！"[1] 1774年，有人曝光，其中一个卖消息的人的真实身份是前宫廷参赞兼省长的特派员助理，他在卖消息这个行当心甘情愿地干了20年，其间雇了50名抄写员和小贩，有280人订过他提供的手稿（巴黎大主教和几位公爵都曾是他的主顾）。然而，报纸从手抄阶段发展到印刷阶段，历经了艰难险阻。1763年，国王雇用了不少于121位审查员，并给予《法兰西公报》和《学者报》专卖权：若想与这两家报纸竞争，则必须花钱获得它们的许可并购买执照，就连外国报纸进入法国都要向它们付费。所有手抄报纸在理论上是完全被禁止的，如有违反，则以鞭刑论处。但摆在严肃文学面前的新挑战——对新闻的需求、对利润的追逐，在迅速升级。18世纪的大思想家对这一发展态度不一：一方面，他们原则上支持言论自由及出版自由；另一方面，那些试图从中谋利的人品行低劣，思想家对此蔑视不已。伏尔泰说，新闻业因"许多贪婪书商发行的报纸而名誉扫地，它们相互竞争，其中充斥着无名写手的不实摘录、愚蠢言论和连篇谎话……在某种程度上，赞美和批评已发展成一笔公开的交易”。狄德罗评论道：“人们发现给好书写篇书评比亲自写几行优美的散文要容易得多，因此许多创造力匮乏的人便热衷于此。”他说：“有些人要么太忙，要么太懒，以至于无法读完一整本书，新闻就是为了安慰这些人而发明的。看新闻是一种以低成本满足好奇心、获取知识的途径。”卢梭认为，报道新闻是一项劳动者的任务，而且办期刊是“一件短暂性的工作，无名无利，它使男人学会了逃避与蔑视，且让女人和傻瓜无师自通地学会了虚荣：报纸的命运是在清晨的厕所中发光发热，在晚上的橱柜中香消玉殒”。但早在1749年，阿尔让松侯爵便将“人民大动乱”归因于阅读报纸。这一解释未免太过超前，因为迫于旧制度时期的管制，大部分报纸一期仅售300~500份，《法兰西公报》的订阅量最多也不过12 260份。然而，这样的销售量也足以使报刊业成为一个有利可图的行业。《法国爱国者报》在1790年只有5 000份的订阅量，但该报编辑一年能挣6 000里弗①，出版社能赚到24 000里弗！[2]报纸在当时是一种昂贵的奢侈品。19世纪30年代，大部分报纸的订阅费大约相当于一个工人工资的十分之一。

由于法国大革命，记者们变得愈加野心勃勃，其处境也因此变得岌岌可危。1789—1792年，报业暂时赢得的绝对自由使500家新报纸得以诞生。不仅大革命的杰出领袖——例如米拉波和马拉——大多活跃于报界，而且几乎每个群体都开始办报，并好像也借此产生了一定的影响。报刊前所未有地成为一种政治工具。1830—1848年，大革命确立了记者在推翻政府方面起主导作用的传统。报刊自由成了重要的

① 里弗是法国大革命前的本位货币。——编者注

政治问题。但在19世纪，随着报纸数量的激增，记者们的水平和职能也变得愈发不同。他们的立场变得更加含混不清，他们实际取得的成就与他们表现出的自命不凡之间形成了鲜明的对比。

埃米尔·德·吉拉丹（1806—1881）或许是法国现代报业史上最具影响力的人物，他恰到好处地阐明了记者期望达到的高度。他是一位尊贵的将军与漂亮的杜普伊夫人（格勒兹画笔下《鸽子与少女》的原型，此画现藏于伦敦华莱士收藏馆）的私生子，但其父母都深感他的存在给他们带来的不便，于是为他伪造了一份名为埃米尔·达勒莫特的出生证明，并将他送给陌生人抚养，对他的教育问题不闻不问。长大后，父亲一个月见他一次，不许他踏入家门半步，把他安排在园丁的小屋吃午饭。吉拉丹是与困惑相伴成长的，他渴望一个名字，渴望父亲的关怀，渴望母亲的慈爱。21岁时，他出版自传，为私生子的权利辩护，下定决心以此“吸引大众目光，为自己曾被抛弃而复仇……凭借个人的力量，赢得世人的尊敬，人们会叹服地说：虽孤苦伶仃、身无分文，但他克服了身份卑微带来的重重障碍——他成功地克服了自己的不幸，尽管曾经没名没分，但终将名声大振”。那时父母便会奔向他，而他不会拒绝他们。他说，一个人成名的方式不是帮助他人，而是去恭维群众的热情。若得不到金钱支持，一个人便一无是处，所以他无论如何都要变得富有。[3] 他以非凡的速度实现了这些目标。他18岁时，另一位美丽的女士桑奥内夫人（安格尔曾为她作画）青睐于他，给他谋了份公务员的工作。又过了几年，他被任命为美术部助理巡视员，但却没有从中赚到什么钱，于是他放弃了安逸的仕途，选择在报界和文学界谋生。他创办了一份名为《贼》的报刊，毫不隐讳地表明其内容就是对其他报刊的摘要总结。他筹集了500法郎，刚够印第一期报纸，但他并没有用这笔钱支付印刷费，而是全部用来打广告，其订阅量因此大幅增加，几千法郎轻松入账：这份报纸很快便给他带来了5万法郎的纯收入。他23岁时，为时尚界创办《时尚报》(1829)，由加瓦尔尼负责插画，得到了众多作家的大力支持，这些作家也很快行走在文学界的前沿，其中就有巴尔扎克。两年后，他创办的《益知报》(1831)在短短一年内就有132 000人订阅，获利20万法郎。《益知报》发行的《法国年鉴》一书共售出130万本，其口号“健康、成功与知识”风靡全国。这是吉拉丹的创意。他想通过大众媒体把自己打造成大众教育的先行者，力求在生活的方方面面起到教育大众的目的。他创办的《家庭博物馆》《乡村博物馆》等一系列报刊使他成为那个时代不可多得的出版商。1834年，他当选议会议员（为符合条件，他把年龄虚报了几岁——出生证明给他带来了无穷无尽的烦恼）。1836年，《新闻报》的创立使他获得了巅峰成就，这是一份年费40法郎的日报，而当时的日报一般为一年80法郎，吉拉丹打算通过广告收益来弥补差额。这开创了一场报纸生产的革命，应读者的要求，报价稳步下降，报纸对广告的依赖则持续上升。像大多数革命一样，他人也有同样的想法，《新闻报》的竞争对手《世纪报》此时以相同的理念创办起来，实际上，后者可能更成功一些。但吉拉丹不仅是一位优秀的企业家，还是一名卓越的记者。他撰写文章像经营报纸一样出色。与《世纪报》的老板不同，他把《新闻报》视为其进阶的垫脚石。

他在各届政府中连任议员，一干就是大半辈子。他对各个政府没什么偏好，只是在实施其“自由”纲领而已。他始终站在遭受政府欺压的人一边，为释放政治犯、实行大赦而抗争。“何为国家？”他自问道，“一切。国家应该如何？不为任何。”他并未明确表示是否应该废除中央政府，这在一定程度上应和了蒲鲁东的观点。但他却从未加入任何政党。他常把“独立”挂在嘴边，他的报纸能做到“每天有一个想法”。他被公认为构建新闻策略的天才。从某种意义上来说，他还是一位才华横溢的辩论家，即辩论大师，他的文句短小精悍，特色鲜明，也因此一直广为人知。但这一切都未能帮他获取更多的政治权力，这也是他一生未竟的雄心壮志。他通常会支持妥协的政策和倾向妥协的政治家：在路易·菲利普国王统治时期，他是一个“进步的保守派”，既不选择保守派，也不选择进步派。路易·菲利普国王退位时，他的游说起了决定性的作用，国王虽然退位，但同时宣布摄政，尽管这从未被实施。他支持 1848 年临时政府[①]，但很快便与其发生冲突，被卡芬雅克将军逮捕。在主流报纸中，他是第一个站出来支持路易·拿破仑的事业的。但是后者并未让他当上渴望已久的部长，这令他失望透顶。之后，他成了埃米尔·奥利维耶自由帝国最积极的支持者，但他这次仍未混上一官半职。他一直热切渴望参与政治，对此他从不隐讳。对于报界的力量，他很快就失去了任何幻想。在他看来，媒体的三言两语片刻就会被遗忘；“所谓的观点统治者也只不过是些嗡嗡乱飞的苍蝇”，只能滞留在事件的表面而已。他想要的不是讨论，而是行动，付诸行动是政府的职能，而非新闻界所能企及。他认为这个时代的伟人是加里波第和科苏特，而不是蒲鲁东或他自己。但因他不亲近任何政党，因他既是旁观者又是记者，因他既傲慢又冷漠，他始终徘徊在政治的边缘。埃米尔·奥利维耶说吉拉丹既没有蒲鲁东般的广博知识，也没有蒲鲁东般的写作技巧，更不似蒲鲁东般诚实正直，但他的激情和勤奋却使他足以和蒲鲁东相提并论，而且因他想象

---

① 1848 年法国二月革命爆发。二月革命之后，由拉马丁、赖德律-洛兰等人及工人代表组成了临时政府，宣布法兰西第二共和国成立，七月王朝崩溃。——编者注

力匮乏，所以他貌似更务实。吉拉丹毫不掩饰地倡导物质生活、工业主义和普遍繁荣（“普遍繁荣”是他另外一本期刊的名字）。对于更强调华丽辞藻和坚定原则的政治界而言，他无异于一个怪咖。法兰西第三共和国期间，他的报纸帝国不断扩张，当他离世时，他已坐拥800多万法郎的资产，但在暮年时，他曾向《费加罗报》的编辑维尔梅桑哀叹：“我拥有一切，却又一无所有。”这或许是指他未竟的雄心壮志吧！[4]

法兰西第二帝国的另一位知名记者阿道夫·盖鲁尔特（1810—1872）也体现了新闻是以商业和政治的结合为特点的。盖鲁尔特的父亲本是一名纺织品制造商，但古老的家族企业于1814年倒闭了。在求学期间，他曾放弃法律，转而学习圣西门主义。正如他写给朋友的信中所说的那样：“我毫无保留地放弃自我，甘愿接受圣西门主义领袖昂方坦那令人无法抗拒的影响。但除了对他的爱戴，我身体中尚存的一部分，也许是最宝贵的一部分，时常对他是抵制的。”盖鲁尔特的政治道路泥泞不堪，个人生活同样纠缠不清。他曾和女权运动的领导人波琳·罗兰坠入爱河，她拒绝嫁给他，却怀了他的孩子。孩子出生前，她竟离他而去，投入另一个男人的怀抱，还和那个男人生了四个孩子，但她之后又离开了那个男人，嫁给了别人。盖鲁尔特最终走出情感创伤，娶了他在圣西门俱乐部认识的一个女孩儿。但他无法决定此生该如何度过。一方面，他有自己的政治信仰；另一方面，对音乐深深的热爱让他一度成为一名音乐评论家。在他看来，音乐是最美、最流行、最有力、最鼓舞人心的艺术。但他又渴望成就一番事业，享受传统的家庭生活。他曾供职于保守杂志《辩论日报》，之后，受基佐反动政府任命，任法国驻墨西哥领事，后来（因为吃不惯墨西哥菜）又改任法国驻摩尔达维亚领事，这些工作都让他饱受煎熬。在 1848 年大革命中，他并没有辞去工作，因为他还得养活一家老小，直到第二年被解雇之后，他才重返新闻界。他写文章攻击天主教会，支持工业扩张和物质繁荣，并因此成名。像吉拉丹一样，他谴责那些对实用和舒适生活的恐惧。1858 年，资本家米约为他提供了一份在《新闻报》担任编辑的工作。为防事态恶化，开始正式工作之前，他签署了一份未注明日期的辞职信。这份报纸走亲政府路线，他接受这一路线，尽管他会时而添加少许自己的反教会和亲意大利的色彩。1859 年，国王的兄弟——较为激进的杰罗姆 · 拿破仑王子在印刷商、银行家，可能还有皮埃蒙特的秘密资金的支持下为盖鲁尔特创办了一份新杂志。《国家意见》准许盖鲁尔特自由倡导民族主义（统一意大利与德国）、反对教权及呼吁将欧洲重组为联邦。1863 年，他代表巴黎当选为议会议员，这表明当时报纸在政治生活中有主导作用。盖鲁尔特出版过评论家尚弗勒里反映时尚阴暗面的一系列文章，揭示出华丽的巴黎生活只不过是一场假面舞会，但人们认为此类文章有伤风化。他的首席助理和他雇用的另外两名记者谎话连篇，以至于尽管杂志的写作技巧高超，但发行量却不大。似乎正如一位巡警所说的，这本杂志只能吸引铁路二等座旅客（那时的座位共有三个级别）。盖鲁尔特本应该和反对派的共和党人也成为朋友，但他和拿破仑王子的友谊使他们对他有所怀疑。1867 年，他（以及其他四家杂志的编辑）受到公开指责，人们称他们收受意大利和普鲁士政府的报酬。针对这一指控的调查始终没个说法，但却玷污了他的名声。1869 年，在失去议会席位之后，他重回一家报社。由于他专注于政治，加之社内纷争，报纸销量减半。1870 年大革命之后，他选择支持共和国，表示愿意为任何政府效力，因为不论谁当政，他总可以得到一些有价值的东西。盖鲁尔特是新闻权力的积极拥护者，也是一个沉着冷静、彬彬有礼、坚持不懈的人。他看上去就是个典型的资产阶级，集健康、恶意与自满于一身。他的三个儿子，一个继承了家族的新闻事业，一个是财政及税务总局督察，还有一个是工程师。[5]盖鲁尔特在自传中指出，新闻业尽管人才济济，却留下了不可信的名声，因此，尽管新闻界与政界、商界的角逐偶有胜出，但其影响力却令人无法理解。

亨利·罗什福尔（1831—1913）也是一个例子。他的事业丰富多彩、令人惊叹，但同样矛盾丛生。他通过煽风点火，将新闻论战提升到一个空前暴力、鲁莽又不失智慧的高度，他也借此达到了发财致富的目的。他父亲曾受封为罗什福尔侯爵，但却放着贵族不做，跑去当了一名出色的轻喜剧作家。人人渴望加官进爵，而他父亲却出人意料地放弃了封号。他的母亲是一名悲观主义者。他本人上学期间也是个忧郁、紧张、叛逆的少年。家人觉得他是个笨蛋。他常感到孤独，他说："尽管小孩子喜欢我，但我却从不招大人待见。"他与父亲长期不睦，任由父亲在贫困中死去。他的长子自杀身亡。一位同行记者写道："每次看到罗什福尔……总感觉他在疯了一般地寻求解脱，摆脱那挥之不去的精神困扰和胃部剧痛带来的身体折磨。于是他不择手段地寻求快乐，追逐一切感官刺激。他沉迷于各类赌博，包括轮盘、比赛、扑克、股票市场。在晚餐、女人、剧院甚至新闻里麻醉自我。虚荣是他性格的主要特点……"[6]但罗什福尔对此却矢口否认，他说自己既不抽烟，也不喝酒，更别提赌博了。但女人的确是他的软肋，他的三次婚姻都以离婚或分居而告终，留下的只有三个私生子。毋庸置疑，他是那一代人中的佼佼者。他的新闻事业宛如一场绚烂而永恒的烟火表演，尽管险象环生，但仍吸引着众多名不见经传的模仿者。不过他进入新闻界却完全是出于偶然。他原来是巴黎德维尔酒店的一名员工，一开始供职于酒店专利部，后来转到了建筑部，在那儿结识了同事德吕蒙（这个人煽动了另一场新闻论战）。这份工作给了他足够的时间钻研艺术，或者更确切地说，是艺术经营和艺术品修复。他师从另一位没落贵族，为富人们修复旧画。有些人曾一度把藏品遗赠给卢浮宫，罗什福尔的一位朋友拉卡兹博士就是其中之一。在那个时候，因为销售商们都很无知，拉卡兹只花 300 法郎就入手了一幅弗兰斯·哈尔斯的画作。罗什福尔在《喧闹报》发表了一系列嘲讽这些人的文章，后来集成一本名为《销售之谜》的书出版，书中说这些销售商将一幅题有“救世主”字样的基督画像归为波伦亚画派画家萨尔瓦多·蒙迪的作品。因为在那个时代，古文物艺术品爱好者热衷于在艺术品上添加自己的二次创作，说这样能让艺术品的价值得以提升。罗什福尔人生中通过写作赚取的第一桶金——100 法郎，是为米库尔写小说赚得的。这个人像开工厂似的，批量出版小说。罗什福尔还追随父亲的脚步，在轻喜剧中试了试身手，前后推出了 18 部轻喜剧。后来他以写戏剧评论开启了自己的新闻生涯。丢了公务员工作之后，他以每周 100 法郎的工资入职《黄矮星报》。后来他加入《费加罗报》，正是在这里，他大获成功。1868 年该报编辑为他筹钱单开《灯笼报》，做《费加罗报》不敢做的事情。编辑维尔梅桑对罗什福尔青睐有加，他说自己雇用的记者都盼着可以凭借自己的文章进入法兰西学院，而罗什福尔是唯一的例外。维尔梅桑的建议是“逗读者开心”，而罗什福尔的确如法炮制。他曾经和许多人展开新闻争论，其中和国王表兄弟阿希尔·缪拉王子的论战让他一战成名。罗什福尔现已经营成功的《灯笼报》，几乎所有文章都出自他的笔下，该报创刊号创下了 10 万份的销量，幕后投资人一下子就收回了成本。《灯笼报》的卷首语是：“法国有 3 600 万公民，不满意者没有算在内。”（当时法国总人口为 3 600 万。）这样的笑话在罗什福尔的文章中比比皆是。吸引读者的不仅是他看似离谱的幽默和冷酷无情的嘲讽，还有他大胆无比的抨击，无法想象被他羞辱的政府和个人会有多么想报复他。他就像一个有趣又吓人的特技演员。1870 年爆发的最大规模的反抗法兰西第二帝国的示威活动，与他的煽风点火脱不了干系。因参与巴黎公社，他被流放到新喀里多尼亚。戏剧性十足的是，他居然成功逃离了该地。1885 年，他以激进的反犹分子及布朗热主义者的身份入选议会，直到他再次惨遭流放。但他创造的讽刺又反叛的新闻风格大获成功，以至于即使他不坐镇指挥，其名下报社也赚得盆满钵满，远在伦敦的他一年可以收到报社寄给他的 242 000 法郎。他的幽默感独一无二，模仿他的记者们费尽心机却不得其精髓，只学会了他的激烈毒辣，使得法国媒体成为世界上最招人谩骂的媒体之一。政治常把反对和侮辱混为一谈，误把言语当行动，这在很大程度上要归因于他竭力建立的新闻传统。[7]

新闻业可以给人带来巨大的财富。在 19 世纪中叶的法国，一名出色的工人或成功的手艺人一年可以赚 1 000 法郎，一名技艺不精的织工可以赚 500 法郎，一位副省长的工资是 3 000 法郎，一名大学校长的工资是 7 000 法郎，而知名记者的工资在法国可以说是数一数二。年轻的左拉一年可以赚到 6 000 法郎，到 1867 年，他的收入已高达一万法郎。据说提奥菲尔 · 戈蒂埃 20 年间靠写书和写剧本赚了 2 万法郎，而他在新闻业 15 年却赚了 10 万法郎。拉格隆尼埃尔是有政府背景的《法国报》的编辑，他一年的工资是 2 万法郎。普鲁沃斯特 · 帕拉多尔曾是一位收入微薄的教授，除去他服务于法国新闻业的收入，仅向伦敦《泰晤士报》供稿，他就可以赚到 2 万法郎。埃德蒙 · 阿布经营《19 世纪报》时，他的薪水飞升到 3 万法郎，这是他经营《民意》时的薪水的 5 倍。维尔梅桑冒充贵族，用《费加罗报》记录那些游手好闲的富人过着的奢靡生活，他曾提及自己被控告抬高新闻工作者的工资，而他对此却颇为得意。他以两倍的工资把其他报社的作者挖到自己的麾下。新晋的流行报刊利润不菲：莱奥·莱斯佩是制造轰动新闻的大师，他一年可以赚到4万法郎。儒勒·瓦莱斯即使从未平息众怒，也可以赚到24 000法郎。[8]甘必大发现，报纸不仅可以为一位受欢迎的政客提供资金，还能帮他保有某种政治风格。甘必大初入政界时很穷，《法兰西共和国报》在1873年仅有18 000份的销量，但其利润不但足以支持他，报社甚至还在安坦大道上买了栋房子，甘必大也获赠了其中一套公寓。1876年，甘必大跃升为政界有头有脸的人物，于是他决定创办一份听命于他的报纸。瑞士商人杜波切特是东方铁路公司和天然气公司总裁，他提议出资创办这份报纸，尽管他对政治毫无兴趣，只想狠赚一笔。甘必大拒绝了他的提议，他请了一位拥护共和制的阿尔萨斯工业家舍雷·凯斯特奈给合适的129名资本家写信，最后，他从这些人手中筹集到30万法郎。尽管甘必大只在新公司挂了个名，但却获得了价值30万法郎的股份。在新公司，甘必大貌似从未为新闻撰写或公司管理出过力，他仅限于为重要文章出谋划策，执笔的差事都交由阿卡特斯·斯普勒。等到他一跃成为总理的时候，新闻业早已让他实现了经济独立。当然，这份经济独立也并不牢靠，与他的政治声望息息相关。他去世后，该新闻公司也随即陷入经济困难，在约瑟夫·赖纳赫的领导下，新的一批商人接管了公司。1893年，第三批又走马上任，大力支持后起之秀儒勒·梅利纳的反自由贸易运动。对某些人而言，新闻业是一块有着高回报率的大蛋糕。

但这些赫赫有名的大人物只是报界的例外罢了，大多数新闻工作者的收入都很微薄。布拉齐耶（1783—1838）最开始三三两两地写一写巴黎发生的不幸事件，每写一篇能赚到3法郎。后来，他靠写轻歌舞剧维持生计，前前后后写了200余篇。维克多·孔西德朗创办的傅立叶主义报纸《和平民主报》每天根据当日盈利支付员工工资，通常是3~5法郎，比木匠赚的多一点儿。要是哪天分文未赚，报社员工们就喝几口混点儿朗姆酒的糖水，聊以自慰。儒勒·瓦莱斯在职业生涯初期是《鞋业报》的撰稿人，他的酬劳就是一双鞋子。阿里斯蒂德·白里安最初在《灯笼报》的工资是每月250法郎，5年之后涨到每月1 000法郎。大多数新闻工作者的工资的确非常微薄，在两次世界大战之间，当通货膨胀来袭时，他们的处境就更糟了。1914—1925年，尽管生活费上涨了4倍，但新闻工作者的工资平均下来仅上涨2~2.5倍。1925年，一名记者的工资差不多相当于一名小学校长的工资；一名编校秘书一开始拿到的工资和一名初中老师的工资处于同一水平；就算是一名编辑，赚的也不多，但是一名成功编辑的工资要比普通编辑的高出几倍。法国的这个情况很正常：效力于英国地方报纸的记者和印刷工的工资也低得可怜。[9]巴黎记者的工资是地方记者的两倍，但他们承受的生活成本也更高。这种贫困的处境一直到1950年都没有任何改观，那时记者的工资和小学教师的工资处于同一水平。记者们痛苦地抱怨说自己赚的还比不上下水道工人。那时报业因僧多粥少，所以竞争激烈。甚至到1970年，整个法国只有12 000名记者（而当时医生有65 000名）。另外，除了银行业，报业是唯一不要求有职业资格的行业。

巴尔扎克对新闻工作者有着深深的鄙视，他的《幻灭》中的记者都长着一副尖酸刻薄的嘴脸。他写道，世上有一种职业，从事这种职业的人和去妓院寻欢作乐的人一样龌龊，这就是记者。在法兰西第二帝国期间，人们普遍认为记者虽然可以说是一个小阶级，但是没什么声望，而且他们被谴责像波希米亚人，除了智慧，一无是处。记者被置于演员的层面，“既享受着嫉妒又承受着鄙视”。甚至在某种程度上，记者还如同给人表演的熊一般，为吸引公众目光，他们都养成了角斗的习惯，记者写稿办公室的旁边经常配有一间击剑练习房，而他们也养成了挑起新闻论战的习惯。信奉波拿巴主义的编辑保罗·德·卡萨尼亚克堪称“角斗专家”，他试图将这种新闻论战延续到20世纪。尽人皆知，新闻争论的暴力外表只不过是副面具，记者们通过报纸挑起的相互辱骂也不过是一场游戏，这一切仅仅是用来供资产阶级娱乐的。如同银行家、公证人和牧师一般，很少有记者允许自己沦落到如罪犯一般臭名昭著。然而，如一位地方记者所写的那样：“像新闻业这样成为众矢之的行业，真是少之又少！”[10] 1875年的《拉鲁斯百科全书》这样写道：“记者是劣等作家，他们更看重跑新闻，而非写作风格。严肃的读者对记者的评价极低，他们很遗憾地看到新闻的重要性被夸大，严肃的文章被驱除。对于那些怀着渴求之心阅读的读者而言，撰写这些新闻的记者都不会受到尊重。”但拉鲁斯也承认，尽管这些记者经常收集、曝光时髦妓女的花边新闻和风流韵事，但人们在鄙视他们的同时，也必须承认他们还是有可取之处的。因为一家媒体如果想要生存下去，就必须迎合所有读者的阅读兴趣，包括“那部分事事都漠不关心的民众”。[11] 巴尔贝·多尔维利在1895年的研究《记者与辩论家》中说：新闻业“虽未曾抹杀记者们的能力，却让这种能力一点点地从他们身上消失殆尽”。记者在接触新闻业之后，先学会了不良习惯、轻浮之风、反复无常、派系之情、错误判断，最糟糕的是，他们学会了自欺欺人，从而更好地愚弄读者，这一切都将这些萌芽期的作家扼杀在摇篮之中。记者们渴望写出有趣的新闻，致力于寻找完美的写作公式，但他们所在的媒介选择的成功方式本身就是平庸的。巴尔贝·多尔维利并不确定自己到底对谁更加厌恶，是沮丧的反叛者吗？他们不过是在对受伤的自尊进行控诉。是浮夸的社论作家吗？他们只不过想透过垂下的幕布看一看这个世界。是八卦的写手吗？他们也只不过是无法分清主次，或根本做不出判断的人。法兰西第二帝国时期，聪明的年轻人在新闻界崭露头角，他们取笑世人，为教条主义添趣，各大报纸争相发表他们的作品，他们看起来如同被新闻界宠坏的孩子。但是，在大众眼中，他们充其量不过是在专业边缘徘徊。[12]一位医学教授在《新闻报道对身体和心理健康的影响》(1871)一书中，将记者描述为满怀嫉妒、追逐名气且自恋不已的一群人。写作让他们感到兴奋，他们好似饮酒的人一般，尽管害怕神志不清，却不假思索地一杯接着一杯麻痹自己，心甘情愿地承担着越界的风险。他们笔下的暴力语言并不意味着他们真的如自己想象中的那般勇敢，实际上，他们只不过生活在一种“病态的狂热”之中。他们是危险的人，不仅因为他们把紧张的情绪传播给读者，[13]还因为，正如他们中的一分子指出的那样，他们利用自身的能力去伤害反对他们的人，以保证自己免于被善意的社会排斥在外。通过互相攻击和虚假论战，记者虽然赢得了像演员那般的关注，却也失去了尊严。图书作者永远比记者受人尊敬：“记者这个职业只适合漂泊不定和无依无靠的人。”新闻业虽然容不下太大的野心，但记者也可以成为一个令人钦佩的职业。之所以这个职业的地位如此低下，是因为“友情、勒索和广告”这三个因素使报纸沦落为给朋友造势、写垃圾评论、吹捧演艺人士的腐败工具。[14]

然而到了20世纪，记者拥有了不容小觑的力量，以至于这些道德顾虑都成为无关紧要的事情，正如暴发户最终受到欢迎，进入曾经蔑视他的贵族社会一般。1910年，曾有人说：“20年前，在一个上流社会的沙龙上，一个资本家不愿人们发现自己和记者在一起。但如今，记者是不论在何地都很受尊重的角色，而且因尽人皆知，记者有办法接触到有影响的大人物，所以记者几乎成了人人转而取悦的人。”[15] 许多文学界的著名人物都曾涉足新闻业，也有很多记者后来成为政客或某位部长，自由职业者也靠在新闻界兼职来赚取额外的收入。实际上，1930 年，一位文学教授（虽然不具代表性）曾指出：是时候认识到报纸不是文学的敌人，而是一种文学形式了，它不仅是大众最喜闻乐见的，而且是“所有文体中最具活力的”。[16] 记者现在也成为最令人振奋的职业之一，对年轻人而言，它的吸引力常常可以与运动相提并论。记者们对消息的追逐和对抢先报道新闻的竞争，是一场激动人心的冒险。被派往遥远的异国他乡的记者，有时还会赢得探险者、破纪录者和正义战士的美誉。第一位执行类似伟大任务的记者确实曾环游地球长达 63 天，返航之后筋疲力尽，随即接受了一份当地图书馆管理员的工作。“一战”以前长大的一代人渴望冒险，当大众媒体为他们提供了报道体育和战争的机会时，他们也会沉醉其中、狂欢作乐。女孩儿也可以进入新闻业，吉纳维芙·塔布依就是最成功的例子之一。她热爱新闻媒体的力量：“记者是最公正的审查者，只需一支笔、一本本子，就可匹敌这世上最伟大的人。”[17] 保罗·博丹小说的主人公就是记者，他说选择这个行业的原因在于“我发现记者行当拥有职能特权：我们是目击者和旁观者，但只要愿意，我们就可以混入演员的行列，我们会选择他们的激情利于公开的那一刻，登上舞台。我们也成了事件的参与者，尽管别人经常注意不到我们的存在。有时，即使是他们中最具权威的那个人，也需小心谨慎地把我们送走。如此看来，记者是现代世界的一股力量”。[18] 事实上，即使记者撰写了糟糕透顶的文章，甚至犯下愚蠢无知的错误（其中一位记者已将这些稀奇古怪的东西结集成册出版[19]），也都不再重要。新一代记者并不总是严肃认真地对待工作：他可能原本是名体育作家，但会接连尝试各种新闻专栏，即便如此，他也会继续颂扬体育精神，并把它作为好新闻的关键。[20] 有时，他会在疲惫的漫长旅行中燃烧自我，就像艾伯特·隆德雷斯（1884—1932），他是早期的伟大记者中最出名的一位。他是一名小商贩的孙子，他说自己选择当记者的原因同样是他想过那种四处游荡的生活。他的理想生活就是时常拎着行李箱，有一种即将出发的感觉。他曾写道："我不是一个软弱的人，但我却是一个不安分的人。"他喜欢一年只写三四篇大文章，也常因此陷入破产的境地，有时甚至连饭都吃不上。奢侈的生活对他毫无吸引力可言。他因调查卡宴①监狱的文章而出名。相关文章得以出版成书，让他高兴不已。他的另一个巨大成功是写了一篇针对白人奴隶贸易的文章——《通往布宜诺斯艾利斯之路》。一开始，他的写作风格和流行小说家差不多，但在 45 岁的时候，他决定不再追求速度，而是"像作家一样"进行创作。当人们批评他写作风格摇摆不定时，他选择出门购买一本名为《写作艺术》的教科书来进行自我提高。表面上，他好似一个躁郁症患者，很大程度上要依赖编辑的鼓励。他没有笃信的宗教或政治信仰，反而深信正义的力量。可惜的是，他在其能力巅峰期因船难溺水而亡。[21]

尤金·劳蒂尔（1867—1935），在形形色色醉心于新闻业的人物中，是极具代表性的。尤金在 18 岁时进入《时代报》，一待就是 35 年，有"内政教皇"之称。尤金身形肥硕，胃口惊人，一生未婚。他的口头禅是"我永远不会错"。他由衷地散发着恼人的自信，而对荣

① 卡宴，法属圭亚那首府，位于南美洲，19 世纪 50 年代至 20 世纪 40 年代是法国政治犯和囚犯流放的中心地。——编者注

誉和权力又有着永不枯竭的野心。在《时代报》，他逐渐认识了所有政界、经济界、文学界有头有脸的人物。他在努力树立这样的理念：他报社的记者是这个世界的一股势力。前报社员工塔尔迪厄当选总理后，他顺势成了美术部的副部长。他坚信自己有成为政治家的特质，但却只在腐败的圭亚那选区短暂地担任过议员。他深谙政治阴谋之道，结果却冒犯了太多人。因为他唯一能依仗的就是新闻业，所以他的政客之路以失败告终。从他身上，我们多少能够感受到某些记者屡次受阻的根源所在。[22]

儒勒·瓦莱斯也是具备别样才能的记者，有人批评他爱慕虚荣，他反驳道："谦虚无法让人成为作家。"虚荣确实在记者中颇为常见，但从事其他自由职业的人也会如此。记者埃德蒙·特塞尔（1816—1887）说过："有时可能因为你有一个冷酷无情的父亲，而且你从小只能穿由父亲的旧裤子改成的衣服，你才被迫走上了写挽歌之路。"[23] 他的话或许不无道理。但是对很多人而言，新闻业或许和其他行业没有什么不同，他们选择这个行业或许只是因为他们的父辈就是干这个的，又或许只是因为他们渴望逃离当公务员或教师的命运。一些地方记者的回忆录与瓦莱斯的格言大相径庭，是一群谦虚无比的新闻人的写照。《孚日山报》的编辑阿尔塞纳·泰弗诺在回忆录中写道："1883 年，由于遭遇逆境，我不得不靠写作为生。"[24]《安省报》（发行量 2 200 份）的编辑 J.M. 维莱弗朗克在该报工作了 14 年，其间，他一直抨击反教权主义的《竞争报》（发行量 1 600 份）。在他看来，有两种愿意按吩咐写作的记者：一种是信仰坚定的，另一种是持怀疑态度的，而后者比前者多得多。尽管维莱弗朗克的编辑身份为他在当地政界谋得了一定地位，但相较于日常的新闻辩论，他更看重自己创作的朦胧诗歌和小说。在回忆录中，他说，一个人或许出于谋生或揭露真相而写新闻，但在后人眼中，这些都抵不过一本书。不过，他的回忆录实际上只印了 300 本。[25] 同样，尽管埃德蒙·克拉丽斯在巴黎新闻界干得风生水起，但他从不活在幻想中。他是《巴黎电讯报》（此时仍鲜为人知）编辑的儿子。青少年时期，他每周为《社会工作》（发行时间很短的一份插画期刊）撰写关于自杀事件的文章，自此进入新闻界。在向《晨报》提供“简明新闻”稿件的同时，他还兼任一位历史学家的助理。之后，他终于在《小共和国报》找到了一份领固定工资的工作。在这里，他发文维护阿尔及利亚人、工会成员及精神病患者的权利，并协助创办了一家名为“万千大衣”的商店，其利润旨在用于拯救濒临破产的报纸。他有朋友在巴黎的拉丁区艺术世界，他因此成了艺术评论家。同时，他出版了一部系列小说，还负责编辑饶勒斯的演讲稿。哪里有任务，哪里就有他的身影。1909 年，身为社会党成员的埃德蒙却成了《激进报》的编辑，但双方已签下一份合同，规定激进党不得强迫他服从他们的路线。该报老板也不是典型的激进分子，连他孩子的家庭教师都是一位牧师。后来因为一场争吵，埃蒙德跳槽到《日报》，在这里，他拿不到多少工资，但每天可以仅花 5 法郎就能在马克西姆饭店享用午餐，实际上，那里在午餐时间往往没什么客人，只是因为他报社老板拥有饭店的部分股权而已。在成为社会党人的日子里，埃蒙德结交了许多后来就任部长的朋友，比如维维亚尼和布里安德，与这些人相识成了他到政府部门工作的契机。米勒兰成为总理之后，与他结交甚久的埃蒙德顺理成章地成了内阁首长助理。但由于收入微薄，他一直身兼数职，他先后在无线电通讯社、《法国报》海外版和各地方报社工作过。他与克莱门梭和曼德尔自青少年时期相识，所以对他而言，新闻就在身边。他从未托新闻的福而过上奢华的生活，尽管经验丰富、人脉又广，但他还是要为工作四处奔波。[26]

记者不得不任由老板摆布，其工资最终还是得不到保障。许多记者甚至没有固定工资，而是按字取酬，有时先拿一小笔定金。记者需要和律师保持联系，因为提起诉讼是他们的家常便饭。新闻界竞争激烈，据说，记者数量大大饱和，保留其中六分之一的人就已足够，所以记者们通常有活儿就干。[27]在新闻界这种极端的环境里，有相当多的兼职工作者。在专业人士看来，兼职者闯入了属于自己的世界，但这些专业人士又过于追求个人主义，很难有效地被组织起来。[28]19 世纪 70 年代，记者们开始组建工会，但其中的天主教徒、共和党人及其他派系各自又组成了独立的工会。[29]1918 年，全国记者联盟才成立，发展到 1939 年，其中也仅有 2 750 名会员。联盟耗费了近十年来商讨起草一份集体协议，却无果而终。然而，在 1935 年，一项法规成功通过了，[30]它承认记者的职业身份，将为记者发放官方记者证，还规定记者有权享受年假，有权获取解雇赔偿，其中明确规定：假如记者供职的报纸或杂志在定位或特色上进行了明显的调整，以致让员工陷入荣誉、名声或道德利益受损的境地，记者若不堪其扰而主动提出离职，相关单位也应给予解雇赔偿。这一法规的颁布，堪称记者维权进程的重要开端。它在“二战”以后指引记者们掀起了反抗雇主的罢工活动，甚至有时他们在报社还成功地完成了夺权斗争。这项法规保障了记者向雇主争取他们应有的权益，在某些案子中，有的记者甚至还赢得了所在报社的经营权。《世界报》和《费加罗报》的记者赢得的特殊权利也是个特例，资本主义报社老板仍至高无上。尽管在 1944 年的抵抗运动中，资本家被暂时轰下台，但很快他们便卷土重来，重拾霸主地位。[31]

广告

新闻业在发展的道路上面临重重阻碍，背后的资本力量使它难以成为一个独立且强大的行业。1836年，利用广告向大众推出廉价报纸的先驱——吉拉丹在一场新闻论战中彻底打败了阿尔芒·卡雷尔，后者创办的报纸在1830年推翻路易·菲利普国王事件[①]中起了关键作用，生动展现了新闻对政治的重要影响。吉拉丹与卡雷尔的论战令人耳目一新，宣告了新报纸对旧报纸的胜利，一个以牟利为目的的产业打败了致力于政党论战的教条主义旧媒体，而两人的论战并未从经济角度证明他们自己的观点，但证明了报纸是民主政府的重要组成部分。这样的胜利从没发生过，旧报纸之前一直凌驾于新报纸之上，不仅因为纯粹的政治报纸一直存活至今（哪怕濒临经济破产），还因为商业报纸一直都未能真正得以创办。吉拉丹希望广告为他的报纸带来最大的回报，但未能获得百分之百的成功。在这个时期，法国广告业发展得非常缓慢，更别提达到美国、德国甚至英国广告业的程度了。截至1970年，在过去长达十年的时间里，法国广告支出以每年8%~15%的幅度增长，即便如此，法国年人均广告费仍仅有80法郎，而英国为150法郎，德国为220法郎，美国则为419法郎！[32]这已经对法国新闻业的特点造成了深远的影响，对法国人民生活的影响自不必说。

有目共睹，在政治领域，官僚体制和勤勤恳恳，偏爱和自荐，仍至关重要。[33]尽管各行各业渐渐敞开怀抱接纳人才，但无人不知考试中的佼佼者不一定能成为世界的赢家；许多政治家已意识到，不管

① 此处为原书错误。路易·菲利普国王是于1830年七月革命后被法国资产阶级自由派等拥上王位的。——编者注

自己提出的政治纲领有多美好，只有为个体选民服务才能确保自己赢得他们的选票。广告业也因诸如此类的态度未能及早崛起。1848年，吉拉丹确定地告诉读者，在报纸上刊登广告并不是一件令人羞耻的事情：因为对英国人而言，打广告这件事无论何时都不会让他们脸红。[34] 但不同部门间互通有无的传统还未得以根除。在第一家法国报纸——勒诺多的《公报》(创办于1631年)中，广告商分文未付，只是赠予出版商几件广告商品。在大众眼中，出版商和广告商沆瀣一气，广告业也真的渐渐发展成了布满阴谋的行当，广告商给商品披上虚假的外衣，费尽心机地欺骗消费者。在法国大革命期间，一些报纸会为读者提供相应的版面，不仅可以打广告，还可以就他们喜欢的任何话题发表意见。19世纪，广告体系明确了标准，报纸开始提供4种不同的广告空间。第一种是“英语广告”，它的的确确是广告，不能假扮成别的。这类广告一般会集中刊登在报纸的第四版或末版上，也是四种广告中费用最为低廉的那种，但恰恰因为它最低廉，所以它并不受广告商青睐。吉拉丹曾尝试推出“小型广告”，他认为，与其整版仅有几则巨幅广告，还不如留出版面刊登大量小幅广告。然而就算如此，1845年，伦敦《泰晤士报》广告的日刊登量也有约1 500则。而法国最成功的报纸也才有四五十则。第二种广告刊登在报纸的第三版上，号称“公众欢迎”，价格往往比第四版上的广告贵三分之二。若想将广告刊登在第二版社会新闻版面上，还要多花30%的费用。这四种广告中收费最贵的当属刊登在头版上的广告：它们被称为“编辑宣传”，而非“广告”，目的是传达商品信息——读者在读广告，但在读到最后一行之前却毫无察觉。在文章或专栏中，广告尤其会披上一层伪装：一篇对股票市场进行独立而客观评定的文章可能是在推广某只股票；另外，读者读了一则书评，但可能只有其文学价值萦绕在心头。法兰西第二帝国期间，《费加罗报》的编辑维尔梅桑自称，只有当他的一整期报纸上的每一行都以这种方式来赚钱，他才会心满意足。

广告公司的发展是广告大肆入侵报纸的原因之一。报纸在创建之初通常会资金不足。因为急需收益，报社往往会着手将报纸的末版外包给广告公司。查尔斯·杜维里尔（1803—1866）于1845年创立的广告总会很早就确立了这一模式。杜维里尔是一名富有进取心的圣西门主义者，他先后在英国和比利时担任他所在教派的传教士，还当过记者，后来因为一篇冒犯女性的文章以道德败坏的名义被判监禁一年。因为一场革命，他成了监狱检察长。他时而还会写写剧本、做做生意。他曾以每年30万法郎，外加他一半的广告收益，买下了巴黎三家主流报纸的广告管理权。这三家报纸的总订阅量达6万份，公众只需6法郎就可以在上面刊登一条广告。杜维里尔在整个巴黎指定了200多位商店店主作为广告分销代理人来收集广告。杜维里尔的公司之后由哈瓦斯接管，这家公司在与另外两家领先的广告公司合并之后，其发展变得势不可当。哈瓦斯名下还有一家新闻资讯机构（后文会有所提及）。壮大后的广告公司，通过电报无偿向地方报纸提供新闻资讯，以换取在其报上免费登载广告的权利。如此一来，这些地方报就无须在巴黎派驻记者，因此这一诱人的方案一举成功。但随着这种强大的广告垄断（或近乎垄断）的发展，这些地方报纸能够从广告中获得的利润变成了不大的固定数额（万一再碰上拿广告换新闻的人，那就根本无收益可言）。由于已经失去了末版的广告管理权，这些报纸于是试着出售报纸上的其他空间以谋取更多的利润。为此，实际上，它们亲自担起了广告公司的角色，负责广告文案的撰写，还把它们转而加工成新闻模式。但另一中间人以广告公司竞争对手的身份出现了，他主张广告投放人应该直接与愿意出售版面的报纸接洽。这些新近出现的竞争对手与英美广告公司的不同之处在于，对于由他们出谋划策的广告，他们不会向客户收费，也不加收 10% 的服务费。广告公司之间的竞争并不是基于他们的建议和服务水平，而是完全有赖于收费价格。广告公司从为其确保广告量的报纸中获取折扣，它们每次提供的建议的好坏通常是由本次交易带给它们的利润多少决定的。由于这个时期各大报纸拒绝公开已审核的发行量数据，因此不可能存在一个可以成为制定广告政策依据的客观标准。大量报纸在这个时候蜂拥而上，它们的唯一目的，就如妓女一般，是以尽可能高的价格把版面和文章卖掉。广告公司倾向于和若干五花八门的报纸合作，既有知名大报，也有无名小报。至于在什么 报上刊登什么广告，它们自有安排。它们往往会向顾客兜售打包套餐。比如，它们会建议你将同一则广告分别刊登在 7 家报纸上，声称这样虽然比登在一家高发行量的日报上贵一点点，但广告效果却不止高出一点点。因此，报纸广告实际价格的不确定性导致人们普遍认为法国的广告要比国外贵得多。因此法国广告业始终未能像外国广告业一样成长起来。实际上，在 1911 年，据计算，报纸上一平方厘米的广告版面，每发行 10 万份，在美国需花费 91 生丁，英国为 68 生丁，而法国仅为 54 生丁。由于法国报纸没有一个可靠的流通数据，还由于刊登广告的报纸和版面不同，其花费也各异，价格高低能相差 5 倍之多。因此，想准确呈现法国的广告价格实属无望。在法国，按比例计算的话，大型广告甚至比小型广告便宜得多。客户在巨大折扣的诱惑下，甚至会买下半个或整个报纸版面来打广告，如此一来，报方便落得个无利润可赚。的确，若在地方报纸上打广告但却在巴黎操作，花费要更高，因为由巴黎广告商收取的费用，是人们亲自在当地支付费用的两三倍之多。这个行业与零售食品业一样，中间商以相当不合理的方式夸大了成本。他们跟每个客户的要价不同，客户们寻找其他渠道也就不足为奇了。[35]

只有一些行当的人会选择通过报纸刊登广告。1938 年的广告分布情况如下：

表 4.1 1938 年法国的广告分布情况

医药品	29.87%
百货商店	17.46%
食品	8.85%
家具	7.28%
家居商品（清洁产品）	5.43%
汽车	5.18%
酒类	4.35%
肥皂及化妆品	4.20%
服装类	3.30%
其他	14.08%[36]

十分引人注目的是，上述数据中并未出现工业和金融业的情况。报业最大的失败在于它无法从最富有的公司甚至大多数商业部门获得公共广告。造成这种局面有几大原因。野心勃勃、渴望开疆拓土的大公司更喜欢将报纸收购，或者获得报纸的秘密支持。在它们看来，通常情况下，报纸是促进公共契约、影响政治的手段，而非增进公众需求的方式。若是出于纯粹的商业目的，它们更倾向于在商业杂志

上做广告，因为其发行量在相应激增，而且它们往往是广告的集合体。也有些制造商认可普通广告，其中最鼎鼎有名的或许非巧克力制造商麦涅莫属了。在暂停了广告宣传之后，麦涅才发现原来广告真的有用。但是麦涅本人并非那种普通的商人，他有点儿古怪。外国制造商——比如比利时埃斯德斯服装连锁店或斯科特乳剂的广告，都未能打消公众对于报纸的普遍警惕。即使是那些经常在报上打广告的百货公司，似乎也只是出于害怕遭到勒索才心不甘情不愿地这么做的。若哪家公司停止刊登广告，报纸就会回应称这家公司因进口东方地毯惹上了麻烦，该公司因此就得恢复广告刊登。对于公司而言，它们通常更愿意以付钱的方式让报纸闭嘴，而不愿意展示自己的商品。因此，若一家公司的领导突然自杀，报纸上只会忽然出现大量这家公司的广告，而自杀事件本身则会悄悄地被掠过。据说，摩纳哥滨海度假集团曾花了一大笔钱，让报社赞美南海岸的怡人风光，而绝口不提因赌场赌博引发的灾祸。但一般而言，除了个别行业，商人们通常都将广告视为一笔降低利润、提升价格的额外开支。

报刊广告显然因充斥着不实企业和江湖骗子的虚假宣传而名誉扫地。普通广告商里有一种是高利贷者，不理智的人成了他们的小型代理商，其中有拿着剥削性工资的国内外包工人，也有代售小商店、咖啡馆、旅馆的房地产代理商。广告成了这些人向卖方索要高额定金的方式，而这一定金比广告的实际成本要高得多。细心的读者会发现，广告常常沦为某种勒索的方式：为支持崇高事业、消灭丑恶现象而进行的新闻运动，证明只是强迫人们做广告的手段而已。正如《新闻周刊》曾对巴黎郊区的一家赌场发起攻击，但之后戛然而止，而这一行为是在故意为赌场做广告。结果是，在1938年，法国用在报刊上的广告支出仅占总广告支出的41%，而英国为50%，美国为80%。

或许因为报纸是江湖郎中推销医疗妙方和灵丹妙药的最佳场所，所以医药业迫于和他们竞争也开始在报上做广告。成立于1801年的法国药学院最初规定禁止医药业做广告。成立于1819年的塞纳河药剂师协会也要求其成员承诺不涉足广告（尽管部分成员并未守约）。但在1867年，药剂师大会投票认可了医药广告，从那时起，医药行当成了报界广告商的主导者。[37] 这一决定标志着制药行业对当地个体药剂师的胜利，前者生产专利药物或某些人口中的“秘密配方”，后者则按医嘱配药。据说在1900—1914年，这些公司每年花在报刊广告上的巨额费用为1 300万或1 400万法郎之多。[38] 当广播电台开始承接广告时，其中有一半都是医药广告。[39] 尽管媒体乐于做医药广告，但这对提高其威望没有任何裨益。严格地讲，“秘密配方”是法律禁止的，因此这些广告实际上并不合法。

剧院是报业的又一收入来源，但它们之间的往来更是拐弯抹角，这也反映出双方的不甚信任，最后导致报业从中获利相对较少。大部分报纸通常会免费刊登演出剧目及时间，或换几张免费演出票了事。但“戏剧专栏”是由戏院出资的，尽管它自称是独立的八卦专栏。各大报纸会聘请文学大咖担任戏剧评论家，他们可以随心所欲地写自己所爱，且报纸还付给他们大笔稿费。但各大剧院也会聘用许多小记者，让他们为每部剧造势，以期吸引更多观众。没有任何一位剧作家能够信誓旦旦地保证他写的戏剧一定能上演，除非他同时还是一位戏剧评论家兼报纸专栏主笔。亨利·罗什福尔就是一个例子，20岁出头的时候，他写的剧得到了认可，但他愤怒地发现，要想把它搬上舞台，唯一的办法就是先搞定他供职的《戏剧新闻》。书评也适用同样的规则。出版商是在报上刊登广告的第一批人。出版商起初会把打广告的书免费送给编辑和书评人，后者会写书评。随着时间的推移，这个行业中的诱惑变得更为强烈。康斯坦特·希奥比是一位在文学上自命不凡，同时又对马拉特（法国革命象、激进的雅各宾党人）主义者充满同情心的巴黎手艺人。1845 年，他发表文章，揭示自己为让笔下文章被报纸接受所做的努力。他将自己写就的戏剧寄给报社，却惨遭无视。当他到《新闻报》编辑部表示抗议的时候，他被明确地告知："要想让你的作品被关注，要么交钱，要么在这儿有熟人。"于是他选择交钱，先在报上登一小段诗，经协商，报社加印一篇书评，但价格问题又来了：他们同意他用 100 法郎买一个半专栏，但在罗什福尔看来，这一篇幅实在太短。编辑葛兰德·德·卡萨尼亚克（既是一位著名的历史类作家，又是法兰西第二帝国期间立法机关里的波拿巴分子）在听到争吵之后，提出愿意免费为他写书评，但是后来又让一位手下跟他索要了一个价值 200 法郎的银茶壶。然而，卡萨尼亚克却迟迟不肯动笔，最后还送话来跟希奥比说应该他自己执笔。当希奥比问他该怎么写时，卡萨尼亚克回答道："随意啊！比如，就写第一版已售罄。"最后，卡萨尼亚克还是写了评论，而声称在亲眼看到评论之前绝对不会付一个子儿的希奥比很高兴，又给了卡萨尼亚克一套四人用的银餐具，卡萨尼亚克很是欢喜。在协商过程中，希奥比还以 6 法郎的价格在《新闻报》上刊登了一则告示来为他的作品预热："人们可能会说，19 世纪的诗歌已丧失魅力，但小裁缝康斯坦特·希奥比先生的诗作刚刚问世……"书评出版后，另一家报纸《祖国报》的记者写信给希奥比，表示愿意在他即将推出的选集中摘录他的作品，并负责他的一切宣传。希奥比同意付他 40 法郎请他在《祖国报》上写一篇关于自己的文章。买评论的事宜让希奥比忙活了一段时间，直到后来，他用 800 法郎贿赂了奥登剧院的主管，为他的戏剧买下了 25 个场次。但拿钱之后，剧院仅仅演了几场就翻脸不认人，还向希奥比加收了每晚50法郎的演出费。希奥比试图在报上（付费）刊登文章谴责此事，但因为害怕获诽谤罪，没有一家报纸肯接手。希奥比的律师，著名共和党人伊曼纽尔·阿拉戈建议他不要小题大做，因为没有哪一个作家敢冒犯媒体。[40]

随着书籍出版数量越来越多，书评人对自己的地位也有了越来越高的看法。想获得书评人的关注，钱变成了次要因素，而关系才是最主要的。乔治·桑德给记者盖鲁尔特写信，说自己想出本书，需要他的帮助：他会前来共进午餐吗？[41] 马塞尔·普鲁斯特通过向他在文学界的关系施加压力，才得以把一位朋友给他写的正面评论刊登在几家报纸上。上述几件事似乎并未有金钱交易，但在1903年，天主教作家丰塞格里夫声称事实并非如此。例如，若想请《费加罗报》的评论家阿尔伯特·沃尔夫为一部小说撰写书评，那么小说作者或出版商至少要拿出2 000法郎，一半给报社，另一半给沃尔夫。丰塞格里夫出版了一本书——《如何读报纸》，来帮助读者区分广告与独立评论，但他却得出一个结论：号称最公正无私、唯文学至上、只提供新闻的报纸才是最可疑的。“除非一篇文章里有几个人的署名，但这种情况其实少之又少，否则人们永远无法确定这是不是一个广告，即一篇报社收了钱或经常是报社和作者都收了钱的宣传文章。即使一篇貌似客观无比，只谈化学或地理的文章，也可能是在为下一期甚至本期的另一专栏中欲推出的某家工业公司或异国的采矿企业暖场。”[42] 报纸中的八卦专栏本来是为了满足读者渴望更多娱乐、厌烦枯燥政治的需求而设的，竟然经常也成了一种新的赚钱方式。当报纸报道剧院出现的名角或非名角时，文中提及的制景人员和服装公司就得给报社付钱；若报道中提及了某位商人，尤其还配上了一个讨人喜欢的绰号，这毫无疑问又是一场金钱交易的迹象。亚瑟·迈耶是《费加罗报》经验丰富的编辑，他曾在法庭上承认他只因在一篇社交聚会的报道中提及了花商的名字，就偿清了他欠花商的 4 000 法郎。演员八卦其实通常也需要花钱，或者用免费的演出票作为补偿。体育报道也充斥着商业气息，商业力量不但使它向读者利益让步，也使它具有了金钱价值。

证实这种轻量级的腐败并非不可能，但要确定其腐败的程度也并非易事。不过，重量级的腐败，一定存在更多确凿证据。媒体中有相当一部分的广告似乎就是独立的股票市场评论。这种广告数量庞大，极大地影响着媒体的偿付能力。事实上，还有一些秘密机构在不断地成长起来，从而决定着金融广告的经销问题。像将其末版转让做小型广告一样，报纸很早就将它的金融版转让了。于是，那些想从公众手中圈钱的银行和金融机构就能借此大肆刊文标榜自己，当然还得不忘补贴报社。第一个使这种模式初具规模的人是儒勒·米雷斯。1848 年，他买下《铁路报》，由此，银行及公司会付钱请他大力宣传他们的股票。法兰西第二帝国期间，他又获得了 5 家类似报纸的经营权。在佩雷尔斯的支持下，他立志创办圣西门主义信托公司，成为全国金融广告的霸主。这个时期，股市一路飘红，股价连涨三倍，到 1882 年股市崩盘之前，小储户之间的投资竞争为媒体提供了极好的机会。吉拉丹和其他几位媒体巨头创办了一家国家银行，但其实这是一家金融广告代理公司。拿破仑主义者苏贝朗是地产信贷银行的行长，他最擅长的就是通过操纵各家报纸的金融专栏，提升其经手的股票的价值。在 1878 年创办贴现银行时，为了与记者们搞好关系，他拿出约一万股股票分给他们。至 1880 年，据说他已获得不少于 64 家报纸的金融版的管理权。[43] 在 19 世纪 80 年代，一些专业的广告公司纷纷成长起来，加入这场有利可图的游戏，和报纸一同分享蒙骗乡巴佬儿得来的利润。巴蒂奥（里昂信贷银行和地产信贷银行的广告代理人）、古斯塔夫·拉丰（罗斯柴尔德家族的广告代理人）、阿尔方斯·勒努瓦（与哈瓦斯集团有关联），这些名字对大多数读者而言并不熟悉，但他们在报界却举足轻重。例如，勒努瓦并不单单是一位金融代理人。正如警方报告的那样："当某些部长，甚至整个内阁需要报纸帮助时，如引导公众舆论，以助议会投票一臂之力时，是勒努瓦负责到各报社发派特别津贴的。当报纸发起针对著名金融家、知名人士（例如雷纳克家族）或政府官员的运动时，事件核心人物往往不便出面，这时通常是勒努瓦出面摆平一切、终止运动。"[44]1909 年，哈瓦斯集团的一位主管莱昂·雷尼尔（1857—1950）试图集中法国所有金融广告，建立垄断企业。实际上，他确实一度成为法国各大报纸最慷慨的广告经销商——每年为《小巴黎人报》《小日报》《日报》赚 50 万法郎或更多，而王室报纸《法兰西行动报》和波拿巴主义报纸《权力报》仅能赚一万法郎。除此之外，他还是 80 家地方报纸的金融广告商。1929 年，雷尼尔在王室表彰名单之列，被授予荣誉军团十字勋章。除他之外，只有哲学家柏格森获此殊荣，但就雷尼尔的影响力而言，这也没什么不妥当的。这些金融代理人为各家银行提供服务以赚取佣金，当然也就一步步变成了富人。而银行界也逐渐形成了不贿赂媒体就别想赚钱的风气。偶尔，行贿受贿也会因某个丑闻而被公之于众。后来，地产信贷银行被曝出在 1875—1890 年，每年给媒体的津贴高达 6 000 万法郎，2 200 万法郎是直接行贿，其余的 3 800 万法郎则是通过各种中间人交易的。1887—1889 年，布朗热主义危机期间，各大部长受贿后，又用钱鼓动媒体来保卫共和。巴拿马运河公司给报社约 1 200 万法郎来为它宣传股票。记录最完整的行贿案例来自俄国政府。为了从法国筹集更多贷款（1889—1904 年，金额超过 50 亿法郎），俄国政府一开始分发给法国的津贴为每年 7 万~11 万法郎，但等到日俄战争和1905 年俄国革命爆发后，筹钱变得更加困难，俄国政府索性把对法津贴增至 200 万法郎。俄国政府在巴黎雇了一位名叫拉法洛维奇的特工，此人不仅是荣誉军团高级军官、法国研究所的通讯人员，还是一位知名的多产经济学作家。拉法洛维奇与俄国政府的通信往来，保存在苏联政府开启的档案中，由《人道报》于 1923—1924 年出版，它证明有众多备受尊敬的记者接受并索要贿赂，作为撰文支持俄国的条件。其中还提及，知名经济学家李瑞·布里欧也曾为他的杂志《法兰西经济》每年向俄国索要 4 000 卢布的津贴。埃布拉尔名下的日报《时代报》，以庄严、独立、保守著称，然而据拉法洛维奇所说，埃布拉尔其实"极度自命不凡"，曾向他狮子大开口索要一万法郎，但埃布拉尔的报纸的流通数据太低，因此拉法洛维奇实际给他的津贴要比一万法郎少得多。记者工会的秘书似乎也被人收买了，其文锋突变，从亲德变成了反德。巴黎股票经纪人协会通过一项官方动议，称除非俄国政府在日俄战争期间每月拿出 20 万法郎交由法国媒体支配，否则协会拒绝处理俄方贷款事宜。敲诈勒索可不仅仅是记者所为！[45] 俄国政府也并非唯一的受害者。例如，1914 年，土耳其政府不得不花费 300 万法郎进行宣传，以便在巴黎市场上筹集贷款，其中有超过 200 万法郎由莱昂·雷尼尔分给了报界，而其中的 49 万法郎则成了雷尼尔的佣金。1914—1918 年（"一战"期间），德国人在法国报纸上投入了大量金钱，尽管收受这些贿赂现在涉嫌叛国罪，但法国报纸并没有收手。《日报》作为巴黎销售量最大的报纸之一，经德国驻美国大使之手收受了 1 000 万法郎。或者更确切地说，共收受了 550 万法郎，因为中间人马赛商人宝路·巴夏把其中的差价作为佣金据为己有了。《日报》的编辑后来受到了审判，但他凭借微弱的优势，以多数票的支持被无罪释放。而报社老板，身为纨绔子弟的皮埃尔·勒努瓦则没能逃脱审判和处罚，其父是上一代重要的广告商阿尔方斯·勒努瓦；马赛商人宝路·巴夏同样锒铛入狱。卡约在战前定期向日销5万份的左翼报纸《红帽子》发放津贴以宣扬其和平路线。1916年，该报接受了来自酒精饮料制造商联合会的资金，以协助其反戒酒联盟的运动。除此之外，该报还收受了沁扎诺酒业的45 000法郎、马提尼 & 罗希酒业的6万法郎及其他酒业公司的20万法郎。其编辑阿玛雷德要么死于自杀，要么死于吸毒成瘾。经理杜瓦尔收受了德国驻瑞士大使的大量津贴，最后因叛国罪被处决。德国是否从行贿中受益颇丰，情况不详。据称，法国报纸不过是将德国当作摇钱树而已。但是，除极小一部分外，报界人士都认为秘密津贴是一种正常的收入来源。在两次世界大战之间，新成立的几个国家也被法国报界列入几大津贴提供国之列，继续扮演它们的赞助商角色。

对于这种贿赂，法国政府非但没有反对，反而积极投身其中，以期获得短期的政治优势。有亲政府倾向的报纸始终将自己的存在归功于政府的仁慈：秘密资金随时可以助某些报纸一臂之力；长官有权给予喜欢的报纸官方广告垄断权；个别部长经常有自己的报纸来支持他。格雷维有《和平报》的支持，弗雷西内有《电讯报》的支持，朱尔·费里有《通讯员报》的支持；而富有的瓦尔德克·卢梭仅在1882—1884年，花在《巴黎改革报》和《舆论报》上的钱就不少于135 000法郎。政府总是希望新闻呈现为适合它们的样子，报业也继续沉浸在这样的幻想中：它们发行报纸就是为了支持政府。20世纪20年代，政府新闻办公室的雏形出现了，但其在新闻发布中依然存在偏袒之风。在20世纪30年代，政府各主要部门仍心照不宣地每月给记者们发放“信封”。记者成了非官方公务员，但他们也接受银行和商界的“信封”。让·鲁切尔是《我们的时代》(成立于1927年)杂志的编辑，1946年，他在因他和德国人的合作案被审判时说：“战前，政治性报纸和杂志没有津贴是活不下去的。它们可以选择从国外或资本主义企业那儿获得津贴。最差，政府也能给些钱。”他详细说明了他从众多法国外交部部长那里得到的资金数额，当然还有从德国人那里拿到的固定资金数额，除此之外，后者还给每期报纸贡献了4 000份的销售量。1936年，百隆创建了一个部门专门负责加强和控制国家广告的分配：这些广告自然流向了对政府持支持态度的报纸，但也并非流向所有类似报纸。某些报纸的创办初衷就是向愿意出钱的人收取津贴，而吸引这些潜在赞助商注意力的方式往往是向他们发起暴力运动。令人惊讶的是，那些发行量少得可怜的无名小报，居然也可以通过这种方式达到目的。这种方法也常常被非政治性报纸采用，例如，《吉尔·布拉斯报》就用这种方法对付妓女、赌场和时尚人士。著名文学家莫泊桑曾就职于该报社，他很快就遭到文学名人的恶语诽谤，而他的小说《漂亮朋友》的部分情节就是根据这段经历虚构的。[46]

广告业倘若多一些活力或许可以把法国新闻业从腐败中解救出来，尽管随之可能会产生其他问题。但我们不得不提报界的一个对手，因为它截流了一部分本该属于报纸的广告收入，这就是海报——一个法国人自称可以主导世界的东西。对广告代理商而言，他们更倾向推荐海报而非报刊公告，因为它费用更低且时效更长。毕竟，报纸在便宜到人人买得起之前，通常只是被张贴在墙上。1950年，专业从事海报广告业务的公司约有200家，掌控着长约200万平方米的广告牌。通常，海报的艺术性是它的另一种魅力。或许报界也应该对艺术家抱有欣赏的态度。[47]

报界巨头

报界巨头也并非完全异于新闻记者。首先，报界巨头包括精于金融运作的成功记者。吉拉丹就是集记者和报业大亨为一体的典范。确实，随着时间的推移，越来越多的金融家或工业家开始涉足报业。最典型的当属莫伊兹（别名波利多）。他是个极具创意的人，法兰西第二帝国期间，报业特色发生了巨大的变化，其中就有他的一份功劳：报纸不再主要仰仗订报人，而是靠日常的低价销售，即每份5生丁，相当于英国的半便士，比之前世界上任何一份报纸都便宜。米拉德是波尔多犹太人组织中的一员，法兰西第二帝国时期发生的一系列激进变革都有他们的参与。他们中最有名的便是佩雷兄弟，因为他们倡导银行业民主化，领导了铁路建设，同时还是圣西门主义的支持者。儒勒·米雷斯是他们的另一位成员。尽管世人通常视他为一名投机者，因为他的方案最终以失败告终了，但他的确在广告史上占有一席重要地位。米拉德，人们对他的个人生活几乎一无所知，在他的广告生涯中，他和米雷斯一起做过冒险尝试，联袂赚得800万法郎。之后，米拉德继续创办一种全新的日报《小日报》（1863），它面向大众，面向对政治不感兴趣的读者。《小日报》不和政治沾边的原因有很多，既包括无须储备保证金（高达5万法郎），也包括不必支付印花税（每份报纸6生丁）：该报不通过邮政分发，而是靠米拉德雇的1 200名叫卖者兜售。该报与众不同的是：从一开始它就无意影响读者或引导舆论。其编辑亨利·埃斯科菲耶受命奉行这样一个宗旨：“表达人们心中所想，并敢于扮傻。”米拉德告诉他的记者：“不要试图让人铭记，或实现什么壮举。应该把时间花在公交车、火车、戏院、街道上，搞清楚普通人在想什么，然后以此来指引你前进的路。与此同时，紧跟最新发现及最新发明的脚步。把一切被‘重压’掩埋的信息公之于众……你的工作是报道大众所想，无论谈论何事，都必须保持一种对此事更加了解的姿态。”他虚构了一个名为“蒂莫西·特里姆”的人物来从个人角度表达对日常平庸观点的态度，也就是每日文章，其首位执笔人莱奥·莱斯佩说：“我在教我一无所知的东西。”但他却成了巴黎赚得最多的记者。米拉德与旁森·迪特莱尔等著名小说家签约，开了一个每日连载，专写“大众钟情的刺激内容”。他让煽情主义成为报纸的标准之一。他用精妙的悬疑、神秘的海报为报纸上的故事造势。例如，简单的话语“勒科克先生，谁是勒科克先生？”在他的策划下，最终海报上这样呈现道：“畅销作家埃米尔·加博里欧笔下的勒科克先生，最伟大、最辉煌、最有名、最博学的警察勒科克先生的故事，《小日报》将为您独家呈现勒科克先生的英勇行为。”这份报纸“成了所有劳作、救赎、前进的人的代言，成了梦想成为资本家的人的支持者，成了当今有产者的捍卫者”。1880 年，其销量达到前所未有的 582 000 份，是其最强竞争对手销售量的 4 倍，比巴黎所有日报的总销售量的四分之一还要多。然而，米拉德的聪明才智并未给他带来回报。1871 年，米拉德去世，公司的沉重债务落到了印刷商马利诺尼的头上，他发明的印刷机成了报纸革命的技术保障。报纸微薄的利润无法满足巨大的投资需求。破产之后，《小日报》被报业三巨头——马利诺尼、吉拉丹和金蒂（《法国报》的老板）收购，这三位计划通过开疆拓土合作发展成为报界大财团。但法国报纸的所有权很久之后才开始集中。[48] 1916 年之后，各大日报才开始尝试制定协议，但又几次三番地终止。报业中只有新闻通讯社（哈瓦斯）和分销机构（阿歇特）最终实现了垄断。

从来都不会只有一家报纸占据统治位置。新闻界的一个特点就是报纸通常以竞争对手的姿态成对出现，就如同对政党而言，拥有敌对党的重要性不亚于制定纲领。19世纪和20世纪之交，仅巴黎就仍有50家日报，不过其总发行量的六分之五都是由其中的5家主要报纸贡献的。在欧内斯特·朱代的领导下，《巴黎日报》不再保持政治中立，也开始挑起激烈的政治论战，并把《小巴黎人报》视作竞争对手。曾有一篇博士论文对《小巴黎人报》进行了深入探讨，并将各报纸的大量财务和管理细节公布于众，这在法国新闻史上可谓独一无二。这家报纸是杜普伊家族的资产之一，于1944年在被指控参与不正当合作后倒闭，这也是这篇博士论文得以问世的原因。倒闭后，该报由前广告大亨埃米尔·阿莫里收购，其名下还有《解放了的巴黎人报》。通常，报纸档案为避免公开后引发丑闻危机，要么会随着所有权更迭而被销毁，要么会由所有者的后人保管并避开历史学家的查证。但这篇博士论文却是个例外，阿莫里允许他的女儿使用他所购得的报纸档案，其女儿由此取得博士学位，因为阿莫里无所畏惧。他的女儿在论文中披露，1880—1914年，《小巴黎人报》向其股东们派发了6 800万法郎，而当时的巴黎报界，困难与日俱增，这个数字虽有所下降，但依然不是个小数目。①从1909年起，查尔斯·杜普伊渐渐拥有了该报53%的股份，但实际上，早在19世纪80年代早期，他便持有该报的股份。与米拉德相比，查尔斯·杜普伊并不是一个富有创意的人。他重复和发展着《小日报》的经营方法，常年的坚持不懈给他带来了丰厚的回报，但他本人是个极容易被遗忘的角色。他担任过法国总理，但人们已经完全不记得了。就是在像他一样勤勤恳恳、白手起家的商人的帮

① 1929—1927年为4 100万法郎，1928—1932年为4 900万法郎，1936—1944年利润未分配。股息占利润的85%，其余收益用于再投资。1890—1900年，利润占营业额的30%，而1914年为23%~30%。

助下，法兰西第三共和国的政治态势有了一副精英政治的样子，但它为了建成一个活力十足的财阀王朝，却用谎言来标榜自己的民主。杜普伊祖上身份卑微，靠织哔叽布谋生。他的父亲在村里开了一家小店，也赚了点儿小钱。他本人娶了工匠的女儿为妻。起初，杜普伊是律师事务所的一名小职员，后荣升为法警（司法执达员）。他供职的律师事务所在巴黎首屈一指，每年经手的案子足足有 25 000 件之多。1882 年，他离开法律界，成了一名“商业顾问”。因此，当激进派政治家于 1876 年创办《小巴黎人报》，但不久就濒临破产时，杜普伊成了他们的救命稻草。杜普伊先为该报申请了一笔银行贷款，在抵押了报社大楼之后，又重新为其安排了办公场所。这样一来，杜普伊成了该报的大股东，不过，他的绝对控股权并非一日之功。但报纸很快便有了收益。他买了一座城堡，还当选为参议员。他所在选区包括卢尔德市①，因此他不得不慎重行事，既要捍卫朝圣者的权力，又要支持共和党反教权的主张。在办报时，他也尽可能地不冒犯任何人——这是实现大众传播的根本。1914 年,《小巴黎人报》的销量为 1 453 000 份。1916 年，其 2 183 000 份的销量创下了有史以来的世界最高纪录。该报对巴拿马丑闻采取弱化态度，对德雷福斯事件审慎地保持缄默，赞同共和国的外交政策，并始终是建制派的可靠支持者。《小巴黎人报》自认为国家统一有它的一份功劳。在 1893 年 10 月 13 日的一篇社论中有这样的文字：“读报就是在体验全球的生活，整个首都的生活，整个城镇的生活，整个法国的生活，所有民族的生活……工人用他几分钟的收入（当时一份报纸售价是一苏②）买了份报纸，由此他看到了

---

① 卢尔德市是法国西南部上比利牛斯省的一个市镇，是全法国最大的天主教朝圣地。——编者注

② 苏是法国原辅助货币，现已不用。1 法郎 =20 苏。——编者注

一切，了解了一切，他的思想漫游了整个宇宙。就这样，在法国这个的伟大国度，同样的思想，在同一时刻，振奋了全国上下……正是报纸实现了这种跨越距离的崇高的灵魂交流……辩论孕育了启蒙思想，而报纸就是辩论的最优途径……正是因为报纸，人们才学会了思考和判断。”事实上，尽管该报的成功建立在令人印象深刻的分销网络之上（这个分销网络的销售站从1881年的330家升至1939年的23 000家，通过回购未售出的报纸，批发商可享受30%的折扣，个体销售商可以享受20%的折扣），但该报仍未打入法国的东端和西端，以及南部的市场。1921年，该报40%的销量都集中在巴黎周边50千米的范围内。该报已无力招架渐渐崛起的地方日报所带来的挑战，其试图在西部建立的地方分支机构最终也徒劳无功：下设的《西部日报》（成立于1931年）在损失700万法郎之后，于1936年被迫倒闭。结果，两次世界大战的间隔期，其发行量从150万份锐减到50万份。查尔斯·杜普伊一去世，该报转由他的儿子雅克·保罗·杜普伊掌管，除此之外，保罗还继任了其父的比利牛斯省参议员的职位，并与查尔斯的其他子女共同享有该报的所有权，其中包括吉伦特党代表皮埃尔·杜普伊、国民会议副主席弗朗索瓦·阿拉戈的妻子玛丽·杜普伊。这个家族很好地诠释了政治、金钱和媒体之间的相互交融。但从严格意义上来讲，这个家族的收入来自报纸销售。在1914年之前，其广告收入仅占总利润的7%~10%，从未超过25%（1928）。《小巴黎人报》是家族企业，一直避免卷入其他金融利益中。它自己加工生产报纸，也不外包报上的广告专栏，最低限度地利用阿歇特的分销业务。异常良好的商业意识使其独树一帜。1925年，该报成为第一家创办广播电台的报纸（它总是善于捕捉周边的机会）。也许它犯的唯一错误就是对独立的盲目崇拜，拒绝与其他的巴黎日报合作，以至于它们最后在竞争中同归于尽。[49]

《晨报》拥有一种独特的所有权模式。1884 年，美国人萨姆·张伯伦在两位英国金融家的支持下创办了《晨报》。但很快，该报就被卖给一位富有的黎凡特人的后代阿尔弗雷德·爱德华，尽管此人拥有法国护照，但他一直假装是英国人。爱德华其实是一名记者，《晨报》在他的努力下成了一份真正的报纸。他邀请了不同党派的政客轮流撰写关于他们领袖的故事。但报纸在他手中首先是个用于勒索的工具，勒索所得要比销售所得多得多。他从巴拿马运河公司谋得了 20 万法郎，但很快他就对这场游戏失去了兴趣，他把该报卖给了银行家兼广告代理商亨利·波达茨及另一位从巴拿马运河公司获利的商人莫里斯·布诺·瓦里拉（1897）。后者运营《晨报》45 年，是法国新闻界最非凡的人物之一。瓦里拉是奥佛涅人，原名瓦里拉特，但后来改了名字，以便听起来更具异国情调，像南美格调。他是一个被自己所扮演的角色深深吸引的演员。尽管他靠不光彩的方式发了财，但他渴望成为别人眼中高尚事业的无私捍卫者，成为一个为国家奉献的人——让腐败的官僚主义消失殆尽，让滞后的官僚体制加速运转，让布满橘皮的街道干净如初，让牛奶纯净可口，让色情演出从剧院彻底消失。他经常发起新闻运动，但却从未认清其背后的虚伪。他是个精明的商人：《晨报》的发行量经他之手增加了 10 倍，增至 1916 年的 1 610 000 份，之后几年也都在 100 万份徘徊。但他更多的是想为自己赢得荣誉。“国家做不到的，《晨报》可以做到。”他这样说道。他的自负已近于狂妄自大。他的记者像仆人一样，虽然拿着不菲的工资，但必须对他言听计从：他要求记者必须用笔名写作，以免太把自己当回事。“在《晨报》，”他告诉他们，“没有记者，只有员工。”员工之一 F. I. 穆森对他们之间的关系有着生动的描述。穆森从里昂天主教学院一毕业就加入该报，他是一位热心的基督教社会党人，在该报的起薪低他也欣然接受，因为新闻在他眼中是他一生的事业。一天，布诺·瓦里拉将他叫到办公室并严肃地说："比利时国王自杀了。"瓦里拉顿了顿，继续说道："这个人道德败坏，抛妻弃子，因纳妾而臭名昭著。他整日忙于橡胶、象牙和奴隶买卖。欧洲良心再也不堪承受这样的皇室丑闻。《晨报》，一切崇高事业的捍卫者，有责任揭露真相。"瓦里拉在比属刚果［今刚果（金）］拥有大量股权，他派穆森去收集一切对国王不利的证据。之后出版了《利奥波德二世真实回忆录》。瓦里拉还发起了另一场针对苦艾酒的"道德"运动：他召集了5 000名科学家和社会学家讨论苦艾酒的危害。但该运动随即又戛然而止，原因在于巴黎酒商全国联盟在全城张贴海报进行反击，酒商店铺里的海报上写着："本店抵制《晨报》。"4个月内，《晨报》损失了95 000位读者。瓦里拉服软了，付给酒商25 000法郎作为"损失费"。对他而言，这个利益集团太过强大，但他也极不情愿地承认，任何人都可以成为他的拦路虎。一次，报社的一名记者从一所发生过犯罪案件的房子中提取了一些信件，《晨报》发表了信件的相关内容。之后瓦里拉和那名记者因盗窃信件被起诉。瓦里拉要求司法部部长解雇负责起诉的官员，但遭到了部长肖米耶的拒绝。于是《晨报》发起了一场反对肖米耶的运动，但随后肖米耶又就此提起诉讼。面对这种情况，《晨报》出动记者搜集关于肖米耶的各种丑闻，调查他所在选区的一名钢琴教师是否该获得法国荣誉军团勋章，确认他是肖米耶女士的朋友的事实；肖米耶经手的每一宗徇私案子、肖米耶的每一位女性朋友通通惨遭调查；拜访每一位相关陪审员。《晨报》以维护道德、消除腐败、杜绝徇私枉法的名义刊登了一系列调查结果。瓦里拉说："我的报纸，是别人口中的不设限报纸，想做到的都能实现，但我们想做的都与美好有关，都在造福大众。"一直以来，他那个时代被曝光的几件最阴险的买卖里都有瓦里拉和他的同事波达茨的付出。他就是报业巨头中最耀眼、最疯狂的独裁者的代表。[50]

在两次世界大战间隔期，靠报纸赚钱实在不易，至少在巴黎是这样的。于是报纸转去吸引那些并不旨在增加财富，而是志在赢得权力和影响力的百万富翁。弗朗索瓦·科蒂（1874—1934）原名弗朗索瓦·斯图尔诺，他靠香水生意发家致富，这在很大程度上还要归功于美国人对香水的喜爱。但照他看来，他完全可以走得更远。1922 年，他买下《费加罗报》，并在接下来的 11 年里又陆续投入了 8 500 万法郎。他将《费加罗报》的发行量从 2 万份提升至 5 万份，但该报成了他发表个人意见的平台，进而失去了传统读者。1932 年，该报销售量下滑到了 1 万份。与此同时，他还资助了 6 家极端主义报纸，包括《法国行动报》（他出资 500 多万法郎）、卡萨尼亚克名下的波拿巴主义报纸《权威报》及火十字团的《火炬报》。1926 年，他创办了一份日报《人民之友报》。他将该报的价格定为其他报纸的一半，这样，他就站在了整个媒体的对立面。新闻通讯社哈瓦斯集团拒绝将新闻卖给他，销售机构阿歇特集团拒绝分销他的报纸。科蒂把它们告上法庭并因此获得了 1 000 万法郎的赔偿金。到 1930 年，尽管《人民之友报》满是长篇论战，鲜有照片，更无连载小说，但其印刷量仍高达 100 万份。科蒂旨在吸引小人物，将自己视作国家、资本家和每一个“妖魔鬼怪”的敌人。但他不能永远出资干不赚钱的事，尤其是 1929 年他离婚，被迫拱手将 4.25 亿法郎送给前妻。其实，1934 年他去世时，其新闻帝国已然崩塌。年复一年，其狂妄自大与日俱增。身为科西嘉人的科蒂宣称自己是波拿巴人的后裔。他曾花钱进入参议院，但他的当选被宣告无效，那之后，他一直对法兰西共和国怀恨在心。共产党更是他的眼中钉。在他之前，有谁会在报纸上豪掷千金，只为满足个人的心理需求？[51]

亨利·杜迈职业梦想的幻灭之路，充分暴露了资本家对于媒体，甚至对左翼媒体的无情控制。杜迈是两大左翼出版物的组织者。其一是内容严肃的周刊《公民进步》(1919)，这是他与左翼领导者费迪南·比松、历史学家阿尔方索·奥拉尔及皮埃尔·勒诺代尔共同经营的。其二是《每日新闻》(1922)，该报的特点是其所有权大多归读者。但亨利·杜迈的职业是一名广告商。他负责过美国巴纳姆马戏团的宣传工作、水牛比尔的欧洲之行。他加入过杜普伊的《小巴黎人报》，并为他的集团创办了《我们的爱好》。但后来，他在与老板发生争吵后惨遭解雇，但却索取了一大笔解雇费，然后进入议会(1919)。他创办的《公民进步》杂志大获成功(销量达5万份)，于是他决定办一家自己的日报，他邀请每位读者出资100法郎共同筹办一份"属于真诚之人的真诚的报纸"。25 000名读者各投入了200~500法郎。在读者的热情支持下，《每日新闻》克服了五大日报联盟及阿歇特销售集团对其设置的重重阻碍。截至1925年，其读者已达385 000名之多。该报成了卡泰尔的喉舌，在1924年卡泰尔的胜选中发挥了重要作用。左翼政治领袖为其撰文，它也因此成为一股不可忽视的政治力量。但在1927年，有人爆料称杜迈欺骗读者：他和他朋友持有的价值160万法郎的股票，每股拥有10票的表决权，而其他普通股东认购的价值990万法郎的股票，每股仅代表一票的表决权。在民主、合作的外表下，杜迈是报纸的唯一主宰，他利用该报(读者不知情，但这是这个时代广告业的传统)向铁路公司、天然气公司和法国银行方面索取津贴，以弥补被攻击带来的损失。他将报纸上的经济专栏外包给投机分子马尔特·汉诺，并从这笔交易中收取了大笔佣金。当他的金融帝国坍塌之时，一切才真相大白。除此之外，杜迈还将他一半的股票秘密卖给左翼政客、干邑酒商轩尼诗。在他的报纸销售量下滑之后，他转而向许多他攻击过的人求助。[52] 作为右翼势力的喉舌，《每日新闻》最终难逃倒闭的厄运。该报的主要竞争对手《作品报》(1915)销量达125 000~274 000份，也在轩尼诗名下。对于左翼势力而言，支持一家日报实非易事，社会党尤为如此，他们的刊物《流行》(1920)于1924年倒闭，1927年又恢复发行，但时常亏损，有时未售出量占30%。在地方，比起该报，人们偏爱许多不起眼的本地期刊，因为在他们看来，《流行》与其说是报刊，不如说是在宣传教条主义言论。但共产党人证明政党是可以办好报纸的。其旗下的《人道报》(1904)在商业上取得了巨大成功，1936年更是达到30万份的销售量。1937年，共产党人决定加办一份晚间报纸《巴黎晚报》。共产党人发行的一系列面向妇女、儿童、农民等的刊物与天主教徒的发行物遥相呼应，但共产党人的报刊是广告最少的。[53]

最成功的报业巨头当属吉恩·普鲁沃斯特（生于1885年），或许他是唯一一位出于热爱而投身新闻业的人，新闻在他眼中就是职业和技能的代名词。他原本是一位纺织品制造商，他的祖父拥有法国最大的羊毛精梳厂。普鲁沃斯特因与一位富有的表妹联姻而继承了更多的遗产。他靠战争补偿款实现了其公司设备的现代化，又以美英企业为典范，在纽约和捷克斯洛伐克开设分公司。尽管他已成功地将公司转型为富有国际声誉的大公司，但他年少就梦想成为一名记者，而在美国时，他最羡慕的就是报业巨头。他的新闻事业成功的关键在于，他毫无企图心，且没有接受过职业训练，这同样意味着他不会被传统束缚住手脚：他总是从读者的视角出发，总是把市场放在首位。他强调："一家报纸必须尽己所能地提高销量。一旦销量无敌，它就会变得强大无比，自然也就无人能撼动。这样一来，最终，无论存在怎样的联合抵制行为，无论报纸开出多么高昂的广告费，广告商都得把广告主动送上门。然后，投资回本、利润可观自然就变成了现实。"这种对教育使命和政治主张不抱任何幻想的直截了当的商业模式实属罕见。没人相信他没有不可告人的目的，当他拒收来自外国大使馆和政府代表给予的津贴时，人们真的搞不清楚他在玩儿什么把戏。他旨在销售一种新的产品，一种他确信有市场需求的产品：“人们已不满足于知道，他们还要看到。”1931 年，《巴黎晚报》发行之初，单单其头版的照片就不少于 9 张，它还将照片与特别的体育报道相结合，报纸的最终印刷版又追加了两版，专门刊登赛马结果，其中顺势穿插了很多小型广告和每日星座运势。该报将轰动一时的报道与名人撰写的严肃文章相结合。其名下不仅有 14 岁进入新闻界、号称流行风格大师的皮埃尔·拉扎雷夫，犯罪新闻记者乔治·西默农，还有像乔治·佩鲁克斯这样的巴黎高等师范学院的毕业生，佩鲁克斯同时也是历史学家。当大多数媒体深陷腐败泥潭时，它看到了洁身自好带来的巨大商业优势。到 1939 年，其销量已达 180 万份，这比巴黎两大晨报的总和还要多。普鲁沃斯特继续乘胜追击，创办《巴黎竞赛画报》（1938）和《玛丽·克莱尔》杂志（1937）。《巴黎竞赛画报》效仿美国的《生活》杂志，年销量达 140 万份；《玛丽·克莱尔》服务于女性读者，年销量为 100 万份。办杂志所需的资金不但要归功于普鲁沃斯特个人财富的支持，还要感谢贝干糖果纸业公司的赞助。1940 年，吉恩·普鲁沃斯特荣膺信息部部长。[54]

巴黎的报业巨头应该是最负盛名的。但当我们把目光聚焦在他们身上，一张法国报界的变形图便不可避免地呈现在眼前。法国地方报纸极为活跃。就读者数量而言，地方日报在 1939 年便赶上了巴黎的日报。但地方报纸种类繁多，除了几家地方专题刊物，历史学家们只能为所有这些报纸编撰长长的目录，单这项工作就让他们苦不堪言。1884 年，地方共有日报 258 种，一周出版 2~4 次的报纸有 363 种，周刊则有 601 种。1914 年，地方日报数量仍有 240 种。至 1938 年，地方日报降为175种，周刊或半周刊杂志则有1 160种。[55]地方报纸一开始基本上就是广告的天下。就算其发行量不大，也能获利。这些报纸不断扩张，以满足当地印刷商、政客及文人的野心。报纸刊登当地八卦，报道本地事件，宣传房产买卖——这些内容深受读者欢迎，报纸也因此蓬勃发展。一个并不富裕的人在报纸的帮助下可以一跃成为当地名流。几乎每一位现任议员或有望成为议员的人，都认为只有得到当地报纸的支持才能赢得成功。某些报纸无异于选举海报。因此，1865—1944年，拥有100万人口的加来海峡省就有过692家地方报纸。虽然它们中的三分之二仅能维持不到两年的时间，但最多曾有70家报纸同时运行。每个利益集团都想占有一家报纸，英国殖民地有《英国陆地水星报》，波兰则有《民族主义报》。[56]小城镇的地方自豪感使一些刊物得以存在，尽管它们的发行量还不到1 000份，有时仅有300份，但有些地方报纸在区域范围内仍能蓬勃发展，且颇具影响力。谈及地方报纸，最知名的或许要属天主教报纸《西部闪电》(雷恩市)和激进党的《图卢兹快报》。但在1939年，有19家地方日报的销量超过10万份。[57]这些报纸成了当地政治生活及政治论战的中心，同一城镇政治对手间的相互谩骂，给大众带来了无尽的娱乐和烦恼。但人们必须学会辨别不同的地方报纸。有谨防冒犯他人并认真记录每个庆祝活动的小城镇报纸；有表面设计成这个样子，实则在煽动暴乱的政治小报；有唯利是图的当地广告周刊；最后当然还有赢得读者喜爱的地方日报，这种日报仿照巴黎大批量销售的日报，提供爆炸性新闻，但同时也加入了一些本地消息，二者的结合被证明是势不可挡的。[58]

但是，种类繁多的法国报纸均会隐去消息来源，报道外国新闻时尤为如此。哈瓦斯通讯社让这些报纸的生存成为可能。正如巴尔扎克所言:“哈瓦斯先生是媒体的万事通,他把消息发给各个报社,这些报社再给消息涂上自己所需的白色、绿色、红色或蓝色。(就外国新闻而言)只有一家报纸是由他来执笔的,那它自然成了各家报纸的消息来源。”哈瓦斯是一名政府图书审查员的儿子,1832年,曾拥有报社的他创立了一家专门汇总外媒消息的新闻机构。至1852年,有200家地方报纸成了他的客户。法兰西第二帝国期间,哈瓦斯与他国的同类新闻机构达成协议(尤其是英国的路透社和德国的沃尔夫通讯社),后来美联社也加入其中,它们互换消息,分享世界动态。哈瓦斯负责南美、巴尔干地区和法兰西帝国的消息收集。哈瓦斯通讯社不是在法国的唯一通讯机构,路透社的竞争对手达尔齐尔于1891年在巴黎成立了一家通讯社,与一些右翼报纸结盟,一度对其构成了严重威胁。哈瓦斯与法国所有的政府部门建立了良好的关系,各部门为他提供新闻,而他则积极传播政府希望民众了解的信息。到19世纪和20世纪之交,哈瓦斯每天可以为地方报纸提供1 760则消息,而这些报纸每年需要给他一万法郎的订阅费。对于法国报纸而言,长久以来,外国新闻都是它们的弱项。它们往往会从偶然碰到的文章里随意挑选几则。但也有些报纸精于此道,例如,蒙彼利埃市名不见经传的《午餐信使》,对1859年意大利第二次独立战争中的意大利事务了如指掌。《时代报》也拥有众多知名外国记者,例如克里孟梭、路易·勃朗及安德烈·塔尔迪厄。在爱德华领导下的《晨报》激发了人们对外国新闻的兴趣。哈瓦斯从中受益,他的通讯社也因此获利颇丰。1879年,哈瓦斯集团以700万法郎的价格被他的40个大客户收购,他们大多是银行家。到“一战”以前,哈瓦斯集团一直保持繁荣发展,但战后,因成本增加,它主要靠广告业务维持运作,最后发展到入不敷出的地步:其名下的卢森堡广播电台仍无力挽回损失。1938年,法国外事办给予了它一笔津贴。1940 年，其新闻部门收归国有，更名为法国信息办公室，就这样，它每天依然产出 4 万字的新闻报道。“二战”以后，接替它的是抵抗运动时期成立的竞争对手——法国新闻社。1957 年，由法国新闻编辑组成的董事会掌管该社，新闻界的垄断也就此消失。[59]

传说中法国报业幕后的另一垄断巨头是阿歇特，这是一个相当于英国的 W. H. 史密斯一样的人物，他的故事结局略有不同。1852—1855 年，阿歇特获得独家授权，可以在各火车站开办售书亭，售卖图书、报纸，直到“二战”前的多年里，除 1896—1905 年之外，他一直享受这一特许。要建立起这项业务并非一朝一夕的事情，起初，售书亭的售卖员都由铁路职工的妻子或遗孀担任，但从 1865 年开始，报纸在营业额方面渐渐地碾压了图书。1874 年，售书亭数量达 442 个，到 19 世纪和 20 世纪之交，更是达到 1 100 个之多，当时报纸销售量占其业务量的五分之四左右。有几家报纸拒绝与阿歇特合作，但除非它们有庞大的资源，否则无异于天方夜谭。因为阿歇特有能力给这些威胁其商业平衡的报纸设置重重阻碍。“二战”为阿歇特的垄断画上了句号：1947 年，新的分配系统出现，报纸合作社占 51% 的股份，阿歇特持有 49% 的股份。阿歇特尽力去弥补，他不仅扩大了图书出版业务，还买断了《法兰西晚报》《米奇》《她》等几家大报刊的经营权。因此阿歇特集团依然在报界叱咤风云。[60]

报纸读者

报业的最后一大力量便是读者，其一是因为报纸常自称替公众发声、反映读者意愿，其二是因为这场为增加销量而展开的疯狂竞争要求它们必须搞清并满足读者的需求。然而，读者的想法向来都是极难弄清的。人们只可能得出一些像读者是谁这样的普遍结论。似乎没有哪家报纸对其读者信息进行过准确分析。不是所有的社会群体都会去阅读报纸。1858 年，巴黎的日报仅售出约 235 000 份。显然，那时的报纸只匹配少数人。1870 年，大众日报快速发展，销量跃升至 100 万份，1880 年翻番为 200 万份。1910 年，这个数字变为 500 万，1939 年更增至 600 万。当然，这里有地方报纸的一份功劳。1868 年，具有政治性的地方报共有 343 700 名订阅者，尽管它们大多一周仅发行两三期；1885 年，它们的销量达到 100 万份，1914 年为 400 万份，1939 年为 600 万份。因此，1939 年，日报的总销量达到 1 200 万份。战争打响后，这个数字基本保持不变，唯一的变化是地方报纸一路高歌猛进，直逼巴黎报业，其销量从占总额的一半升至占三分之二。这意味着，和许多其他国家的人相比，法国人的读报量要少得多，只占英国人的一半。1956 年，联合国教科文组织发布的统计数据显示，法国人均报纸购买量在世界排名第 23 位。

表 4.2　1956 年各国报纸销量对比

国家	日报数量	总印刷数（百万份）	每千人购买量
英国	114	29.1	570
美国	1 765	55	339
法国	137	10.6	246
联邦德国	598	12.5	254
意大利	107	5	107

1955年，法国居民中75%的人（至少代表性样本中是这样的）说自己每天阅读报纸，只有12%的居民表示从不读报。但24%年龄超过65岁的居民、17%的农民及15%来自总人口不足5 000的小城镇居民表示从未读过日报。在一个省中，只有51%的农村劳动力每天读报，相比之下，则有90%的自由职业者会每天阅读报纸。没有读报习惯的女性人数是男性的两倍。显而易见，报纸主要受城市居民和男性群体的欢迎。1947年，报纸曾因罢工停发一个月，当被问及这是不是对他们应有权力的一种剥夺时，他们的回答与上面的调查极其相似。57%的人不认为这是一种剥夺，但来自不同规模城市的居民的回答也大相径庭。只有32%的巴黎居民不认为这是一种剥夺：城市规模越大，赞同并未被剥夺权力的人越少，在居民不足2 000人的小村庄，这个比例高达78%。① 可能“一战”结束前，大多数农民都没有定期读报的习惯。[61] 1965年，一份内容更详尽、措辞更严谨的问卷调查表明：只有53%的调查对象读了他们定期阅读的报纸的新近六期。这个发现需要综合报纸是否会被传阅这一事实进行思考，23%的人说他们会将其送给家庭成员之外的人传阅。[62] 另外，大家的阅报时长显然不一致，1947年，人均每日阅报时长为38分钟，1949年及1954年为约60分钟，1965年为约50分钟。读者并非对报上的每一个话题都感兴趣。1938年，《小巴黎人报》最早做出的关于读者阅读兴趣的社会调查表明，读者首先会看插图（68%）；65%的读者对社会新闻（人情味十足的故事）和图片最感兴趣；55%的读者青睐综合新闻；37%的读者最喜欢连载小说；27%的读者倾向于看短篇故事；只有一小撮

---

① 赞成权利未被剥夺的人数比例如下：巴黎为32%；但在人口超100 000的城市平均为44%；人口为40 000~100 000的城镇为46%；人口为20 000~40 000的城镇为52%；人口为2 000~20 000的城镇为64%；而人口不足2 000的城镇为78%。

读者对政治新闻最感兴趣。在北部地区和诺曼底地区，连载小说则当之无愧地位居榜首。[63]

事实上，我们对报纸在新闻传播中到底起着多么重要的作用尚未可知：民主是不是靠报纸的政治教化和政治家在报上传递的信息而实现的，结论还有待研究。某些人的确受到报纸上有关巴黎政治的内容的影响。但1954年，人们对读报者进行了抽样调查，当被问及是如何得知芒岱斯·法朗士倒台的时，只有20%的读者回答是从报上看到的，28%是从闲谈中听来的，49%是从广播中听到的。在广播时代到来之前，八卦和咖啡馆在人们的生活中可能扮演着更重要的角色。这项调查中最有意义的当属询问读者对于报纸的意见，最常见的批评是报纸的页数太多。1965年的抽样调查中最有指导意义的是，调查人员调查了身份各异的人对报纸的不同内容的感受。这项调查在各省展开，以探究地方报的读者特点，但那时，它们显然比巴黎的报纸拥有更多的读者。从这项调查可以看出读者心中最具吸引力的几个版块排名。

表4.3 1965年法国报纸不同内容的吸引力

当地新闻	86%
法国新闻及世界新闻	62%
连环画	39%
广播节目时间表	34%
小型广告	33%
当地体育	31%
女性版面	30%

（续表）

全国体育	29%
连载小说	23%
社会、经济、金融	19%
农业新闻	18%
赛马	15%
旅游	14%
野营	7%

尽管受访者来自不同地区，但他们的回答中有惊人的相似之处：除了在《阿尔萨斯快报》中，67% 的读者对小型广告最感兴趣，对赛马信息最感兴趣的只有 7%。但抽样调查还表明，男性读者和女性读者对于体育的态度相去甚远：对体育感兴趣的男性占 50%，而女性只有 10%。喜欢连载小说的女性人数是男性的两倍，赛马信息得到了 21% 的男性的青睐，女性仅有 10% 对此感兴趣。法国新闻及世界新闻对于乡村读者（51%~56%）的吸引力没有上层阶级和自由职业者（79%）大。农民对于体育的关注没有其他阶层的多。职员和工人对赛马则欲罢不能。

对报社而言，即使能够明确读者的兴趣点，要做到人人满意也不是件易事，因为各方压力都需要考虑在内：报社老板的政治野心，吸引广告商的需要，购买新闻的支出。因为媒体管理有一条公认法则，即读者出于习惯会对他们选择的报纸保持忠诚，所以报纸革新的力度是有限的；新报纸会采用新方法，但即使获得成功，这些方法通常也不会被普遍效法。为满足读者对插图的渴望，布满图片的《奋进报》（1910 年在军火商巴西尔·扎哈洛夫的支持下应运而生），但并未大获成功。之后人们才明白，准确地说，读者想要看到的并非照片，而是图画——连载漫画。过去由小商贩兜售的老牌的《埃皮纳勒图画集》提供的就是这种风格，这表明它如今仍有一批忠实的追随者。其实它用的是些过时的古旧风格，讲述着老旧而传统的故事，它的读者大多是孩童，但一旦它在报上以连环漫画的形式重获生机，瞬间就变得流行无比。《巴黎晚报》的成功在很大程度上要归功于此。1974 年，连从未刊登过照片的《世界报》也开始在其严肃版面刊登连载漫画。流行报的读者，除了受过良好教育的新一代（他们的父母是受着法兰西第三共和国的教育成长起来的），显然还有迷信的年老农夫，他们习惯用一个铜币换本年历，上面有恐怖故事和对未来灾难的预言。但报纸中的犯罪故事之所以占据如此大的篇幅，并不是因为报纸发现了读者那令人毛骨悚然的品位，而只是报纸为了延续古老历书的传统：它们长久以来一直取悦着读者对光怪陆离故事的喜好。19 世纪 60 年代，流行报纸开始开办“社会新闻”栏目，它们占据的是已停刊的那些虚假新闻的版面。虚假新闻是在 19 世纪上半叶常见的一种传单上出现的内容，上面充斥着各种耸人听闻的消息，比如圣母幻象、奇异动物、民族灾难、激情暴力、赌博和道德糗事、旅途险情、浪子回头、人员失踪及各种各样的违法犯罪事件。这种新闻在中世纪满足了人们对不可思议之事的喜爱。“野兽发疯酿成大祸的骇人细节”是虚假新闻的典型标题。过去，失业记者赚钱的方式之一就是捏造这类故事。例如，曾经有这样一个故事，一个在太平洋遭遇海难的女人被怪兽虏走，在被解救之前，一直和怪兽为伴。这个在 1849 年刊登的故事，一共有不少于 52 个版本。拉鲁斯曾说，假新闻的存在就是为检测读者到底有多轻信报纸，但重要的其实并不是这些新闻是否属实，而是它们是否有趣。[64] 很明显，除了那一小撮参与政治管理的读者，其他读者更在意从读报中获得快乐，而非关注民主教育。《小巴黎人报》曾大量报道特罗普曼案，其中涉嫌多起耸人听闻的谋杀案，短短几周，其销量猛涨 20 多万份。然而，挑选要刊发的新闻远不是一个记者循规蹈矩、不假思索就能了事的过程。[65] 在 1970 年的法国，大概每小时就会发生一起自杀事件，但记者们实际上只会选择一个极小的数字报道出来。地方报纸和全国性报纸有着不同的态度：假如事件古怪离奇，发行量越大的报纸越不会关注事件的发生地，这也是国际新闻长久以来如此粗枝大叶又随心所欲的原因之一。但地方报纸认为，即使可报道的内容有限，新闻也应该把注意力放在读者知道的人身上。因此，在拉罗谢尔的《西南报》看来，这样才是合适的报道："在格雷大街上，某位先生的车撞到了某位女士的狗。狗没伤着，车辆也完好无损。"区域性报纸越来越受欢迎，这意味着这一类地方新闻颇受重视。西蒙娜·波伏娃回忆她和萨特在地方中学教书的日子时说："那时我们没什么朋友，几乎也没什么社交生活。在一定程度上，为了排遣空虚，我们开始对报纸上这些富有人情味儿的故事产生热情。人文故事真是有趣。"也正因如此，她会经常购买一本名为《侦探》（创办于 1928 年，发行量为 250 000 份）的小说杂志，这个杂志还有另外一个优势：在创办之初，它甚至还攻击过警察和权威人士。[66] 跟小说一样，报纸不只是为逃离现实提供帮助，因为它们也在为以一种不一样的方式参与生活助力。对于某些人而言，政治使他们在其周边的世界中找到了自己的位置，但并不是所有人都会为政治着迷：通过报道社会新闻，报纸既提供了不那么抽象难懂又互不相干的讨论话题，又给读者提供了锻炼想象力的机会，让他们能以一种不像政治那么按部就班的方式来宣泄自己的情感。[67]人们因虚伪产生的矛盾也会在这个过程中得到解决。社会新闻基于一种假设，即人们喜欢阅读负面新闻，但又以作恶为耻：广受欢迎的报纸提供了一种结合体——既了解负面新闻，又能感知道德标准。因此，19世纪和20世纪之交的《日报》总是采取一种清教徒般的严肃口吻：喜欢哀叹世界将要走向毁灭。例如，该报刊登过这样的抱怨：女孩儿们不再是从前的样子，而是变得厚颜无耻，喜欢打情骂俏，悠然自得地到了傲慢无礼的地步，没羞没臊地谈论着连猴子听到都会脸红的事情（1895年4月24日）。但它同时也会刊登充满色情、性变态、通奸和暴力情节的短篇故事。[68]《日报》在文学上也表现得颇为自命不凡，它把很大的版面留给了文学作品，以此来吸引中产阶级。尽管它从未将这一想法昭告天下，但它明显认为，读者们虽然热爱文化，但对此又心生厌烦；他们的文化和脑力生活只是他们的一面；他们对色情和施虐描写的兴趣也不会因此消失殆尽。这也解释了为什么《日报》会为他们提供大量关于排外、民族主义、反犹太主义等的内容。正像他们渐渐地专注于政治报道一样，这类报纸貌似正在准确地对读者的一个需求做出反应，这个需求曾暂时被他们对政治的迷恋掩盖。这些报纸想要准确地反映读者的希冀与焦虑之间的冲突。

1902年，报纸关于不同主题的版面分布如下。

表4.4 1902年法国报纸关于不同主题版面的分布情况

	巴黎报纸	地方报纸
国内新闻	13.05	19.55
文学	9.95	14.35
犯罪	8.80	8.75

（续表）

	巴黎报纸	地方报纸
国内政治	7.15	5.75
外国新闻	8.35	4.35
戏剧及其他表演	6.45	2.55
艺术	4.50	2.95
实用文学	3.90	4.00
体育	3.20	2.80
道德及慈善事业	2.65	4.65
科学	1.85	2.00
外国政治	1.80	1.20
旅游	0.80	0.55
广告（以广告身份呈现的）	23.90	27.95
广告（经过伪装的）	3.60	1.10

以上数据[69]取自平均值，但正如其所显示的那样，如果要说19世纪和20世纪之交的读者和50年后的读者有什么联系的话，那便是，无论何时，报纸都会提供读者不想要的东西。1902年，与犯罪相关的内容占据的每日版面情况是：《小巴黎人报》670行，《费加罗报》500行，《小日报》310行，《晨报》160行，《时代报》40行，《北方回声报》330行，《图卢兹快报》只有短短的75行。相比之下，1937年，《巴黎晚报》用不少于1 250行的版面报道了犯罪相关内容，并因此名

声大振；《小巴黎人报》用于犯罪内容的版面增至 1 110 行；《小日报》则增至 775 行；大多数报纸几乎都将犯罪内容的版面扩大了一倍。但报纸的总行数从 3 200 行增至 8 000 行，因此犯罪相关内容的占比其实并未增长。谁若根据媒体的报道说公众的道德越来越败坏，那他可就错了。人们不应将大众媒体与七月王朝领导下的政治媒体做对比。大众媒体不过是旧年历和假新闻的工业化版本而已：如果真的要说它有所革新的话，那么或许就是它在努力地强迫读者接受一堆事实，或者说是一种新的事实。

真正有所改变的是媒体拥有的自由。从法兰西第二帝国时期到 1881 年，政治评论始终处于严格控制之下，其受管制的严重程度仅次于旧制度时期。然而，法兰西第二帝国的领导者们并未雇用审查员在报纸发行之前阅读报纸，而是在事后对不当行为施加惩罚：这种威胁，最终与官方警告制度一起导致报社的倒闭，这一切相当成功地限制了媒体的发展。[70] 长官们是实施这种镇压的主力，他们将审查制度远远扩展到政治以外的范围，因为任何形式的批评都可以被视为对既定秩序的威胁。例如，当在北滨海省的长官认为“关于人造肥料的论战导致购买者犹豫不决”时，他就警告报纸不要以任何形式煽动民众的不满情绪。一名记者如此评价勒南的《耶稣传》的出版：“人们再也无法攻击除耶稣基督以外的任何人。”这也是非政治性新闻在这段时期发展如此之快的原因：政治性报纸需要给政府一大笔保证金以保证自己不会做出不端之事，非政治性报纸则自由得多。因此，很多有关公众生活的评论都以寓言或讽刺的语言重现。审查员们总是四处寻找涉政内容，1863 年，维克托里安·萨尔杜发现自己极不明智地在一部戏剧中穿插了一长串指责金发女郎的台词，四位审查员对他进行了传唤和批评：他难道不知道皇后是满头金发吗？而且另一位审查员又补充道，除女王之外，瓦莱斯卡夫人（国王的表亲）也是一头金发。[71]

1881年，随着审查制度的废除，新闻界重回自由状态，甚至几乎不受诽谤法的制约。但这也并非绝对的自由，因为真正让任何人都为所欲为地表达，只能体现出制裁的软弱无能。因此在1881年之后，记者们依然可能触犯几种法律。就普通公民而言，诽谤法的震慑范围依然广大。曾有一则新闻报道了这样一个谣言：某位市长为他所在村庄的某些人减轻了赋税，后来法庭判定此报道为诽谤（1884）；法庭认为指责某人用巫术当属诽谤（1909），甚至断言医生所持的哲学和宗教观点违背了当地大多数居民的信仰的做法也属诽谤（1905）。除非被告能证明事实并非如此，否则法律便假定他有诽谤的意图。对公务员和政府成员的攻击，甚至有更严格的规定，此类攻击被定义为暴行。指责权威机构人员吹口哨（1903）或做出淫秽手势，把政府称为一帮强盗，把法官叫作一群小偷（1910）都会被判定为暴行。大喊“国王万岁”（1909）被认定为扰乱治安，1894年出台的法律明令禁止宣传无政府主义。报纸有可能因传播虚假新闻或道德腐败而遭起诉，尽管各法庭对此态度不一：1908年，一家妓院打着按摩院的幌子在报纸上刊登了广告，却被认定为无罪，但到1928年，情况就并非如此了。然而，有三个因素缓解了对媒体的威胁。第一，尽管诽谤诉讼有很多，但陪审团不愿意判定他人有罪的态度意味着起诉成立的并不多见。第二，人们有回应起诉的权力，这也是解决争端的惯用手段。法律要求报纸告知人们他们有回应权，但他们的回应必须与提起诉讼的文章以同样的字数刊登在报纸上的同一位置。如果回应文章的篇幅长于原来的文章，那么写文章的人需要以广告的价格支付多出来的版面。公务员拥有“整顿权”，这项权力让他们能以两倍的篇幅回应诽谤文章。然而，第三，挑衅论改变了这项权利。此理论认为，一个参加公职选举的人也会遭遇批评，他没有足够的权力保护自己免遭诽谤。将他惨遭诽谤的事实公之于众，旨在启发选民，因此，这应该是一件合法的事。这种挑衅原则是否适用于文学一直是一个存在争议的话题。有人认为，文学批评或艺术批评只是简单地阐述某些观点来引发人们对其进行批评，因此二者不应对回应权负责。1897年，儒勒·勒梅特尔写了一篇十足的谴责文章评价迪布的戏剧，迪布是布格涅的一位银行家，他的戏剧在法兰西剧院上演过。上诉法院要求《两个世界杂志》刊登迪布的回应文章，迪布在文章中说不论用哪种标准进行评判，勒梅特尔的文章都恶意满满，并声称，该剧在剧院上演时，观众实际上是报以了热烈的掌声的。此外，在1923年，当杜努瓦耶在《万国杂志》上说诺德曼写的关于爱因斯坦的书是“丑闻”，他难以理解这本书怎么会获得成功时，法院命令该杂志刊登关于此事的回复，并判定杜努瓦耶的行为超越了批评的界限，是在表达个人的嫉妒。这一切都意味着报纸在很多时候可以免遭惩罚，受害者提出的抗议只不过是使论战更加精彩而已。[72]

从报刊报道犯罪的方式可以看出其自由的程度。如同在其他地方一样，在法国，记者为了使报道的故事更加轰动，会挺身而出，扮成警察的竞争对手，同时寻找罪犯或失踪者。但在法国，媒体和警察之间或许没有那么敌对，这也增加了媒体的受欢迎程度。例如，在1905年的沙特尼伊尔神父失踪事件中，各家报纸大肆指责警察没能找到失踪者。他们掷重金悬赏提供凶手线索的人，导致匿名信如雪片般飞来，其中还有邻里之间的举报信。警察最终在布鲁塞尔发现了可怜的神父，他去那儿，原本是想和自己的情人平静度日。审理中的案件通常不会令媒体头疼，因为即使法律禁止，媒体也会将耸人听闻的审判和相关文件的全部细节公之于众。例如，1899年，《费加罗报》非法公布了最高法院法庭审判德雷福斯的完整报告：尽管被罚了500法郎，但该报仍然跟进报道了此事。媒体会定期将被告人的各种私密事实公布于众，以至于被误告方也很少能全身而退。不论是否征得允许，媒体都会对判决进行报道，并对法官和被告做出评判。法官和大律师很快发现，与记者保持良好关系很有必要，因为记者可以根据双方合作关系的程度，选择赞美他们、诋毁他们或保持沉默；记者声称不等他们开口，消息自然会送上门来，因此他们无须四处打探；走漏消息是稀松平常的事情；法官还允许媒体查看案件相关档案。他们之间就是交易关系。1849年的一项法律禁止报刊在公审前公布起诉细节，另一项法律则禁止报刊披露私人生活（1868年5月11日，第11条法案），但这一切都是徒劳。报界以新闻自由和个人自由的名义向法国法律的秘密审问程序开战，结果以失败告终。或许在这个过程中，报刊已破坏了许多它专栏中的人物的生活。对待公开审判的方式暴露了媒体的虚伪，媒体一方面攻击公开审判是一种不道德行为，另一方面又长篇累牍地对其加以报道。1909年，在贝休恩的一次审判中出现了令人震惊的野蛮场面，媒体对这次审判大加宣传，并派出了一队记者前往现场，这一切都被摄影师记录了下来。接连3天，《小日报》在头版上用了7个专栏，在第二版上用了3个专栏，专门刊登此事，还刊登了8张相关照片。法律评论员就新闻和法律的关系给出了这样的结论："司法机构不仅在决斗中败给了报界，而且已经彻底投降。在1881—1940年，媒体几乎是想报道什么就报道什么，且很少遭到起诉。"[73]

更小的世界

关于报界的书籍首先聚焦于政治报刊，其中对记者活动的评价很不完整，因为绝大多数记者都不是政治记者。例如，1881 年，巴黎出版了 1 343 种期刊。这其中只有 71 种是政治刊物。大多都是金融（209 种）、医学（97 种）、插画报纸（88 种）或时尚杂志（81 种）。这些数据会使人对读者的阅读兴趣感到好奇。在接下来的 50 年里，金融杂志的数量略有增加，仅在 1930 年，它们的数量就被政治杂志赶超（252 ∶ 281）。[74] 医学杂志增加了一倍以上（236 种），仍然占有非常重要的地位。专门的文学杂志则很少：1881 年仅有 30 种，1900 年有 46 种，1930 年有 73 种。但在 19 世纪和 20 世纪之交，有一类新的"政治文学评论"杂志瞬间如雨后春笋般涌现出来：在刚刚提到的三个年份里，仅在巴黎，这种类型的杂志分别为 46、188 和 161 种。文学活动中曾短暂出现的大量文学评论杂志，给人留下了深刻印象。据记载，1914—1939 年，共出现了不少于 269 种文学评论杂志，但它们都发行不足 10 期。[75] 到 20 世纪 30 年代，越来越多的刊物投身摄影而非美术，投身摄影的刊物数量是投身体育的 4 倍。反教权主义者虽名义上击败了宗教，但实际上，大量以宗教为主题的杂志依然不乏读者，并在各教区有着自己独立的分销体系。对巴黎的报刊按主题进行排列，可以让我们粗略地了解它们在首都各方面的受关注程度，而且它们不应被简单地概括为文学、艺术、自由思想或政治。（以下列表仅简单说明而已，并非详尽无比，因为将报纸分门别类的确困难重重。）

表 4.5　1881 年、1901 年和 1930 年的报刊业情况 [76]

（单位：种）

	巴黎	巴黎	巴黎	地方
	1881 年	1901 年	1930 年	1930 年
政治	71	178	281	?
政治经济	3	40	85	11
管理	28	35	65	2
外交	6	10	12	—
殖民	—	46	71	6
军事	17	41	75	27
海军	8	11	32	9
文学	30	46	73	—
文学及政治评论	46	188	161	28
美术	19	45	43	—
摄影	5	28	45	—
音乐	14	37	46	2
戏剧	13	37	32	8
建筑	26	14	31	3
幽默	—	26	34	7
体育	21	46	219	45

（续表）

	巴黎	巴黎	巴黎	地方
	1881 年	1901 年	1930 年	1930 年
天主教	61	83	108	40
新教	24	22	30	22
犹太教	2	3	8	—
共济会	—	4	?	—
金融	209	219	252	15
职业、工业及商业	?	?	243	—
技术	38	—	—	—
工业	27	44	67	20
冶金	—	12	29	3
矿产	5	6	12	11
汽油	—	—	8	—
电力及无线电	—	—	56	—
燃气及电力	—	25	—	—
燃气	—	—	7	—
印刷	—	14	20	—
科学	41	89	103	—

（续表）

	巴黎	巴黎	巴黎	地方
	1881 年	1901 年	1930 年	1930 年
糖业	—	3	4	—
摩托车及自行车	—	22	?	—
纺织	—	9	8	6
运输	—	—	25	—
公共工程	—	23	34	2
商业	32	56	96	17
农业	34	70	121	148
保险	18	25	35	—
时尚	81	127	166	4
女权主义	?	17	18	—
插图	88	130	109	33
速记	—	16	20	—
医学	97	219	236	26
药剂	9	9	11	5
法学	61	98	122	14
教育	38	50	85	7

医学新闻史向我们展示了国家的某一部门是如何利用报刊来发展其群体意识的。这个话题是相当广泛的，需举众多研究者之力才能展示出其人才的丰富多彩，这些才华横溢的人也依托报刊充分地展示了自我。医生在法国，如同在大多数发展中国家一样，堪称知识领袖，但他们在人类自我观上所做的贡献，从未得到过正确的评价。他们有不少休闲时光，有着比商人或地主更具文学艺术性的爱好。法国的第一家报纸是由一位医生于1631年创立的。1679年，第一本法国医学杂志创刊，创立者尼古拉斯·布莱尼是一名外科医生，他售卖药品，是性病书作家，当过诊所和澡堂老板，还出版过巴黎公司名录，即后来的《上流社会名人录》。他也不可避免地成为巴黎医药界的敌人：他取得了卡昂大学的博士学位，并与蒙彼利埃的毕业生合办了《医学新发现杂志》。到1848年，仅在巴黎就又有81种新医学杂志面世，另外还有多于12种聚焦于流行医学，17种专注于催眠术，14种主打医学分支，最后还有32种地方医学杂志。1848—1867年，又有57种医学期刊创刊。[77] 据估计，不包括工会机构和私人发行的出版物，1950年，市面上约有300种医学期刊。[78] 许多期刊在发行之初主要是为了宣传某位医生的观点，这位医生或知名或古怪：因此布鲁塞（1772—1838）医生虽备受争议，但他仍拥有自己的《生理医学年鉴》杂志，它在1822—1884年发行，最开始是每周刊登他的讲座内容。某些医学日报甚至是由学生创办的。创办于1828年的《法国柳叶刀》杂志在1850年更名为《医院公报》，每周出版三期。克劳德·伯纳德的演讲刊登在《医院箴言报》（1852—1856）上，为满足巴黎的西班牙学生的需求，甚至还出版了《巴黎医院临床医学公报》（1850—1854）。1845年，阿麦迪·拉图创办了《医疗联盟》（这是第一本旨在捍卫医生经济利益和职业权力的期刊）。一些兼具新闻才能的医学界人士会用这些医学期刊达成自己的目的。查尔斯·布夏尔医生是《每周外科与医学周报》(1859)的创始人，他既是一名医生又是一位新闻工作者。对于那些未能实现成名成家梦想的默默无闻的乡村医生而言，写作不失为一种慰藉，正如某人写的那样："在医学杂志不再作为奸党的喉舌之后，我们当中哪怕是最微不足道的一撮人，也有机会参与当代思想和科学创造的伟大运动。这些杂志为我们提供了一个职位，所有人都有权就任，就此让人们听到我们的声音……对于那些永远不会掌权的人而言，对于那些貌似注定要保持沉默的人而言，这便是一个补偿性的职位，他们的思想和心灵甚至会因参与这场运动而沸腾不已。"[79] 医生可以出版幽默杂志、美食杂志，甚至还有专门建议医生投资股市的刊物（据说它的推荐总会给股市带来一些明显的波动）。

随着医学的发展越来越专业化，致力于发布新科学信息的期刊也越来越多，如《眼科档案》(1883)、《神经学期刊》(1893)、《儿童医学》(1894)。这些都是内容充实的出版物，每期甚至比一本普通的书还要厚。《性病年鉴》(1906)的第一期有400页之多，到20世纪30年代，每期长达950页。社会福利事业的发展增加了粮食供给，同理，伴随着殖民地医学和军事医学的发展，甚至出现了4本专注于医学史的期刊。[80] 这意味着越来越多的医生要参与期刊编辑的兼职工作，出版甚至成了更多医生的职业生活中很正常的组成部分。《药学与化学杂志》(1809)每年要出版1 100多页，1910年更是多达1 500页。该杂志是由一个6人团体低调创办的，意在帮助药剂师"在他们的职业艺术中完善自己"。对药剂师而言，若想获得公众的尊重，他们就必须如此。但随着这些学科的分支越来越专业化，该杂志的管理者后来增至21人，[81] 他们多是教授。医学记者这一职业也相继诞生，他们创立了自己的协会。1933年，其会员虽仅有114名，但实力却非常强大。起码，制药业已经意识到他们可以对那个时代人们的习惯和消费产生重大影响。因此，制药业会定期给医学记者补贴养老金，当然，他们的养老金大多是靠这种馈赠维持的，并非来源于刊物的订阅量。维希和依云矿泉水公司也是他们的重要赞助方。这确保了医学媒体会对他们保持友好，当然，医学媒体对他们新上市的药品也会友好地接受。[82]显然，医学媒体像其他任何形式的媒体一样，从一开始，医学媒体就明确表达了敲诈勒索的意图，它们会胁迫生产商在刊物上打广告。媒体将杰出的医学从业人员会集一处组成编辑委员会，这种做法至关重要，因为它可以确保不再有制药公司和诊所胆敢拒绝在新创办的期刊上打广告。出版了约 60 种医学期刊的马森公司将自己的强大部分归结为其广告方面的排兵布阵能力。但这个领域并无垄断现象。医生们创办了很多地方期刊，来满足严格的地方读者的阅读需求。蒙彼利埃（虽然是个小城镇，但不可否认的是，这里的医学院仅逊色于巴黎的）在 1791—1958 年共出现了 40 种不同的医学期刊。学院员工的付出是期刊的基础，但也有个别教授单独出版期刊来宣传自己的报告和理论。《蒙彼利埃医学公报》创办于 1840 年，并一直延续了 15 年，该报是由一名未能在医学院谋到职位的医生编辑的，这份报纸成了他攻击医学院教授的武器。《蒙彼利埃医药科学周刊》（1879—1892）由一群当地教授主办，他们意欲用这份刊物来捍卫蒙彼利埃的医药品牌，的确，那些新成立的学院带来的竞争威胁已令他们窒息。创办于 1912 年的《朗格多克医学杂志》是代代相传的家族生意的根基，后来又辅以《普罗旺斯助产士杂志》（1924—1932）的支持。20 世纪 30 年代，蒙彼利埃仍拥有两家医学杂志，1952 年，又新增一家。[83]这个时代医学文献的激增自然会带动杂志的发展，因为人们急需杂志对这些文献进行概括总结以便使医生们能够紧跟医学发现的脚步。自 19 世纪 70

年代起，一些期刊甚至开始着力回顾国外的新发现，但成功率不一。值得一提的是，世界医学研究的重大指标都是由美国和德国媒体发布的：没有一家法国媒体参与其发布；某些类似青霉素的发现，迟迟才得以在法国媒体上发布。[84]有的期刊之所以能够成功普及医学知识，或许是因为创办这些期刊的医生更热衷于商业而非医学，但他们也不过是在年复一年地重复着相同的古旧疗法而已。自称每周发行35 000份的《健康杂志》（1893）一年为订阅者提供52次的免费咨询服务，但实际上该报充斥的大多是广告，且其广告费比任何期刊都高。与之相反，1929年创办的《治愈的权力》杂志开始保护病患的利益，使其免受医生的伤害，该报一出来便几乎销售一空！[85]

女性杂志是刊物的一个重要分支，但我们对它却知之甚少。现在就说这类杂志在维护妇女权益和塑造女性形象方面起到了重要作用，未免为时尚早。但毋庸置疑，至19世纪末，它为女性提供了可读之物，巩固了女性在社会群体中的独立地位，在1930—1960年尤其如此。早在1774年，《妇女杂志》就讲述过未婚妈妈的艰辛；创办于1832年的《女性杂志》，其运营和撰写工作完全由女性来承担，但女权主义只是少数报纸为之奋斗的事业，因此只有那些密切关注女性当务之急的杂志才能真正取得成功。[86]创办于1860年的《时尚画报》一直延续到1937年，为它的老板——印刷商菲尔明·迪多特赚取了巨大利润。他有幸发现了一位才干超群的编辑艾米丽娜·雷蒙德，她的父亲是一位为奥地利工作的比利时官员，母亲是一位在罗马尼亚办学的法国人。雷蒙德女士一生如此成功，以至于在她担任了42年编辑，于1902年退休之时，继任她的编辑竟然沿用她的名字以确保其工作继续进行。雷蒙德女士的写作水平相当高超，她能做到用清晰明了的语言、坚定不移的态度来表达自己的观点。她的读者把她想象成自己的密友和顾问，铺天盖地的读者来信足以证明这一点。显然，她的成就在于使这份报纸成了连接巴黎及各地中小资产阶级的纽带。在她退休之时，报社邀请读者讲出她们选择阅读该报的原因，在收到的读者来信中，很多女性表示她们定期购买该报已有三四十年，她们买的一捆捆的报纸仍都存放于书架上，她们把它们视为自己生活中实际乃至道德问题的指南。在这些读者眼中，该报倡导的是女性为他人的物质及道德福祉奉献自我，通过勤俭持家来创造一个始终和谐、温暖、美丽的家，呼吁女性靠自己的双手满足家庭所需。从一开始，《时尚画报》就坚持认为：富有和优雅是两个截然不同的概念，人们不必富到令人尊敬的地步。它不提倡"夸张"的时尚，而是告诉读者将旧衣服翻新同样可以跟上潮流的技巧。它还提供各式各样的衣服样式供读者参考，还详细说明了如何做出资产阶级家庭拥有的千百件针织品，所有的夸张都是该杂志眼中的敌人。一位读者赞赏地写下了她的感悟："我们希望能简简单单地穿出良好品位，富贵奢华并不是我们想要的，简单来说，就是要与我们的身份相符。"另一位读者说："它给出的道德建议简直惊到我了，我甚至很生气，因为雷蒙德女士太懂我了，我意识到了自己的错误。"还有一位读者对该报的努力表示赞许："它让女性明白优秀不在于多么炫目动人，它让我们成为谦逊、勤奋的女人。"这不是一本高高在上的杂志。雷蒙德女士的很多书都包括各种实用信息、常识和处世之道。当然，广告也在这本杂志中扮演着越来越重要的角色，但这也让它的版面扩大了一倍（增至每周 16 页），文章还开始包括女性职业、育儿、文学、烹饪、园艺等内容。到 19 世纪和 20 世纪之交，该杂志的每周销量高达 10 万份。[87]

时尚杂志与时尚产业的联系如何仍有待研究。各种名头的时尚杂志越来越多，但它们的财务来源仍模糊不清。[88] 有几家出版公司很早以前就已专门投身时尚市场，例如弗朗索瓦·特德斯科名下的出版公司发行的时尚杂志包括《家庭主妇》《妇女文学杂志》《小姐》《我的洋娃娃》《我的指针》。很早就投身时尚市场的还有天主教参议员汇恩·派南斯特名下的出版公司，1879 年，他买下了《时尚回声》，当时该杂志的销量只有 5 000 份，至 1893 年，其销量上涨到了 10 万份，1923 年暴增至 100 万份，也因此为汇恩家族带来了荣华富贵。直到 20 世纪 60 年代，该杂志仍在他们名下。然而，直到 20 世纪 50 年代，在经历了几家顶尖杂志的混战之后，女性杂志（其中，西诺·杜卡出版公司的地位至高无上）才开始批量发行。它们大多笃信天主教：《玛丽·克莱尔》（1937）由马塞勒·奥克莱尔担任编辑，此人在南美修道院接受过教育；《信心》在创刊后的一年里就拥有了 50 万份的销量，它的内容基于读者来信，仿佛成了读者告解室的补充和替代品。[89]

儿童杂志同样浩如烟海，早在 19 世纪 30 年代就已出现。拿破仑三世时期的出版商阿歇特和黑泽尔为儿童杂志的发展提供了巨大的动力，儒勒·凡尔纳也为此做了杰出贡献。在《神奇》（1908）的影响下，儿童杂志开始变得现代化，之后，《米奇》（1937）让漫画渐渐流行。然而，它们的读者多是中产阶级，因为它们反映了中产阶级的价值观和道德观。1958 年，38% 的儿童杂志得由政治、宗教或教育机构出版。因此，它们的商业价值并不高。《叙泽特的一周》通常有一半左右的刊物无法售出，就连《米奇》也有 18% 卖不出去。这也意味着，儿童出版社的所有权不如英国集中。1970 年，法国儿童报纸的周销量只有 200 万份，而在人口大致相当的英国，则是 950 万份。[90] 看来对法国孩子而言，相较于阅读专门为他们办的报刊，他们可能读的更多的是成人报刊。[91] 孩子们逐渐变成了一个特殊的群体，尽管大人为他们提供了一种不同的“鸦片”，好让他们远离成人世界，但这对他们可能没有产生什么影响。

越来越多的报纸开始专门致力于体育业，其惊人的增长势头可以让我们清楚地看到，报业正在成为一种新的广告工具。第一个这样做的报纸是创刊于1854年的《体育报》，但该报的副标题却是“世界人民报”：这是一份专为无所事事的富人服务的报纸，它主要关注赛马信息。然而，它却出人意料地拥有更广泛的读者，在1893年倒闭之前，它的新闻报道还包括游泳、拳击、摔跤、台球、网球、斗鸡和旅行。至此，新的发展已经改变了世界。1869年，自行车制造商法布尔创办《自行车杂志》，一定程度上驳斥了某些医生对自行车运动的攻击。在这些医生看来，骑自行车有害身体健康，因为骑车让人双腿受累，同时又让身体的其他部位“保持在危险的静止中”。另外，该报也对说“骑车的人都是疯子”的《法国马车夫》杂志的谴责做了回应。1876年，法国航海俱乐部主席创办了《体育杂志》，随后又迅速地创办了几种杂志，这些杂志通过大量的专业广告维持运转：《脚踏车报》（成立于1892年，其周销量很快便达到2万份）42页的内容中有多达17页都是自行车广告，只有2页例外。由奥运会创始人皮埃尔·德·顾拜旦创办的《竞技体育报》（1890）靠铁路广告维持运营。由于有利可图，1891年，《自行车报》创刊，这是一份专门报道体育运动的日报，短短几年就卖出了8万份，远超许多受人尊敬的政治日报。该报得到了汽车及自行车制造商达拉克的支持。1900年，与达拉克竞争的自行车制造商阿道夫·克莱门特与汽车业的几位领导者——迪翁伯爵、爱德华·米其林、尼维尔特男爵（法国汽车俱乐部主席）和劳巴特伯爵——联合创办了另一家日报《自行车与汽车报》。这两家日报之间竞争激烈：在《自行车报》提起诉讼后，后者被迫更名为《汽车报》。《汽车报》拥有一位名叫亨利·德斯格兰奇（1865—1940）的出色编辑，此人起初在公证处工作，狂热地爱上了骑车，还获得了世界冠军。后来他出任克莱门特自行车公司的宣传经理，又在普林斯公园开了一家赛车场，《自行车报》拒绝报道这里举办的一切比赛。《汽车报》在国内外共有542名记者，每次有大型运动会还会派特别记者进行报道。虽然《自行车报》的新闻报道较为迟缓，但面对挑战，它也做了自己的回应：任何广告商，只要承诺不在其他体育刊物上打广告，在该报的广告费都会下调三分之一至二分之一。《汽车报》的销量一直无法超过2万份，直到1903年，德斯格兰奇有了一个绝妙的主意，他组织环法自行车赛，斥资2万法郎作为奖金。《汽车报》的发行量立刻翻了一倍多，财富迅速积累：1914年7月，该报日销量达32万份，1923年7月已达49.5万份，1933年7月竟高达73万份（7月环法自行车赛期间，其销量至少比平均销量高出50%）。而《自行车报》长期以来都拒绝对此赛事进行报道。

报纸也逐渐开始明白如何从体育版获益：1914年，政治性日报通常只给体育新闻四分之一的页面，直到1930年左右才肯让出一整页。它们的劣势在于，主要关注大型赛事，对业余比赛不重视，而这也正是专门的体育报纸得以存活的原因。《巴黎晚报》是第一家真正以商业头脑开发体育新闻的综合性日报：1939年，该报聘用了不少于18名体育记者，并在环法自行车赛中派出了和《汽车报》一样多的记者。与别家的报道相比，《巴黎晚报》的体育新闻更富戏剧性，达到了激动人心、催人泪下的效果。《巴黎晚报》的体育新闻通常会独占一整页，周一还会加至三页。战争打响后，其发行量跌至20万份：尽管它试着通过增加综合新闻的报道来自救，但最终还是未能扭转颓势。在战争结束时的通敌者大清洗运动中，《巴黎晚报》也难逃厄运，被迫关门。创办于 1946 年的《飞跃报》明确的办报意图就是削弱《汽车报》的影响，因为在它看来，出于商业原因，《汽车报》故意对某些体育项目进行了过度宣传，比如自行车和赛车，而忽视了足球。但《飞跃报》没能成功，共产党人以类似的初衷创办的《体育》（1946）也以失败告终。《汽车报》倒闭之后，以《队报》的名字重出江湖。它一改早先的缺点，每周推出增刊《法国足球》，一经推出就斩获 14 万份的销量。图卢兹的《午间快报》出版了一份橄榄球周刊《午间奥林匹克》作为回应；共产党人以《冲刺镜报》和其他多份专注于某项运动的《镜报》再次发起攻击，法国所有的体育问题都是由攻击《队报》引起的。《队报》依然青睐职业体育运动，此时，足球的流行程度已远超自行车运动，成了一项职业体育运动。体育媒体的竞争很好地反映了娱乐背后的复杂动机。各家媒体间的分歧远不是我们三言两语就能说清楚的：1958 年，有至少 231 家刊物致力于体育新闻事业，它们的总销量达到每期 1 457 000 份。此外，巴黎的报纸将 14.7% 的版面用于体育新闻报道，而综合新闻、国内政治和国外政治的版面占比分别为 9.9%、8.9% 和 8.8%。[92] 地方报纸则更大度，有的报纸在周一甚至拿出足足 5 版用于体育报道。就读者的利益和态度而言，这些报纸的所作所为到底意味着什么，还需要我们的特别关注。但媒体的确在合力打造一种致力于娱乐和放松的亚文化。

支持宗教的刊物也比比皆是。这些杂志一贯的内容几乎都是说教，从这个意义上说，它们会将短暂的事件与教会教义相关联。我们很难说清这些杂志到底有多大的影响力。即使是最著名的天主教报的读者也少得可怜。于 1833 年创办了《宇宙》的米涅神父，还是一本

171 卷的天主教百科全书的编辑。《宇宙》在 1843 年被路易 · 维伊洛（1813—1883）接管，维伊洛是 19 世纪最尖刻、最热门的记者之一。但在 1845 年，该杂志发行量只有 4 700 份，在 19 世纪 70 年代也只有 7 000 份左右。这个例子生动地告诉我们，报纸其实是某个个体的发声工具，这个个体风格独特，立场坚定，决心为报纸代言。人们认为，维伊洛很难代表教会的官方思想，他只是表达了边远地区牧师读者的观点而已。他的报纸或许得到了梵蒂冈方面的一些经济资助，但实际上，它是一个独立的、旨在盈利的家族企业。年老时，维伊洛把它交由其兄弟尤金掌管。与之类似，文森特 · 贝利在 1880 年创办了《十字架报》，其父伊曼纽尔 · 贝利在 19 世纪 30 年代参与创办了《宇宙》杂志，后来还继米涅神父任《宇宙》的编辑。在奥古斯丁圣母升天会的影响下，《十字架报》发展成了时政性的报纸，因一直积极地攻击共和国，后被驱逐出国。之后，该报在天主教实业家保罗 · 费龙 · 奥的支持下继续运行至 1914 年，随后，它被交由两位能干的编辑贝托叶神父和琼 · 吉拉德教授掌管。尽管该报从支持自由天主教变成了拥护法兰西运动，但该报的政治路线始终是积极的。它的发行量一直保持在 15 万 ~18 万份，这要归功于其特有的分销系统（由教区工作人员运营）、低廉的成本（修女印刷）、忠诚的订户（它拥有所有报纸中最低的未售出率）。尽管该杂志成员极具商业头脑，对读者的需求也非常敏感，但它过于严肃的风格使其无法与批量发行的日报竞争。1960 年，《十字架报》的外国新闻和经济新闻所占据的版面仅次于《世界报》，照片的占比则仅次于《巴黎日报》。在那时，《十字架报》的地方销量占比高于其他任何日报（81%，而《世界报》为 44%），但这并不意味着它取得了巨大的商业成功。1960 年，其广告收入与共产主义报纸《人道报》持平，约为《世界报》的四分之一，《费加罗报》的二十分之一。[93] 其更受欢迎的周日版的销量大约是平日版的两倍，而它的各地方版的影响力也有所扩大。

然而，天主教刊物令人印象最深刻的是它迎合各种品位、拥有各种智力水平的人、各类读者的做法。它没有选择用一份大而全的日报来取悦所有人，而是出版了若干专业期刊来满足不同的需求。带着纯粹的宗教目的，1875 出版的《玛丽亚的小信使》（1936 年的销量为 39 000 份）吸引着圣母玛利亚狂热的追随者；1916 年出版的《圣报》每月售出 30 万册。不同群体办的类似报纸还有很多。神职人员创办了《牧师之友》（1878），该杂志价格低廉，19 世纪和 20 世纪之交的销量是 6 000 本，而 20 世纪 30 年代的销量是 2.5 万本。除此之外，还有《收割工人》（成立于 1927 年，其销量为 3 600 本）、《信徒年鉴》（成立于 1888 年，其销量为 8 500 本）等。更多的天主教知识分子可以阅读《耶稣会研究》（成立于 1856 年，其发行量从 3 000 本升至 13 000 本），或多米尼加人于 1856 年 9 月出版的《精神生活》；贝特莱姆神父创办了《演讲杂志》（销量为 20 000 份，每月出版 128 页），该杂志给出了该读什么书、不该读什么书的建议。当时有专为不同职业开办的杂志，如《天主教邮递员》（创立于 1922 年，其销量为 4 500 册），还有专为药剂师、教师、士兵办的杂志，甚至还有专为住院患者办的《患者之友》（创立于 1928 年，其销量为 10 000 册）。当时至少有 13 种教育类期刊，但也有许多专为年轻人编写的期刊，比如供小孩子看的《叙泽特的一周》，以及写给再大一些的女孩子看的《小屋晚聊》（该杂志创办于 1877 年，销量为 20 万册）。每个年龄段、每个阶层都能看到专为他们办的刊物：有供资产阶级子弟阅读的《圣诞节》，有供略穷一些的人读的《伯纳黛特报》。人们在《我们的节目》《我们的歌曲》《选择》等杂志上可以找到娱乐信息。《风趣报》

（1932）为虔诚的读者提供了一种幽默风趣的报纸，在这些读者眼中，一些与其竞争的报纸太过肮脏。这些针对特定人群的刊物都成功了，大多数读者都会有组织地购买这些刊物。但如同左翼媒体一样，天主教媒体对广告持怀疑态度，它们也并不依赖广告生存。博纳出版社是迄今为止最大的天主教期刊出版商，其广告收入的75%来自日报《朝圣者》（1872）。《朝圣者》最初是为前往萨勒特的朝圣者创办的，但很快便成了一份成功的大众家庭报。[94] 天主教报纸虽拥有如此庞大的发行量，但它们并没有将此作为发展信徒的工具。忠实的信徒是这些报纸的读者，而且这也的确是他们团结的标志。从各地区巨大的销量差异中，我们可以清楚地看出，这些报纸在法国西部最受欢迎，在巴黎则最不受重视。

表 4.6　1936 年的天主教刊物销量情况 [95]

	日报（种）	周报（种）	销量	人口数量
北部	10	31	668 000	5 200 000
东部	29	49	536 000	3 900 000
东南部	5	37	596 000	8 117 000
南部	1	14	124 000	2 160 000
西南部	6	25	304 000	4 240 000
西部	7	49	942 000	6 730 000
中部（包括巴黎）	4	30	315 000	19 759 000

如果你认为这是一个统一的天主教新闻帝国，那你可就大错特错了。法国报界的结构极为分散，除了几家联合出版社，每一家刊物都是独立的，代表着作家、商人、政客及各种闲人的怪癖和野心。《里昂记者报》的发展就是一个例子。该报是法兰西第三共和国初期最成功的天主教地方日报。它由该市 51 名天主教徒于 1879 年（这时，里昂已经有几家成熟的日报）创办，其中 29 人是里昂天主教雇主协会的会员，他们每人捐资 500~2 500 法郎。另外，有 37 人是蒙格雷时髦耶稣会寄宿学校校友。他们之中并没有专业的记者或政客。该报的主要组织者约瑟夫 · 兰博（1849—1919）既是工业家又是地主，他业余时间在里昂天主教学院教课，还编写了一本经济学教材（他希望自己的教材能够取代纪德编的），旨在说明经济发展是靠神的意志完成的。兰博每天都去教堂，是一名保守的天主教徒，也是皮耶主教和勒普雷的信徒，但他同时还是社会天主教徒的敌人，他不赞同他们依赖政府的行为。不到一年，他的报纸就有了 4 万份的发行量，而在当时的巴黎，备受尊敬的《辩论日报》的销量仅为 6 500 份，《费加罗报》的销量是 97 000 份。《里昂记者报》获利不菲，1886 年竟然买断了印刷厂。它的启动资金只有 125 000 法郎；十年之内，其股价几乎增加到了三倍；至 1899 年，它会为每 100 法郎的股份支付 30 法郎的股息，其名下的建筑和物资储备价值 100 多万法郎。该报认为宗教可以给出所有问题的答案，但这并不是它成功的原因。尽管它有着崇高的出发点，但它还是借鉴了大众媒体的方法，其大量版面都用来刊登爆炸性新闻，即“悲伤而暴力的戏剧性事件”。兰博承认这么做是不对的，但他仍解释道，慈善必须“屈服于其希望服务的对象的需求和弱点”。他本人更倾向发表严肃文章，但在大众报纸上这样做是很自私的，因为这既不慈善，也不友爱。但有一点他从未提及，那就是他只会和强奸、通奸、引诱划清界限。[96]

在《里昂记者报》，股东们在捍卫自己珍视的事业的同时，对于为他们赚钱的人，不会施加任何束缚，但一旦经营权分散到若干人手中，天主教报纸也会像其他派别的报纸一样，因内部纠纷和竞争而四分五裂。《西部闪电》就是一个例子。在19世纪和20世纪之交，该报由雷内的两名激进牧师在当地四位显贵、大律师和商人的帮助下创办，为了这份报纸，他们都投入了自己的大笔积蓄。报纸创办不久，他们就和主教发生了争执。主教不赞成他们的民主倾向，又和他们的专业编辑发生了冲突，编辑是个没有经商头脑又不切实际的波希米亚人。该报之所以能够取得成功，并不是因为其宗教特点，而在于创办该报的牧师们发现了竞争对手的缺点，即这些人未能充分报道当地集市的物价及类似的实用信息。他们见缝插针，在自家报纸中弥补了这方面的不足。然而，无休止的个人纠纷和教义争论使该报难以稳定运营，直到政治家路易·卢舍尔和哈瓦斯通讯社为其提供扩大规模所需的资金，局面才得以扭转。[97] 参与争论的神父记者对媒体不抱任何幻想。在他们眼中，经营报纸是彻头彻尾的商业行为。正如其中一人带着放任自流或自满的口吻写的那样："报界的一切都是见利忘义的，连沉默都是如此。这里的一切都是商品，一切都得付费。"拒绝印刷商、造纸商和广告商的要求是不可能的，报纸需要向他们做出保证，当报道谋杀事件时，报纸上不得出现受害者使用了某个牌子的肥皂、某个牌子的雨伞及相关公司的名字。一位神父说，有人指控称报界与敲诈勒索脱不了干系，这一点他无法否认，但报界这样做完全是被逼无奈，而公众在这场游戏里是那个心甘情愿的同谋。[98] 正如在生活的许多其他方面一样，在宗教生活中，新闻是人们获得群体归属感的一种方式，而且比整个国家更容易被认同。但究竟是谁在愚弄谁，这个问题却无人能够作答。

所有的报纸和期刊都依赖印刷业，后者的效率，或至少其低廉的价格，使得任何一个想要站在公众面前的人的愿望成为可能。然而，印刷业是一个我们几乎一无所知的行当。印刷史研究的重点几乎完全是老古董：人们对现代印刷史的了解甚至还不如对 18 世纪或更早的印刷史的了解多。虽然市面上有一些关于个别印刷公司的书。但它们多是纪念性质的。有相当多的书是关于各种新型印刷机的，但有关这些机器的使用者的书却少之又少。印刷工是最见多识广的无产阶级，他们的雇主经常也是印刷工出身，而且人们猜想，他们应该还拥有精明的商业头脑。印刷业曾一直处于旧制度时期的监管之下，直到 1870 年，才有屈指可数的工人获准执业。专利证书或政府颁发的许可证通常是家族的私有财产，就像公证人的学业证书一样，是可以进行买卖的，所以某个印刷公司能延续多个朝代是很常见的事情。尽管七月王朝对印刷业并不严苛，但印刷公司要周旋的事也不少。但当法兰西第三共和国取消了对印刷业的所有限制之后，许多印刷工人都开始自立门户，印刷价格也因竞争而降低。小印刷商和拥有昂贵机器的大型印刷公司之间还是有巨大差异的。[99] 前者如同文物收藏家，通常对当地历史、印刷术、文献学更感兴趣，阿道夫·格朗热就是这样一个人。他是第戎的一位图书馆副馆长，1861 年，他买下了当地一家印刷厂，主要用于出版《科特迪瓦日报》，他后来因该报有倾向共和党人的言论而遭迫害。后来他卖掉公司，成了拉鲁斯《19 世纪大词典》的一名编纂者。[100] 纳尔博纳的卡拉德公司成立于 1790 年，代代传承，直到 1920 年，最后一个后代放弃印刷业，全身心投入图书销售。[101] 有许多印刷商都是单枪匹马做生意，或雇上几个工人，雇的人多是兼职，他们什么时候有活儿就什么时候工作。在 19 世纪和 20 世纪之交，小城瓦朗斯（有人口约 2 万）总共有 8 位印刷商。这样的数字意味着，在过去的 50 年里，镇上可以出版 8 种天主教期刊，7 种新教期刊，25 种政治期刊，15 种财经、商业和广告期刊，10 种艺术和文学期刊，10 种幽默期刊，1 种教育期刊和 11 种杂七杂八的期刊。[102] 1852 年，波尔多（有人口 18 万）有 18 位印刷商、42 位平版印刷工及 28 位书商。正如顾努鲁家族的发展史告诉我们的那样，在这里，大型企业也有成长的机会。这个家族的成员中有新教徒、军械师、钟表商，还有一位在师从一位印刷商之后娶了此人的女儿，并在 1851 年买下了法耶–拉古公司。这家公司在 17 世纪和大主教、法院、各学院和学术组织签过数额不菲的合同。顾努鲁继续为大主教提供印刷服务，也为来自巴黎的投机商德拉马尔效力，此人在波尔多创办的波拿巴主义杂志就由顾努鲁负责印刷。然而，该报却亏本了，顾努鲁便顺势将它低价买入。他让他的姐夫安德烈·拉弗图乔恩取代了原来的编辑（此人走后成了一名餐厅经理）[103]。在他的领导下，《吉伦特报》成为共和党的机关报。该报的确就是个家族企业：拉弗图乔恩担任主编，顾努鲁负责出版，顾努鲁的妻子管理财务，家族其他成员也都各司其职。他们的政治信仰使他们失去了印刷官方广告的特权，而这是一项公司曾长期享有的特权，但该报的盈利能力也抵销了这一损失：5 年内，报纸的发行量从 300 份增至 14 000 份。共和国宣告成立之后，拉弗图乔恩应征去巴黎担任《宪报》的编辑，后来成了一名大使；其助手则被派往某省任职；另一位记者成了驻突尼斯总管。《吉伦特报》及其晚间版《小吉伦特报》成了波尔多的权威报纸。至 1900 年，顾努鲁公司共有员工 337 名，成为一家重要的出版公司，旗下拥有《吉伦特航海与贸易报》、《吉伦特文学与科学报》、《吉伦特插画报》、《吉伦特星期日报》、《宫廷回声报》和《体育快报》(1885)。后来，这家公司由《吉伦特报》记者儒勒·沙蓬接管，他娶了老板的女儿为妻，之后公司由两人的儿子继任。[104] 印刷商对报业产生了重要影响。尽管要解释报纸不同寻常的诞生与发展史需要调查很多难以捉摸的因素，但是，一个城市能否拥有自己的报纸，印刷商往往在其中起了决定性作用。[105] 法国报业的经济基础目前仍很是令人费解。

既然我们无法准确衡量报业的影响力，那么之前的任何相关历史研究必然会得出无法令人满意的结果。过去，人们想当然地将报业视作一股重要的政治力量。历史学家仍将报纸上的观点视作公众意见的表达，当然是因为他们找不到别的方式进行探索。直到今天，法国人也没有系统地探究过报业的影响力究竟有多大。因此，人们不得不求助于美国人对此做出的大量研究。美国人得出这样一个普遍结论，即比起改变当前的观点，媒体的更大作用是强化了当前的观点。读者由于读报，偶然会产生态度上的细微变化，但基本不会彻底改变原有想法。人们是有选择地暴露在媒体面前的，他们会挑选符合自己当前观点的报纸，避免接触自己不喜欢的信息，如果碰巧接触到这些信息，人们倾向于将其曲解为与自己的观点一致，或者只记住其中可以接受的那部分信息。媒体可以有效地对读者未曾了解的事情给予影响，其所传递的信息相当于给读者打了预防针，使他们对未来的任何观点都有了免疫力。的确，有些人更容易被说服，尤其是那些面临着各种相互冲突的压力且本身信念就摇摆不定的人。但这类人往往更喜欢消遣文学，而非推理论证式的内容。人们似乎已经清楚地认识到，如果要说服他人，私人谈话或接触是最有效的方法。相对而言，广播的效果次之，印刷媒体则最差。我们需要强调的是“意见领袖”和小群体在创建观点方面的关键作用。总体而言，这些人更倾向于强化传统观点，而非在改变观点方面下功夫。[106]

报界插手过一些社会事件，针对事件细节展开的几次调查似乎可以证实上述观点。在 1848 年的总统选举中，支持卡芬雅克的报纸有 190 家，而支持路易·拿破仑的报纸只有 103 家，但拿破仑获得的选票是前者的 4 倍多。报界对此事的影响似乎可以忽略不计；相反，俱乐部起到的作用可能要大得多。[107] 在 19 世纪下半叶，激进分子发动了一场非常激烈的反教会运动，并把新闻宣传作为他们的主要工具之一。但针对某些城镇的投票行为所做的调查显示，反教会报纸的干预几乎没有产生任何作用。[108] 的确，矛头直指总理布鲁姆的内政部部长罗杰·萨朗格罗的新闻运动在 1936 年引发了后者的自杀，但这也代表了一种不同的力量——媒体的确有攻击个体的能力，有时会导致悲惨的结局。但我们可以说，除了受害者，其他人不会对此表示担忧。媒体积极宣传反犹太主义，但很显然，它做的绝不仅仅是以书面形式表达大众的观点。如果是的话，情况很可能会适得其反，这使得它所支持的反犹太主义显得更加不公正，反而促使左翼群体团结起来，为其之前一直厌恶的少数群体辩护。

报刊最重要的作用或许就是塑造新闻，从而改变讨论问题的方式。报刊几乎不可避免地以一种耸人听闻而又带有党派色彩的简化方式将新闻呈现在大众面前。而且，这与报业犯下贿赂腐败罪行后又故意隐瞒事实的做法，完全是两码事。一旦报业将确保高发行量视作最终目标并形成了自己的行事方式，那么记者便几乎自动成为技术压力的受害者，成为游戏规则的受害者，而规则要求他们调和专业精神、真实性和流行度这三大需求之间的矛盾，这实在是不可能完成的任务。报纸都痴迷于抢先报道新闻，因此，它们的较量就集中在对瞬间和个人的关注。媒体尤其擅长揭露丑闻、制造政治危机，说到这种能力，德雷福斯事件就是最著名的例证。这起事件更像一场由媒体引发的持续危机，而非由公众关注所致。毫无疑问，随着报业的崛起，国家比从前更加了解自身。但通过媒体所传递的信息是残缺不全且断断续续的，因此，要说媒体起到了什么永久性影响的话，那么其混淆作用要大大超越其启蒙作用。报纸经常或通常是政府的批评者，两者总是纠结在一种嫉妒与憎恨的关系中，但就所有政府追求的集权使命和灌输一致行为的目标而言，媒体又是其主要的支持者。这种一致性的进步表明，媒体促成了胜利，或者至少是站在了胜利一方。但地方报纸的兴起表明，地方利益和大众的传统迷信思想仍未根除。报业在名义上是支持教育的，或者至少自视为传播科学和知识的工具，但迫于读者的压力，报界也努力给予运动、放松和娱乐以新的地位。法国政治之所以被视作不可调和的仇恨斗争，不仅仅拜政客所赐，媒体也是原因之一（尽管这二者往往没什么不同）。报界会对读者已有的偏见加以奉承，它害怕干扰读者习以为常的事情。为了避免人们“以真实的眼光看待这些仇恨”，报界会出手让仇恨显得更逼真。因此，报界始终是一股极度保守的势力，它不鼓励读者从过去当中挣脱出来。

报界之所以这样做是有充分理由的。报界并不自由。在这个阶段，即使法律空洞地宣布新闻自由，报界也从未赢得独立。它未能找到一种模式，既能让记者在写作时不必承受无法抗拒的压力，又能让报纸在不受经济奴役的情况下盈利发行。时至今日，这种模式也仍未出现。法国报界持续处于经济危机的状态。它们总收入的一半左右都来自政府津贴，这些津贴通过在物资、邮费、铁路货运等方面给予优惠的方式间接提供。但这并没有改变报界的传统，对于为其提供救助的政府，它们依旧采取攻击批评的态度。在一定程度上，法国报界相当于英王陛下的反对党。尽管少数报纸拥有独立编辑的权力，但就整体而言，报纸在很大程度上仍掌握在大型资本主义联合企业的手中，这些联合企业在1914—1918年开始稳步发展，1945年后，这些企业的联合更是变得紧密。战前的那种明目张胆式的腐败已告罄，但相对隐秘的压力依然存在，而且毫无疑问，压力不可避免。[109] 许多人在这个行业投入了大量才能，乃至天赋，但最后几乎都以失败告终。另外，这个过程中迸发出的无尽想象力和智慧也为他们的生活平添了些许滋味和刺激性。尽管自身存在腐败，但为了揭露政府和社会中存在的腐败、不公和愚昧现象，报界做了大量的工作。尽管面临着巨大的竞争压力，但报业依然积极地捍卫个体的权力，捍卫连它自己都未能一直拥有的自由价值观。多亏了它，那些啰唆的政客制造的烟雾才会偶尔消散，不过，人们经常会认真对待这些烟雾。报刊是将文学风格从古体规则中解放出来的主要因素，但在力求反映流行风格时，它常常会忽略优雅。[110] 它大大地破坏了外行原本对书面语的信心。总之，它表现了品位，至少是大众品位对才智的抗拒。[111] 报刊或许在努力创建那些时有时无的流行。也正是在这个意义上，它创建了声誉，纵然这些声誉持续的时间不长。报纸或许在国家或社会的危急时刻才最为强大，但相反的是，恰恰是它在第一次世界大战期间的那种令人作呕式的洗脑宣传活动，招致了众人的反对。如果舆论主要是由相互支持的小团体和个人影响力创造的，那么报界应该被看作某些小团体的代言人，它在强化对其的忠诚，而非创建忠诚。但是，在当今大众的知识水平下，我们很难准确地解释思想是如何传播的，品位又是如何改变的。

5. 科学与舒适

18 世纪末，巴黎可能是全球知名科学家最荟萃的城市。然而，1900 年，法国称霸科学界的愿景，显然已成黄粱一梦。即便如此，固守此愿景的人仍趋之若鹜。而 1960 年，仅剩 6% 的法国人认为，法国有望在科学领域处于领先地位。[1] 自相矛盾的是，在法国会集最多科学家的年代，国家却掌握在律师和士兵手中，可文人笔下的法国，又让外国人误以为艺术是法国的重中之重。而当法国的科学成就真的远远落后于美国和俄国的时候，技术官僚才得以掌权，整个国家的经济也才开始朝着物质追求的目标迈进。这其实也并不矛盾，而且技术官僚的胜利也不足为奇。恰恰因为法国科学家们长期以来相对沉默，所以我们有必要研究一下科学在法国人民生活中所扮演的角色，而文学作家不但不分享其美好的憧憬，还围绕主题制造了黑色的烟幕。在此黑色烟幕的遮蔽下，法国的艺术理想与物质追求之间的界限被生生地掩藏了，不过这一界限是那么不易察觉、相互重叠又无法识别。然而，“后二战时代”，人们对美国理想，尤其是“繁荣高于一切”的理想之所以笃信不已，其原因在于，这一理念已悄然渗透进大多数阶层的生活。此时，一位训练有素的掌权者，完全可以带领崩溃的法国开启战后新秩序。

在 18 世纪，科学研究堪称文化休闲人士的共同爱好。像画作收藏一样，科学研究也被纳入爱好选择或爱好补充之列。据记载，有近 500 人曾拥有专门的自然历史系列的陈列柜，其中不乏贵族、牧师、演员、收税员、医生、工厂督察，以及奥尔良公爵的大厨。拉马克曾说，设置这些陈列柜的目的往往是“用于展示，或许也想借此让客人对主人的财富或奢华有所了解”。这些陈列柜在那些对数学或力学知之甚少的人看来，当然是时尚的代名词，但对于那些靠囤积矿物、植物和动物并将它们分门别类的人来说，它们是在满足他们的收藏爱好。[2] 此时，科学与艺术的界限尚未显现。这个年代最畅销的并不只有伏尔泰和卢梭的书，还有布丰的《自然史》（共 44 卷，1749—1804）和修道院院长普律什的《自然景观》（1732，共 8 卷）。[3] 科学家，包括那些其科学发现已享誉国际的科学家，在科学研究之外，大多从事其他工作。例如现代化学的奠基人拉瓦锡（1743—1794）同时也是一位高级税务官，在法国大革命恐怖统治时期，他也正是以此身份被送上断头台的。拿破仑曾任命当时的数学大师拉普拉斯（1749—1827）为内政部部长。拉普拉斯曾带领一大批杰出的科学家去埃及考察，而他们的研究成果为法国大革命时期的科学研究树立了一座不可磨灭的丰碑。这几乎是意料之中的事，因为科学发现在当时被视为社会进步与军事实力不可分割的一部分。18 世纪的《百科全书》是由哲学家、剧作家兼艺术评论家狄德罗和《动力学》（1743）作者、数学家达朗贝尔联袂完成的。法国科学的威望大到普鲁士国王腓特烈二世会仿照法国科学院创立柏林科学院，并陆续邀请三位法国人（莫佩尔蒂、达朗贝尔和孔多塞）管理科学院。科学在巴黎上流社会非常流行，连德高望重的贵妇沙特莱侯爵夫人都承担起牛顿的《自然哲学的数学原理》

的翻译工作。1750—1850 年，法国人几乎在每个科学领域都做出过突出贡献。

科学家深深改变了人类对自我的认知，因此他们完全有权期望在社会中占据主导地位。相较于哲学家的理论，科学家的发现带来了更加翻天覆地的变化，并且可以用如此激动人心且令人叹服的方式证明其意义所在。政客可能会鼓吹人们不要一味地顺从（顺从正是基督教最鼓励的处事态度），但科学家却能证明，改变个人环境、改变严苛的自然法则、以史无前例的速度去旅行等皆有可能。政客们也会将国家的不幸归咎为人为错误，认为人类可以结束自己的不幸，但科学家证明，疾病并非上天的惩罚，而是由病菌所致。科学家同样能向世人证明，他们有能力将病毒消灭。当大众的寿命真的是先前的两三倍时，乐观精神自然会呈现出新的力量。上帝在特定的时刻创造世界的说法就这样被挑战，宗教权威的根基似乎也随之被破坏，怀疑论和宿命论开始同时大行其道。人类是为了完成天之大任而存在的，以及人类异于其他动物或普通物质的说法已变得苍白无力，那么政府和道德势必得重新被定位。如今，民众的身体健康成了重中之重。总之，科学建立了一种新型的以变革为宗旨的态度模式。

虽然圣西门主义者在 19 世纪初提议由科学家接管政府，但此事却无果而终。其原因首先就在于，科学进步所创造的条件，反而成了科学家搞清自己工作的全部意义，并将其传达给公众的制约因素。19 世纪中叶，专业化到了一个转折关头，此后，不仅外行人无法明白科学家的所作所为，就连科学家本人也只专攻自己的学科，仅有少数具有天赋异禀之人仍具兼顾的能力。但要说因此就形成了两种文化则太过简单，这是一个极为缓慢的过程，在法国尤为如此。法国仍保有视科学为文化重要组成部分的传统，顶尖科学家仍会入选法国科学院（一家集文学、艺术及形形色色为捍卫风格和品位而存在的公共服务机构），学院里的文化人对哲学和修辞学均略知一二，就像凡知书达理的女子都得会弹钢琴一样。但随着科学家与文人交往的逐步频繁，他们对自己工作的理论总结能力也变得愈发谦卑，而且他们深受文人所谓的实证主义的影响。实证主义的精髓在于不应从观察中得出形而上学的观点，而应仅限于对可见事实的研究。相较其他领域，法国科学研究呈现出截然相反的特点。它惧怕提出概括性观点，甚至连提出概括性假说都不可以，而且它嘲讽德国人在这方面所做的努力，即使德国人有时已取得丰硕的成果。[4] 法国早期的科学成就是以先进的数学教学为基础的，而这一数学偏好也被长久地保留下来，结果导致法国科学家更喜好从事数学研究，而不愿展开关于工业应用的调查。当然，对工程师的工作既不屑一顾又一无所知的也并非只有法国科学家，连卢瑟福[①]都是如此，但因为那时最高端的科学研究集中在巴黎的几个非高校机构，所以长久以来，科学院都是教师培训的重要机构，它也渐已成为横亘在科学家与外部世界之间的鸿沟。科学家之所以变得越来越无能，大多出于自身原因，即过于在意自我的独立。孔多塞指出，科学界理应享有国家特权，但他也坚持认为，科学家若想完全自治，就不应该接受国家的资助。结果，在整个19世纪，科学研究均在极其有限的经济条件下进行，直至1933年，让·佩兰[②]仍在说，给大学的科研拨款都“有悖常理”，而政府选择对此视而不见。其实，政府不应成为受指责的对象，因为大多数科学家跟艺术家一样，仅沉浸于研究而无视其实际成果。[5] 而德国工业则迅速掌管了科学研究，并

① 欧内斯特·卢瑟福（1871—1937），英国著名物理学家。——编者注

② 让·佩兰（1870—1942），法国物理学家，1926年获诺贝尔物理学奖。——编者注

迫使其在科技应用上投入更多时间。与之相比，在法国，这两者的联系却并不紧密。1914 年，社会上流传着这样的言论：“不幸的是，法国实业家们普遍持有偏见，认为减缓科学进步符合每个人的利益，因为这样他们就比竞争对手更容易保有自身优势。”这或许有些夸大其词。那时，也有企业对科学研究给予资金支持，但其金额少得可怜。另外，为效仿德国，法国也创立了法国国立工艺学院（1794），但其发展方式却与德国截然不同，它回避所有关于通用技术课题的研究。[6]

然而，将法国科学从 1800 年前后的鼎盛态势滑落到后来的相对衰败状态，归咎于财务或制度，也就是暗示国家对科学研究漠不关心，认为其无足轻重，是不对的。从一开始，法国科学研究的“衰败”问题就令人匪夷所思。一位社会学家对 19 世纪发表的医学论文的统计数据表明，在 1840 年被英国赶超之前，法国的医学论文数量一直遥遥领先；后来在 1850 年和 1890 年，法国又分别被德国和美国赶超。其实这也不足为奇。1800 年，法国仍是人口最稠密的西方国家，或许也是最富裕的西方国家。根据最新的经济学观点，虽然英国被视为工业革命的先驱，但有数据证明，18 世纪法国的工业产量要大于英国。这仅仅表明人口增长停滞的法国，也面临着新的国际形势。[7] 真正的问题在于，法国是否已降低对科学的重视程度。由于艺术与科学、宗教与科学之间的论战无休无止，故其答案并不明了。但如若人们采取重事实、轻言论的态度，如若人们并不因文人的艺术光环就特别关注其见解，法国人就可以把所谓的科学衰败视为深思熟虑后的韬光养晦，而非轰然倒塌后的无足轻重。对科学痴心不改、深谙其道的人一直都在，只是他们更善于跟自己打交道而已。这也不意味着科学的社会重要性大不如前，只是随着社会的进一步分化，科学研究成果的实际体验要比著书立说的多而已。作为作家和政治家摇篮的巴黎高等师范学院，彰显其影响力的文字还是比比皆是，其中也不乏谈及法国中央公共工程学院毕业生身居要职的文字，但其记载中鲜有关于巴黎中央理工学院和应用科学学院的内容。法国是全球技术教育组织的先驱。[8]但它并未将其扩展为一个公共系统，而只局限于满足工业所需。即便如此，法国技术教育的成果仍有可观的规模。根据 1950 年的首次统计，受过大学教育的科学家和工程师为 137 000 人，外加 145 000 名技师。① 相对来说，25 万余人的技术大军还是不够。虽然法国大学中理科学位的比例已由 1950 年的 29% 上升到 1959 年的 42%，但其在 1959 年的理科毕业生比例还不及美国的一半。但法国科学家却是一个更具凝聚力和统一性的群体，甚至都有自成阶层的特点。巴黎中央理工学院之于法国实业家们的重要程度堪比剑桥和牛津之于英国统治阶级，甚至更甚。19 世纪，约有 80% 的巴黎中央理工学院的学生来自中产阶级家庭，而且他们主要是企业主的子女。1831—1900 年，雅皮家族、标致家族和多尔弗斯家族各有 7 位成员就读于巴黎中央理工学院。该学院毕业生所在的各家族之间通婚不断。该学院有一个实力强大的校友会，它实际上掌握着工业领域技术岗及管理岗聘用的生杀大权。但与法国中央公共工程学院不同，巴黎中央理工学院的毕业生大体上远离政治，他们认为能在自己有限的领域里称霸就心满意足了。[9]法国中央公共工程学院和应用科学学院的毕业生当然也有自己的团队

① 其中，自然科学家 24 000 人，工程师 95 000 人，农业工程师 18 000 人，以上这些人有 53% 就职于工业领域，40% 供职于服务业（主要从事教学和行政工作），其余 7% 就职于农业领域。以上信息可参见 O. E. C. D，*Resources of Scientific and Technical Personnel in the O.E.C.D. Area*（1963），147，69；O. E. C. D.，*Shortages and Surpluses of Highly Qualified Scientists and Engineers in Western Europe*（1955），52。

精神，而这一精神与掌控国家行政大权息息相关。[10] 尽管这些小团体间充斥着竞争与忌妒，但作为一个整体，他们的共性也是大家公认的。因为他们都安居于所属的经济环节，他们都谨小慎微地回避着别人对自己特权的关注；同时，他们也都遵循着和平共处的处世原则。如一位著名的生物学家所说，其结果是科学在实践中赢得了自己的位置，但科学在人们的心中却无地位可言。[11] 科学和道德依旧是割裂的。但这并不是说科学的地位是低下的。

目前还没有关于法国科学家和工程师的成文历史。科学史学家一直聚焦于 1800 年前后，因为该时期堪称法国科学成就的黄金时代。但法国人最先将科学职业化，由此带来的影响仍有待研究。[12] 即便与其他大国相比，法国科学家的成就也不容小觑。例如让·佩兰、路易·德布罗意①和弗雷德里克·约里奥②均为核物理的发展做出了决定性贡献。法国科学研究仍以其重大发现而闻名，即使它们不常用于批量生产。在 1930 年，法国依旧是继美国之后的第二大专利出口商；然而，1938 年，法国已落后于美国、英国和德国，跌至第四名。[13] 法国工程师的海外学术活动为许多较小欧洲国家的经济发展做出了突出贡献。现在，要想阐释科学与社会的关系问题，就得举几个知名人士的例子，这几位的信息相对还是充实的。

科学家在自己的专业领域可以勇往直前，但每当对工作进行概括总结时，因受常规行为规范的引导，他们又变得谦卑有余，科学家的这套行事方式在克劳德·伯纳德（1813—1878）身上得到了很好的体

---

① 路易·德布罗意，法国理论物理学家，物质波理论的创立者，量子力学的奠基人之一。——编者注

② 弗雷德里克·约里奥（1900—1958），法国物理学家，1935 年诺贝尔化学奖获得者。——编者注

现。他摒弃守旧的生机论，重新奠定了生理学的根基。生机论认为，身体被一股神秘的生命力量左右着，它和无机世界也因此有着天壤之别。伯纳德向世人表明身体是如何产生所需的能量、消化系统是如何运作、人体全身的血液供应是如何调配的。他彻底摧毁了认为身体就是一具包裹着若干有着相应功能的器官的皮囊的说法，同时指出它集物理、化学机制为一体，其活动相互关联，符合整体的生理需求。于是生命从机械论的角度被定义为为维系身体的平衡而存在。伯纳德的《研究实验医学研究入门》（1865）对研究人员指导准则加以定义，他在其中强调了实验、有条不紊的质疑及避免不必要的系统构建的重要性。于是伯纳德也将人类生理学打造成与物理和化学一样精准的科学，但他却毅然拒绝从其特定的发现中得出关于世界的普遍性结论。他坚信人拥有三种能力，即信仰、推理和实验能力，从而又衍生出三种不同学科——宗教、哲学及科学。他的基本思想是要恪守它们各自的范畴，要努力让它们发展得更加泾渭分明。固守理性会让人变成恶魔。所有人，包括科学家，都需要形而上学和宗教，而人类的问题在于如何调和彼此的想法。无论如何，科学本身仅是一个暂时的信仰，而且它并不排除对起初或最终原因的探寻，但这永远难以企及。人类注定是无知的；科学进步与人性进步无关；人在现象中所见的决定论并不会影响人们的思想和行为的自由。克劳德·伯纳德是农民的儿子，其父以种葡萄并酿葡萄酒为生，伯纳德受教于本村牧师和耶稣会会士，所以他直至去世仍保有儿时的信仰，坚信灵魂永生。科学没能解决他的个人问题。“科学让我消耗殆尽，”他说，“我只求它帮我忘记这一切。”他不甘于当一名普普通通的医生，对此，妻子和女儿们抗议不断，她们也因此选择投身对他的研究骚扰不断的反活体解剖协会的工作。让他保持自信的是一位名叫拉法洛维奇的俄国女士。即使他的研究结论谦虚不已，他仍被拥戴为新知识理念的捍卫者，他的《研究实验医学研究入门》一书也因此被选为学校的教科书。那些拥护他的实证主义普及者也被热情冲昏了头脑，竟忘记指出自己与他的巨大分歧所在。[14]

路易·巴斯德（1822—1895）是又一个集科学天才与保守的政治和社会观点于一身的例子。巴斯德的观点（实验室以外的观点）或许真的代表了那个时代普通人的想法。他是个拿奖学金的好孩子，其父是鞣皮工，曾在拿破仑一世手下当军士长，所以巴斯德传承了其父对拿破仑的崇拜。巴斯德认为，教育制度应基于伟人崇拜的原则，但他深信只有努力工作才能出人头地。他因辛勤过度在46岁就患上脑出血，而他在康复期仍在阅读塞缪尔·斯迈尔斯的《自己拯救自己》。"我们开始工作吧！"是他的座右铭。约瑟夫·德罗兹的《快乐的艺术》也是他的最爱，他发现这本书与他的观点不谋而合，即生活由"意志、工作和成功"构成，成功就是一份"辉煌而快乐的职业"。他娶了他所执教学院院长的女儿为妻。他对科学的全情投入引得妻子抱怨连连，于是他保证会努力让她千古流芳。但他既不利欲熏心，也不自私自利。当拿破仑三世问他为什么不从自己的科学发现及其所转化成的重大工业应用中谋点儿私利时，他的回答是，这不但耗时过多，还会有损其发明精神；另外"在法国，科学家认为想方设法赚钱会有失尊严"。他并无笃信的哲学观点，他说："我的哲学是随心而动的哲学，而非思来想去的哲学。"他很少读哲学书，并且认为科学家应免受其影响，因为哲学可能使他们成为循规蹈矩之人。但他又补充说道："每一位伟大的哲学家都令我心生敬佩。"他能看清自己的双重身份：作为科学家，他在追求真理的道路上，会脚踏实地地去观察、试验和推理；作为普通人，他"有血有肉，恪守传统，有信仰也有疑惑，会感伤，会为自己夭折的孩子们痛哭不已，却无法证明他还会与他们相见，但他对此坚信不已，充满期盼，相信也希望能再次见到自己的孩子。他不想像弧菌一样死去，他告诉自己他自身的力量无所不能。巴斯德的两个自己互不相同，但在人类知识还布满瑕疵的当下，它们难免会互不相让，这让他备感痛苦”。因此，唯有工作能让他暂时忘却悲痛。他觉得自己进行科学革命与动荡的时局毫无干系。他在和学生的相处中虽唯我独尊，但其爱国热情却溢于言表。而他造成的社会影响与他的豪情壮志相去甚远。他之所以是法国最负盛名的科学家，源于其研究的惊人成效。他发现先前被归因于身体内在缺陷的疾病实际上是细菌感染所致。“细菌感染”是个新词也是个新观点，它使生命任由一些陌生的、微乎其微的生物所摆布。为了抵御细菌，他发明了巴氏灭菌法和疫苗。他在发酵方面的作为对如何酿造啤酒、葡萄酒及醋都产生了深远影响。但这也摧毁了自然发生说。然而，他并不喜欢由此衍生出更宽泛的普遍原理。他就是那种不经意间破坏现世宗教和哲学原则的科学家：他证明，就增加人民福祉来说，科学研究远比动荡的政局有效。他坚信科学发展是走上繁荣富强之路的唯一途径，但也指出科学发现无法解决情感和道德问题。他寄予厚望的对象是唯物主义的解决方案，而非自己的科学研究。[15]

化学合成先驱马塞兰·贝特洛（1827—1907）详细表达了科学发展对化学合成的期待。在他的幻想作品《2000 年》（写于 1897 年）中，他预言，到 2000 年，化学的发展将使农业和采矿业无用武之地；人们将以合成药片的形式进食；工业动力将来自取之不竭的太阳能和 5 000 米井下的地热能；航空运输将全面取代其他运输方式。人类会变得更加温文尔雅，拥有慈悲胸怀，因为他们无须再为生计而屠杀或摧毁万物生灵。世界将成为一个美丽的大花园，一切皆为“实现社会主义梦想”。但他承认，到那时会出现两个困难。虽然工作变少了，但无所事事会害人不浅。这个困难是可以克服的：既然劳动是所有美德之源，人们仍会加倍努力地工作，因为他们的付出会换来丰厚的回报。不管怎么说，这种巨变的前提依然是“发现一种能改变人们道德本性的精神化学”。他无法找到这种化学。[16]科学在为幸福生活创造条件，但其本身却与幸福无缘。贝特洛写过 30 卷书及大约 1 500 篇文章，这些著作均表明：有机物和无机物一样，都需遵守相同的化学法则。他以激进分子的身份步入政坛，而且如他的敌人所说，他似乎是以将科学纳入其政党的选举纲领为借口从政的。其举动着实令人不安。作为教育部部长，他坚守剧院的审查制度并继续禁止一部根据左拉的《萌芽》改编成的戏剧上演。作为外交部部长，他的无能表现在他否认科学家在维护和平方面所做的贡献。在专业领域之外，贝特洛是个保守人士。就像克劳德·伯纳德和其他众多对巴斯德的细菌理论持怀疑态度的人一样，贝特洛长期以来都在坚定地反对核理论，并在 19 世纪 90 年代之前一直阻挠其被完全纳入学校教学大纲。科学家之间的争端，最有名的当属医学院就传染病话题展开的旷日持久的激烈纷争，这些争端助长了部分外行抵制新学说的气焰。而且面对自己宣扬的理论，科学家内部貌似都不能做到一致赞同。贝特洛承认自己常常感到忧伤：“我不知道……如何应对眼前的生活，如何让生活变得和谐。”在研究过程中，他长期与疑虑做斗争。只有高强度的脑力劳动能让他获得“精神上的安宁”。他私底下坦言，坚信进步或许是错的，而他的结论也同样充满忧伤，“让我们一饮而尽，因为，除此之外，满眼都是忧虑和尊严的缺失”。[17]

随着科学家对日常生活方方面面做出改变，他们愈发被拥戴为人类的恩人和民族英雄。于是出现了一种新的圣徒传：就像当时赞颂中古圣徒的虔诚和苦行那样，如今人们开始颂扬科学家的才华及其对工作的无私奉献精神。镭的发现者玛丽·居里（1867—1934）之所以赫赫有名，是因为镭的发现使得癌症治疗成为可能，她也因此被尊为“科学圣人”。她成了众多传记的主角，它们大多是简单易懂的儿童启蒙读物，这类书围绕着居里这个名字构建了一个完整的传奇故事。她被塑造为一个纯粹、无私、有天赋异禀、为同胞的利益而奋斗的女子；“只奉献不索取……温柔但固执、胆怯却好奇……的女子”；拒绝财富、淡泊名利、洁身自好的女子。尽管所有这些描述与事实相差无几，但人们也不容任何差异、不留任何空间去篡改这既定的完美形象。她之所以被提升到英雄的高度，不仅是因为她的研究改变了“物质”的概念、开创了新的医疗方法，一定程度上也因为她是一位女性。但我们不能由此就得出结论：科学家们对女性持更包容的态度，愿意让她们分一杯羹。其实是玛丽·居里的波兰血统帮了她的忙，在法国，外国女孩儿能做的事，法国女孩儿却不能做，因为她们是在自命不凡的父母的严密看管下生活的。因此，法国最早的女子大学里有相当一部分学生是外国人。许多女性会在工商领域而非科学界大显身手，而玛丽·居里则是第一个在科学发现领域取得如此顶尖成就的女子，她把自己的盛名大多归功于此。她在科学界并没受到那么慷慨的待遇。她一生都为卑鄙的竞争所累，像在其他领域一样，这在科学界也是无法避免的。为确保得到那份本就属于她的功劳，她也是煞费苦心。在区分她和她丈夫之间所取得的成就时，她也毫不含糊。例如，她与同行卢瑟福的关系虽友好，但卢瑟福曾在背后埋怨她“极不情愿直接或间接帮助其实验室之外任何与放射性研究相关的人员……很遗憾有人对批评竟如此敏感，居里夫人显然认为任何跟她实验室有关的人都称得上是圣人”。他不相信她有那么伟大，而她是否应该是那个唯一两度获诺贝尔奖的人，至今仍众说纷纭。哈佛大学无论如何都拒绝授予她荣誉学位，哈佛大学的物理学家抗议道："她丈夫于 1906 年去世之后，居里夫人并无功绩可言。"但正是在她丈夫去世之后，她才显露出非凡的研究管理才能。科学家成功之后大都会被升为管理人员。她有幸被一位美国记者发现，记者除安排她去美国巡游外，还为她发起了一场筹集资金、购买设备和物资的运动。她也证明自己是一个极其果敢而成功的募捐者，只是偶尔抱怨自己"像只野生动物一样"被到处展览，或为避免不停地握手只能假装受伤把胳臂放在悬臂带里。以她名义成立的研究院，跟巴斯德的一样，不是由法国人，而主要是靠国际人士赞助的。依照美国标准，这当然是两所简陋而弱小的机构，但它们的重要性在于，纯粹而简单地致力于科学研究的人又多了几位。玛丽·居里的确将自己的一生都献给了科研事业。她对政治毫无兴致，甚至对女权主义也毫不动心。她的个人生活井然有序，虽然她是个深情款款的人，但不会因此妨碍工作。她的例子也表明，有诸多科学家活在自我营造的封闭世界里，不为外部事务所动。她来自一个医生教师之家。她嫁给一位父辈和祖辈均为医生的科学家。女儿像她一样，不但成了科学家，而且嫁给了科学家。有人对这富有魔力的圈子充满疑虑。当寡居的玛丽·居里与另一位著名科学家朗之万有染时，那些视科学家为危险人物的报纸就无情地将她的私生活公之于众，试图让他们因道德败坏而名誉扫地，也就不足为奇了。在一家反犹杂志刊登了朗之万写给居里夫人的私人信件后（索邦绯闻），朗之万索性与其编辑打了一架。值得注意的是，这位编辑是朗之万在巴黎高等师范学院的同学，之后当过哲学老师，但因政治极端主义遭解雇。科学家经常和自己的敌人有着相同的背景，但他们晚年会过着与世隔绝的生活，于是他们在别人眼里就像中世纪的异教徒一般。[18]

然而，玛丽·居里的显赫家庭却表明，表象之下的现实有多么复杂。她的丈夫皮埃尔·居里（1859—1906）的确是与1848年欧洲革命的激进分子来往甚密的新教徒的儿子，他在政治上是彻头彻尾的左倾分子。但在他看来，人类“无力改变社会秩序，如果他们试图对‘不可避免的社会进程’横加干涉，只会弊大于利”。而专注于科学研究会更安稳些，至少科学家的每个发现都是知识的增长。他年轻时只穿蓝衬衫，为的是看上去像个工人的样子，但平和谦逊的性格让他无法达到影响政治事件的目的。他们的女婿弗雷德里克·约里奥后易名为约里奥–居里，其父同样是巴黎公社社员，但生意做得好到能得闲去打猎和钓鱼。在其父看来，这些闲情逸致并不残忍，与他对暴力的憎恨也不矛盾，因为这仍是人类自然的觅食方式。约里奥–居里的母亲（新教徒，拿破仑三世御用酱汁师的女儿）也是共和主义者。约里奥早年就参与了左翼政治示威活动。20世纪30年代，他是反法西斯知识分子警惕委员会的重要成员。1942年，在朗之万的女婿雅克·所罗门（一位风华正茂的科学家）被纳粹分子射杀后，约里奥加入了共产党。他也因此作为阶级的背叛者惨遭排斥。他诉苦道：“我生在中产阶级家庭，受过良好的教育，事业有成，生活安逸。在他们（那些中产阶级人士）眼里，我没有理由……他们能原谅我的任何错误，任何罪行，但无法原谅我成为共产党。”人们认为他与自己所处的社会背道而驰，这个事实就说明那时的社会划分混乱不清且充满误解。约里奥–居里说：“我之所以要当共产党是因为我爱国。”他的激进主义或共产主义并不表明他在密谋一个深思熟虑的颠覆计划。他时常坚称自己并非知识分子，因为他太喜欢用自己的双手劳动了。如果他能自主选择人生的话，他只想专门钓鱼。他为自己被归为知识分子而感到惊讶，并坦言自己一直在努力成为一名知识分子。他常觉得写作很难，可能因为他无法集中注意力，也可能因为：“向他人表达我的思想会冒承诺于人的风险。这真是责任重大呀！而准备渔网只对我有意义，只关乎我个人……”他的政治观点基本出自本能，同时也是对政治思想家不信任的产物。“有个词，我永远也不希望被当面提起，”他说，“那就是‘哲学’。”他与资本主义制度下那些冷漠的作家和愤世嫉俗的奸商之间的嫌隙，也反映了科学研究与文学世界的时间滞差。科学家在知识领域如此迅速地取得了这样激动人心的进步，所以，就工作而言，他们不由得呈现出乐观态度，并将 18 世纪的某种年少天真进行到底，而那些以同样的天真无休无止地绕着同样无法解决的问题兜兜转转的说教者，早已幡然醒悟。科学家和艺术家的性情无法交融，他们显得自相矛盾，因为艺术家总想变得更科学、严谨，而科学家则因一贯的方法严谨，愈发自视为富有诗意的创造者。诚然，数学家亨利·庞加莱对他堂兄、后来的法兰西第三共和国的总统雷蒙·普恩加莱的“形而上学的”研究深感不屑，说道：“唯有科学能支配我们的行动。”这种简单的争吵形式显得索然无味。但约里奥-居里坚称基本科学研究所需的品质“与利于艺术创作的标准相近：已掌握的基本技能和扎实工艺（凡·高并非灵感乍现的拙劣画匠，他一丝不苟地学过绘画技艺）服务于富有创造力的想象力和直觉”。作为法国国家科学研究中心主任，约里奥-居里取消了理论科学与应用科学之分，但他非常担心，研究员的独立性和个性，会被从工匠时代向工业时代转型过程中产生的社会压力扼杀。“被捆绑住手脚的人是无法有原创之作的。”他写道。对他来说，科学的价值在于让人更好地认识自我，科学在这个意义上证明他还是个充满青春活力的生物；科学驱除了迷信及人们对无形力量的恐惧；科研人员感受到集体的力量，于是最终他希望科学是利大于弊的。这是核链式反应发现者发出的科学信仰宣言，但他后来意识到其核链式反应与玛丽·居里发现的镭一样，具有潜在的危险性（和益处）。他那充满惊涛骇浪的职业生涯表明，科学家与其他社会成员之间的认识差异还在继续扩大。科学家要为此差异负部分责任，因为他们大多已丧失与外行交流的能力。围绕着科学发现所造成的哲学及宗教影响，产生了诸多争端，外行们因卷入这些争端太深而无暇了解科学家的性情及想象力。一直以来，记录这个时期科学家事迹的文字过少，所以如今人们想对他们加以描述都感觉为时尚早。[19] 当莱昂·布鲁姆将玛丽·居里的女儿伊雷娜·约里奥–居里任命为负责科研的第一副秘书长时，科学与左翼分子的理想似乎彼此完全认同了，但我们无法确定科学家大多是社会主义者。他们极有可能党派各异，当然，其中相当一部分人是天主教徒。政治、宗教和科学的划分并非相互一致。[20]

生物学家夏尔·里歇在 1923 年写道，科学家的主要特征就是不会设法将研究应用于实践。因为他对此不感兴趣，其研究只是为了寻求真理，而科学就是他的宗教信仰。他会尽可能不演讲，因为他更热爱研究。所有这些“都使他与这个唯利是图的社会脱节”。英美科学家的社会属性更强，知道在公共事务中如何扮演自己的角色，法国科学家则不同。几乎所有的巴黎科学家都与世隔绝地生活在巴黎拉丁区，没有形成一个统一的群体。他们的家庭生活与实验室生活之间密不透风，“我们对同事的婚姻状况几乎一无所知”。他们将工作之余的情感精力都倾注到相互批评和妒忌上，所有与其理论相左的人都成了他们的敌人。里歇给予学生的建议是：“永远不要顾虑你的发现可能带来的实际后果。”而结果就是，他们把这些顾虑都留给了别人。[21]

如何将与科学发现相关的问题简单化，这大多留给了科学界的边缘人士甚至是局外人来解决。其中有三类人：第一类是专业推广师，第二类是哲学家，第三类是道德家。其中每一类都值得单独进行分析。

那时鲜有科学大家为大众著书立说。这项工作由专业推广师来完成。法兰西第二帝国期间，大量的流行科学期刊得以出版，且种类增长迅速。科学史学家没工夫将它们逐一阅读来评估其描述是否准确或有无偏见，但这些推广师都是有趣之人。其中有些是科学记者，因为此类专题文章有市场需求。S. H. 贝尔图（生于 1804 年）就属这类人，他因在《国家报》和后来的《祖国报》上撰写科学专栏而出名。他同时也是一名小说家、剧作家、史学家，以及成人教育的发起人。另外，他还收集儿童玩具并建了一家玩具博物馆。他是目前被人遗忘的高产作家之一，其作品有婚姻问题专著、史学著作《人类上下五千年》(1865)、集现代奇迹和严肃的新教说教为一体的《乡村植物学》(1862) 和《科学幻想》(1861—1862)。另一名推广师维克多·莫尼耶（1817—1903）是一位傅立叶主义者，他为法兰西第二帝国时期的某些共和报撰写过科学文章。他在 1865 年预言"科学的普及度在不久将不亚于文学"，人们会像读小说那样读科学著作，他们听科学讲座就像去剧院一样。[22] 坦白地讲，即使在最热爱科学的人眼里，科学也尚未达到那种高度。但像莫尼耶这样的记者，为了让科学变得更激动人心，会针对科学家的理论，在报刊上展开或支持或反对的论战：不同派别的科学记者慷慨激昂地相互攻击，于是报纸间的政治谩骂与接二连三的有关地质学和动物学新发现的论战你来我往、不相上下。[23] 莫尼耶声称每门学科都是某些专家的势力范围，他们为此设下条条框框，谨防对手抢占地盘。他揭露了诸多科学界的丑恶政治。[24] 法兰西第二帝国时期最受读者欢迎的推广师可能非穆瓦尼奥神父（1804—1884）莫属，他是一名耶稣会信徒，其主办的《宇宙》杂志和《世界报》针对最新科学实验和理论，为读者提供了言之凿凿的总结性文章。穆瓦尼奥神父懂12门语言，曾赴欧洲各地就科学进步的话题做报告。他年轻的时候是一位严谨的数学家，后来便致力于调和科学与宗教的关系。他认为反宗教的威胁仍能被消除，因为全国为建伏尔泰纪念碑筹集到的款项为30 000法郎，而为庆祝教皇庇护九世的周年纪念而筹到的款项却是前者的十倍之多。他在《信仰的辉煌——展现启示录与科学的完美一致》（共五卷，1883）中收录了许多前沿科学家的言论来论证此观点。[25]

在法兰西第三共和国时期，最受读者欢迎的推广师大概当属卡米伊·弗拉马利翁（1842—1925），他的《大众天文学》（1879）在很长一段时间里都是畅销书。他完全是自学成才的。如果不是他父亲——一位富有的农民——因经营失败而倾家荡产的话，他可能会继续学业，之后成为牧师。事实与之相反，他来到巴黎，找到一份在巴黎天文台干活儿的工作（与此同时，他的父亲在纳达尔的摄影工作室开始了新生活）。他发现那些研究科学的同事是一群虔诚、缺乏想象力、对宇宙奥秘毫无好奇之心的公务员，这让他深感震惊。天文学对他们来说"只是一张对数表而已"。他们做着数学运算，但却人人都不满意自己的工作，都伺机找份更好的工作。弗拉马利翁立刻就对这种专门从事科学的看法表示反对，他说这是纯机械化且被忽视的人生。他19岁时出版的《人居世界的多元化》（1862）共售出41 000册，而且还被译成阿拉伯语、汉语、捷克语、丹麦语、英语、德语、意大利语、波兰语、葡萄牙语、西班牙语、瑞典语和土耳其语。弗拉马利翁反倒蜚声海外，外国人对他赞誉有加。其著作的影响力由拿破仑三世的评价便可见一斑：书中令他最震撼的是表明地球与太阳相对大小的版画。“这可能吗？”他问道，“我们如此渺小！最好还是别去想它。我们已小得看不见了。它足以毁灭我们。”欧仁妮皇后索性拒绝相信书中呈现的这一切。在其漫长人生的最后日子里，弗拉马利翁指出，即使他自己已竭尽全力，但“人们对天文学还是普遍无知到令人惊诧不已的地步”，他还曾以名人向他提出的荒唐问题为例来说明这个问题。莫尼耶的“科学将成为最受欢迎的学科”的预言并未实现。弗拉马利翁说科学已被色情文学赶超。“地球人对其居住的地球的奥秘及生命的意义何在这一问题普遍漠然”，他对此颇感惊讶。他认为人们毫不关心生命的意义。人类如若仅为自己渺小的生计和欢愉而碌碌终生，又与蜗牛何异？对他来说，理解万物是一种激情，开卷阅读是一种迷恋（他累积了 10 000 卷藏书），“思考和热爱”是生命之本。天文学家勒威耶（海王星的发现者）解雇了弗拉马利翁，并告知他，他不是一名科学家，而是一位诗人。弗拉马利翁也承认天文学于他而言就是“生命的诗意”。他坚信死亡并不存在，自始至终都为这一理念所左右，或者说他一直都决心证明其正确性。他摒弃其基督教信仰，转而成了通灵术的主要倡导者。他对亚兰·卡甸（《通灵术》的作者）仰慕不已并受邀继任通灵协会会长。除此之外，他还兼任共和党教育联盟巴黎分会会长。他撰写了 7 本批判天主教和实证哲学的书。他是坚定的反唯物主义者，还发表了《灵魂权利宣言》。作为非正统的、热情慷慨的乐观主义者，他会针对那些令业余科学爱好者备感困惑的观点，答疑解惑。大多数职业科学家都对他表示怀疑：他的若干出版物都是这些科学家研究成果的科普版，而它们远未达到准确反映科学思想的目的。但弗拉马利翁之所以具有代表性是源于他的多面性。他 15 岁就爱上了维克多·雨果的侄女，苦追了她十年，最后终于说服她离开自己的丈夫。他们同居多年，很晚才结婚——确切来说，一直等到她丈夫去世才结婚。他们的蜜月是在热气球里度过的。她 60 岁的时候（她大他 10 岁），他又和一个年轻女孩儿坠入爱河，这女孩儿是来听他讲座的他的众多女性仰慕者之一，于是他在三方同意的情况下组建了其“三口之家”。但他在回忆录中却对这段经历只字未提，回忆录通常是外界猜测科学家在实验室之外生活的重要素材。[26]

这些回忆录表明，人们并不会简简单单地从信仰宗教转为信奉科学。这些回忆录进一步强调，盲目轻信并非摒弃科学方法之人的专利。人们应将“切勿盲目轻信”铭记于胸：弗拉马利翁多多少少卷入其中的伪造丑闻就是一例，它也致使科学院在 1867—1869 年落得四分五裂。现代几何的缔造者、综合理工大学及索邦大学教授、伦敦皇家学会的科普利奖章获得者米歇尔·沙勒曾向科学院呈交了一份文件，称帕斯卡先于牛顿发现重力定律。他还出示了帕斯卡写给波义耳的信以证其所言属实。众多院士对此都信以为真。天文学家勒威耶告发其信件系伪造之物。化学家们检查信件后断言信件本身无论如何都是旧物件。沙勒则拿出了更多信件来证明其真实性。原来他共收藏了泰勒斯、毕达哥拉斯、克里奥帕特拉、尤利乌斯·恺撒等约 660 位名人写的 27 320 封亲笔信，其中光伽利略的就有 2 000 封。照在发现史上的这道全新的光一时威震科学界，它尤其表明法国人所做的科学贡献远比人们意识到的多。在伪造者被曝光前的两年时间里，沙勒一直坚持抵制所有攻击其信件真实性的言论。[27] 伟大的科学家一旦出尽了洋相，之后即便他们是正确的，其对手也会选择拒绝相信。

相较这些推广师，哲学家经过反思，试图给科学界定一个明确得多的含义。有三位思想家在解读过程中起到了带头作用，分别是：孔德、丹纳和勒南。奥古斯特·孔德（1798—1857）可能是 19 世纪最重要的思想家，这点几乎得到了社会各界的认同，连大学也给出了官方认可。法兰西第二帝国期间，人们说他“为人类开辟了新的精神体制”。1925 年，人们仍认为是孔德“真正开创了人类生活的新理念”。[28] 在 1924 年出版的一部著名的 19 世纪政治思想集中，孔德所占的篇幅比任何人都长。[29] 像甘必大和费里这样的人都自称是孔德的追随者。因此，通过孔德的努力，科学的影响似乎已遍及社会思想的方方面面，正像有些人说的那样，法兰西第三共和国似乎也成了科学的产物。但这只是表面印象。孔德的确是一名科学家，他也曾在巴黎综合理工学院学习数学，后来做过数学主考人，同时还是一位颇受欢迎的天文学演讲家。而他也确实对当时的各科学学科有相当广泛的了解，没有人比他更有解读这些学科的资格。然而，孔德却宣称现有科学门类，包括数学，没有一门能为人类提供综合性的引导：既不能提供智力层面的引导，更不能引导人们的日常行为。正因为他发觉自己无法从已掌握的科学知识中获得情感上的满足，他才开始进行科学研究。孔德的价值在于他从科学中获取了一种解决人类问题的方法论。他认为所有的知识都要经历三个时间段：神学或虚构阶段、形而上学或抽象阶段、科学或实证阶段。换言之，人类使用过三种不同的思维方式：首先，用神的介入来解读人类所见，寻求事物的根本原因及最终目的，并用超自然的力量将其弄明白；其次，用哲学代替神学，用抽象概念来解释行为表现；最后，实证的态度，是一种刚刚用以洞察自然科学的态度，它放弃发现宇宙起源或宇宙运转的目的的可能性，仅局限于对可见现象的研究及在这些现象之间建立正常的联系。社会在其幼儿期或早期，依赖神学；青年时期（法国当时正处于此阶段）遵从形而上学；到盛年期则信奉实证主义。

实证主义意味着其所关注为真实事物而非空想。它寻求实用——知识只有在能改善个人或集体的生活，而不仅仅是满足无聊的好奇心时，才是有价值的。它同时也寻求确定性和精确性（虽然它也承认知识总是相对的），寻求在个人、同伴和环境之间构建和谐状态，并且首推真抓实干而非夸夸其谈。孔德指责革命中产生的自由主义是知识分子的无政府状态，是无法被容忍的。自然科学本身无法解决这一问题，但有一门新科学可以将科学的方法应用到政治中来做到这一点，他先是称之为社会物理学，后改为社会学。孔德著作的开篇是对科学知识的一个长篇回顾。他认为科学背景对政治家来说是必不可少的，但政府管理又是一门独立的科学，需要政治家专门对其进行研究。孔德以社会学为最高科学，将不同的科学划分了等级。他的方法是对人类所有知识进行提炼，其排列顺序揭示了各部分之间的联系和统一。这一顺序教会人们识别问题的类型，让运用这一方法的人看到每个问题的重要性。孔德认为，基于人类对过去行为的观察和对未来进行预测的能力，政治可以成为一门具有固定规律的科学。历史研究应为其基础，但我们需从文明的角度看待历史。他理解专业化的发展方向，但更支持社会科学的跨学科发展，认为社会学不应盲目复制自然科学，将其割裂为各个孤立的学科会使其变得贫瘠。[30] 孔德博大精深的学识，对各种问题的准确把控，抽丝剥茧的论证能力，以及一向的明察秋毫、洞若观火，给读者留下了极为深刻的印象。他显然是非常强大的智者，那些能跟上他步伐的人都会有一种欣喜若狂的感觉，认为他的确开辟了一种新的认知方式。

孔德是一个典型的知识分子。他批判社会，提出激进的改革建议，却很难与其他知识分子达成共识，他认为这些人和他批判的那些对象并不赏识他。在他看来，知识分子精英理应享有更高的地位。他蔑视周围的世俗。他热爱自己的工作，却又对其不满。他能够非常清晰地阐明问题，却又总沉湎于个人幻想。他有时可以在人际关系中表现得温情无限，但却经常难与他人和谐相处。他从未找到一份适合的工作，在巴黎综合理工学院的兼职也被解聘，只能靠几位崇拜者，特别是那些以 J. S. 米尔为首的英国赞助人的接济过活。他堕入政坛之举严重损害了自己的声誉。

孔德在其第二部著作《实证政治体系》（共四卷，1851—1854）中提出将实证主义原理应用于社会建构，但孔德痛苦的生活经历致使他篡改了自己的结论。他在此时认为，光有智力是不够的。他当够了知识分子，认为那些颠覆了政治体制的传统革命在实践中没有取得多大成就，人们真正需要的是思想上的革命。他认为，最迫切的是要让人们认识到利己主义不是什么好的行为基础，取而代之的应该是服务他人、为他人而活的观念。然而，仅凭说理来让大众转变为利他主义者是不现实的，这是情感上的问题，而非智力上的问题。孔德得出了一个令他的门徒颇为惊讶的结论，那就是需要建立一个新的宗教，他称之为“人本宗教”，旨在通过互爱将世界连接在一起。他认为仪式和盛会是人们离不开的东西，并为之设计了详细的制度。他认为必须强化家庭生活，由此为新的情感安定奠定基础。因此，政治的目标不应该是实现平等，而是让人们接受生活现实，并使各项制度适应这些现实。我们要承认财富和智力的不平等是不可避免的。政府应该由最能胜任的人来管理，这并不是说孔德支持知识分子独裁，而是因为政府职能应该专业化。群众知道自己想要什么，别人没有权利替他们发声，应该由“宣传员（群众的传声筒）”依据群众的愿望制订计划，再由政府执行这些计划。因此，全民政治不是民主，而是民主的终结。科学无法容忍个人主义的混乱。自由、平等和博爱并不是恰当的座右铭，孔德提出因由秩序和进步将其取而代之。[31]

孔德论证的结果是：科学最终提出了一种与它试图推翻的天主教的理念非常相似的观点。人们可能会奇怪：既然他这么欣赏天主教的组织形式，为什么他不干脆直接皈依天主教？答案似乎更多地体现出孔德个人的好恶。孔德很反感基督，认为他是一个骗子，一个投机者，是“虚伪和神力的混合体”。孔德认为，虽然基督教是真正的宗教（科学的人本宗教的先驱），但它混乱、片面、神神秘秘。孔德期待自己可以在巴黎圣母院的讲坛上传播实证主义，这就使得实证主义成了反宗教的理论，同时也因为他想建立自己的教会而激发了敌意。他强调女性在利他主义发展中的作用，认为女性比男性更能理解爱，他甚至由此认为女性应该待在家里，把所有精力投入母亲的角色中。孔德非常肯定家庭之爱的重要性，因为他从未享受过家庭之爱。他早年与父亲（一位税务员）断绝了关系，从此拒绝再见父亲；他认为自己的婚姻是自己一生最大的不幸，于是他最后离开了他妻子，说她“专横，不受管束，对于在人类经济社会中其性别所处的定位有着错误的认知”；他晚年时与一位离异过的女子坠入爱河，但她在 18 个月之后离开了人世。孔德说，是她让自己感受到“女性情感对男性的影响之大”。

孔德认为自己强于培根和莱布尼兹，但不及笛卡儿。他的自信和怪癖为他的主张带来了强烈的反作用。不可否认，他和所有有创见的思想家一样，从前人那里受益匪浅，尤其是孔多塞和孟德斯鸠。勒南虽然自己也得益于孔德的理论，但还是谴责孔德“用蹩脚的法语说着过去 200 年所有科学家都明确知道的东西”。一位历史学家曾这样评价孔德：“他结合并加剧了 18 世纪的系统精神、康德现象论、黑格尔真理一致论、唯科学主义和混乱的科学方法、伪浪漫的福音派的多愁善感和社会工程的极权主义中那些最糟糕、最薄弱的方面。”[32] 事实正如这位历史学家所述，实证主义制造出的困难与孔德想要消弭的问题几乎对等。他于是开始倡导“大脑保健”，几乎完全停止阅读，只看看歌剧、读读诗歌，这让他的科学思想仍滞留于 19 世纪 20 年代。他的科学思想对生物学发展影响很大，但他把心理学简化为颅相学，还因为与理工学院的几何学家们水火不容，降低了几何学在其科学等级体系中的地位。[33]

孔德的追随者分为两派。全盘接受其理论的正统实证主义者建起了教堂，信奉他的宗教。起初这些人以拉菲特为首，拉菲特在清晰阐述论点方面具有非凡的天赋，他做了大量工作让孔德的学说更容易为人们所理解。20 世纪初，这些接受孔德政治观点的人成为共和国右翼，国家统治委员会中有三分之一的人是法兰西行动派的成员。自“二战”以来，巴黎的人本教会一直靠巴西的捐款维持运转，巴西成为实证主义者的主要避难所。然而，更多继承孔德衣钵的人是反对其政治主张的。著名词典编撰人埃米尔·李特雷（1801—1881）是这些人的领袖，其风格鲜明，经由他修订、提炼的孔德著作广为流传。李特雷在法兰西第三共和国时期的影响力很大，他是参议员，同时也是重要期刊《实证主义哲学》（1867—1883）的编辑，因其并未把实证主义落实为有组织的运动或教派，该期刊大大拓展了实证主义的影响力。李特雷认为，实证主义具有革命性，同时又是保守的、社会主义的；它是一种宽泛而模糊的理想，吸引着那些因获得权利而变得持重的激进共和党人。他坚持其中有利于议会的立场，否定孔德后期脱轨的观点。然而，他在 1871 年当选法国科学院院士后，致主教杜庞卢下台，这被认为是反教权主义的胜利。由此，科学的意义中掺杂了政治的恩怨。[34]

谈及对科学的信念有限，对科学的信仰之复杂混乱，《耶稣传》和《科学的未来》的作者欧内斯特·勒南（1823—1892）的一生可以充分展现这两点。他是19世纪下半叶“进步思想”的捍卫者，他代表着当时很大一群人的思想状况。他的思想被称为“当代最具感染力的思想”。有人说，“文学史上从没有人能够这么受知识界乃至全民的关注，连伏尔泰也不曾”。但勒南很清楚自己是个内心充满困惑的人。“我是一个反浪漫主义的浪漫主义者，一个宣扬政治要脚踏实地的乌托邦主义者，一个忙活半天却仍然看起来像资产阶级的理想主义者，一个矛盾体。”[35] 作为知识分子，勒南一直秉持该身份所赋予他的独立性。他本该做牧师却不听从安排，一部分起因于他研究释经时对《圣经》的可靠性产生的怀疑，另一部分则是因为他对教会热衷不起来，对教会表示怀疑，而且与祈祷相比，他对寻求真理更感兴趣。他在巴黎神学院所受的世俗宗教教育完全不同于布列塔尼的宗教。在布列塔尼，天主教教义与神话迷信混杂，而这正是他平生的兴趣所在。他对现实生活缺乏热情，喜欢幻想理想世界，他将其归因于自己是个布列塔尼人，认为这是一个孤立群体无法避免的命运。他所接受的古典教育使他一生痴迷于古代社会，崇拜与基督教教义相冲突的希腊价值观。但这也促使他悉心阅读了与他同时代的浪漫主义作品来培养热情，1848年总统选举，他投票给了浪漫主义诗人拉马丁。勒南觉得自己不属于任何阶级：他鄙视资产阶级（包括商人、实业家、工人——最自私的阶层、犹太人、旧派英国人、新派德国人），但也设法安抚了他们；他认为自己是人民的儿子，并说这就是为什么他能理解基督，因为同根同源。而实际上他过的完全是资产阶级的生活。由于他年轻时日子过得寡淡，到了别的男人都收心的年纪，他反倒变得放荡不羁。他的生活方式与他所宣扬的理论自相矛盾，他无法与人坦诚交流，因为他自身的想法本身就很难统一。他在科学与基督教教义、怀疑主义与信仰、自由主义与传统、乐观主义和悲观主义之间寻求妥协。

我们从勒南最重要的三本著作中可以看出他的犹豫和困惑。他的《科学的未来》一书被看作信奉科学的宣言，是人类寻求真理和幸福的必要工具。这本书于1848年完成，到1890年才出版。书中提到人们对科学的看法至半个世纪过后仍无变化，提到他自己仍沿袭18世纪的科学观，无法明确界定科学。他说："科学的胜利实际上是理想主义的胜利。"他在1848年写下这样的话："只有科学能示人以重要的真理。没有这些真理，生命将无法维系，社会将不复存在。"在1890年的序言中，他的表述更为保守："无人知晓该如何从社会秩序中寻求对错……科学使人免于犯错，而非告知人真相。但有一点可以肯定，那就是科学让人不易受到愚弄。"[36]他的历史哲学观是，人类已经跨越信仰和批判的时代，正迈向思想大结合的时代。他不想抛弃过去，同时尊重迷信和感觉。他相信上帝、灵魂和永生，就算再怎么把他自己的说法改头换面，他也摆脱不了这些传统观念的束缚。[37]他对现实主义小说不感兴趣，认为既然现实已经非常令人不快了，就没必要再在小说中表现它。他最喜欢的小说家一直是乔治·桑。

勒南的《耶稣传》(1863)是根据现代《圣经》研究的成果写就的，被看作对基督神性的第一次抨击。当时的报纸称，其影响之大只有路德的著作可与之比拟。勒南在书中指出，《圣经》应该跟所有古代著作一样经受批判性研究，它有很多不准确的地方，其历史中混杂着虚构之事，那些神迹也让人无法接受。虽然基督伟大的事迹足以让大家隐晦地称其为"上帝"，但他只是一个人。勒南在序言中说自己的书是辛勤的结晶，可实际上该书却是他在黎巴嫩的一个小茅屋中快速写成的，他写作时手边仅有五六本书做参考，灵感来自脑中突然出现的幻象和拿撒勒①的氛围。他随后又写了一篇关于《圣经》历史价值的长篇论文，该论文也不是他个人研究的成果，而是他阅读其他书后的总结。他深受一些德国新教神学家的观点影响，在与画家阿里·谢弗的妹妹科尔内莉结婚后，皈依新教。新教教派并不把基督看作神，而是将其看作一个拥有极强的宗教意识的出众的人。他们认为基督的布道与天主教的教条和繁文缛节在本质上截然不同。可以说，阿里·谢弗的画作《基督的诱惑》给他树立了榜样。我们与其称勒南的书是科学著作，不如称其为艺术作品。从他的批注可以看出，他的所感来自主观印象而非逻辑论证，他写了不少简短的批注，对自己的感想进行了总结，随后将其汇总为“总体感想”。他心目中的耶稣形象是一幅理想中的自画像——不是基督徒，而是19世纪的法国人。勒南心目中的基督明显有他自己的影子：“出身平民，来自工匠家庭”，周遭人多向往“缥缈的梦想和一种诗意的神秘主义”（让人想起布列塔尼）。勒南说，耶稣（就像他自己一样）是一位善于讽刺和雄辩的大师，表面看似屈从于权势，实则在嘲讽权势，他对问题的回答展现出“一个有着神圣美德的世俗之人的妙语连珠”，他是“高尚的道德家”“最坚定的革命者”，捍卫着“人权和信仰自由”。[38]

然而，即使是在人权问题上，勒南的观点也没有始终如一。在《法兰西思想变革》（1871）一书中，他抨击民主导致了国家的失败，并敦促重建君主制和运用精英统治来拯救国家免于衰落。可惜他的理

① 拿撒勒，现今以色列北部城市。传说耶稣在该城附近的萨福利亚村度过青少年时期，该城是基督教圣城之一。——编者注

想一再破灭。放弃基督教信仰后，他又开始崇信德国人，认为他们是现代化和科学的代表。这也部分导致勒南在晚年开始持怀疑论，尽管他并没有完全信奉怀疑论。“勒南主义”是严肃与嘲讽、圆滑与渎神的混合体。人们认为他该为19世纪后期的浅薄文学负责，尤其是他的学生阿纳托尔·法朗士又将浅薄文学带入虚无主义。勒南文风的感染力和号召力使他那套说辞颇受欢迎，每次聚会的主角都是他，其重要地位可见一斑。1903年，孔德为勒南塑像揭幕并发表感人肺腑的演讲；1917年，克里孟梭说：“我很少服谁，但我服他，他造就了我们。”然而，反教权主义只是他多面观点中的一面。巴雷斯和莫拉斯把他的《法兰西思想变革》看作唤起民族复兴运动的引领之作，索雷尔赞扬他看到拯救世界的力量来自无产阶级。而布尔热却极力推崇他的君主主义，闭口不提他的反面之语。他那40卷24 000页的著作是一座指向无数方向的丰碑，它向我们展示：如果说这是一个科学的时代，那么它同样是一个充满不确定性的时代。[39]

最成功展示出科学在日常行为、道德和艺术中所起作用的人是伊波利特·丹纳（1828—1893）。在所谓的实证主义作家中，丹纳应该是最出色的一位：他以惊人的活力书写最困难、最枯燥的主题；他有一种天赋，可以将抽象思想叙述得非常清晰，甚至富有戏剧性；他会用生动多样的例子来证明自己的观点。他对当代文学和艺术感兴趣（这点不同于勒南），因此在年轻作家中俘获了大批追随者。阿纳托尔·法朗士回忆道，那是在1870年左右，“他强大的思想激发出我们火热的情怀，这是一种信仰，我称之为‘对生命活力的崇拜’”。[40]丹纳能够获得如此声望，首先因其敢于打破传统教条，使读者解放思想、备受鼓舞。他的《19世纪法国哲学家研究》（1857）一书，传播理性思想，重要性堪比勒南的《耶稣传》。在这本书中，丹纳以中肯的思辨和非凡的感染力，嘲讽当时的主流哲学家。他反对古典人本观——一种普世的人本观，清晰界定了生活在任何年代、任何地方的人。他认为这样做无法对人进行精准研究。丹纳同时谴责浪漫主义的生活方式（“喜欢概括，风格失准，忽略分析……闻风而动……把小说和戏剧看作科学……每个诗人都想解读人类和世界，妄想当人类救星”，这些怀揣形而上梦想的嘈杂声音，雇来上帝当室内设计师，不过是想让生活更顺自己的意罢了）。最重要的是，丹纳看不起库辛的折中主义，称他为“19 世纪最令人钦佩的悲剧作家”，认为他是雄辩家，而非哲学家，其作品之优雅令人钦佩，但他根本没有进行真正的思考或探究。丹纳说，库辛感兴趣的是维持秩序，而非发现真相，其说教的基奠是要维护现有道德，认为上帝的存在是道德的需求，认为只有表达道德之美的艺术才是正当的艺术。丹纳将库辛的成功归因于这个国家缺乏 18 世纪的批判精神，从而想要复辟某种意识，其更在意的是道德而非科学，他对抽象的表达和空洞的措辞一直情有独钟。

丹纳的抨击之所以如此尖锐，有其因由。他在学生时代就反对折中主义，为此几乎毁掉了自己的前程。他的前途曾一片光明，其父亲是律师，爷爷是副行政长官；他的老师——哲学家瓦舍罗曾评价他为：“我在巴黎高等师范学院见过的最勤奋、最优秀的学生。与同龄人相比，他有着惊人的学识和一种我从未见过的对知识的热情和渴望。”[41] 但由于他不接受正统思想，在学校并不受待见。他的毕业论文论述拉·封丹，尽管其选题没那么激进，通过了评审，但还是被派到纳韦尔担任无足轻重的职务。大概 10 年后，他到圣西尔做观察员——每年出差三个月，其余时间休假。1866 年，他接替维欧勒·勒·杜克成为美术学院艺术史讲师，在那里任教 20 年。丹纳觉得自己一生都在艺术家和哲学家之间摇摆不定。他在一部半自传体小说中提到他小时候是出于强烈的孤独感而努力学习的，他读了 30 多遍司汤达的《红与黑》，对书中于连·索雷尔的经历感同身受："他不会讨好他人，他太与众不同了。"丹纳说他从科学里找到"一种寄托，东方有鸦片和梦幻，而我们有科学。这是一种慢性的、思想上的自杀"。[42]"科学是支撑人类的锚。"[43]他追求的不是幸福，"我们要追求真理，而非平静……我越投入于现实生活，越不开心"。[44]

丹纳认为，"人类思想的一切状态都有其原因和规律，整个人类历史都在不断寻找这些原因和规律。历史心理学研究与生理化学研究的同化是我的研究对象和思想要义"。正如研究动植物一样，对人的研究也要分别从个体和民族整体来进行。科学方法必须应用于一切人类活动。丹纳将这些方法归纳为两个重要规则。其一，一切事物都可依其物种、所处环境和时间来分析，也就是说，植物的独特性源于其作为特定物种生长在特定时空。对于人类活动，也可据此方法来进行分析。其二，细节积累的最终目的是发现研究对象的特质，这需要归纳研究对象的所有特征及相关一切事实。丹纳有这么大的影响力，是因为他提出的这种方法简单易行，而且他将这种方法贯彻应用于解释人类的各种行为。他在《现代法国的起源》(1875—1893)一书中将之应用于历史，告诉人们应像看待树木一样看待社会：它们都是悠久历史的产物，因而无法发生彻底或迅速的变化。他认为，从革命精神和雅各宾主义中复活的古典主义是法国历史的罪魁祸首，其僵化的逻辑"栖身于狭隘的思想，无法接纳两种观点共存的情况……从而变成暴躁无情的偏执狂，铁了心要摧毁它怨恨的过去，以建立一个它所追求的太平盛世。而这都是借着假想契约的名义干的，这契约既是无政府的，又是专制的，它镇压了暴动，使专制合法化。这一切最终导致社会秩序矛盾重重，搞得一阵子盛行狂热的酒神祭，一阵子又盛行斯巴达修道院”。[45] 最后，丹纳开始欣赏英国政治，倡导保守主义、分权主义和能够控制无知者的影响力的双层投票制。他通过所谓科学方法得到的历史结论立即遭到巴黎大学教授欧乐的抨击。欧乐指出，丹纳的结论中有无数事实上的错误，不符合其理论的一概被忽略了。最重要的是，它基于先入为主的想法进行了庞大的归纳。欧乐称，丹纳只是基于米什莱理论的另一种浪漫主义，喜欢反常和独树一帜，充满了可怕的偏见。丹纳与米什莱唯一不同的是，他受公社恐怖的影响，把革命群众称为“癫狂而卑鄙的暴民”“一群愁眉苦脸、血腥而下流的猴子”。[46] 由此，实证主义再一次反动了。

在《英国文学史》(1864—1869）中，丹纳将他的方法应用于文学，在引言中简要概述了自己的学说。他认为，文学为书写“道德的历史”和发掘“事件发生过程中的心理规律”提供了最好的素材。他的最终目标是通过文学发现“民族的心理”。因此，他的结论不可避免地与勒南的相反，即把个人能动性的重要作用最小化，而强调普遍的大规律。丹纳是文学社会学的先驱，但他一直未能真正实现自己的目标。他在艺术批评史上也占有一席之地，在《艺术哲学》(1865—1869）中，他陈述了自己的观点。他认为，每个时代都有其最理想的形象，像希腊年轻帅气的运动健将、中世纪的基督教骑士和虔诚的僧侣、17 世纪的完美朝臣、浪漫主义时期的浮士德和维特等。艺术家们通过描绘这一理想形象，使同时代的不同艺术形式获得了和谐统一。正如气候和地理条件对植物的作用一样，一个时代的道德风尚使与之相适应的艺术得以繁荣，与之不适应的则走向衰亡。一部艺术作品的价值往往取决于它与这种风尚的契合度。比如，和一部肤浅的同时代流行作品相比，能够揭示浪漫主义本质的作品往往更有价值。如果该作品的各个部分能相互协调、产生一致效应，这样的作品就会相当成功。这一理论的提出，部分是基于丹纳的“研究对象特质”一说，部分也是根据他过去对一些成功作品的研究。这是从历史角度进行的解读，力求不偏不倚，因为它并不做出判断。但它更多地追求的是简化，妄想它能放之四海而皆准。

丹纳为实证主义做出了巨大贡献，使其为人们广泛接受，使其充满吸引力，声名远播。他让他的信徒们以为这种判断是科学的，教他们如何超越他自己的研究，如何走得更远。他最著名的评语“恶习和美德就好比硫酸和砂糖”为他冠上了彻底的唯物主义者的帽子。但作为唯物主义者、无神论者、悲观主义者，他也尊重人类个体，甚至还肯定人文主义和基督教的价值观，尽管这样做有悖于其哲学观念。他影响着各个流派。也正是由于他，实证主义思想才得以进入文学领域。巴雷斯和布尔热在小说中描述他们所反对的实证主义时，就是以丹纳为典型的，虽然两人也都曾经从丹纳的思想中受益颇多。而丹纳的理论在让人们获得信仰的同时，也抑制了人们不少的情感因素。哲学家布特鲁写道：“丹纳告诉我们，科学不是要满足或反对我们的欲望，而是要发现和揭示真理。”[47]正如丹纳所料，这并不足以让一代人得到安慰。

科学家看到的事实往往与传播者进行大众宣传的简化版事实有很大不同，同样，传播者的意图和公众所接收到的信息也常不相符。在儒勒·凡尔纳（1828—1905）的小说中，这一点体现得尤为明显。几乎所有法国儿童都把他的小说作为必读书目，而且他的书在国际上也很畅销。1953年，在联合国教科文组织的排序中，他位列作品外译最多的作家第四名，仅次于斯大林、列宁和西默农。凡尔纳的作品着意利用人们对科学奇迹的兴趣，加入很强的说教成分，在传递信息的同时，呼唤时代的冒险精神。他将神话融入科幻小说，在传统游记中融入神话、动物奇幻故事和民间故事的元素，让读者感觉自己也有改变世界的力量。单是读这些作品，我们就可以感受到他作为新时代乐观主义先驱的风范。与他的后继者赫伯特·乔治·威尔斯不同，儒勒·凡尔纳是保守派，他对公社主义者、德雷福斯的拥护者和妇女参政论者非常反感。他不愿意当科学家，他当过律师、股票经纪人，后转投剧本写作，最后成了小说家。他写作时要参考一大堆百科全书，因为他几乎没旅行过，他唯一与外界的交集就是在法国北部城市亚眠做过一段时间的市政委员，在那里，他度过了一段毫无波澜的中产阶级生活。儒勒·凡尔纳相信科学知识的重要性，认为科学能让生活更舒适，但他的乐观主义过于浪漫，以至于有些变质了。他是 1848 年旧式的乌托邦主义者，更关心道德而非物质的进步。他的结论是：每项发明都包含邪恶的种子，技术并不能解决人类精神上的矛盾，尽管机械赋予了人类超乎寻常的力量，但当面对周遭不可控的威胁时，人类仍像从前一样无助。因此，“意外事件”的无限威力是他作品的一个重要主题。他对美德和社会理想的态度充满矛盾。他笔下的英雄通常是孤儿或私生子，没有家庭、没有名字，逃离正常社会，探寻神秘的土地和未知的岛屿，对抗巨大的势力，试图解开无解之谜。凡尔纳披着资产阶级的外衣，却认为自己是孤儿，是被遗弃的人。穷其一生，他都在反抗自己的父亲，拒绝继承律师父亲的衣钵。他这样写自己：“我不是你们眼里的文明人，我已经和整个社会决裂。”他的作品总体上显示出他对人们的不友善态度，尤其是对女性，女性很少出现在他的书中。他的婚姻破裂了；他侄子曾朝他开枪，把他打瘸；后来他渐成隐士。[48] 很奇怪，这正印证了作家影响的不可预知性，就像一颗子弹被打错了方向，凡尔纳饱受摧残的想象力的产物居然被视为自信和希望的象征，被推荐给了孩子们。但这只进一步证明：人们不能轻易认为文学可以反映时代，认为文学所传递的信息都是明明白白的。

埃米尔·左拉（1840—1902）大力宣扬将科学方法引入小说创作。在《实验小说论》(1880）一书中，他认为小说是自然主义的，而非现实主义的，从而使小说具备了自然科学的特性。他声称自己将克劳德·伯纳德的实验医学应用于文学。左拉认为，一切事情都具备趣味性："你碰到的第一个人就可以做你小说的主人公，仔细了解他，你就能从其身上挖出一系列故事情节。"他借用了福楼拜的科学性中立原则："一个小说家……无权对世上的事发表见解。作家不是道德家，而是解剖学家，作家只需要说一说在人身上看到什么就好……作家应该意识到，自己的情绪会影响其笔下人物的情绪。"左拉对遗传和环境对人类行为的作用格外感兴趣。在这方面，他受到吕卡的《论自然遗传的哲学和生理学》和丹纳的理论的影响。他相信人的生命是由其体质决定的，而体质又遵循遗传规律，传自父母。身体缺陷会代代相传，有时会加重，因此不可避免地，有些人会成为酗酒者、白痴或妓女。他为此写了《卢贡-马卡尔家族》系列书20本（1871—1893)，从不同角度讲述一个家庭的历史，以印证他的这些理论。在这套系列书中，他在每本书中描述一个不同的社会阶层或一个不同的生活面，整个系列真实而全面地反映了法国社会现实。他非但没有将主人公神化，反而强调他们的兽性。他没有对人物心理做细致的分析，而是以粗犷的笔法，展现不可战胜的自然力量的至高无上。他擅长描写人群，因为他想寻求有力量的效果，而最大的暴力和激情就在人群中。在他的作品中，酗酒、贫穷、劳苦和钱权争斗所带来的可怕后果有着巨大力量，势不可当。总的说来，他力求不偏不倚，揭露一切恶习，包括工人阶级的陋习，也包括富裕阶层的罪恶。因此尽管他充满同情心，但他的一些作品，尤其是《小酒店》，由于对工人不恰当的负面描写而受到社会主义者的批评。另有一些人批评他的作品内容准确度不够。他花大力气收集素材作为他所谓事实研究的依据，但以其平均每年一本书的写作速度来看，他对素材的消化难免不够深入。左拉在《萌芽》一书中对矿井生活的描写仅靠他在昂赞生活一周的体验，以及三本关于矿工疾病和生活条件的书做参考。可以说，研究并不是他写作的灵感来源，他都是想到故事后才去研究相关内容的。

左拉不是当科学家的料，他是威尼斯移民的儿子，六岁时成了孤儿，没拿到中学毕业文凭。但他有一种引领者的浪漫激情，他认为"煽动群众最重要"。可事实上，他一直过着与世隔绝的生活，只有在新闻和小说的写作中，才尝到与人交往的感觉。他渴望获得名气，用了一些吸引大众眼球的手段，特别是当他成为大众攻击的对象时，他才感受到自己是真实存在的。他自己生活检点，但其书中却充满纵欲现象。他患有疑病症、忧郁症，还非常迷信。他的书中有很多矫揉造作的东西，观点也往往肤浅做作。他支持傅立叶主义（《工作》）、科学（《巴斯卡医生》）和德雷福斯，攻击教会（《卢尔德》和《罗马》被列入禁书）。晚年，他与一个小他 28 岁的女子有了非婚生子女后，其厌世情绪大有好转（《繁殖》）。他在一生中不断想要摆脱令他无比迷茫的幻想，想要接受事物本来的样子，他也愿意让事物保持其本来面目，愿意不带个人感情地描写它们。但他不偏不倚的"科学的"态度和进步信念之间存在一些冲突，使其作品无法成为那个时代的可靠记录。最终，他受欢迎的原因与浪漫主义者如出一辙，即他的想象力能够赋予现实"残酷的诗意和象征的壮丽"。[49]

因此，科学对人们思想的影响不如对实际生活的影响那么大。科学家们找不到恰当的行为指南。在这一时期，他们不敢在科学领域之外标榜自己，只能退回领域内，从而使科学的影响力大受限制。但他们也加强了这个社会的多元特性。那些试图阐释科学的作家传达了科学的伟大概念，并把科学信息注入一些重要理念中。但他们对科学的态度都是矛盾的，他们的一腔热情往往掩盖了科学无法消除的焦虑。他们对科学寄予的厚望远未实现——即使在物质意义上也没有。而后者，即科学带来的物质上的变化，尚待人们去研究。

舒适

大家都没有太关注科学和技术进步给法国人的日常生活带来的影响。科学史往往体现的是科学家的视角，或作为知识发展的一部分呈现。而消费者，即受众，也应该有自己的历史记录。受众眼中的科学会呈现出不一样的面貌。理论上的重要发现产生影响往往需要几十年甚至几百年，新理论对应的思维惯性的再形成对人们来讲总是很难。而技术进步的直接结果则是生产力提高，使市场上商品增多，使人们有更多钱购买商品，这样便诞生了新的消费群，其消费选择也比以往多得多。人们的消费模式反映出其对生活各个方面的重视程度。那么消费社会是否就源于这一时期呢？[50]

在国际展会上，人们可以看到最新的技术和科学实践成果，其重要性体现在多个方面。自愿参加展会的人比该时期到其他休闲娱乐场所的人都要多。1862 年展会参观人数为 620 万，1867 年为 900 万，

1878 年为 1 600 万，1889 年为 3 900 万，1900 年为 5 000 万。这些展览使国家工业走出以前默默无闻的状态，既展现出自己的成就，又得到公众对其所创造价值的认可，当然也有人抨击其牟取暴利和制造污染空气的浓烟。但展会接收到的赞叹和光环淹没了诗人和道德家的悲观抱怨。我们不能因为少有伟大作家为此发声，就忽视其推动技术进步所带来的喜悦。

工业展会始于 1798 年，这是一个重要节点，工业家们此时是首次获得此前只有精湛艺术才能获得的荣耀。1801 年第二届展会举办时，艺术家们还拒绝与工业家同台。但在之后的系列展会中，他们改变了态度，同意在展会特设的艺术区布展。1798 年仅有 110 家制造商参展；而 1827 年的第七届展会增至 1 600 家；1878 年达 52 000 家，其中一半是法国展商。当时仅有一小部分厂商被批准参展，更多厂商只能翘首以待（1867 年只批准了其中的五分之一）。展会最吸引人的地方不仅在于企业有机会获得大量订单，还在于奖牌、奖品所带来的荣耀，带来 19 世纪特有的贵族气质。直至 20 世纪末，“国际展会获奖”的标签才被体现产品价值的广告标语取代。进入展会参展是获得奖牌的好机会。1844 年的展会有 3 960 家展商和 3 253 个奖项。大制造商在评选中占据主导地位，斩获大部分奖项。[51] 成功商人逐渐获得与其他职业人一样的认可。1819 年，国王授予 23 名商人荣誉军团勋章，其中更有两人被授予爵位。1849 年有 51 位展商获得荣誉军团勋章。[52] 虽然依旧有人对“机器艺术”抱有偏见，但工业制造商越来越有自豪感，他们为自己的行为辩护，认为“工作是世上最伟大的教化”。于是技术也有了它自己的道德。

这些展会的其中一个好处，就是可以帮助人们评估发明创造与公众需求的关系。即使这样做其实无法发现公众愿意购买什么，但至少可以了解什么最能引起公众的好奇心。在1839年的展会上，法国重工业只占了很小的比例，而比利时在这方面则颇有建树。法国比较突出的是香水、珠宝、工艺品和音乐，一位官方观察员这样写道："喧嚣的音乐展示出19世纪民众十足的狂热。"前来参观的人希望为当前面临的一些问题，比如供暖效率低（"烟尘是我们国家的一大难题"）、如何改善照明（蒂卢里耶卖出数十万盏他发明的"静水压力灯"）等找到解决办法。[53] 1849年，计算器的发明者获得金牌，不过当时还没人购买计算器。萨克斯管的发明者萨克斯也获得一枚金牌，但当时还没人吹奏这种乐器。1855年，有128家农业机械制造商参展，但有关报告称，这些机械比英国的落后30年，法国人对它们的兴趣也不是很大。报告认为，"法国的品位重在军事、艺术和文学"，它努力使自己更工业化、商业化，但还没来得及把科学应用于农业。[54] 人们更追捧集中供暖系统和金属床，认为二者"已臻完美"。更重要的是，日常生活用品价格大幅下降，曾经的奢侈品如今进入大众消费圈。工业化最重要的作用就是使商品价格降得更低。纺织品引领了这一潮流。以披肩（其在19世纪的流行度如同20世纪的套头衫）为例，过去买一条最好的开司米羊毛披肩要花450法郎，相当于普通劳动者一年的薪水。而到20世纪中叶，在兰斯（法国东北部城市），人们已开始生产苏格兰格子呢披肩，售价仅为8~12法郎，而"卡比尔"披肩的售价为14~25法郎。虽然披肩的尺寸变小了，颜色也从原来的6种减到3种，但这些仿制品的亲民价格成为每位法国女工的骄傲。由于使人们放弃传统、接受新标准需要一定时间，所以法国制造商把握这些机会的速度有快有慢。据说在1867年，制造商认为羊毛和棉花低质混纺品是适合大众的衣料，而农民却并不买账，他们想要耐穿的衣物。反倒是那些富有时尚意识的家境殷实的顾客首先选择这种低质衣料，这样他们就可以经常换着花样穿衣服。工人阶层紧随其后，追求起时尚。结果，由于大众对“低价”服装的需求太过旺盛，使得原材料成本虽然下降，但价格还是有点儿高。在佩里格，人们能以 1.4 法郎 /1 米的价格买到纯羊毛布料，但混纺布料却很难买到；在塞丹，有的羊毛混纺价格为 3 法郎 /1 米；就算要价到 9 法郎也不算高。而英国货更是既便宜、质量又好。

由此来看，大规模生产从最初阶段就引发了矛盾，未能立即获益。比如鞋，虽然开始量产，但仅限于生产那些用螺丝或钉子固定鞋面的鞋。美国的机器制鞋在当时还是新鲜事物，人们都带着好奇心在观望。19 世纪 60 年代，橡胶的硫化技术使胶靴价格下降 40%。那时木质鞋在城镇越来越少见，但取而代之的却是木质鞋底的胶鞋，其价格是量产皮鞋的三分之一。低价位家用和厨房用品是 1855 年展览的主题；1867 年的展览则把重点放在“改善民众体质和素质的物品”上，但相关产品展位仅填满该类展区的三分之一。一些低价陶器和餐具也展出了，但铁制家具却遭到工薪阶层的普遍厌弃，他们认为家具都得经过上漆和装饰才行。还有一个问题在于，批发价和零售价相差太大，导致这些商品的价格并没有真的降下来，而且越是低价商品，批发价和零售价相差越大。这一时期最成功的降价量产的产品应该是缝纫机，价格降至 300 法郎。相比之下，播种机的价格则太贵，是钢琴价格的两倍，本来这个好东西应该吸引男人们的注意力，结果仅女人们注意到了它。在工人们的手工制品展示区，展出的几乎全是供富人用的艺术品。尽管打字机、留声机和橡胶轮胎引发了人们极大的好奇，尽管机械也是展会的宣传重点，但此类商品展位仅占了总展区的 4 600 平方米的空间。而纺织品则占了 2 500 平方米，家具和室内用品占了 3 000 平方米，艺术品占了 3 100 平方米，“改善民众生活的物品”

占了 769 平方米。[55]

1900 年的展会是有史以来最盛大的，但它也使之前的展会中暴露的各种矛盾凸显出来，组织者尤其对采用什么样的主题难以抉择。1889 年，埃菲尔铁塔、灯光喷泉、大型机械展向现代化表达了无上的敬意，而与此同时，许多作家和艺术家如大仲马、莫泊桑、布格罗、梅松尼尔等都在抗议“那个可笑的铁塔像工厂的巨大黑色烟囱一样俯视着巴黎……彰显对这个城市的不敬”，但这并没有阻止埃菲尔享受经营其 20 年的收益，他因此富得流油，因为这座塔把人们迷住了。1900 年的主题为“复古和怪诞”，展会门口有一尊“巴黎女子”的雕像，她身着紧身裙，头戴最时尚的帽子，象征巴黎作为时尚中心的地位。主展区为旧式巴黎风格。法国的突出贡献在于民族主义，而非科学，因此展会斥巨资仿建了一座阿尔及利亚村庄和一座印度支那族村庄，以展示其殖民力量。而在技术上最令人瞩目的非德国人莫属，他们造出巨型发电机，并建起一座座生产合成化学品的工厂。法国人按照自己心目中所列的事物对人类发展的重要性的顺序来排列展品：把教育放在第一位（实际上教育展馆只吸引了少量游客），艺术放在第二位（只有少数几幅大型画作引起了人们的注意）。这些东西都太严肃了，而大部分人是将参观展会看作一种消遣。现今的展品多得看不过来，让很多人觉得不堪重负，人们往往只看自己所在行业的展品。于是法国人便觉得自己被其他国家的工业优势羞辱了，有人甚至把 1900 年展会戏称为“工业轿车”，并彻底失去了对这类展会的热情。直至 1937 年法国才再次举办展会，主题定为“艺术与技术”，既强调艺术，也强调技术。法国馆几乎没有重工业展品，其展品中有一部分是关于民俗的，表示对工匠思想和传统节日重拾兴趣，因其对休闲的重新定位而被赋予更深远的意义。[56] 这一切不该被解读为“科学破产”——这是19世纪90年代的文学评论家布吕纳介提出的口号。它显示出科学与文学的分道扬镳。在大多数人心中，科学及科学态度的力量并未消减。于是知识分子害怕了，因为他们无法控制自己帮助创造的这个怪物，这怪物比他们想象的更具魅力。

科学之所以吸引人，是因为它给大众提供了更舒适、更便捷、更健康的生活，这些正是18世纪乌托邦哲学家们所追求的。但等科学家实现了这些后，随之而来的却是从前没有预料到的后果，这令知识分子们感到难以接受。物质的改善本该作为精神和艺术进步的基础，但多数人却把它当作了终极目标。这便从根本上导致了“两种文化”的对立。科学比民主或教育带给人们的好处更明显。最糟糕的是，教育沦为大多数人用来提高收入水平的工具，而非用于感受文化。民主一旦变得习以为常，就会被人们忽略、遗忘。比如，不可随意限制公民人身自由这一条律法，在人们习以为常之后，人们就不再把它看作政治理念的胜利，而是像呼吸一样自然的事情。科学似乎与基督教所宣扬的克制、苦行和顺从对立，它给人们提供了转变生活观念、重新定位自我的机会。人们需要做出自己的选择：是追求野心，还是追求宁静的生活；是追求当下的回报，还是追求长远的安逸。通往至善至美之路崎岖不平，尽管牧师、教师和政治家们极力想指明方向，但普通人却随时都可能忘记人类需要达到的终极目标，只把眼光局限于近在咫尺的物质享受。那么科学究竟是提供了人们想要的物质享受，还是用这些物质催生出人们无尽的需求和贪欲呢？这是个无解的问题。在20世纪40年代法国开展民意调查之前，社会上几乎没有任何关于大众需求的相关记录。即便后来有了民意调查，其中问的问题所引出的也只是些片面的答案。

到20世纪40年代，人们极力追求舒适的生活。不过有意思的是，当时还没有那么多人有条件享受舒适的生活。1955年的一项调查显示，三分之一的工人不敢奢望拥有洗衣机，这在当时是富有的象征；另有五分之一的人认为他们永远不会拥有洗衣机；只有三分之一的人希望有一台洗衣机，而真正拥有洗衣机的人仅占13%。不只工人这样想，约30%的职员和经理也不奢望拥有洗衣机。五分之一的工人（以及十分之一的其他阶层的人）对浴室或经水管流出的热水没有诉求；甚至有1%的人认为没有必要使用流动的凉水。这样看，当时的法国人可被分为四类：一类人在不同程度上享受着现代的舒适生活；一类人渴望获得舒适的生活；一类人不关心甚至不喜欢舒适的生活；最后一类人则听之任之，反正他们从没享受过舒适的生活，也就对其没有任何看法。虽然许多人的居住环境简陋又拥挤，但只有54%的人认为自己的家不够舒适，仅43%的人抱怨空间不够用，仅三分之一的人认为自己的房子太老旧。人们多认为当务之急是赚钱保证生活所需，而非去过更悠闲自在的生活。只有约5%的人认为每周工作时间不应超过35小时；半数人愿意工作40小时；三分之一的人愿意工作45小时以上；3%的人愿意工作50小时以上。[57]由此来看，在法国社会，对“物质主义”盛行的说法，是应该持保留意见的。一方面，并非所有人的理想都一致；另一方面，其选择并不关乎所有人，有许多人为生计疲于奔命，无暇旁顾。

1936—1938年在图卢兹进行的一项更细致的调查显示，影响工薪阶层消费模式的决定性因素不仅仅是他们的工资或他们所属的阶层或职业。对比收入相近的工人和职员，工人在吃喝上更愿意花钱，而职员却常常省吃省喝，用便宜、易储存的食品填饱肚子。那些从农业人口转型过来不久的工人，相比土生土长的城镇工人更能忍受住房条件差，在吃喝上也更节俭。因此，工人进入其阶层的时间长短是很重要的决定因素。一旦他意识到自己在这个行业不会有太大发展，他就更愿意把钱花在吃喝和娱乐方面，注重当下的享受。那些快速达到收入顶峰的工人，正是最大的消费群。早在 19 世纪 90 年代，卡尔莫的年轻矿工就把时尚服装视为必需品。而在 20 世纪 30 年代，图卢兹的工人却没人愿意把钱花在模仿资产阶级上，他们冬天还是穿胶鞋，夏天还是穿布鞋，钱多了就买更多胶鞋和布鞋，不买皮鞋。工资涨了，他们更愿意改善住房，“与其说是为了舒适，不如说是随大溜”。赚钱最多的那些工人用在娱乐上的开支增长了一倍，而赚钱最多的那些职员用在文化方面的开支增长了两倍。因此，在法国人中有一道明确的分界线：一部分人理想远大，并愿意为之储蓄（在图卢兹，最穷的工人相较之下往往存钱最多），而另一部分人则活在当下。这种不同不是阶级的不同，而是人生目标的不同。[58]

对于有些东西，人们想要，科学却无法提供，从而使人们转变诉求。这反映在一直以来人们对住房的态度上。可以说，住房是人们最基本的需求之一，其重要性仅次于食物。1954 年，有多达 50% 的受访者觉得自己最缺穿的，30% 的受访者的最大需求是改善住房，17% 的受访者最缺吃的。[59] 这种对穿着的重视可能要追溯到 1890 年左右，当时纺织业取代建筑业，成为法国仅次于农业的主要产业。[60] 法国人从 18—19 世纪就开始购置房屋，到 19 世纪下半叶现代的舒适生活来临时，他们却只能改造自己的住房，不能彻底翻新住房，因为他们已为老房子投入太多。1946 年，诺曼底的房子平均房龄为 137 年，巴黎地区和法国东北地区平均房龄约为 120 年，布列塔尼和法国中部地区房子多为 95~104 年。1750—1850 年，由于人口迅速增长，人们大量兴建房屋。等到后来人口增长压力消失后，新建筑一般就只出现在城市。农民做事一般都有明确的先后顺序：有余钱时，他们首先会把钱花在购置土地上，其次是改善农场设施，最后才是为自己建造新住宅。[61]因此，农村住房现代化是个缓慢的过程，只是在某些方面需要尽快转变。首先是人与动物分离。1885—1894 年进行了一项大范围的关于人民生活条件的调查，结果显示，仍有农民与牲畜同住，比如阿韦龙地区的农民就是这样的，人和牲畜都住在仅开有一扇窗户的简陋屋棚里，中间只有一道隔断。解决办法是往上加盖一层楼，“当农民用二三十级的楼梯将自己的卧床与一楼的种种不便隔开，使其不再暴露于灰尘、泥浆和污浊的气味中，不再面对来来往往的行人和牲口时，农民的社会等级才得以提升”。很多农民，比如在奥恩省和凯尔西地区，出于虚荣心建造了两层楼房，但他们却无法适应这种变化，仍然住在楼下。1856 年，法国 60% 的房子是平房。到 1911 年有 48% 是平房，四层或四层以上的楼房仅占 1.2%。[62] 接下来的目标是让房屋更坚固。1856 年，约有五分之一的房子是茅草屋，它们主要集中在北部地区——芒什省有 84% 的房子是茅草屋；卡尔瓦多斯省的茅草屋占了 62%。那时，瓷砖越来越便宜，茅草屋越来越少。到 1941 年，茅草屋只剩 4%（诺曼底有 15%）。到 19 世纪中期，由于建筑材料的运输费昂贵（一立方米石头运输 21 千米，价格增加了 80%），建筑外观开始趋向统一。原来风格迥异的各地建筑逐渐被改造得全国一个样。其中也有对新式建筑的仿造，比如一个村建成砖砌火车站之后，砖砌结构很快就会覆盖全村。传统的基建法仍在沿用，仅有少许改进。除了在城市里，科学几乎无用武之地。

卫生设施的改善并不是很受重视，1954 年，只有 27% 的家庭有室内卫生间，仅 10% 的家庭有浴室或中央暖气。[63]19 世纪 80 年代，政府调查员对极其简陋的卫生设施有颇多抱怨，报告中有这样的表述："城镇居民眼中的污秽对乡下人来说是肥料……这是他们非常乐见的东西，他们并不讨厌这气味。"而那时城镇居民的卫生标准也和农村的差不太多："即使是在最漂亮的楼里，公共区域的楼梯和走廊卫生都差得让人忍不住抱怨，来办事的人都对糟糕至极的卫生状况深有体会。"[64] 当时，重视卫生是政府的强制性规定，而非民众自愿，相关规定也是使法国各地房屋布局趋同的主因之一。而干净卫生并不是现代社会才有的创新。法国许多地区的家庭主妇都以擅长打理家宅而著称，只不过她们打理的屋子随着时间推移而变得老旧了，再怎么清理也不会好到哪里去。[65] 更有甚者，细菌理论列出了一大堆新禁忌，这个可以碰，那个危险不能碰。这样的理论无疑赢得日渐兴盛的个人主义的支持，提醒人们更注意彼此之间保持距离。但从当时法国人口的拥挤程度看，这种理念难以迅速传播、为大众接受。政府标准（1911）是每人应该拥有一个房间，少于这个标准即为"住房空间不足"，两人一间房则为"过度拥挤"。按照该标准，当时有三分之一甚至半数人口（各类型统计数据有差异）缺乏足够的住房空间。在城镇，特别是发展中的工业城镇，这一比例更高。在巴黎，有 2% 的家庭是 6 个人或更多人挤一个房间。保护个人隐私一直是国家的目标，但直到 20 世纪 60 年代这个目标才得以实现，当时经过战后几年的大规模住宅扩建，法国住房的数量终于追上了人口数量。在 19 世纪，法国房屋存量甚至小幅超过人口增长量。

表 5.1　1847—1939 年法国房屋数量

年份	数量
1847	700 万

（续表）

年份	数量
1870	825万
1890	900万
1914	950万
1920	925万
1939	975万

但由于城镇是人口增长的主要去向，城镇的住房不足问题反而日趋严重。

20世纪住房建设的发展是否能让大多数人满意，这一点我们并不清楚。因农民数量减少，其居住空间的确是越来越多了，但生活舒适度不见得有多少提升。1937年，仅三分之一的农村公社通了自来水，有下水道的甚至更少。[66] 至于下水道是否值得修建，人们仍有分歧，仅有部分乡村建造了排水设施。而在城镇，下水道则是必须修建的。法兰西第二帝国曾颁布政令，要求拆除城市工人居住的贫民窟，在郊区为他们兴建公寓楼或平房。但工人们明确表示不喜欢这项“改善”。1867年，他们这样说道：“大城市的林荫大道、公园和大街构成的美景是什么也买不来的，我们无须花钱就可以乐在其中。”因此工人们宁愿窝在市中心的小阁楼上，也不愿被隔离在郊外。[67] 有人认为这一时期比较理想的住所是独栋屋，有的工人还是负担得起的。于是雅皮公司建造了三室独栋屋，并以2 000法郎（合80英镑）的价格卖给本公司雇员，可11年分期付款，其中包含省级价格补贴和土地价格，这可是相当便宜了。19 世纪 60 年代，一位寡妇慈善家在巴黎北郊的克里希建起了茹弗鲁瓦-雷住宅区，主要房型为楼上两居、楼下两居，一套房的售价为 4 800 法郎，可 15 年按揭贷款，抵押贷款利息为 5.5%，每月还款 381 法郎。但对于这样的价格，工人是无法承受的。因此这些房产的购买者主要来自中产阶级中收入较少的人。多数城市工人不得不租住公寓。有人甚至喜欢上租房，因为这样便于搬迁。不过，拿破仑三世在巴黎建造的“现代”街区却被他们戏称为“监狱街区”。房屋建筑协会曾对当时的钢结构建筑进行检测，发现这种建筑的墙壁极其劣质，而且它们本该为房屋的廉价替代品，价格却高出正常的 50%。拿破仑三世的混凝土大楼就是这样的。于是，这些试水的建筑技术不断遭到人们抵制，因其所谓现代化并没有使成本更低，而且也造成了恶性循环。连制造商自己都承认，现代化便利设施为满足大众消费，被简化且粗制滥造，带来了不少麻烦。[68] 水管质量常有问题，市面上有些水管甚至漏水。投机建造的房屋往往不如传统房屋受人欢迎，因建筑成本持续上升，大众一直没能真正享受到质优价低的住房。1894 年和 1908 年的相关法条分别于 1922 年和 1928 年被编入法典，政府据此提供低息贷款，鼓励老百姓购买廉价住宅，但效果欠佳。1925—1939 年建造的 240 万栋楼中，仅有 25 万栋为廉价住宅。而且这些廉价住宅进入租赁市场后，其租金对工人来说还是过高。这些房子通常为两居室或三居室，带卫生间，但在当时（两次世界大战期间），工人还没将卫生间视为生活中的必备设施。自 1914 年起，租金受到国家管控，房东不愿再修缮房屋，结果导致无法居住的房屋数量从 1911 年的 15 万套骤增到 1939 年的 280 万套。[69] 人们很难贷到抵押贷款（公司为员工赞助的住房项目除外），而且往往连房价的一半都贷不到。[70]

直到第二次世界大战以后，国家才把住房供应视作第一要务。20世纪60年代，国家每年的建房数量几乎是1920—1939年的10倍。到1968年，法国住房数量几乎达到1939年的两倍（1 825万套）。其间，自有房的人口比例可能有所下降。在19世纪80年代，61.3%的房屋为个人业主所有（其中有56.3%由业主独自拥有，5%由业主和租户共有）。在巴黎，个人业主仅占29.7%；农村公社的个人业主占66.6%；科西嘉岛的个人业主占85%，多姆山省的个人业主占83%，布列塔尼的个人业主仅占38%。[71]要是年份再拉近的话，其数字可比性就不太强了，但也看得出来在1967年的1 400万套“非农业”住房中，42%为个人所有。如果除去那些有抵押贷款的人，这一数字约为30%。[72]这表明，从心理上讲，买房对人们来说是很有吸引力的，但经济上却不太能让人接受。国家没再建更多房屋，也主要是因为当时的房屋租金很低，19世纪80年代贷款买房的成本至少是租房费用的两倍。

物品的获取常可通过借的方式。人们借贷的数额大小，能够部分反映出他们对借贷所带来的当下的愉悦感的享受程度。1935—1936年，有近四分之一的美国人用分期付款的方式购物，其中购买家具占了三分之一，但车贷占了贷款总量的59%。不过美国人借贷也有很大的地区差异，在美国中北部城市，该现象最普遍。[73]对于法国的借贷情况，我们所知甚少，但初步研究表明，法国各地差异也很大。①心理学和经济学在这方面复杂的相互作用还有待进一步研究。穷人当然更多的是赊购食品，但当时的新情况是，他们对赊购消费品也产生了兴

① 菲利普·维吉尔此时正负责监管这个论题的相关研究工作。

趣。1904年的一篇相关主题的文章写道，"追求舒适、渴望爬到社会更上层或使自己显得更上层"，这样的心态令很多社会底层人背上债务，一种全新的商业现象应运而生，以迎合他们的需求。如果顾客要贷款购物的话，面包炉和杂货的价格就会被抬得很高。合作社拒绝贷款，导致其生意冷清（而19世纪英国的合作社则大多允许贷款）。以前即使顾客不要求，法国的食品、饮料和药品零售商也会提供赊销服务。这种模式增加了销售量，加大了投入，结果却把商品价格提高了20%左右，其信用体系建立在一时兴起和相互信任的基础上，没有书面合同。乔治·杜法耶尔（1855—1916）发明了分期付款购物，并将其发展至全国，他称自己把分期付款业务做到了世界最大。1850年，农民的儿子克雷斯潘来巴黎当摄影师，顾客取走20张照片可以只先付1法郎，其余款项在随后几个月内付清。他以此发家致富，雇了推销员挨家挨户推销他的服务，没过多久他就把业务扩展到家具和服装行业。顾客用25法郎就可以在多家备选商店中购买价值100法郎的商品。克雷斯潘向这些备选商店收取40%甚至高达50%的佣金，这些商店也相应提高了自己的商品零售价格，这种做法很受质疑。19世纪70年代初，克雷斯潘的遗孀请公司雇员杜法耶尔帮助打理生意，从此公司便壮大起来。到1900年，杜法耶尔拥有240万客户，1904年接近350万。他的业务体系主要是与接待员和巡视员（巴黎有800名巡视员）合作。接待员可以回答客户与信贷相关的问题，巡视员每人负责管理一个片区的几条街道，并收取还款。当时有400家商店（包括莎玛丽丹），可供顾客使用杜法耶尔的代币（他从中赚取18%的佣金）购买商品。后来，杜法耶尔自己也在克里昂库街和巴贝斯大道开了奢侈品商店，除衣服和食品，什么都卖，汽车也卖。并且他在各大城市都开有分店。杜法耶尔为自己辩护说，他是在帮助工人们过上舒适的生活，同时防止他们落入高利贷者手中。各大商店也争相效仿，建立信贷公司，相互进行竞争，法国北部势头尤甚（如1885年建立的里尔信贷）。巴黎的各大百货公司则竞相投放更多的广告，这是另一种增加销售额的方法。莎玛丽丹在1913年建立了自己的信贷公司——拉塞梅塞。而杜法耶尔这位典型的敛财高手，还成立了一家保险公司，也采用分期付款的营销手段，并在圣安地列斯建了一个海滨度假胜地。他的系列奢侈品店于1940年关张。[74]

汽车的出现极大地促进了人们分期付款消费习惯的形成。在20世纪30年代，美国人60%以上的汽车是贷款购买的。在法国，1926年贷款购车比例只占3%，1937年竟达到35%。通用汽车公司开设了一家金融公司，在美国发展车贷业务，法国雪铁龙、雷诺和标致也开始贷款给人们用于购买汽车（1923—1928）。许多独立公司也都开始拓展这种赚钱的借贷业务。到1937年，已有70%的新车采用折旧换新的方式销售，50%的车在两年内被转售。[75]据说，当时每月有4.5万辆二手车出售，欺诈和高利贷现象大量出现。[76]汽车厂商认为他们的产品不是奢侈品，而是实用品，能刺激商业发展、扩大市场、增加收入。只有15%的购车者说他们买车纯粹是为了消遣。也有人持反对态度，认为汽车引发人们前所未有的奢求。由于新车价格是工人年工资的两倍，所以他们买车借款在所难免。对资产阶级来说，借贷在当时还属新鲜事物，他们更喜欢付现金。在过去，使用贷款消费的通常是富豪和穷人。这种消费习惯的广泛传播在很大程度上得益于女性，她们也是这场变革的引领者。据说在1906年，使用分期付款购物的消费者中有80%是女性，很少有农民和未婚男性。[77]但1954年进行的一项针对城镇居民消费习惯的调查显示，只有43%的居民用分期付款的方式购买过商品，其中仅11%的人当时有汽车；在没有汽车的人中，只有44%的人有购车意愿。自行车的情况也是一样，只有10%的没有自行车的人有购买意愿。[78]因此，我们不该夸大奢侈物品及节省劳力的家用物品给人们带来的购买压力。1851年，像所有的圣西门主义者（早期的乌托邦社会主义者）一样，米歇尔·舍瓦利耶称："对舒适的渴望——一种几乎成为激情的强烈渴望——已经渗透到社会的各个角落，任何阶级都难逃它的深刻影响。"[79]他还说，普通法国工匠已经过得比阿伽门农国王都舒服。但实际上，人们并没有像他想象的那样普遍都追求舒适，这是原因之一。另一个原因是物价的不断上涨。即便工资也有涨得快的时候，但穷人很难适应这种不停的变化。他们吃到的食物的品种更多了，质量也更好了，但价格一上涨，他们就觉得刚拿到的已经成为必需品的这些食物又被夺走了，他们在生活中的挣扎仍然没有得到缓解。1912年，黄油和鸡蛋价格短期上涨，导致全国许多地方的家庭主妇愤怒地进行游行示威，她们的表现就像在中世纪受到饥荒威胁时的人一样。[80]生活好起来了，但消费者的不满却日益增多，表明很多人并未从富足中获益，而是疲于应对。[81]

从人们对待医学的态度，我们也可以看出其难以适应社会变化。科学带来的最大好处之一就是让人们更健康，它明显延长了人们的寿命。[82]然而，人的寿命越长，需要用的药物就越多，尤其是老年人，这使得1870—1936年医院患者数量骤增3倍，达到125万。①看全科医生的病人也比较多。1900年，在安德尔-卢瓦尔省，医生平均每月

① 在医院接受治疗的病患数：1873年为410 000；1883年为448 000；1893年为571 000；1903年为642 000；1912年为775 000；1923年为768 000；1927年为913 000；1930年为1 100 000；1933年为1 153 000；1936年为1 235 000。出自 *Annuaire statistique*（1939），42。

仅会诊 62 次、出诊 250 次；1936 年，他们平均每月会诊达 180 次，但出诊次数没太大变化，为 264 次。再往后，增幅仅为 16%。[83] 这可以部分归结为人们对医疗水平的期望值提高了，有条件更好地养护身体。但一些疾病被攻克后，又出现了新型疾病。除奥地利和匈牙利外，法国人比其他欧洲人更易感染肺结核，1910 年前后，法国的肺结核发病率开始下降，到 1936 年，患者减少了约七分之二。1890—1908 年，法国因患伤寒而死亡的人数减半。1907 年，天花最后一次流行后逐渐消退，1927 年以后便销声匿迹。1906—1930 年，百日咳的死亡率减半，伤寒死亡人数减少了三分之二，但白喉的死亡人数几乎没怎么减少。1906—1927 年，癌症死亡人数上升三分之一。20 世纪 20 年代，死于心脏病的人数上升了五分之一。[84] 在两次世界大战期间，法国人的死亡率要高于大多数欧洲人，而且在一些肺结核和酗酒重灾区，死亡率还要高很多。法律权利上的平等或许已实现，但在死亡面前，人们依旧是不平等的。在巴黎，工人聚居的第 14 区比富人聚居的第 8 区死亡率高出 80%。[85] 1930 年全年约有 10 万人死于结核病，但专门针对结核病治疗而建立的疗养院和医院仅有 12 628 张床位。尽管“一战”以来几乎每个大城市都设立了诊疗所，总共多达 532 家，但据估计，性病每年仍造成约 8 万人死亡、4 万例堕胎和 2 万例死产。（埃纳省的学生体检后显示，只有 51% 身体健康，25% 有肺结核症状，3.75% 患有遗传性梅毒。）6% 的法国人死于癌症，但在巴黎，癌症死亡率高达 13.3%。[86] 癌症仍是不治之症，对女性的影响大于男性，子宫癌和乳腺癌是最常见的两种。[87] 1928 年，里昂有几千人感染伤寒，像这样的流行病仍然有暴发的可能。微生物才刚有被攻克的迹象，病毒就取而代之。职业病的危害仍被严重忽视（例如，20 世纪 50 年代仍有五分之一的瓷器工人患有硅肺）。婴儿死亡率尚未得到有效控制，老年人口由于比例增加，看病也面临新问题。征服环境也带来了新危险。1900—1930 年，工业事故数量增加了 4 倍，受影响人数每年超过 100 万。1930 年，有 855 人死于铁路事故，1 506 人受伤，等铁路刚开始变安全，汽车又取而代之成为新的致死因素。[88]

这一阶段后期，人们对医学的态度从传统向科学只转变了一部分。不同群体对医学的热情不同。农民花在医疗上的钱最少，1950 年，他们的医疗支出仅为人均水平的一半，1960 年的医疗支出不到人均水平的四分之三。1960 年，女性的医疗开支比男性多大约 50%；60 岁以上老人及两岁以下儿童的医疗花费是青少年的 3~4 倍。[89] 1950—1965 年，医药产品消费以每年近 10% 的速度稳定增长。这说明在经济越来越繁荣的同时，医疗成本增加了，医疗补贴也越来越普及。我们没有可用于比较的记录“二战”以前医疗支出情况的数据，但那时的人们显然很愿意主动去看病。1938 年，上了医疗保险的人平均每年患病 5.08 天，1950 年增至平均 9.36 天。[90] 天花疫苗直到 1902 年才进行强制接种，疫苗这一新医学理念用了 70 多年之久才打消了人们的疑虑，使之得以落实。严格的卫生条例直到第一次世界大战期间才开始得到实施，第一部职业病法直到 1919 年才通过。法国卫生部到 1922 年才成立，1930 年以前它一直隶属劳动部。直至 1939 年，法国卫生部仍然没有自己的技术资源，只雇了两名医生，依靠地方当局的好心来支持运作。1920 年，全国三分之一的部门没有根据 1902 年的法律设置卫生监督员；1945 年，国家要求对婴儿和学童进行强制体检，疾病防治才真正开始起效。性病的强制治疗自 1939 年 11 月才开始实施。大体上，健康在当时仍然是个人问题。1951 年，一位主教在天主教集会上就这一问题重申了传统观点，即“健康虽然宝贵，但并非至善。疾病对身体有害，但对灵魂有益。基督徒的生命不属于他自己，而属于神，受苦是有益的、圣洁的”。[91] 甚至到20世纪60年代，一般法国人对疾病的看法仍迥异于医生。大家已经知道细菌对人类危害很大，但人们更多的还是以传统的常见方式找病因，认为生病是“中毒”，将其归咎于周围环境、城市生活、各种压力、噪声、人造罐头食品等。但的确有一个巨大的变化发生了，那就是死亡不再是迫在眉睫的威胁，人们不再过多谈及死亡。但疲劳却成了人们抱怨最多的话题，它往往衍生为个人与社会的抗争，人们觉得科学保证不了健康。[92]

在第一次世界大战中，人们对医疗，尤其是对外科手术的态度出现了重大转变。与以往战争有所不同，这次战争中的士兵更多地死于致命枪伤，感染不再是战场死亡的主要原因，外科手术所起的重大作用因此得到人们的认可。而在用药上，人们真正的态度转变出现在20世纪60年代。两次世界大战期间，科学家开发出许多重大的新药，但将它们在全国范围内推广使用却花了相当长的时间。因此，直到1963年，蒙吕松医院还在用传统的萝芙木碱降压。20世纪60年代，药物大幅被撤换，用药也更科学。[93] 此前，人们用药比较单一，一种药治疗多种病，搞得它们简直就是灵丹妙药。1820年研制出的奎宁被用来治疗几乎所有传染病、感冒、皮肤病、贫血和神经痛。一个世纪后建起的位于马恩河畔诺让的奎宁制造厂年产量达到150万千克。[94] 还有碘化钾，它也被当作万能药，用来治疗中年人消化不良、高血压、心脏病、肥胖等各类疾病。社会风尚改变了药物的用药针对性，使得新药物引入时，人们对旧药的依赖感仍难去除。在19世纪后期，“几乎每家餐桌上都有铁元素的身影，像布兰德丸、布兰德片（碘化低铁丸）、瓦莱氏丸（碳酸亚铁丸）等，女孩儿吃了是想改善脸色苍白症状，孩子母亲是想用来治腹痛，孩子父亲是想用来治气喘……当时贫血很普遍”，所以补铁药不仅被用来治疗神经衰弱，还被用来治疗肺结核、肾病和关节炎。直到1900年后，补铁药才不再流行。而小苏打直到1913年仍然在被滥用，所有营养方面的疾病和传染病——从糖尿病到支气管炎——都要用它。另外还有颠茄，它曾被用来治疗各种眼疾和便秘，在人们对其他各种流行药的崇拜最终幻灭后，它却很好地存活下来，作为感冒药继续出售。[95] 当然，对于药品消费的整个发展过程，还有待我们进一步书写。①

这个时代的交通有了变得更快捷的条件，它也成为诱惑人们消费的新事物。然而，新的交通方式并没有完全取代旧模式。马匹的数量在此期间几乎没有变化，仍有约300万匹农场马和约100万匹拉车的马。20世纪30年代，非机动的马车数量与1890年的相同。② 但铁路后来居上。

表5.2 1850—1910年法国铁路长度

年份	长度（千米）
1850	3 083
1860	9 525
1870	17 929

① W. Breckon, *The Drug Makers*（1972），第32页，针对1967年药品消费情况列出了如下对比数据：美国3 108，日本1 156，法国843，意大利755，联邦德国716，英国421，西班牙357，巴西271，瑞典112（以上数据均以百万美元计）。还可参见G. E. Trease，*Pharmacy in History*（1961）。

② 马车数量：1891年为1 389 000辆，1913年为1 733 000辆，1925年为1 652 000辆，1934年为1 352 000辆。只是驱车牲口数量有所变化，骡子减为过去的三分之一，从316 000头降至108 000头；驴减为过去的一半，从380 000头降至185 000头（1852—1938年）。

（续表）

年份	长度（千米）
1880	26 198
1890	36 894
1900	43 059
1910	49 628

随后是有轨电车。

表 5.3　1870—1913 年法国电车轨道长度

年份	长度（千米）
1870	24
1880	411
1890	1 085
1900	4 231
1910	8 690
1913	10 236

（但其中仅三分之一左右为客运电车。）

接下来是自行车。

表 5.4　1900—1938 年法国自行车数量

年份	数量（辆）
1900	981 000
1914	3 552 000
1920	4 398 000
1930	6 820 000
1938	8 788 000

另外，1920 年有摩托车 51 000 辆，1933 年摩托车增至 50 多万辆。

最后是汽车。

表 5.5　1900—1955 年法国汽车数量

年份	客车数量（辆）	货车数量（辆）
1900	3 000	—
1910	54 000	—
1920	135 000	73 000
1930	1 109 000	411 000
1933	1 397 000	458 000
1939	1 831 000	?
1955	2 472 000	?

此外，电话的普及速度与汽车相当。

表 5.6　1890—1938 年法国电话用户数量

年份	电话用户数
1890	16 000
1900	70 000
1910	210 000
1913	310 000
1920	439 000
1930	1 113 000
1938	1 590 000

这一百年的历史可以说是围绕着铁路的兴起来书写的。与历史上其他重大发明一样，铁路在这一时代主导了经济生活。其重大影响体现在促进了工业发展和国家统一，使人与人、人与环境之间建立起新型关系，并带来景色和建筑上的变化。相较于其他各类建筑设施，火车站周边发展得更快，连教堂、市政厅也无法与之媲美。可惜人们更多时候是把关注的重点投向了铁路建设所引发的投机和争议，而非其所带来的社会效益。我们仅有针对北方铁路的相关研究资料，从中我们能够看出公众面对新机遇时的反应。虽然这一研究结果并不算典型，但可以看出，在法兰西第二帝国时期，人们一般只是在不得已的情况下才会旅行，比如外省人来巴黎参加展会等特殊活动。总的说

来，人们很少旅行。交通的发展在很大程度上要归功于郊区的发展，到大城市通勤往返的越来越多，城市居民周日去郊游的也越来越多。19 世纪 70 年代初，巴黎北站就有 77% 的旅客是前往郊区旅游的。除他们外，旅行最多的是商人，国际商务旅行也有不少。很多外地人都喜欢前往巴黎购物，尤其是女人们特别喜欢去，于是巴黎的地位开始重要起来。从巴黎开出的火车线路也火起来。由于推出廉价旅游车票，"火车上挤满了多年没见过自己家乡的巴黎人，这些人还在村子里引起了相当大的轰动"。这样，铁路加强了以前交通困难时期受到削弱的家庭关系的连接。1883—1913 年，铁路票价真正降了下来，比 20 年前平均低了 40%。1891 年推出的家庭返程票和 1883 年推出的工人季票给了人们更大的优惠。铁路部门通过票价政策培养了人们的新习惯。虽然从商业角度来讲，低票价不合理，但它却使各个阶层的人都可往来郊区通勤。早在 1895 年，郊区铁路就已开始亏损，但国民的工作习惯和国家产业分布却因此而转变，通往海边的低票价火车也开辟了人们的新休闲方式。1883—1913 年，火车三等舱的客流量增长最大，头等舱客流则没什么变化。到 19 世纪和 20 世纪之交，乘坐火车已成为生活常态，工人阶级对此已颇为习惯，很少有人会买全价票。①1910 年，37% 的乘客持季票，北方铁路通勤的人数已超过 25 万。这导致第一次世界大战后，当汽车行业开始与铁路竞争时，铁路无法进一步发展，因为公众舆论、政府政策和工会活动逼得铁路部门无法提高票价、裁员或减薪，从而走向破产，铁路行业最终变成了一项社会服务行业。[96] 铁路创造了一系列新需求，建立起在工作和

---

① 1887—1891 年，46.5% 的票是全价票，而到 1909—1913 年，该比例已降到 21.8%。其余的享受各种减免。

休闲上依赖于铁路的新模式。铁路工作人员享有就业保障，其养老金水平与公务员相当，所以在铁路上工作和当公务员一样有吸引力。这很正常，因为人们已经开始对铁路服务寄予厚望，就像他们理所当然地认为道路会继续修、学校会提供免费教育一样。但奇怪的是，没有人主张“旅行权”，也没有人提出铁路也该免费。从逻辑上讲，人们似乎该这样提议，但实际上人们并没有这样做，这表明机会均等只在有限的一些方面适用，而在大多数情况下，你只有有钱才能买到想要的东西。

这在汽车上体现得更为明显。汽车业发展史充分展示出法国人对技术现代化发展前沿的看法和反应。汽车业驳斥了大家普遍认为“法国过于传统，无法实现经济快速增长”的谬论。1890—1904 年，法国的汽车生产在世界领先，到 1930 年，法国汽车产量超过欧洲所有国家。1923—1938 年，美国汽车产量仅增长 20%，而法国却增长了 180%。但与此相悖的是，直到“二战”，法国还没像其他国家那样开发出廉价的大众车。法国人执着于工匠的技艺和奢侈的标准，像迪昂-布通（由 1883 年蒸汽三轮车的发明者迪翁侯爵创立）、德劳内-贝尔维尔（1903 年建立，生产“经久耐用的汽车”）、罗切斯尼德（1893）、德拉奇（1905）和潘哈德-勒瓦索尔这样的汽车制造商（到 1914 年，法国共有 155 家汽车制造商）都以其独特的汽车制造工艺而闻名。但雷诺公司已接近大规模量产。该公司成立于 1899 年，创始人路易斯·雷诺的父亲是一位布料和纽扣生产商，雷诺没考上巴黎中央理工学院，便去开了这家公司。他的汽车零部件多由其他厂商供货，而且他（更确切地说是他的弟弟弗尔南多）积极采取出口策略，在世界各地打开销路，所以公司发展得很快。起初，他专门生产出租车，到 1909 年，巴黎的 3 000 辆出租车中有三分之二是雷诺车，伦敦的 2 400 辆出租车中有一半是雷诺车。量产后，他不降低汽车售价，只是一味扩大销售。1911 年他去了美国，详细了解了美国汽车的发展状况，很快从美国引进泰勒制（流水线生产管理模式），但只是部分引进。这导致雷诺的汽车价格长期高于国外竞争对手。1927 年的数据显示，美国公司生产一台汽车需要 70 个工作日，而法国公司需要 300 个工作日。直到 1925 年左右，法国汽车的价格才开始下调。这比福特汽车引领的大降价晚了很长时间，1916 年，福特 T 型车的价格降至 1909 年的近三分之一。① 雷诺的野心很大，1919 年，他说希望法国成为“世界经济中心”。但他的一位合作伙伴曾片面地评价：他做生意用的还是农民的那一套。大萧条来袭时，他还没有过度扩张，挺过了危机。而雪铁龙没挺过去。作为法国大规模生产的真正践行者，雪铁龙只生产了一两款车型。1933—1935 年，法国的三大汽车制造商雷诺、雪铁龙和标致都想推出一款廉价大众车型，售价为当时车价的三分之二或更低，但这一想法最终流产。一方面是因为大萧条对其发展带来一定阻碍，另一方面是因为汽车销售员也不配合，他们习惯了接待有钱客户，认为人们需要的是功能更强大而非价格更便宜的车。法国汽车制造商更倾向把利润最大化，而非把营业额最大化。尽管雷诺有抓住商机的能力，但作为雇主，他实际上仍非常保守。他急于抵制工人的需求，打击共产主义分子，他与维希政府的合作最终导致其公司在法国解放后被国有化。[97]

两个截然不同的汽车市场逐渐形成——新车市场和二手车市场。最早的时候，汽车的寿命较短。1898—1908 年生产的汽车只有 48%

---

① 1913 年，一辆 12CV 的价格为 12 000 法郎。当时，教师最高年薪为 2 500 法郎，而国务委员的年薪最高为 16 000 法郎。

在7年后仍上路行驶，14年后几乎见不到它们的踪影。1908—1914年生产的车辆有78%在7年后仍在上路行驶。而在两次世界大战期间生产的汽车有83%行驶7年以上没有问题。1927年，9年以上车龄的汽车公路税减半的政策更是鼓励人们不要报废这些车。这样到1930年，有52%的在售汽车为二手车，1935年有68%。有意思的是，买车的并不都是有钱人。1932年，有三分之二的车主在乡下或小城镇居住，很多是商人和医生，也有富裕的农民。汽车最吸引乡绅，因为铁路不是很能迎合他们的需求，而汽车却很适合他们与外界往来。城市的中产阶级却觉得买车不是那么必要。那时候，无论住在哪里，人人都该有车的概念还没有形成。这样的风气也不可能形成，因为多数人穷得连想都不敢想这样的事。一位经济学家对不同时期有能力负担用车的家庭数量做了统计，发现在1900—1952年，汽车潜在用户数也就比实际购车人数超出约20%。汽车还是很贵，贵到人们甚至要在养车和养孩子之间进行抉择，从低出生率和汽车保有率分布图中，我们可以看到两者间惊人的相似性，而且其与新建房最少的地区分布图也非常相似。最重要的是，购车最多的是离婚率高的地区。这些关系显然从1938年就形成了，直到20世纪50年代才结束，那时汽车才真正成为人们无须艰难做抉择就可以拥有的东西。[98]

那时，汽车行业以两种方式扩展。首先，越来越多的人从事这一行业，在汽车厂或汽车修理厂工作。那时，每个小镇都有汽修工，地位和药剂师相当。[99]其次，人们越来越依赖公路运输系统，特别是在农村地区。例如在多姆山省这样的农村地区，1913年公路上汽车货运量只占不到十分之一，但客运量却占了近四分之一；到1928年，汽车载货比马车多25%，而汽车载客却是马车的10倍还多。这里的公交线路在1923—1929年增长了5倍。到1934年，全国汽车和公交的载客量与铁路相当，而全国汽车载货量仅为铁路的六分之一。[100] 当时，波尔多地区的公交公司每年载客 400 万人次。公共汽车制造商通过赊销汽车来鼓励拓展公共汽车服务，这造成私人巴士大行其道，它们资金短缺，发车也不规律。虽然车速限制规定为每小时 50 千米，但由于公交公司之间竞争激烈，再加上乘客怂恿，超速驾驶的现象很常见。[101] 讽刺的是，汽车工业本以浪漫的方式开始，有像博勒这样的来自勒芒的弄潮儿将自己 12 座的蒸汽汽车命名为“温顺号”（1873）[102]，它本应发展为经济中最具张力、最蓬勃的一部分，但汽车行业工人却在 1936 和 1968 年两场重大的劳资对峙中带头发难。[103] 汽车制造业昭示着大众迫于经济压力不得不做出选择，他们把自己生命三分之一的时间耗在工厂里进行乏味的劳作，以此换取更大的自由，使自己能在除睡眠外的另外三分之一的时间里享受休闲时光。到 1945 年，人们的工作和娱乐尚未完全实现分离，但它或许是工业增长及其带来的技术创新所产生的最重要的成果。

这必然导致生活成本看似降低、实则增加：工人阶级的工资大幅上涨，从这个方面看，生活成本确实降低了，但同时，工人需要买的东西也多起来，生活支出因此增加了不少。由于不同阶层的收支变化没有完整记录，最畅销的商品和服务及其用户群也不清楚，所以我们无法编制损益表。但对大多数人来说，食品显然仍是主要的支出项（1945 年为 50%~60%）。多数人的实际工资增加了，但额外需求，如在交通、家具、报纸、娱乐、健康等方面的需求也增加了。生活中的机会更多了，但工业进步所带来的收益却分配不均。首先，经济繁荣带来食物的增多。1830—1870 年，小麦和谷物的人均消耗量增长约 50%。1840—1940 年，土豆的人均耗费量将近翻了一番，糖的消耗量增加了7倍，咖啡增加了9倍，可可增加了50倍以上。其次，人们的衣物也增多了，居民人均棉花消耗量增加了4倍，羊毛增加了1倍。不同商品的价格波动使人们的生活支出向着出乎意料的方向发展。香烟的价格一直比较稳定（1891—1915），可以说其价格降得比较实在；邮信的费用减半（1849—1907），糖（1875—1909）和墨水（1904—1914）的价格也减半，天然气降价50%（1880—1907），体温计降价60%（1904—1909），瓷器降价约三分之一（1907—1914），出租车费降价3%（1901—1914）。但医疗费用上涨了50%（1900—1914），两次世界大战期间更是上涨到原来的10倍。理发价格上涨36%（1900—1914），防水雨衣价格上涨25%（1899—1914）。鸡蛋涨价三分之一（1875—1914），两次世界大战期间暴涨9倍。生活便利品越来越贵：炊具价格上涨12倍（1906—1939）；电熨斗取代将炉子加热的熨斗后（约1930年），价格涨到原来的3倍；1939年的床垫价格为1914年的10倍。普通劳动力工资增长18倍（1910—1939）。政府职员工资只增长7倍，这使他们的实际购买力在两次世界大战期间下降超过三分之一（不少中产阶级也发现自己陷入同样的窘境）。与此同时，工人们却大大富裕起来。小学教师的境况最好，实际收入翻了一番（1914—1949）。财富的再分配独立于政府的政策。这使得科学和技术尽管带来了深刻的革命，但却杂乱无章，它们给人们的生活带来的问题和不平等现象并不比原先的少，它们所表达的当然不是民意，连科学家们自己都不知道其成果到底能带来多大的社会影响。[①]

---

① Rémy Alasseur，J. Fourastié，et al.，*Documents pour l'élaboration d'indices du coût de la vie en France de 1910 à 1965*。从此书中我们了解到，对价格进行概括总结并非易事，故请有所保留地阅读下表。

	实际月工资（法郎）	工业品价格（法郎）	食品价格（法郎）
1840	78.5	57.0	73.1
1850	87.9	51.5	52.2
1860	84.9	65.0	69.8
1870	91.6	55.7	73.1
1880	114.7	46.1	73.1
1890	129.5	40.7	56.6
1900	136.6	43.2	51.1
1910	144.6	45.4	59.9
1920	97.3	266.4	292.5
1930	144.2	268.2	364.4
1938/9	155.9	338.5	449.5
1952	100.0		

本表基于 J. Singer-Kerel，*Le Coût de la vie à Paris de 1840 à 1954*（*1961*），第 104 页及相关表格。

6. 幸福与幽默

1776年发布的美国《独立宣言》中指出，追求幸福是人类不可剥夺的权利之一，这不言而喻。1789年，和美国革命一样，法国大革命也宣布了自由和平等的重要性，但没有提到幸福，只提到了博爱。这一差异非常显著。美国历史也许可以用这个国家寻求幸福的过程来书写。从约翰·亚当斯和托马斯·杰斐逊开始，就把追求幸福作为美国社会发展的主要目标。富兰克林·罗斯福在第二次就职演说中问道："我们是否达到了我们的目标？我们找到幸福的山谷了吗？"对幸福的追求在美国广告里体现得最为明显。仅在一期的美国周刊里，一位历史学家统计了257张面孔，这些面孔中有不少于178张的表情是微笑或大笑，其中有14人在唱歌，3人流泪时带着微笑，剩下的人由于各种原因没有微笑，比如在睡觉，或者他们是"阿拉伯人或其他一眼就能被看出的外来者"。[1] 在其他地方，大笑并不总是这样受欢迎。英国的切斯特菲尔德勋爵写道，大笑是一种"低级而不得体的行为"，是愚蠢和不礼貌的表现。这是乌合之众"在愚蠢的事情中表达愚蠢快乐"的方式。自成年起，他自己一次也没有大笑过。然而这并没有妨碍英国人赢得幽默风趣的美名，虽然丹纳评论说这是基于忧郁的幽默，“在英格兰，爱开玩笑的人很少开心或从不开心”。幸福和幽默需要被分别看待，在研究幽默之前，值得研究的是，为什么幸福这一概念在法国人的生活中如此模糊。

在 18 世纪，法国人和美国人一样热衷于追求幸福。事实上，从理论和文学方面来看，法国人可以称得上世界上研究幸福的专家。那时候，关于幸福的论文骤然间出现约 200 篇。然而，在此过程中，他们发现或重新发现了幸福所涉及的许多因素，因此，对于幸福的渴望也因众多激烈争论而得到平衡，比如对其性质及实现幸福的不确定性进行讨论。无论是布尔迪耶·维尔默的著作《对轻浮的道歉》(1750)，还是耶稣会士经常重印的《自我解放的艺术》(1664)，抑或是蒙克里夫的《论取悦他人的必要性与方法》(1738)，没有任何一部单一的作品的观点可以被看作公认的，因为观点总是在不断演变。大家都认同的是：人人都想获得幸福。但那些与幸福相关问题的解决方案，要么不完整，要么差强人意，就连提出问题的人也感到不满意，或是在很大程度上自欺欺人地妥协了。18 世纪并不如人们想象的那样乐观，既有希望，也有怀疑。因此，严肃的基督教观点认为，人们在这个世界上不应该追求幸福，也不应该享受幸福，除非希望在下一世得到它。这种观点在当时得到了有力的重申，在 19 世纪也是如此。年轻女子源源不断地进入修道院，这表明人们不但相信这种观点，而且将它付诸了实践。但也有基督教作家试图将寻求个人救赎和“天真快乐的享受”进行调和，坚持着基督教绅士的理想，在婚姻幸福和娱乐中寻找满足感，大师克拉维尔就是如此，甚至卢梭都会借阅他的畅销书《论真才实学》(1734)。因此，即使在宗教内部，人们对幸福也持有各种各样的态度。

哲学的挑战包括三个命题，它们显然完全否定了基督教的观点。

支持这三个命题的人认为，有一门关于幸福的科学，可以从对人类的客观研究及控制人类情感、管控周围世界的过程中推断出来。从这些命题的角度来说，幸福不再是精英的专利，所有人都能得到幸福。这种科学考虑到了普通大众，其教义不像社会规则那样仅仅与礼貌有关。最重要的是，他们认为，幸福不再是由寻求个人救赎的孤立个体赢得的，而是一种必然的社会成就，取决于社会的组织方式，还涉及人际关系的协调。他们开始研究这些新规则的内涵，将其列举得像百科全书那样详细具体，比如莱韦克·德普伊的著作《愉悦情绪理论》（1736），尽管没有引用任何基督教教义，但在许多问题上并不与之相悖。他们说，人就是一台机器，如果其才能得到适当发挥，就会产生“令人愉快的感觉”。也就是说，单凭思考是不够的，人性格的方方面面都需要得到锻炼。然而，他们并没有过度推崇愉悦，而是重回传统观点，认为不同的愉悦具有不同的价值，倡导适度原则和中庸之道，同时更强调遵从天意，与生活的多变自然协调。道德要求人们去做给自己带来幸福的事情，这使得幸福最终与道德趋于一致。具有公众精神、为后代谋福利的普通人代替了以自我为中心的理想化的圣贤，但这无法真正取代人们信仰基督的虔诚性。伏尔泰在作品《老实人》和《查第格》中阐释了不确定性，展现了生活的悲苦，指出追求幸福受制于荒诞的机遇和人类的愚蠢，而人们常在焦虑的痉挛和无聊的昏沉间挣扎。最后，伏尔泰只能以中庸的乐观作结，忧伤地建议人们应该“培养自己的精神花园”，无聊总好过焦虑，工作可以逃避思想重负，远离俗世是减少痛苦的方法。同样，丰特奈尔也认为，人类的烦恼都来自想法太多，获得幸福的方法就是享受当下，了解真实的自己，适应当前环境，不要理会那些不切实际的梦想和恐慌，要寻求内心的宁静——虽然这样做会让我们觉得无聊、没有激情。孟德斯鸠尤其意识到个人性格的多样性和不稳定性，他提倡要明智地控制情感，避免情绪激化所带来的风险。爱尔维修虽然深知理想抱负能带来乐趣，但也更担忧与之相伴而来的“罪恶和破坏”。金钱和商业的不良影响受千夫所指，部分源于此，远离城市的田园生活、安静的学习环境和美好纯真的友谊虽没有带来多大激情，却往往为人津津乐道。可见，人们害怕遭受痛苦的心境，与对美好事物的向往和充分享受生活的愿望，是一样强烈的。相比之下，人们更害怕遭受痛苦。

17 世纪，荣誉被认为是值得追求的东西。现在，人们对它的赞美明显减少了，许多人认为它与幸福不相容，但也有人持不同见解。窝王纳侯爵就仍然提倡荣誉，包括行动、勇气、志向。狄德罗则把掌声和赞美视为人类最好的兴奋剂。在 17 世纪，人们很少研究爱与幸福的关系，而现在爱成了“生活中的大事”。有人说，爱开辟了一条通向自我实现的新道路。现在人们对它进行的分析太过细致与冷静，使其充满了悖论，同时又赋予其新的吸引力。爱与虚荣、自爱与焦虑之间的关系得到了揭示，人们付出巨大的努力才将其从神话中解放出来。与此同时，爱以新的方式被理想化了。爱被认定是美德，被细化展现为不同的层次，只有爱之“纯洁”、“精致”和“真实”为多数人接受。然而，现在仍有一些人大胆地赞美它纯粹的性的一面，可惜总体上看，18 世纪并不像其名义上那样美好。唯物主义医生拉美特利认为，身体的快乐才是唯一重要的，人们应该在身体中寻找快乐，而不应为善恶的问题而烦恼。人们大体能理解他的学说，但很奇怪，几乎所有人都反对他的学说。他针对自己的乐趣在“庸俗的乐趣”和“可估价的乐趣”两者间仔细做了区分。有些人提倡纯粹的轻浮，甚至是放荡不羁，这的确是各个层次的年轻人都多少耳濡目染过的，但他们的态度也多少因良心和礼仪的约束而变得复杂起来。

对基督教的性挑战与经济挑战是同时进行的，但挑战的力度没有随经济挑战的加大而加大。致力于财富积累的中产阶级似乎不仅拒绝这个世界上事物的虚荣性，还拒绝理想、爱和感情。然而，他们很少满足于享受物质财富，他们还希望得到尊重，希望公众认可他们的优点。一方面，他们认为自己创造了繁荣，其经济成就让整个国家受益；另一方面，他们践行了基督教宣扬的美德（即使不是全部），并深以为傲。在家庭和道德生活中，他们是榜样，他们以基督徒的谦逊使用不义之财，在各方面都希望取得胜利，从而巩固自己的地位。毕竟，贫困是否是美德的条件，这并不确定。罗什福尔在其著作《哲学家关于幸福观点的批判性历史》（1778）中认为，财富提供了获得幸福的方法，但也摧毁了财富拥有者获得快乐的能力。有经济利益牵扯其中的哲学家们认为，财富是进步的标志和条件，所以要为其辩护。传统的基督教观点则认为，就个人而言，穷人是最有满足感的。但这种观点随后引发质疑，如特鲁布莱特神父所写：他本来认为世界上幸福的人要比不幸的人多，因为贫穷之人更多，但在了解了更多穷人的情况之后，特别是在他对穷人的快乐表示祝贺时，穷人却告诉他工作时唱歌并不是因为快乐，而是为了减少悲伤，忘记劳动的痛苦之后，连他自己都不知道是否应该改变之前的看法了。

因此，在18世纪末期，人们对于如何解决心理与思想的矛盾、自私与慷慨的矛盾、天生本能与追求美德的矛盾、渴望平静与害怕无聊的矛盾，以及满足这一切愿望与追寻幸福之间的矛盾，通通没有很清楚的概念。有人提出赚钱、教育、改善卫生条件和医疗是促进民众幸福的捷径，但哲学家们无法举出明显的例子来证明这些方法行之有效。与此同时，贵族们继续满足于把礼貌作为退而求其次的解决方法，用以处理人际关系和满足自己被爱的渴望。他们觉得交谈可以最有效地帮助自己结识更多朋友，至少不会冒犯到很多人。他们虽然也认同社会是获得幸福的关键因素，但也只是努力使自己适应社会，并没有想去改变它。[2]

19 世纪，学会适应也许是人们心中最普遍存在的心理，部分原因是这么做最便捷省力，还有部分原因是人们想要模仿人类社会中较优者的行为模式，从者趋之若鹜。与少数人的野心相对的是多数人的模仿跟从。人们如果只把自己局限于哲学家们所描绘的幸福中，一定会觉得幸福这个概念太复杂了，表面看上去，获得幸福的方式很简单，实际上人们永远无法真正得到它，它总是那么难以捉摸。人们如果求助其他领域的人来解读幸福，像小说家、诗人，那就会面临一个难题：从他们笔下展现的众多幸福个案中找到普遍规律。而这一时期的小说家自身大体上都不是特别幸福的人，他们笔下对生活的理想化处理或对生活艰辛的悲观描绘，令人无法确定这个世上是否真有幸福之人。他们的作品中有关病态、暴力、犯罪和灾难的记录要比表现安宁美满生活的多得多。

友谊

通过研究有关友谊的历史，我们可以很好地了解不断变化的社会状况是如何影响普通人的幸福的。在有关政治的章节中，我们注意到，对家庭和氏族的忠诚度仍然很强的区域与友谊占主导的区域之间存在差异。有人认为，正是在那些友谊占主导的地区，先进的共和思想才得到了最积极的宣传。人们常说，原始社会中所有的关系都是由家庭和亲缘关系主导的。世界上的人被划分为两类：氏族和陌生人，而陌生人通常被视为敌人，人们很难在这种情况下保持中立、做中间人或维系友情。虽然 19 世纪的法国早已不再处于这种简单的人际关系状态，但人们仍然不能完全自主地选择自己喜欢的朋友，而友谊的概念也只能在这种传统背景的约束下缓慢发展。除了对家庭的义务，人们逐渐增加了对邻居和共事之人的义务，在车间、工厂、兄弟会、社团、俱乐部和咖啡馆与更多的人交往。浪漫主义思想认为：一个人应该具有自由选择所交往之人的权利，情感依赖优于其他形式的依赖。但这只是一种理想状态，不同阶级和不同地区的人对情感的依赖程度也不一样。对自己所择之友的偏爱超过对家庭和社会的责任，这意味着个人以一种新的方式变得具有自我意识，更注意自我的个性，而非家庭所赋予的成员地位。在这一过程中，人们也会经历孤独与被孤立的情况。并非所有阶级的情况都一样，不同时期也不一样。

在一项对 1954—1955 年居住在巴黎中等城市和小城镇的工人、职员和工程师的不同社会关系的研究中，这一点表现得非常明显。那时候，友谊的形成仍然会遇到强大阻力。最大的阻碍是性别差异。调查中，80% 的人认为自己可以拥有异性朋友，但事实上，只有一半的人真正有异性朋友。拥有体面职业的人最先打破了这一局面。有异性朋友的工程师人数几乎是有异性朋友的工人人数的两倍，而职员对这种关系最持怀疑态度，部分原因是他们认为女性是其经济上的竞争对手。① 阶级不同是第二大障碍。人们的朋友中大约有一半来自同一个社会阶层。工人和职员之间的关系相差甚远，只有 15% 的工人承认自己有职员朋友，也只有 15% 的职员有工人朋友。富人和穷人之间的友谊当然更少，只有 2% 的工程师有工人朋友。不同社会阶级之间的通

① 62% 的工程师、35% 的工人、26% 的职员有女性朋友。

婚情况也证实了这一点。在这一时期，约 45% 的法国人仍在自己的社会阶层内通婚。然而，这种稳定性在不同的群体中是不同的。有 64% 的农民与农民结婚，49% 的工人与工人结婚，但只有 26% 的职员与职员结婚。而最矛盾的人是中层管理人员，其中只有 10% 的人与自己同阶级的人结婚。[①] 目前来看，阶级或职业固然很重要，却不起决定性作用。法兰西第三共和国把教育推上重要位置，有三分之二的夫妇受教育程度相同。工人和职员虽然受教育程度和水平相当，却很少成为朋友。他们成为朋友时，通常标示着该工人走上了资产阶级道路。这

① 细节详见 *A. Girard*，*Le Choix du conjoint*（*1964*），可归纳如下：

	丈夫的职业						
妻子父亲的职业	农业工人	农民	工人	工匠	职员	中级管理人员	高管与自由职业者
农业工人	35	27	24	8	6	—	—
农民	5	64	14	8	5	1	3
工人	4	17	49	13	12	2	3
工匠	1	21	22	34	10	4	8
职员	4	16	32	14	26	3	5
中级管理人员	—	12	21	19	21	10	17
高管与自由职业者	1	12	13	18	15	5	36

Elizabeth Glass，*Getting Married*：*Women and Marriage in Parisian Society in the Later Nineteenth Century* 指出：1865 年，在作者的样本中，有大约 40% 的巴黎人与他们自己社会群体内的成员结婚。

种跨越障碍的现象在现代工业和大城市中最为常见。与石油产业的工人相比，矿业工人在自己的阶级中的朋友数量更多。[①]

对不同的人群来说，友谊的意义也不一样。工人认为互惠互利是最重要的，他们中许多人确实不愿区分“友情”和“友好”。体力劳动者很少使用“友好”这个词，宁愿称“伙伴”或“同伴”。工人喜欢成群结队，大家一起聚会，他们将友谊视为一种集体情感。在农村地区，“友好”一词被广泛使用，但只是表示和睦或和谐。比如在“这个村子比那个村子更友好”中，“友好”的意思是更加团结。工人的友谊一般主要指传统的邻里互助，在贫民区更是这样，与个人选择关系不大。相比之下，工程师则更多地将友谊浪漫化，用它来取代自己脱离社区生活所失去的支持。他们把友谊更多地看作一种个人交流，每位朋友都因其特质而受重视，因此，他们很少会把所有朋友聚到一起。这种友谊本质上是城市里的，是不同于传统组织形式的新阶级的产物。友谊仍然是罕有的，在所有被调查者中，50% 的人称自己只有 2~4 个朋友，10% 的人称自己完全没有朋友。职员最孤独，他们当中有四分之一的人认为自己没有朋友。工程师最善于培养友谊，其朋友数量是工人的两倍。四分之三的工程师称他们经常与至少一位朋友讨论自己关心的事，只有 5% 的人没有这样做过。但工人中仅一半的人有这样亲密的交流。职员则更谨慎，他们中有 21% 的人从来不和朋友探讨私事。工程师们很少因为争吵而断绝友谊，而工人却经常这样做。[②] 其近一半的友谊因搬家而结束，近四分之一的友谊因结婚而终止。工程师建立的友谊更多，但打破的也更多，这也许与他们搬家最

① 矿工占 68%，石油工人占 39%。

② 因吵架而绝交的工程师占 2%，工人占 16%，职员占 10%。

为频繁有关。显然，友谊的需求与孤立感有紧密联系。把友谊理想化是那些不喜欢孤独，并且害怕别人知道自己孤独的人造就的。在这些人心中，友谊与其他方面的付出相比所处的地位怎样，显示出友谊的价值等级。家庭仍处于第一位，只有少数人会为了友谊而牺牲家庭。工作也很重要，多数情况下甚至比家庭还要重要，这说明谋生的需求或理想抱负是人们生活的主要动因。政治和宗教理念方面的重要性则低得多，有 65% 的人说有朋友与自己的观点截然相反。这并不奇怪，表面看上去似乎观念相近更易于形成友谊，但实际往往不是这样的。人们常会从朋友身上寻找自己欣赏的特质，而非自己已具备的品质。也可以说，人们是在寻找自己的形象和理想的某种结合。只有那些更为自信、极为自负的人才会交与自己性格特征类似的朋友。因此，友谊不会简单地取代人们与邻里和亲人之间的旧纽带，它没有牢固的义务基础，只是出于人们追求理想的某种满足感。它表明人们渴望一种新的安全感，渴望自我超越，它处在现实和理想的交界处。[3]

人们在 20 世纪 70 年代左右发现，“社会交往”是共和主义发展的关键因素之一。[4] 从政治方面来看，城市社会交往起了相当重要的作用。但是，正如我之前所提到的，社会交往的意义在法国南部与在其他地区有很大不同，这一点需要弄清楚，因为细微差异往往在这么微妙的事情中起了很大的作用。各阶级、各专业团体之间的社交差异，以及社会流动性对其产生的影响，都需要我们去了解。也就是说，我们需要对社交的发展历史进行更多的调查。此外，我们还需看到丈夫与妻子之间的情感史也与社交密切相关，因为夫妻关系的增进有可能会降低他们对其余家庭成员的依赖。这从对遗孀的待遇可见一斑。根据《拿破仑法典》，遗孀对已故丈夫的财产只有很少的继承权。而到 1891 年，法律规定如果夫妻俩没有孩子，丧偶后，妻子对丈夫财产的一半具有使用权；如果他们有子女，妻子对丈夫财产的四分之一有使用权。直到那时，婚姻还多是夫妻财务上的一种暂时结盟，这种结盟以夫妻一方的去世而告终，他们的主要继承人一般来自各自的原生家庭。穷人在婚姻中很少会有损失，其家庭关系一般不会因经济关系而变得复杂，他们常在婚姻合同中加入一方去世后要为伴侣留下充分生活保障的一些条款。那些其他社会关系很少的人往往对婚姻非常依赖。小商店的老板常会把生意遗赠给自己的配偶，但这种情况在富人中比较少见。[5] 友谊的形成往往有一定的前提，幸福的形成也是如此。

幸福的含义好像一直没有太大变化，所以追溯幸福的历史演变显然没有太大意义，但我们还是可以研究一下这一时期人们的幸福感是更多了还是更少了。我们可以从几个层面去寻求答案。到目前为止，历史学家们倾向于集中研究那些本应使人们更幸福的因素，特别是物质财富的增长和健康状况的改善。这些当然有一定的重要性，但他们得出的结论并不完整，没有证据能够表明变得更富有或更健康的人的心理状态如何。还有一种方法是研究幸福的表现形式——快乐、狂欢和庆祝，并从这些表现形式中研究与之相关的社会关系。也许最好的分析对象就是舞蹈。

舞蹈

传统有关舞蹈的绘画有一个明显令人费解的问题。一位多产的民俗画画家阿道夫·勒（1812—1891）留下了一幅非常具有启示意义的画《布列塔尼的婚姻》（1863），这幅画曾在卢森堡的第二帝国现代艺术博物馆展出。画中农民在跳舞，但他们脸上却丝毫没有快乐的表情。有一种解释是，幸福有两个对立面，一种来自安全、接受和顺从，另一种来自摆脱日常生活束缚。布列塔尼舞蹈虽然不是整个法国的典型，但让人们看到了舞蹈的这种内涵。这种舞现在仅限于在旅游景点观赏了，但在这之前它已存在很久，民俗学家和民族音乐学家得以记录下它的步伐和仪式。这种舞的历史可以追溯到近代，研究者根据 1945—1960 年对 375 个村庄的老年人进行的采访，对布列塔尼舞蹈进行了详细的记录。[6] 被采访的许多老人带着异常激动的心情讲述了他们年轻时跳舞的场景。当时，为了参加一场舞会，他们需要走很多路，虽然到达时已汗流浃背，但还是立即加入了舞队。一位老人说："我在年轻时，到了收甜菜的时节，累得几乎提不起那装得满满的篮子。但只要我一想起舞蹈，想起那曲调，我就能毫不费力地把篮子举起来，带着篮子一起跳舞。"一位 80 岁的老妇人说过这样一句谚语："跳舞能让人挺直腰板。"还有一位老人说："那时候，每当心情不好或不舒服的时候，人们就会说：'我们去跳一支舞吧！'"

从 1900 年左右的法国莫尔莱和普卢阿雷地区，到 1914 年非尼斯泰尔北部，再到 1945 年非尼斯泰尔南部，传统舞蹈都是群体意识的体现，无声的身体运动和姿态是用来表达社区凝聚力的语言。舞蹈是一项集体活动，所有阶层，特别是所有年龄段的人都可以参加。它没有什么色情的成分，大多数古老的舞蹈都可以由同性完美地演绎。男性通常不会总和同一位女性跳舞（刚订婚的男女除外），和舞伴的配合方式也多种多样，主要是为了限制异性接触。如果一个女孩儿不喜欢她的舞伴，她还是会和这个舞伴跳舞，只不过他们可能不会牵手，而是用手帕接触。牧师们在亲朋的婚礼上跳舞也采用这种方式。在布列塔尼，年轻人从不独自跳舞（虽然法国其他地方有独舞）。古老的布列塔尼舞蹈反映出人们对邻里关系的看重，这是乡村生活的重要特征。将一个村庄的村民联系在一起的是共同的童年、相近的工作性质及为完成更多农活常需寻求家庭以外的协助的情况。田间劳作，如收割，家庭劳作，如纺纱，往往是大家聚在一起进行，这就形成了邻里之间有来有往、互帮互助的状态。这样的社群组合能使最令人筋疲力尽的劳动形式转变为各种盛会。比如，年轻人会期待马铃薯的收获季节，届时每个小村子都会庆贺丰收，人们会从邻村赶来参加舞会和游戏，这也是对自己辛勤劳动的回报。每当人们回忆起自己的青年时代，总会愉快地讲起这些聚会，这些娱乐让他们忘记了辛劳，年轻人不跳到筋疲力尽不算完。找邻居帮忙的人事后也要组织大家娱乐一场，努力营造快乐的氛围。

伦德里地区就是劳动和欢乐相结合的一个例子。如果一个农夫想要织很多布，就得请村里的姑娘们帮他纺足够的线。他可以找 9 位年轻小伙子，每人再找 9 个女孩儿来纺纱，这样一场比赛就展开了。小伙子们也参加比赛，获胜的女孩儿赢得的奖品是一块手帕，她的男性朋友也会得到一些烟草作为奖励，然后大家一起聚餐，再跳半宿的舞。这类聚会颇受人们欢迎，参加的人数往往多达四五百。聚会需要做的准备堪比婚礼。而婚礼是集体活动的另一种主要表现形式。通过婚礼，能够展现出家族的规模和影响力。从最广义的层面上理解，家族类似于罗马的氏族。婚礼宾客的平均人数在 200~300 人，但到场宾客多达 1 000~2 000 人的情况也并不罕见，甚至还有更大规模的婚礼。宗教仪式之后，人们会跳一种荣誉舞蹈。直到 1935 年，这种舞蹈仍然被视为“一种神圣的仪式，非常庄严”。舞蹈地点在村子的广场上，由新娘一个人先开始跳，其他人逐渐加入，直到所有人都加入，连年纪最大的人也都会参与进来，这样两个家族就庄严地融合到了一起。在这个非常贫穷的地区，这类节日对人们来说比其他节日更重要，因为在这样的聚会里没有人会被排除在外，连村里最穷的人也会接到参加婚礼的邀请，新婚夫妇会和他们共舞，这是惯例。在布列塔尼朝圣者们的赦免仪式上，人们也会举行舞会来祭拜神灵，尤其是在还没有神职人员来管理这个地区的时候更是如此。此外，人们在市集结束后也举办舞会，还有慈善募捐舞会、“魔术舞会”、“婚庆舞会”等，佩泽还有公开的相亲舞会，这些舞会都有一个共同点，即参与者都非常投入。19 世纪 20 年代，一位到访过布列塔尼的游客说：“他们庄重起舞，女人们低眉顺目，男人们表情庄重，并没有给人以寻开心的感觉。”[7] 这是因为布列塔尼舞蹈并非为了进行某种表演或展示个人舞技而设。当然，如果一场盛宴持续时间较长，跳舞的人逐渐受到周围热烈气氛的感染，其舞蹈也会由庄重渐变为热烈。多数情况下，舞会氛围介于“舞蹈的祥和之乐与集体狂欢之乐”之间。所有舞会基本上都彰显出一种集体安全感，这是全体村民心目中共有的一片天地。舞蹈也把这片天地印在了孩子们心上，为他们撑起一把保护伞。所以其舞步不需要过多的花样，起舞的农民也无意模仿贵族。其实在巴黎成千上万的舞蹈中，布列塔尼人只借用过其中的一种，而且还是在这种舞已经在全国各地流行了一个多世纪之后。直到 19 世纪末，法国乡村地区才开始跳《贵妇人之舞》或《盎格鲁语之舞》，这些舞蹈此时在巴黎沙龙中已流行了约 150 年。随着传统受到挑战、社会经济结构发生变化，人们对城镇舞蹈的模仿方兴未艾。这些新式舞蹈允许个人展示、夫妻共舞，以及发展前文所述的亲密友谊。19 世纪末，出现了舞蹈比赛。在那之前，舞者只能随众起舞，为了自身安全起见必须服从集体仪式。也有一些舞蹈，比如婚宴上人们吃饱喝足后跳的烤肉之舞，可以让舞者展示自己的力量。但总的来说，个人不会太过抢风头。特别是在婚礼后的荣誉舞会上，大家要严格按规矩跳。而现在，人们很显然对幸福有了不同的理解，开始想要在舞会上取悦舞伴、建立人际关系、相互搭讪。

这可以从城镇舞蹈中看出，或者至少可以从巴黎舞蹈中看出，因为首都的娱乐活动能够得到最完好的记录。人们需要区分19世纪三种不同的舞会：官方舞会、私人舞会和公共舞会。城镇上最初的舞会都由政府管理。在法国大革命之前，歌剧确实垄断了公共舞蹈。1715年，路易十五允许公众在歌剧院每周跳三次舞，任何人都可以付费参加。这些舞蹈在路易·菲利普和拿破仑三世时仍然非常流行，歌剧的花坛和乐池在演出结束后会被铺上可移动的地板，用来跳舞。各个家庭的所有人都会参加，因为舞蹈最初就是家庭娱乐活动。为结婚、订婚和宴会而举办的私人家庭舞会，以及有数千名宾客参加的政府舞会，无论是在意义上还是在娱乐性上，都与布列塔尼人的舞蹈相似。他们还特别关注自己的群体归属，半数的舞会准备工作都用在了邀请合适的客人上，收到邀请往往被看作受到官方或社会某个特定阶层接纳的标志。随着城市人口数量的增长，小舞蹈团体数量日渐增加，但其舞蹈仪式受到了新舞蹈和新组织形式的挑战。

传统的沙龙舞蹈本质上是芭蕾，舞步复杂多变，比如四组舞，需要多达16对舞伴。人们需要长时间练习和排练，舞蹈课和击剑课一样，都是绅士教育的一部分。然而，舞蹈大师不仅是运动大师，他们还教学生们如何正确地走路和敬礼，如何进入房间，如何使身体的每个动作都表现得优雅和谐。乔治·桑的舞蹈老师是彬彬有礼、神情严肃的亚伯拉罕先生，他当时已经80多岁了，还在跳舞和教书，他传授给乔治·桑的规矩和给玛丽·安托瓦内特的一样。能够表达时尚理想和礼仪的舞蹈是嘉禾舞——精致的双人芭蕾，它不但有足够的空间来展示个人的优雅和独创性，还有固定的舞蹈编排和小步舞。它最初是一种舞台剧，后来在宫廷中流行开来。在19世纪30年代，人们依然在跳这些舞蹈，但那时候，标准的沙龙舞蹈已经变成了成对行列舞，从法兰西第一帝国时期到法兰西第二帝国时期，一直处于主导地位。后来又被重新命名为四对方舞，但它需要5个人参与，每个人都有不同的舞步，人们认为它代表了一种更欢快、更自由的运动。这些后来都逐渐简化为简单而匀速的来回移动。每一代人最大的抱怨就是沙龙舞会太无聊。19世纪，时尚变幻莫测，试图寻找新的情感表达，华尔兹就是其中的改革之一。1820年，宫廷不允许跳华尔兹。1857年，福楼拜因对华尔兹露骨的描写而被起诉。事实上，华尔兹在1787年就引入了法国剧院，其中一种形式可能于17世纪就存在于普罗旺斯。但在19世纪，华尔兹被认为是来自德国的一种情感和浪漫的舶来品，受到欢迎。最初，在拿破仑一世统治时期，就像古老的版画所显示的那样，人们跳华尔兹时，情侣们手牵着手，有时甚至是搂着腰，不用转头就能跳起来。直到1819年，韦伯的著作《舞会请帖》才赋予了华尔兹现代形式。这令人震惊，但类似的大胆创新不断被引入，人们也渐渐习以为常。1832年，“圣西蒙尼亚·加洛普”修改了四对方舞——允许更换舞伴。19世纪20年代发明的联谊会，在法兰西第三共和国早期特别受欢迎，舞蹈领队需要拍手和击鼓，在场每个人都要模仿，这种形式被广泛用在舞会的结尾。卡里永人跳的舞蹈又跺脚又拍手，发出很大响声，曾风行一时，后来成了孩子们的最爱。另一场伟大的革命出现在波尔卡舞蹈中，它于1844年从布拉格传入法国，在舞台上表演后立即被人们模仿。维维安街的匈牙利舞蹈大师塞拉里于斯是波尔卡舞蹈的发起者。“要想理解当时巴黎的舞蹈改革，了解年轻人、老人、母亲、女儿、法官、律师、医生和学生对富有激情的波尔卡舞蹈的喜欢程度，至少需要在巴黎待上一个冬天。那时所有的东西都被称为‘波尔卡’，从男装和女装的品牌，到最奢华的晚宴上吃的菜肴和布丁……男孩儿们放学回家，一路跳着波尔卡舞，唱着最初的波希米亚歌曲。”[8]

时尚会朝着不同的方向发展。有时，就像1830年一样，时尚意味着跳舞时漫不经心，拖拖拉拉，脱下手套，而不是按照指定的步伐跳，但这让舞蹈失去了活力，年轻人无法接受。于是，更有活力且更具节奏的舞蹈形式被引入，例如波士顿舞，它是华尔兹的一种，但比华尔兹少一个舞步，同样可以应用于波尔卡舞和四对方舞。“波士顿舞”的意思是随心所欲地前进、后退或转弯，尽可能地改变动作，滑行多于跳跃。1874年之后，跳波士顿舞形成一股热潮。几年后，因过于古板而被摒弃的老式四对方舞被“美式四对方舞”取代，而后者更为有趣。创新几乎总是外来的，这是人们打破传统的借口或理由。1892年，两步舞应运而生，它于1894年进入柏林。后来，探戈问世，它被认为是吉卜赛人从中国经由西班牙带到阿根廷的。19世纪和20世纪之交，“探戈”一词被用来描述异国舞蹈。

巴黎的舞蹈一直处在各种冲突和矛盾中。正如1791年《表演年鉴》中列出的400多个舞蹈场所所揭示的那样，革命结束了对公共舞会的管制，释放了舞蹈力量。1830年的革命伴随着康康舞的出现，被视为文明社会的最后一根稻草。伏尔泰说过，舞蹈受制于规则，可以被视为一门艺术。正如一位舞蹈大师所说：“康康舞是一种疯癫的舞蹈，其与一般舞蹈的关系就好比俚语和法语的关系……不受任何音乐规则的影响，这是舞者性格、柔韧性或敏捷性的展现。”康康舞被认为是淫秽的，至少过来人会抱怨说它变得低俗了。[9]但从19世纪30年代开始，训练和非训练舞蹈之间的矛盾日渐显现，资产阶级摒弃了公共舞会，也正是从这里开始出现了更活泼的新舞步，在传统主义者看来，这是“狂欢和真正的农神节”。

公共舞会形式多样，代表着自由。它们非常受欢迎，到后来就变成了一个新的行业，但是舞者却深受这些变化不定的规则的困扰。公共舞会迎合了每个人的口味，有的具有家庭氛围，靠近香榭丽舍大道的冬季花园就是这样一个地方，它在法兰西第二帝国时期繁荣一时；有的会举办诗歌及全国性音乐会，歌剧院和喜剧院的歌唱家们也会前来助阵，以推广大师的作品。盎格鲁街只有6米宽，两旁都是烂房子。有一家店铺，招牌上写着“舞会专为家庭：安静而合乎礼仪”。店里的手风琴音乐吸引了相当多的奥韦尼亚家庭。相比之下，布利尔舞厅则狭小肮脏、烟雾弥漫、令人窒息，但却以这样的氛围而闻名。这是一个家族企业，第三位布利尔于1882年从创始人之子手中继承了这一遗产。罗彻豪特大道上的罗勃特舞厅由吉勒·罗勃特创办，他当过制鞋工人、锁匠、汽船修理工、铁路工人，还是萨尔瓦特先生的“舞蹈和礼仪老师”。他晚上教舞蹈赚外快，后来一个英语专业的学生误认为他是芭蕾舞演员，便向他学习舞蹈，每小时付一基尼（英国旧时金币名）。罗勃特用攒下的钱于1856年开了舞厅，非常成功，之后他的一个学生还为他写了传记。[10] 生活在查理曼大帝公立中学附近的男孩儿们周日会去里沃利大厅抽烟，著名画家也去那里寻找模特，她们来自附近的犹太区，具有异域风情。1800年，杜诺耶兹在贝尔维尔建造了大圣马丁舞厅（他的一个兄弟当了将军，另一个掌控着巴黎大部分的出租车）。这家舞厅拥有不同的客户群，比所有竞争对手的营业时间都要久。[11] 从19世纪开始，爱丽舍宫·蒙马特舞厅就是为巴黎人准备的，他们星期天从城里出来，在树下玩耍。1860年，塞尔家族建造了一个1 000平方米的大厅为大众娱乐所用，经手了几代人。白色城堡是一座建于1850年左右的舞厅，1885年改建为红磨坊，以其欢快有趣而闻名。[12] 假面舞厅（1885—1898）要求参与者必须伪装身份。同时期，朱尔·罗克组织了法国信使舞会。此前，他因出版情色作品而被定罪。信使舞会每年有一个主题——田园生活（1890）、神秘主义（1891）、异性装扮（1892）、异教徒（1894）。艺术舞会是艺术系学生一年一度的狂欢节。在1892年，艺术舞会禁止参加者穿正式的裙子、工装服、资产阶级套装和泳衣。学生们和4个裸体模特在街上游行，直到第二天早晨才散去。由于对街头执照的投诉，他们被起诉了。每年他们都会想一个新笑话。[13]

1914—1918年的战争对舞蹈产生的影响有如对法国大革命的影响，大大提高了舞蹈的受欢迎程度。1921年，巴黎舞蹈教师学院发表声明谴责"野蛮音乐中带有异国情调幻想"，每个舞者都根据自己的兴致跳舞。他们将这种艺术的衰落归因于外国影响，还表示拒绝教授希米舞，"因为这种舞蹈太像圣维特斯的舞蹈和慢性病了"。巴黎一所女子公立中学的校长抗议称，对舞蹈的狂热造成学生们"智力水平低下"。她承认，虽然自己对现代舞蹈知之甚少，但也亲眼看到过。她强烈要求恢复小步舞、嘉禾舞和古希腊舞蹈。博德里亚是天主教的主要知识分子之一，他抱怨说这些新式舞蹈会带来性行为问题。伯纳德博士是一位著名的妇科医生，他警告说，这些新式舞蹈会引发危险疾病，比如女性子宫炎和膀胱炎、男性阳痿。为了做研究，保罗·布尔热去了一家舞厅，对那里粗俗和不得体的行为感到震惊。德国人遭到指控——他们增加舞厅是为了贩卖可卡因。《哲学评论》发表了一篇文章，将"新阿根廷舞蹈"归类为"男子色情狂"的表现形式。勒福特夫人是一位著名的舞蹈老师，她认为保护法国传统非常重要，人们应当摒弃那些贴面的舞蹈。如果无法禁止新式舞蹈，至少也需要净化一下它们。她在课堂上将希米舞改为了狐步舞。然而政府拒绝采取措施，改变现状。塞纳省省长说，就他个人而言，他认为跳舞可以锻炼身体，让人神清气爽。[14]

但这些抱怨表明，许多资产阶级害怕和讨厌打破传统的庆祝活动。只有少数人喜欢这种方式。具体数目并不清楚，但 1962 年的一项民意调查发现，在 16~24 岁的年轻人中，只有 13% 的人在休闲时最爱跳舞。那时，举办舞会已成为中产阶级中少数人的惯例：68% 的青少年从未参加过舞会。中学里的男生表示每年会去舞会 11~40 次，而工人阶级的孩子很少去参加舞会。[15] 舞蹈改变了自身意义，失去了吸引力，这尚待研究。同样，现代舞步产生的影响也值得研究。还有一个突出的问题：中产阶级如何才能不再模仿贵族，不再深受国外影响。另外，我们还需要追溯传统舞蹈的复兴运动，包括早在 19 世纪 80 年代人们就开始穿的旧政权服装。

角色与礼仪

中产阶级对幸福的理解充满矛盾。他们具有一定的社会地位，再微不足道的言行也会对其产生深远影响。在法国，提升社会地位是人们的普遍目标，而且常常能够实现。因而，对许多人来说，幸福意味着实现这一目标。实现目标需要自我控制，放弃眼前的享受，向那些备受尊敬、彬彬有礼的人学习。所以礼仪类图书销量巨大，这些书最具教育意义。我在我写的关于抱负的文字中谈到了职业类图书，而礼仪类图书就是对其完美的补充。[16] 礼仪类图书通常针对女性，而职业类图书通常针对男性。礼仪类图书比小说更好地反映了女性幻想，涉及日常生活的诸多细节。这些细节不带戏剧性色彩，却非常吸引女性。这些书总结了女性杂志的各类建议，阐释了有关钩针和刺绣若干文章背后的深层含义。更为重要的是，礼仪类图书，或至少是非常成功的礼仪类图书，从来不给人以缥缈的希望。对于那些列出目标却很少付诸行动的人，这些书从不保证他们能够获得幸福。女性应当在遵守规则中获得幸福，而不是从童话故事里寻找幸福。

礼仪类图书的意义远不止于此。它们会教人们如何生活，建立怎样的目标和原则，而非获得简单的常识。大约三个世纪之前，以伊拉斯谟为主角的作品《诚实小公民》一直作为孩子的礼仪指南和阅读文本。法兰西第二帝国时期的一代人也是读着这本书成长起来的。[17] 1865 年，《时尚插图》的编辑埃米琳·雷蒙德改写了这本书，让它和时代接轨，也能为成年人提供指导。[18] 书中写道，旧式礼仪已经衰落，良好的行为规范不断在改变。但是埃米琳努力恢复礼仪，鼓励其读者抵制迈向非正式的运动。她指出，规则都有道德基础。她抱怨说，在法国，这个被认为颇具骑士精神的国度，男人们在派对上会毫不留情地吃光食物，女士们只能饥肠辘辘。同样，风情万种的女性也经常傲慢无礼、骄傲自大、飞扬跋扈，完全违背传统形象。她认为，个人崇拜是罪魁祸首，是所有缺陷的根源。“虚荣心和利己主义交织在一起形成的个性，让人们在任何场合都试图用自己的品位和习惯来代替他人的品位和习惯。”这会让人们产生支配欲望，为所欲为。这是一种对日益增长的个人主义和既定习惯的冲突的敏锐理解。新一代人乐于向孩子们传授旧规则，但自身却再也不想遵守它们。儿童教育和成人行为的对比日渐增强，结果令人惊讶。雷蒙德女士说，“很多年轻人认为礼貌是一种老毛病，这并不奇怪。为了证明一个人有强大的大脑，不服从于无用的规则是必要的”。她鼓励女性捍卫传统的骑士精神。虚荣心一旦出现，人的力量就会减弱。女性会坚持自己的意志，产生优越感，对他人嗤之以鼻。对此，女性无须辩驳。这并不是说女性不应该有自己的观点，而是应该把取悦他人、看淡生活的痛苦、忘却自我、奉献他人作为首要目标。女性不应该胆怯，不应该害怕被嘲笑，不应该对自我过分关心。她们应当从帮助他人的行为中获得快乐，在不断提升自我道德的过程中获得幸福。正如雷蒙德女士所说，她列举的许多处世法则都是为了压制女性的激情、品位和观点。这是一件好事。在她看来，幸福是自我克制和自我惩罚。

在这一时期所有关于礼貌的著作中，男爵夫人斯塔夫（原名苏耶尔）也许是最成功的一位。她的著作《世界惯例》（1887）在10年内出版了131版，在两次世界大战期间仍在再版。[19] 她认为“女人越像女人，男人就越喜欢”。一个女人如果想走出自己的圈子，就有失去风度和幸福的危险。她应该生活在暗处，而不是处在明亮的灯光下；她应该在家里待着，而不是出去乱跑；她应该和孩子们在一起，而不是和男人们在一起。在男爵夫人斯塔夫看来，女人最希望得到的是爱。她认为，获得爱既不需要倾城的美貌，也不需要出众的才智，甚至不需要卓越的美德。女性可以习得所需的品质，而第一步就是呈现自己。依赖男人是一种优雅的表现。女性保持机智、深情、善良、温柔和快乐，就能创造幸福。聪明的女人都知道“世界上不存在完全的幸福”。她们不应该怀揣不切实际的梦想，要是有了这些梦想，也应当学会克制。对女人来说，卖弄一点儿风情是被允许的，甚至是必要的，这显示出想要取悦他人的正当愿望，但“即使在思想中，也不要寻求危险的慰藉。克制自己，把一切用在孩子那里”。但男爵夫人斯塔夫并不完全是保守派。她不喜欢“愚蠢的拘谨”，也不喜欢经常晕倒的、具有天使一般模样的姑娘。她还鼓励读者减肥，不要被时尚左右，不要在40岁还怀上孩子。男爵夫人自己说，她的理想是拥有甜蜜的生活。理想的女性会微笑，但很少大笑。因为大笑让女性看起来很丑。生活本身太艰难，没有什么可大笑的。毫无疑问，许多人相信这种哲学。[20]

路易丝·阿尔克（1840—1901）也是一名女性杂志编辑，她有关生活艺术的指南卖了10万册。她从不给出自己的观点和看法，只是描写世上发生之事。她的描述无疑表明，男爵夫人的观点得到了广泛认同。然而，阿尔克还揭示了这些想法遇到的障碍。她说，她的杂志读者完全沉浸在取悦男人的快乐之中。18岁时，她们要么想当女演员，这样就可以穿上漂亮的衣服，让人们羡慕；要么想当修女，因为她们太胆小，不敢离开修道院的学校。许多女孩儿向往婚姻，认为婚姻的伊甸园里充满了欢乐和自由。但是据观察，基于外表获得的幸福非常脆弱；婚姻需要用心经营；买得起漂亮的衣服本是一种乐趣，但人们却在和他人的攀比中丢失了这种乐趣；结交朋友是件难事，凡是主动提出要与你结交的人，要来者不拒，尤其是那些出身比你更好的人；为人父母，也有可能会被自己的孩子抛弃；年轻一代可能会残忍地对待老妇人，憎恶、推搡、侮辱她们。阿尔克也不知道她的读者们该如何做。她自己通过写作实现了“命运的逆转”，她的座右铭是“工作是独立的关键”。她出版了30卷书。她发现生活不易，希望女性不要在男性世界里竞争。她写道：“我大胆断言，丈夫要是很敏感，那么妻子一般不会幸福。”世上没有完美的幸福，一个好丈夫至少会减少生活里的不快乐。女性应该用美德、牺牲和软弱来保持对丈夫的依赖，这样丈夫就能知道妻子的幸福依靠自己。阿尔克同意，这似乎显得很单调。但是如果一个丈夫对妻子的爱胜过了对个人目标的追逐，有一天却激情消退，至少妻子还是能够维护丈夫的尊严的。阿尔克鼓励女性无论何时何地，都要尽可能地寻找尊严。即使不是宗教信徒，也应当去教堂做礼拜，这能提高女性在他人眼中的地位。女性应该忍受男性吸烟，甚至假装喜欢烟草的味道，乐意讨论股票和体育，这样就能吸引男性。女性不要去考虑如何改变世界，“什么都不要批评，只要遵守既定的风俗习惯就好”。女性说话要谨慎，要是与下贱之人往来，必然会遭到他人唾弃。诚然，现代社会讲求人人平等，但这种平均主义充斥着嫉妒和虚荣。人人都想出人头地，认为才能可以代替财富。阿尔克也认为，知道自己的地位并接受等级制度的存在，是正确但困难的做法。解决办法是在各种关系中保持距离，在家庭关系中也要保持距离。无论是男性和女性的关系，还是丈夫和妻子的关系，都不能过分亲密。性别差异要求人们保持谦虚和尊重，父女之间示爱是错误的。女性之间可以交朋友，但是她们喜爱攀比，热衷于恶意的八卦，因此友谊很难维持。现在我们能够明白礼仪的重要性了。只有礼仪能维持社会关系，让人们相互感到愉悦，赢得喜爱或尊重，同时，礼仪可以通过学习获得。[21]

直到这一时期结束，许多保守主义者对痛苦的恐惧仍然大于对快乐的渴望。1936 年出版的一本关于良好行为的指南一开始就说，年轻女性与 30 年前完全不同，但还是需要接受最具限制性的传统建议，即“好的品位在于保持低调，而不是吸引别人的注意”。服装需要注重时尚，但是要避免过分夸张。书中有一个章节谈及女性的职业生涯，提醒女孩儿不要急于和男生握手、跳舞或是观看不宜的戏剧和电影。[22]另一本指南于 1942 年出版，并于 1954 年发行第五版。该书讲的是责任，如何尊重上级，如何对待下级，因为“现实里真正的平等实为罕见”。一个人应该只和那些家人诚实、教育背景和宗教信仰相近的人交朋友。[23]基督教婚姻协会规定，女性一旦结婚，她的快乐应该来源于家庭，而非个人。但这并不能带来多少幸福，因为它把婚姻看作

“一起受苦”的一种方式。[24]

有个警察为警察写了一本道德指南，持有相同的观点，但对警察这一职业特有的苦与乐进行了更为有趣的细节描述。书中写道，警察任何时候都会受到嘲笑。他们都希望自己的孩子能够获得更高的社会地位。不被嘲笑的方法就是懂礼貌，讲礼仪。要让孩子获得更好的职业生涯，就需要让他们接受教育。“因此，幸福能够在简单、安静和有规律的家庭生活中找到。”干净、卫生是获得幸福的第一步。罗马人每天都洗澡，但“法国人洗澡就没有那么勤快了”。每天早上要洗脸，每次值班要剃须。“尽量少吐痰，或者小心地吐在手帕上。”不要随便挠头或是挖鼻孔。吃饭时间是放松和愉快的，欢乐有助于消化，但这种欢乐不应沦为不合时宜或恶意的笑话。美食和美酒会让人更容易说出一些无礼的话，“如果不小心，就可能超越教育规范的界限”。不应该粗鲁地把餐巾塞进衣领里。在餐馆里，觉得盘子脏了，可以用餐巾擦盘子。无论在何地都不能把没有吃过的食物扔到桌子底下。警察不能有社交生活，不能去拜访同行之外的人，应该集中精力与同事搞好关系。良好的教育有助于这一点。但是与同事搞好关系并不意味着要和他们亲密无间。“我要说得更加深入一些：经验表明，最激烈的矛盾冲突往往发生在最亲密的家人之间。不要攀比——这是给妻子们的一条忠告。”警察必须特别小心，不能经常被人嘲笑或失去尊严。出于礼貌，警察不能“大笑或者拍手表示喜悦”。警察要避免使用俚语或淫秽的语言，特别是在和上司说话时。接电话时不能说：“怎么了？你在说什么？”而应该说：“我有幸跟谁说话呢？好的，先生。不是的，先生。”警察的世界等级森严，不要冒昧地与一个社会地位比自己高的人握手。[25]因此，幸福包括平衡自尊和顺从，从规矩的行为中获得快乐，情感发泄不能有损公众声誉。当然，虚伪才能保存体面。婚姻的幸福与卖淫密切相关。同样，假正经也依赖于庞大的色情产业。法兰西第三共和国给予新闻界完全的自由，因而出现了大量色情出版物。[26] 通过得到尊重而获得的幸福可以与宗教道德或世俗意识形态等同，平衡了自我控制的满足与壮志雄心。当然，其劣势在于，对于得不到尊重的人来说，这种幸福不会持续很久。

有关幸福的图片比书籍还多。图片也会描绘礼仪和规范，但就其本质而言，图片反映的是人们某个特定时刻的样子，而书籍则能更自由地表达想法。小说中虽然会出现幸福的结局，但更多的是生活的冲突和困难。所以人们通过欣赏图片，能够对幸福获得更加直接的感受。孩子们简单的快乐、舞蹈、恋爱中的情侣、工作上的满足、在阳光下放松、看花和欣赏美丽的风景——这些曾经都是绘画的流行主题。[27] 相比之下，伟大的作家们对幸福却只字未提。1898 年，被问及有关幸福的问题时，法国科学院的成员和一些名人都给出了悲观的回答。梅尔基奥尔·沃居埃直截了当地说自己从来没有体验过幸福，没有发现幸福的秘密，也没有相关建议。巴泰勒米·圣伊莱尔读了 40 年前他在自己编辑的亚里士多德的著作《论道德》中的序言，说人不应该追求幸福，只能履行职责，虽然幸福可能源于责任。豪森维尔伯爵是研究社会问题的专家，他不确定幸福是否会随着生活水平的提高而增加，他相信幸福是我们梦想的，或者曾经存在的，或者将来会存在的，但从来没有人真正拥有过的东西。民族主义颂词家爱德华·德拉蒙特认为，幸福非常珍贵，“当你近距离地了解别人时，你会惊讶地看到大多数人生活在底层的悲苦中”。包括大仲马在内的一些人经常会引用托尔斯泰《残酷的快乐》里的话来表达自己的观点。剧作家维克多·切尔布利兹说，幸福是上帝的礼物。所以我们不需要有关如何获得幸福的书，而是需要教我们在没有获得幸福的情况下如何生活的书。科学家贝特洛也持有相同的观点，他说幸福“更多地取决于生理，而非意志”，因此寻找幸福是徒劳的。[28]

然而，上述这些人只传达了文学中有关幸福的部分信息。总有一些才华横溢的作家，即使不能为我们提供通往幸福的钥匙，也能为我们提供人生行为的指南或是灵感。[29]虽然他们的思想近乎悲观，但却赋予许多人的生活以意义和目标。这些一流的作家很少直接讨论幸福本身。将其教导和智慧形成定式就成了二流作家的任务。有大量有关如何获得幸福的书得到出版。购买这些书的大众相信，幸福肯定是可以获得的。学校里的教学也鼓励人们这样做。这是世俗共和国和教会的不同之处。学校承诺，如果学生们表现良好，他们将得到奖励。朱尔·帕约特是教育理论家和管理者之一，后来当上了大学校长。他写了一个特别有趣的总结，名为《征服幸福》。他相信把智慧运用到生活中可以带来幸福，而科学方法可以保证其可行性。无知是不幸福的原因。他同意世间存在很多邪恶，但为了“心理健康”，最好不要去想这些，要通过对美的沉思来超越邪恶。佩吉说，在他 40 岁的时候，他发现了一个可怕的事实——没有人是幸福的。但是帕约特回答说，人们应该抑制这种想法，因为它可能会打破人们理应追求的宁静。人们失去了宗教的慰藉，但作为补偿，他们摆脱了对恶魔的恐惧。在规划人生时，人们不应再考虑死亡。死亡应该被简单地看作休眠，就像睡觉一样，在最后到来——一个理想的结局，因为死亡蕴含着重生。现代人正在从数百年的暴力中崛起，并最终认识到合作和精神的价值：就像从野蛮中崛起，而回报的将是幸福。

帕约特说，这需要 9 个条件。第一个条件是身体健康，这就排除了放荡。大多数人认为幸福意味着“玩得开心”，这是愚蠢、粗俗、令人筋疲力尽的娱乐，只会留下悲伤和空虚。工作中的快乐是第二个条件。工厂里的大多数人都讨厌自己的工作，知识分子利用工人们的怨愤，一部分是为了赢得政治运动的领导权，一部分是出于真心。因为对知识分子来说，体力劳动本身就是地狱。但即使是最卑微的人，也能在工作中找到创造性的满足感，这是应该被鼓励的，而且人们需要接受更好的教育才能展示如何做到这一点。理解是第三个条件的关键，也是道德自由的享受，这意味着理解自己和自己的欲望。良好的判断力可以帮助人们解决第四大问题——孤独。“孤独是最大的不幸。”但积极的社交生活——这是大多数人反对的——只是新关系的来源：人们最好满足于有那么几个朋友。钱不是很重要，它的唯一价值在于能够增加安全感。权力让人泄气。帕约特严厉批评政客们，说他们是野心勃勃的寄生虫。但谁应该取代他们的位置，帕约特却含糊其词，只是说政客们应该是那些对政府“有天赋”的人——这是每个人对自己胜任工作的说辞。帕约特更感兴趣的是把家庭作为幸福的源泉。摆脱无聊的唯一方法是发现日常生活中的诗意。人们应该摆脱家仆，经营一个家是一种享受，而热爱大自然是最终的慰藉。要把这一切付诸实践，我们需要培养思考能力，因为幸福归根结底是需要明智和清晰思考的问题。虽然帕约特认为要追求更加广泛的社会公平，但他认为幸福可以通过战胜物质贫困来获得。贫穷的农民可以像任何人一样快乐，享受田野的美丽，热爱妻子和孩子，读好书。事实上，财富对幸福来说，在很大程度上是一种障碍。幸福不能光看外表，也不是只有恶人才能成功，一个人只有问心无愧才能获得幸福。[30] 尽管帕约特对知识分子进行了种种批评，但他代表了那些以教育和意志力为主要财富者的观点，这种观点介于希望改善世界和避免与世界接触的矛盾之间。尽管这一观点表面上是自满的表现，但它始终带有一丝苦涩。对于那些认为获得知识是一种不断令人兴奋和有益的经历的人来说，这种看法非常自然。这不仅是教师和受过教育之人的观点，也是自学成才者和所有后悔没有接受更好教育的人的观点。有些愤世嫉俗的作家也许并不相信知识是获得幸福的关键，但中下层知识分子却普遍认同这一观点。

社会变化对幸福和传统幸福观产生了影响，引发了不确定和混乱的行为。因此，贵族礼仪在某些地区获得了新生。1914—1918 年，出身和财富成了体面的不稳定性标准。由于出身背景不再那么重要，因此人们的行为变得举足轻重，贵族们读的礼仪之书既遭人嘲笑，又为人津津乐道。一些贵族试图将其学说现代化。例如，德列维斯·米雷波瓦公爵和费利克斯·沃居埃伯爵在 1937 年提出，贵族式的礼貌可以成为法国人追求“与众不同”和社会成功时的“武器”。他们认为，这种区别首先表现在谈话中，他们把谈话当作一种“智力舞蹈”。[31] 相比之下，其他人在《扫除旧习俗》一书中找到了新的喜悦。这本书写道，现在（1930 年）越来越流行互相展示裸体。丈夫和妻子做完运动后一起沐浴并没有什么不妥。“如果我有一个儿子，他在散步的时候口袋里放着康德或柏格森的书，我会为他感到骄傲。如果他的钱包里放着避孕用具，我同样会为他感到骄傲。”两性关系已经发生了变化，婚姻中的屈从已不复存在。尽管如此，作者还是建议女孩儿们假装愚蠢和顺从，这样会让生活更轻松。作者一再强调伪装是一项有效的现代原则。人们应该假装平等对待工人，因为这能确保工人更有效地工作；付小费现在可能被认为是无礼的，因此握手比付小费更能让对方接受；尽管对懒惰的工人来说，命令的口吻才管用。他建议不要穿戴让人看起来很冷的单品，而要戴手套，给人以优雅的感觉。尽管作者很时尚，但他晚上仍然要戴一顶棉布帽子，保护自己不受风寒。把自己从传统的束缚中解放出来，并依赖他人，这是一个非常普遍的特点。[32]

1948 年，一位贵族提出，现在工人和农民可能是拥有最严格行为准则的人。[33] 这似乎有些道理，尽管像往常一样，我们很难对此进行宽泛的概括。当然，在中产阶级老一辈人中仍有一股强大的势力，他们以反对一切变革为美德。[34] 在法国的不同地区，天主教徒不同程度地继续因快乐而担忧。[35] 但在 20 世纪 30 年代，尤其是"二战"后，一些天主教知识分子试图通过体育运动、户外生活、健康生活等媒介，调和幸福与基督教的关系。[36] 马塞勒·奥克莱尔认为，对幸福最普遍的态度之一，可能是迷信所主导的态度。她是《玛丽·克莱尔》杂志（创办于 1937 年）的编辑，该杂志被认为是非常现代的女性杂志。她是天主教徒（虽然离婚了），但她对生活的态度杂糅着对上帝、占星术、命运、直觉和意志力的信仰。她那本有关幸福的成功著作，不仅引用了基督教作家和圣特雷泽的话，还讲述了自己生活中的一些逸事。奥克莱尔认为，这些逸事证实了自己的哲学思想。这是一本非常有趣的书，因为它似乎准确地再现了数百万人的对话。它阐明了新思想是如何被添加到旧思想中，而不会产生矛盾的。奥克莱尔有一次在战争期间获得了 5 千克咖啡。当时咖啡很稀少，她把所有的咖啡都慷慨地送给了朋友。有一位读者对这件事一无所知，出乎意料的是，这位读者之后送给了奥克莱尔一份礼物，正好是 5 千克咖啡。"从那一刻起，我对世界的一些原则产生了不可动摇的信念，然而我们对这些原则还不够了解。"她在战争中没有受伤，因为她曾预感到某个地方很危险，结果那儿真就发生了爆炸。奥克莱尔给我们的建议是：学会适应身边的环境。"反抗是一种非常糟糕的心态，不要让不幸使生活变得压抑。生活中总有友善之人或准确的直觉助你走出困境。"[37]

佩吉写道，快乐之人会感到内疚。到目前为止，我们讨论的所有幸福形式都包含着妥协和压抑，而负罪感是不可缺少的一部分。人们摆脱负罪感的努力并没有成功。最接近这一目标之人都试图将生活简单化，他们不去想生活的最终目标，而是专注于减少生活的不适。在许多人看来，物质财富的积累等同于幸福。对于那些几乎没有财富积累经历的人来说，财富打开了享受之门和欲望之门。左拉在《妇女乐园》（1883）中描述了新百货公司带来的诱惑，并揭示了由变化带来的令人不安的影响。历史学家罗兰·特朗帕对卡尔莫矿工进行了研究。研究表明，随着生活水平的提高，产生了连锁反应，他们对物质财富有了更大的期望和欲望。这一时期，影响幸福的最深刻变化是国家日益繁荣，贫困日益减少。这就意味着更多的人生活在贫困线以上，有能力进行选择。政府和科学都声称能够做得更多，所以社会对两者的期望也更高：弗洛伊德据此认为，不幸福的感觉因此增加了。当看到科学可以为物质世界创造奇迹时，人们会更加感到沮丧，而科学似乎无法在精神和情感方面取得同样迅速的进步。当然，当疾病有更多治愈的希望时，人们也很可能更加难以忍受痛苦。

无论如何，1949年的一项国际民意调查显示，三分之一的法国人认为自己“不太幸福”，这在所有调查国家中比例最高。其次是荷兰，仅为12%。法国人说自己有睡眠困难的比例最高，只有十分之一的人承认自己“非常幸福”。相比之下，半数的澳大利亚人和四分之一的英国人都感觉自己很幸福。[38]这些数据推翻了“工业化和繁荣会带来不幸”的理论。1969年，《表达》杂志调查15~25岁的人是否幸福。结果显示，人们对社会秩序的不满并不一定意味着不幸福：35%的人说自己非常幸福，54%的人说自己很幸福，只有9%的人说自己不幸福。[39]这些答复是否与1968年5月发生的事情①有关，我们不得而知。

① 1968年5月发生的事情，即五月风暴，是1968年5月至6月在法国爆发的一场学生罢课、工人罢工的群众运动。——编者注

这些回答是否具有价值，我们也不可能确定。但有一种说法似乎很有道理——20 世纪 70 年代，大多数法国人是幸福的，但他们不敢承认这一点。例如，在澳大利亚，幸福并没有成为值得炫耀的事情。据说在法国，人们被允许谈论的唯一乐趣就是食物，就像英国人只谈论天气或园艺一样。[40] 法国的宗教、社会和文学传统让幸福一直处在负罪感的阴影下，而在 1945 年之前，这片阴影无疑更大。也许这就是为什么法国人在这一时期，更多地和快乐联系在一起，而非幸福——与快乐的时光联系在一起，而非源于生活更深层次的满足感和幸福。这也许有利于文学和艺术的繁荣，而不利于经济发展。[41]

体育运动

前文阐释了人们对舒适的复杂情感，而增加舒适感又是多么有限。但无论如何，舒适和繁荣为政客们提供了衡量幸福的简单方法。工资是否上涨，生产率和贸易是否也呈增长态势，成为一个新的晴雨表。因此，经济掌握着满足人类欲望的关键。

然而与此同时，人们对幸福的追寻从工作转向了运动。卢梭观察到，他所处时代的文明产生了一种影响：把快乐的孩子变成了“严厉而易怒的人”。虽然孩子们的童年并没有卢梭想象的那样无忧无虑，但是运动贯穿了他们的童年，并将延续下去。运动成为工作和休闲之间的纽带。有人认为，随着工作时间的减少和周末的出现，人们有了更多的闲暇时间，于是体育运动发展起来。但体育运动实际上出现在法律规定减少工作时间之前。工人阶级是最后一批参加现代运动的。中世纪的人拥有和现代人同样多的闲暇时间，每年有近百个神圣的节日。周六休息的规定是新近才有的，以前的工人们是周一休息，以求从周日的狂欢中恢复过来。工厂式生产使得雇主们要求工人工作很长时间，机器永远在运转，这是19世纪的特点。在工业化早期，人们工作更努力，也更规律。体育运动的发展不是更多自由时间的结果，而是缺乏自由时间的反映。人们不能随心所欲地玩耍，就只能在工作之后一起娱乐。体育运动带来了新变化，也是对旧仪式的反抗。传统的乡村和宗教节日也为人们提供了类似的休闲方式，但人们会受制于规则，每个人都必须参加。新式体育运动让人们能够根据自己的喜好和才能进行选择。体育将娱乐变成了一种独立活动，而工作变成了一件苦差事。但在现实生活中，工作和娱乐还是相互交织的。农民和工人学会了把社交变成一种娱乐形式，用友情减轻劳动的痛苦。也许只是在工业化的早期，工人们没能从工厂中得到乐趣。但是，运动和休闲与幸福有关的程度越高，人们对工作满意度的要求就越高。专业人士和第三产业的职员过度工作，最爱抱怨无聊，因而他们对体育运动的发展有着积极作用。运动不仅可以打发时间，还是对节日传统的延续，对自由的追求。[42]

这一时期有很多关于体育运动的文章，而且几乎都带着宣扬道德的目的。很多体育运动组织者相信，体育运动可以激发国家实力，改善人们的健康状况，驯服暴力，约束青年。然而真正参与运动的人很少在意这些。体育俱乐部有两面性。其领导者大都是喜欢权力、喜欢组织、希望得到认可且认为体育运动是一项公共服务的人。然而，大多数会员在俱乐部里都是自娱自乐、进行社交、喝酒、做运动。

在20世纪，交流得到改善，区域、国家和国际性比赛得以发展，体育活动也在社会上展开，体育运动发挥了更大的作用。但许多体育项目延续了传统，大多数只集中在某些地区。例如，斗鸡是北部地区人们的专长，已存在好几个世纪。1852 年，因其残忍性而被禁止。然而，城市的扩张又促进了该项运动的发展。20 世纪的第一个十年，里尔和鲁贝建造了几个新的斗鸡场。1904 年 2 月的一星期里，有 300 只斗鸡在此被杀。1892 年，鲁贝有 25 个斗鸡俱乐部。1907 年，96 个社团在 10 000 名观众的注视下连续比赛斗鸡数十天。斗鸡吸引了社会各个阶层的人，杜埃市甚至为斗鸡场提供补贴。赌鸡成了人们普遍的爱好。养鸡也变成了奢侈的事情，就像养马一样，中产阶级商人因此有富余的钱可以炫耀。北方继续举办这项暴力运动，并没有注意到法国其他地区发生的变化。[43]

南方热衷于斗牛。这又是一项古老的法国运动，虽然在法国斗牛活动中并没有要人们杀死公牛，而是围绕着它表演杂技。19 世纪中期，西班牙斗牛被引进。19 世纪 90 年代，南部几个城镇建造了竞技场。这项运动再次被法律禁止（至少杀死公牛是非法的）。但 1896 年的起诉声称那一年有 376 头公牛被杀，法律根本不具备约束性。1887—1914 年，法国共发行了 55 份有关斗牛的报纸。但是，尽管商业娱乐组织者付出了很多努力，但斗牛并没有成为人们的主要兴趣，因为它太昂贵了。斗牛还未成为正式运动时，就已经作为当地杂耍节目而流行起来。竞技场的建造者通过向大众收取过高的门票来补偿开支。1889 年，巴黎的一个斗牛竞技场因门票要价 6 法郎而倒闭。

相比之下，狩猎这一昂贵的运动，正是基于这个原因而繁荣起来。狩猎运动由贵族管理，有人说，维护它“就像重建巴士底狱”。各家各户对狩猎都满怀热情，就像容舍雷家族一样，第四代人（1927 年去世）声称已经杀死 1 373 头公鹿。19 世纪 80 年代，法国男爵雅克·韦津斯养过 16 匹马和 120 条狗，他的非凡成就打破了世界纪录，但他只是众多类似贵族中的一位。当时有 73 次大型狩猎活动，每次都有 40 多只猎狗参与，外加几百只小猎犬。尽管这项运动在很大程度上仅限于在西部地区和法国大区举办，而且和小农场主也会产生矛盾，但 1912 年的一项调查估计，每年用于狩猎运动的花费是 7 000 万法郎。狩猎带来了社会声望，不断吸引着暴发户。拿破仑三世时期，狩猎被当作宫廷消遣，因而重新流行起来。法利埃总统也带动了狩猎运动的发展。这都表明共和主义与古代娱乐运动并不矛盾。

这一时期，射击运动也飞速发展起来。1844 年，法国大约批准了 10 000 个射击许可证，1854 年有 76 000 个，1899 年有 430 000 个，1922 年有 100 万个，1924 年有 150 万个。[44] 这些都是官方数字，足以说明对无照射击的管制颇有成效。但是随着俱乐部和辛迪加[①]数量的激增，城镇居民也能够参与其中。虽然费用为 300 法郎的射击比赛确实存在，但在一个赛季里，他们会收取超过 2 000 法郎的费用。钓鱼可能是最受欢迎的活动。在 20 世纪 60 年代的安纳西，有 26% 的人口从事渔业（只有 13% 的人口从事集体运动）。[45] 这很好地说明了农村中一些娱乐追求不会在城市化中被丢失。

19 世纪末，体育运动被认为是英式项目，但实际上法国也有同样引人注目的体育传统。[46] 亨利四世时，罗伯特 · 达灵顿先生访问法国，惊讶地发现网球运动在该国玩儿得比在其他基督教国家都要多。他写道："法国网球球员比英国多。"14 世纪，法国为英国带去网球。19 世纪 90 年代，法国又将其作为英式运动而重新引入。"碰碰撞"是布列塔尼人玩的一种古老游戏，非常暴力，但后来它作为一种英式运动被重新引入，并在 1898 年由巴黎的学生们发展为曲棍球，吸引了好多新玩家。曲棍球在法国安茹非常流行，但是布列塔尼人并

① 辛迪加，垄断组织形式之一。——编者注

不承认这种游戏。从击剑运动中，法国人发展出优雅、敏捷和安静的民族风格。法国人非常擅长花剑，但在19世纪下半叶，剑术日益流行。然而击剑联盟（1906年成立）发现，剑术、花剑和佩剑之间仍然存在着激烈的竞争。滚木球运动历史悠久，1945年有超过5 000家协会和150 000名正式注册球员，但近来才慢慢流行起来。在西方，保龄球运动大约始于1850年，这项运动需要精心准备场地。法国南部滚球戏和里昂球到1919年之后才变得重要起来，并得到广泛传播。这些运动似乎是咖啡馆里固定饮酒的替代品，而且经常在咖啡馆附近进行。20世纪60年代，安纳西有25%的人表示，他们会玩这种游戏。

英式橄榄球与12世纪盛行于法国北部和西部的球类运动有关，它使用的球通常是现代球的两倍大，用木头或皮革制成，里面填满干草、苔藓、麸皮或空气。过去，足球比赛会在两个教区之间的场地上进行，每个教区都想把球留在自己的营地里，球进教堂门就获胜。团队人数不限，从10人到1 000人不等，比赛可以持续半天，所有暴力形式都被允许。19世纪初，苏韦斯特尔把布列塔尼地区的运动描述为“这不是普通的娱乐，而是激烈且富有戏剧性的游戏。玩家们互相打斗，相互攻击。该游戏允许玩家杀死对方，同时还能获得享用复活节圣餐的权利。前提是玩家需要小心攻击对方，就好像造成意外伤害一样。鲜血直流……一种狂热的醉意攫住了玩家，野兽的本能在人们心中被唤起，对谋杀的渴望扼住了他们的咽喉，驱使他们前进，使他们迷失了自我”。（与之相比，美式足球完全就是小把戏。）18世纪，政府颁布法令禁止了该项运动。一项研究显示，女性也会参与其中，有时已婚人士会挑战未婚人士。橄榄球运动传入法国时，苏尔球运动已经式微。橄榄球运动规则严格，但也吸引了许多教区，只不过现在在城镇中的人们玩得更多。1872 年，英式橄榄球由英国哈夫尔运动俱乐部传入法国。1877 年，第一场英法比赛在布洛涅森林举行。一位英国学生把该运动介绍到了波尔多的蒙田中学，那个学校的一个学生后来去了巴约讷中学，将该运动引入那里。20 世纪第一个十年，俱乐部在法国西南部的小镇上发展起来。苏格兰球员阿尔弗雷德·拉塞尔前往巴约讷学习法语，并将尼科尔斯的著作《现代橄榄球比赛》翻译成了法语。后来拉塞尔成为格拉斯哥学术队的队长。巴约讷有一名球员曾去威尔士学习商学，1910 年他带着足球俱乐部回到巴约讷踢球。其中一名球员 H. O. 罗决定在那里定居。在其影响下，巴约讷俱乐部具有了威尔士风格，大家在运动中传球也更多了。[47] 在区域比赛中，这支球队的成功与巴斯克传统、贝雷帽和红条纹的衣服有关。巴黎橄榄球队的队长是苏格兰人杰克·缪尔。虽然 1914 年有多达 3 万人聚集在王子公园观看橄榄球比赛，但这项运动在西南部最流行。1921 年，全国总决赛举行的 6 小时前，贝济耶的场地被狂热者们侵占。1924 年，法国有 891 个橄榄球俱乐部。除此之外，再没有什么发展。橄榄球运动主要是地区活动，而且由足球协会管理。[48]

1914 年在让蒂伊举行的英法足球比赛只吸引了 800 名观众。1919 年，足球联合会成立，里尔的富商亨利·乔利斯为其提供了资金支持。乔利斯时任里尔足球俱乐部主席和佛兰德斯狮队主席。塞特小镇利用精明的球员买卖政策，建立了全国最好的球队。专业性提高了标准，增加了兴趣。1931 年，法国队打败了德国队和英国队。到 1943 年，法国共有 7 000 家足球俱乐部，约 30 万名注册球员，其中约 300 人是职业球员。[49] 这些数据虽不大，但却是 1939 年的 3 倍，大约是 1935 年的 8 倍。足球和其他许多运动一样，在维希政府时期得到了巨大的发展，这是在法兰西第三共和国时期从未有过的。法国体育运动的独特之处在于，它很大程度上是在学校之外发展起来的。或者说，对运动感兴趣的男孩儿们必须成立或加入私人俱乐部才能参加。体育运动是代替学校的另一种选择，除了在少数优秀的机构，如诺曼底学院，它的存在是为了模仿英国的方法。这也许就是为什么地区主义表现得如此强烈。对盎格鲁语的狂热是许多上流社会运动的起源，只影响到最好的学校中的高年级小团体。体育运动仍然是崇尚理性主义的学校所不能理解的。天主教徒最热衷于在年轻人当中发展体育运动，因为他们非常重视“道德”品质，特别是1905年以后，他们发现体育运动是吸引年轻人加入其休闲组织的一种方式。国家并没有对体育运动俱乐部给予太大支持，全国学生联合会自主承担了工作，而教师基本与之保持距离，部分原因是他们过于清高，部分原因是他们担心发生事故要担责任。

国家许可的体育运动是体操，因为它有明确的教学目的。1850年，体操成为小学选修课，1869年成为必修课，1853年成为中学教学大纲的一部分，但这只是纸上谈兵。涅夫勒总理事会警告说，体操让孩子们失去了对老师的尊重，因为老师“从事的教学可能会让其尊严受挫”。当地政府也发现这一想法令人费解。然而，1870年，体操变成了一项爱国义务。1880年，每所学校都规定每周必须有4个半小时用于体操训练。许多体操协会顺势成立，到1914年，会员人数超过50万。当时法国人想用自己的训练方法打败德国人。这些协会里的成员是极端的爱国主义者，他们的目标是按照德国模式统一地教授纪律和运动，而非瑞典学派所提倡的个人灵活性。这些协会的会员只限于法国公民。传统体育在这里都不受欢迎，因为它们没有爱国性质。但实际上，体操社团在很大程度上被中下阶层的人接管——商店工人、职员和工匠。他们将体操社团用于社交目的，并将大部分资金用于晚餐和短途旅行。他们最喜欢的活动是节日期间盛装打扮，演奏音乐，上街游行。在这场狂欢中，体现得更多的是传统主义，而不是民族主义。这些俱乐部得到了官方补贴，这是谋取国家利益的又一种方式。非专业体操运动员的比例很快就超过了真正的体操运动员。在巴黎，479 名运动员中，只有 91 名是现役运动员。然而，从 1886 年开始，与体操运动联系在一起的射击俱乐部流行起来，全国举办了许多成功赛事，每年在不同的城镇举行。1945 年，这样的俱乐部有 3 500 个。

在法国最受欢迎的运动是骑自行车。毫无疑问，自行车既实用又有趣。但在其他国家，即使是汽车问世之后，作为一项竞技运动，骑自行车也没有像在法国这么受欢迎。有几个原因可以解释这一切。首先，自行车运动是第一项有制造业支持的运动。自行车制造商提供资金，刺激了比赛，使其成为一项主要的全国性运动。其次，由于许多杰出的记者，特别是《汽车报》（结合了赛车和自行车比赛）的编辑亨利·德斯格兰奇，成立了专业出版社，激发了人们的兴趣。正如大家所见，他创办环法自行车赛是为了扩大其规模，使其成为夏季全国性赛事。媒体也加入进来，把自行车冠军塑造成英雄，与音乐明星媲美。一些人出身卑微，却有很大作为，比如梅尼蒙当的面包师爱德蒙·杰奎林——1896 年的环法自行车赛冠军。这成功为他带来了财富，他戴着礼帽和白手套，坐着一辆马车四处旅行，在戈梅迪酒店住包间。和许多音乐家一样，杰奎林去世时也一贫如洗。他退休后发明了清洁街道的三轮车，但是没有起作用。杰奎林去世后好多年，他参加赛车训练用的跑道变得价值不菲，以 25 万法郎被征用。参加自行车比赛到底能赚多少钱？查尔斯·特伦特（生于 1857 年）的例子能够说明这一问题。他父亲是一名铁路工人。特伦特起初是哈瓦斯通讯社的送信员，19世纪70年代末成为一名专业自行车赛车手。1895年，他参加了65场自行车比赛，赢了55场，赚了6 000法郎。退役后，特伦特成了一名自行车零售商和制造商。另一位受欢迎的英雄是乔治·佩拉德（生于1904年），1928—1934年，6次自行车比赛夺冠，其最高车速达137千米/小时。在这些冠军背后的是一批教练和管理者，如保罗·瑞纳特，他于1900年开始训练自行车选手，并声称已经培养了100名冠军，其中15人成了百万富翁。许多自行车商店的老板和咖啡馆的老板都设立了自行车俱乐部以吸引顾客。1898年，仅在波尔多市就有22家公司对外租售自行车。自行车比赛既是一项运动，也是一项产业。其优势在于，可以和廉价的旅游、轻松的运动、乡村探索和新型度假方式联系在一起。当汽车变成更普通的交通工具时，骑自行车便成为传统。

赛马和自行车比赛一样，开始时是富人的运动，后来随着赌博的兴起日益流行。在古代政权时期，国家组织过彩票买卖，取得了巨大成功。1789年，国家雇用了1 000人从事彩票工作，从中赚取了1 200万里弗，而当时的国家预算只有这个数字的三倍。然而，这个体系由于充斥着许多弊端，大革命期间被废除，但很快又重新建立起来，就是为了赚取更多钱。波旁王朝复辟时期，每年大约有5 000万法郎的押注，但在1836年，国家彩票因违反社会道德又被废除。[50] 虽然许多彩票后来又为了特定的目的得以恢复，比如为了歌剧演唱家们的利益（1859年）及其他各种公益事业。但直到1933年，国家彩票体系才得以建立起来，成为不可或缺的部分。[51] 赛马吸引了包括赌博在内的许多人，参与程度不同，得到的乐趣也不同。国家对赛马运动也予以支持，因其符合国家利益和军事利益，具备明确的规则。早在法国大革命之前，赛马活动因“扰乱财富，让工人们放弃工作”而备受攻击。但在 1805 年，拿破仑一世还是恢复了这项运动，路易·菲利普于 1833 年创立了法国种马记录册。1866 年，拿破仑三世放弃了对赛马活动的控制权（正如他放弃了对艺术家沙龙的控制权一样），控制权被分给了当时三个主要的协会，专门负责平地赛、障碍赛和小跑。贵族、金融巨头和工业巨头在赛马上投入了大量资金，一直主导着赛马活动。赛马会（创建于 1833 年）可能是巴黎最高档的赛马俱乐部。[52] 到 1845 年，有 50 多个省级社团组织赛马活动。到 20 世纪 50 年代，大约有 400 个社团。赛马活动不再每周举行一次，而是每天举行一次。据说在 1973 年法国共有 2 500 名赛马拥有者。[53]

法兰西第二帝国时期，大约有 200 家博彩公司按照英国模式，在巴黎的球场上大声叫价。最受欢迎的一种方法是，从帽子里抽出一匹马的名字，这样，谁能赢完全靠运气。法院一再禁止这一切，1887 年，法国内政部部长高博实施了一条禁令，宣称赌博“败坏道德”。赛马场的收入急剧下降，这项运动濒临瓦解。人们终于意识到，赌博是赛马活动不可缺少的一部分。1891 年，一项法律建立了公平互助制度，该制度规定收集所有参与赌马的资金，并将这些钱分发给那些赌马获胜的人，其中一小部分被保留下来，作为赛事组织机构和各种慈善事业的补贴。① 博彩行业在 1905 年被正式废除，但却依然以其他形式存在。赛马协会将权利租给了有着新式经营系统的两家公司——奥勒公司和肖文公司。1930 年，城市跑马赌博协会成立，与全国各地的经纪人一起组织赌博。

---

① 起初，补贴用于援助公共部门，后来用于建造医院（2%），向城镇提供饮用水（1903 年，1%），用于修复战争造成的破坏（1919 年，1%）。

赌注增加如下：

表 6.1 1892—1938 年法国跑马比赛赌注情况

年份	筹码（百万法郎）
1892	169
1913	395
1920	1 324
1930	1 844
1938	2 567

赌博情况各地并不相同。1950 年，巴黎以人均每年 11.24 法郎的赌注领先于其他城市，而坎特尔、埃维隆、洛泽、克鲁塞等农村地区的赌注则为零。到 1965 年，阿尔卑斯滨海省已处于领先位置，人均每年赌注为 208 法郎，其次是罗讷河口省和巴黎市。法国北部、南部和科西嘉岛的人的热情最高；而克勒兹省的人对此最不感兴趣，人均每年只有 13 法郎赌注。1951—1970 年，押在马身上的赌注增加了 14 倍。媒体将这项赛事（像自行车比赛一样）变成了全国性的消遣活动。[54]

1925 年，吉恩·普鲁沃斯特在《运动的乐趣》一书中写道："希腊人学着适应自己的文明，我们承受着自己的文明。"[55] 可以说这句话是部分正确的。它至少暴露了知识分子所推崇的对文明的一种特别狭隘的定义。知识分子自认为可以将价值分类，显示活动的优先次序。他们总是把思考放在"最纯粹"的位置，这并不奇怪。学校试图灌输的理智主义和体育运动所培养的身体乐趣之间，存在割裂性。体操并没有弥合这一鸿沟。体育运动成了许多人嘲笑和蔑视的对象。教育体系让智力超常的孩子不需要参加任何体育运动就能达到最高水平。然而，以吸烟为主要运动的知识分子只是其中一类。在早期，《汽车报》上刊登过克里孟梭、特里斯坦·伯纳德和弗兰克·诺安的文章。体育报刊流行后，很快就与知识分子脱离，但仍有许多作家和学者继续涉足二者。事实上，法国体育运动的发展在很大程度上要归功于大学生和高中生，他们对学校常规课程进行了反抗。19 世纪末的民族主义运动和 1914 年的前一代人的保守反应，让体育运动得到了重视。因此，科幻作家、体育作家协会的创始人之一 J.H. 罗尼年轻时获得过世界跳远冠军，他在一生中每天都做早操。他说，身体健康能够带来更多的安全感，会对创作产生影响。他写道，自行车是历史上最伟大的发明之一，能够与火、纸和印刷术齐名。蒂博代指出，小说家们被激情和肉欲吸引，忘记了身体的其他方面，而体育产生了一种道德规范，其价值不亚于色情。保罗·亚当在其著作《体育道德》一书中试图阐明这一点。剧作家马塞尔·伯杰是作家协会成员，曾获得学校掷铁饼冠军，曾发表文章《为什么我是一个运动员》。在一些人看来，他相当怪异。诗人特里斯坦·伯纳德成了赛纳赛车场的总监。雷蒙德·博伊塞特也是作家协会成员，他同时是 400 米世界纪录保持者。他写了一篇名为《体育精神》的文章，对奥运会进行了深入剖析。亨利·夏布洛尔是法国最著名的足球中锋之一，也是作家协会成员，《世界青年》的作者。著名短跑运动员乔治·马尼亚尼也是作家协会成员，他打拳击，练柔道，在牛津大学求学。他的小说《比赛》抨击了那些努力学习只为考试的学生，而小说《强者》对全面发展的学生进行了赞扬。作者约瑟夫·乔利农的著作《足球运动员》是体育文学的经典著作，而此前该书手稿被五家出版商拒绝。1908 年，他负责将足球引入里尔天主教大学。皮埃尔·麦克奥伦在《布雷斯比咖啡馆》(1919)一书中描述了一个学生因得不到父母允许而无法参加体育比赛的故事。他建议让孩子在做体育运动时意识到他们暂时是不受父母控制的，女孩儿们更喜欢“知道如何为他人赢得自由”的人，体育运动激发的情绪有助于写作和阅读。保罗·瓦莱里热衷于骑自行车、游泳和划船。他说，遗憾的是，他那一代人低估了体育运动，而体育运动蕴含的努力、纪律和简朴与智力劳动所要求的相同。让·吉罗杜对身体强壮的人都是愚蠢之人的观点进行了抨击，并批评了那些只称赞希腊英雄的理论成就，而拒绝从实际方面效仿他们的教授。他说，运动是“人们自我解放的艺术”,“每个身体迟钝、弯曲或肥胖的人在某种意义上都是乞丐”。而运动员不受身体支配，知道身体的能力，对待自己更为诚实。[56]路易·埃蒙在《马龙之战》(1925)中为拳击进行了辩护，而反对清教徒。他说：“清教徒忽视了生命中一直存在的斗争。”龚古尔文学奖于1939年授予菲利普·埃里亚，因其小说《宠儿们》赞扬了体育运动。保守派小说家乔治·杜哈梅尔对观赏性体育运动进行了抨击，尤其是在美国发展起来的观赏性体育运动，并补充说自己对体育运动本身并不怀有敌意。“我背着行囊走过半个欧洲。我可以游泳、骑自行车、开车、挥舞球拍和划船。多年来，我一直把击剑当作一种运动。我并不鄙视体育锻炼，我热爱它，推崇它。我常常渴望体育运动成为我退休生活的一部分。”[57]皮埃尔·洛蒂热爱体操，他认为体操能够像爱情、旅行和书一样，让他战胜对死亡的恐惧。[58]

体育运动能够激发人们对身体愉悦的兴趣，这很重要，但道德家们要么忽视了这点，要么抨击这点。这种快乐和大多数小说家关注的情爱快乐之间有着密切的联系。但在这一时期，人们没有意识到这种联系。总的来说，倡导身体幸福的人分成了两个敌对的阵营，他们分别谴责对方的残暴和堕落。1945 年后的性别变化只有在对立得到解决时才能发生，而有些人已经看到了这种可能性。但是，有组织的体育运动在法国人生活中的作用仍然太小，不可能为圈外人所理解。1946 年，政府官员估计，在 14 岁至 20 岁的年轻人中，只有 10% 的人参与当时存在的体育组织，而他们更感兴趣的是街头生活、电影、舞蹈和咖啡馆。[59] 无论是身体上、服装上还是道德上，体育运动都对解放女性起着重要作用，并且经常被强调。但在这一时期，体育运动只影响到少数女性。1893 年，骑自行车的人中只有 1% 是女性。男性体育协会最初对女性体育持敌对态度。踢足球或打橄榄球的女性，甚至骑自行车的女性，都会被媒体攻击，说她们参与了过度的暴力活动。1915 年，法国女性举办了第一场田径锦标赛，1920 年与英格兰女足对战，但直到第二次世界大战期间，法国女性才可以广泛参与体育活动。[60] 20 世纪 60 年代，大约有一半的法国人不参加任何体育运动，对体育运动也毫无兴趣。[61]

幽默

让人感到幸福的事和让人发笑的事不一定是同一件事。

幸福观可以反映出一个人看待世界的方式，并不是每个人都在寻找幸福。幸福通常包含劳动和等级。和金钱一样，幸福也需要慢慢积累。有些形式的快乐被认为比其他的更好，就像社会是由不同等级的人组成的一样。幸福与资本主义之间的密切关系在这种观点中体现得淋漓尽致，即“幸福在于尽责”。在有些人看来，效率是决定性的。索邦大学教授珍妮特是这种道德观的主要倡导者之一，她将幸福定义为“所有教师按照各自水平，各司其职，发挥才能”。因此，幸福不是乐趣，也不是感觉，而是一种组织行为。[62] 对于想要提高社会地位的人来说，幸福最具吸引力。这是有雄心壮志的表现。然而，很明显，许多人要么没有这样想过，要么只是偶尔想想。我们如果从那些因穷困潦倒或是痛苦不堪而对幸福不抱希望的人的视角出发来审视这个问题，就会看到，能够暂时摆脱痛苦就是他们最大的希望。在长期寻找幸福的过程中，有一种更为随意的生活方式，它不是为了永久的满足，而是为了瞬间的乐趣，不是为了婚姻的幸福，而是为了性的满足，甚至把稍纵即逝的快乐也当作一件好事来接受。这可以从有关笑、吃、喝的历史中看出。

据说，美国的诞生造就了一个能因相同笑话而开怀大笑的民族。同时期，法国还没有达到这个阶段。大笑并不总能被认可，也不像人们想象的那么普遍。在一篇有关大笑的文章中，作者写道，我们无法想象基督徒会哈哈大笑。不论是从美学角度看，还是从道德角度看，在完美的世界里，大笑都是被禁止的。大笑非常不雅，因而人们大笑时总要捂住嘴巴。大笑在美学上也是不可取的，因为它把人们的注意力转向了生活中的不完美——荒谬可笑的事情。而且，在不需要任何训练的行为中，存在着某些劣等的东西，这是不可避免的。从道德上讲，大笑包含了太多的恶意、竞争和嫉妒之意。除此之外，“大笑属于下层人的行为，笑声既危险，又愚蠢，会带来肤浅和淫秽”。[63] 所以大笑就像性一样被压抑着。然而，法国却自称是一个快乐的国家，高卢人之地，拉伯雷和莫里哀的故乡，也是艺术中心。这些显而易见的矛盾需要被澄清。

在法国，至少有三种不同形式的笑声——大众之笑、中产阶级之笑和知识分子之笑，每种程度不一。穷人的幽默感有时也和富人一样，富人也可能喜欢穷人的笑话。但是，让人们发笑的原因有阶级和文化的差异。因此，19 世纪中期的农民有一种仪式性的幽默，围绕着两种特殊制度。“守夜”（veillée）指的是村民们晚上的聚会。在聚会上，妇女们纺纱或缝纫，男人们制作或修理工具，同时会讲故事。在特殊的场合，人们还会玩游戏，享用庆祝大餐。在这类聚会上，最让人们开心的是讲故事和听故事，人们都知道这些故事，但还是喜欢一遍又一遍地听。机敏的应答不是花言巧语，而是能够在不同场合恰当应答。最受欢迎的笑话是实用性笑话，其中也不乏残忍性。在派对游戏中，乔装打扮最受欢迎，男女可以交换衣服，穷人可以假装富有，可以穿上士兵制服或是各种职业的服装。人们用衣服伪装自己，在村庄里四处转悠。但是 60 瓦的电灯泡结束了这一切，因为那样就太过明显了。哑剧是另一种娱乐形式，尤其是在婚礼上，滑稽的婆婆是笑声的主要来源。唱歌和打牌（尤其是塔罗牌）很受欢迎，但是跳舞必须加以控制，以免吓到动物。直到 19 世纪末，类似聚会都是全村性质的，20 岁甚至 40 岁的人经常参加。只有到了 20 世纪，这些聚会才变成仅限家庭和朋友参加的活动，而且都是休闲性质的，不同于以往将工作和快乐相结合的活动方式。直到 1940 年，这样的聚会依然存在。[64]

除了这些聚会，还有旅游演艺人员的表演。演员们组成表演团，表演历史或情感短剧，或是哑剧。演员有魔术师、小丑、杂技演员和算命师。后来出现了神奇的灯笼和移动性电影院。还有捕蛇人、捕蛙人、演唱商人、卖雕像的人等，各种买卖应有尽有。而那些出售走私火柴的人最为重要，其价格比国家垄断的火柴的价格便宜很多。来访的商人常常被邀请留下来吃饭。虽然所有的交易都是提前可以了解的，村民们甚至对一些小把戏都熟记于心，但这并不影响交易的多样性。新奇并不总是娱乐的必要条件。相反，大部分农民的乐趣只是提及一些陈年旧事。通常情况下，这意味着发现邻居的错误或是异于常态之事。

随着时间的推移，咖啡馆在社会生活中起着越来越重要的作用。到 19 世纪和 20 世纪之交，巴黎有 27 000 家咖啡馆，整个法国有 413 000 家咖啡馆。这段时期咖啡馆的重要性达到巅峰，从 1960 年开始，其数量逐渐下降，巴黎的咖啡馆数量减少至 11 000 家。咖啡馆在 19 世纪晚期的作用，就像沙龙在 18 世纪一样，是民主化的象征。咖啡馆带来的独特社交方式一直持续到广播时代。广播提供了一种更为大众的娱乐方式，使人们更容易待在家里。

咖啡馆音乐会产生于 19 世纪，给巴黎增添了欢乐的社交氛围。20 世纪上半叶，舞蹈和露天音乐会越来越多，但也只是偶尔举办。咖啡馆音乐会让娱乐活动变得更有规律，更加随意。1865 年，国家取消了戏剧服装的使用限制，而在这之前，只有少数有执照的剧院才有权使用它们。在咖啡馆音乐会上，表演者以前只能穿普通的衣服，而现在有了服饰，更能充分发挥其才能。咖啡馆音乐会与剧院的不同之处在于，前者不拘泥于形式，人们可以按自己的心情参加，可以穿衬衫或是工装裤，边看边吃边喝，可以自由地大力鼓掌和大声评论，还经常被拉着一起唱歌。最初，普通的咖啡馆只在角落里举行一场小小的演出，有时由专业人士表演，但大多数时候都由当地的业余爱好者表演。莫里斯·谢瓦利埃后来成为法国著名的音乐厅歌手，他的职业生涯就始于其成长的巴黎郊区的一个非常不起眼的音乐会。莫里斯的母亲（一个家庭油漆工的遗孀）在他还是个孩子的时候，每个星期天都会带他去贝尔维尔街的一家小咖啡馆。从那时起，莫里斯就选择了自己的职业。他的第一次演出是在三狮军团中央歌剧院和商业音乐会上。在那里，工人、妓女和收入微薄之人都可以得到放松。[65] 他们得到的东西或许不是艺术性的，但对他们来说却是有意义的。歌曲内容主要是关于房东和看门人、岳母、债权人、官僚、爱情、酗酒、被骗的配偶等，黄色笑话也是其中重要的一部分，关于最近发生的政治事件或犯罪话题也很受欢迎。在喧闹的饮酒和谈话声、卖花人的叫卖声、卖糖果和其他小贩的叫卖声中，演员们必须让观众听见自己的声音。演员们还需要忍受烟味，因为咖啡馆是允许抽烟的，而在剧院则禁止吸烟。[66] 这些娱乐节目备受欢迎，投机者开始扩大规模并从中获利，咖啡馆逐渐变成了音乐厅，而后变成了电影院。然而，娱乐业的规模仍然很小，基本都是家族企业，类型上也没有新的突破，而投机者想进一步获利。

规模最大的是埃尔多拉多音乐厅，它在法国娱乐史上的重要性好比坎特伯雷音乐厅在英国娱乐史上的重要性。埃尔多拉多音乐厅建于1858年，坐落在斯特拉斯堡大道上，富丽堂皇，庄严肃穆，配以电灯装饰。在这里，人们可以看到最著名的演员。马路对面是其竞争对手斯卡拉歌剧院，这里的厕所臭气熏天，还弥散着表演者身上浓郁的香水味。这里是社会阶层较低人群经常光顾的地方，而且噪声很大。但在20世纪，斯卡拉歌剧院胜过了埃尔多拉多音乐厅，被认为是上乘之选。红磨坊建于1889年，图卢兹·劳特雷克将其永久地保留了下来。里面有一个大宴会厅，厅里有几张桌子，人们可以一边看演出一边喝酒。外面还有一个很大的花园，花园里的树木很漂亮。夏天，人们可以在这里呼吸新鲜空气，看女孩儿们炫耀她们的黑色短袜和衬裙。老板约瑟夫·奥勒（1839—1922）是个了不起的导演。他还创建了乐新马戏团、巴黎花园、奥勒游乐场、过山车、奥林匹亚运动场、两个赛马场和罗什舒阿尔游泳池。他是一个有创造力的艺人，但取得成果后就开始对这项事业感到厌倦。女神游乐厅最初是一家咖啡馆，成立于

1869年，主要举办杂耍活动和音乐会。1889年，游乐厅破产，被斯卡拉歌剧院老板阿勒芒家族买下，由其侄女爱德华·马尔尚的丈夫负责管理，正是他让女神游乐厅在欧洲声名鹊起。他周游欧洲大陆，为自己的游乐厅演出招募艺术家。1901年他去世后，游乐厅被伊索拉兄弟接管，这对兄弟展现出了经理人日益膨胀的野心。伊索拉兄弟从游乐厅中赚了一大笔钱，然后离开去接管了巴黎喜剧歌剧院。在这里，伊索拉兄弟在寻找文化的过程中赔了钱。个别歌手和喜剧演员也开始建立自己的剧院。最著名的要数马约尔，一个圆滑、迷人、浪漫的歌手。他是个同性恋者，但这没有妨碍人们对他的喜爱。他建立的马约尔音乐厅成为主要且持续久远的音乐厅。蒙马特的黑色聊天室更频繁地被提到，诗人和画家经常光顾这里，但它很快就失去了其真正的特质，成为资产阶级的夜生活场所。酒店老板鲁道夫·萨利过去常常摆出一副彬彬有礼的样子，把每一位客人都当作王子，用头衔称呼每个人。阿里斯蒂德·布吕昂（1851—1925）是一位演员，创办了米利顿酒店，采用了与之前完全相反的经营方式。他辱骂每一位进来的顾客，服务时也辱骂顾客。兴高采烈的观众被教导要按照惯例迎接进来的每一位女士，并齐声喊道："她脸色多么苍白啊！"1900年，巴黎大约举办了150场咖啡馆音乐会，但是因为没有相关调查研究其历史，对于咖啡馆音乐会在法国城市生活中的重要性，也只是一个猜想。纽约音乐厅的收入或许可以得出统计数据。（1911年，纽约有70万人口，占美国总人口的16%。他们每周观看约40家"低价"剧院的演出，这些剧院每周的收入为31.5万美元，而传统正规剧院每周的收入仅为19万美元。）[67]

随着时间的推移，咖啡馆音乐会渐渐消失，只有杂技演员、魔术师、喜剧演员和音乐家们的照片得以保留下来。唯一的书面记录是歌曲。正是通过这些歌曲，人们才能了解那一时期观众中普遍存在的幽默感，歌手的记忆也起到了一定作用。为迎合市场而兴起的歌曲创作行业却打乱了这一切。这主要集中在圣马丁郊区和圣德尼斯郊区（世界咖啡馆音乐会中心）之间的一条小街道上。这条工业小道如今成为古斯塔夫·格劳比耶街，是以一位非常著名的作家的名字命名的。阿里斯蒂德·布吕昂的歌曲只传达出有关流行的不完美或部分概念。他之所以举世闻名，还因为他是作家和出版商，他的歌曲得以保存下来，很容易被找到，主要也是因为这个。他经营了一份杂志，名为《米尔顿》，他把自己的歌印在了杂志上。布吕昂展现了一位歌曲作者如何有意寻找主题来吸引听众。他出身资产阶级家庭，但父亲的去世迫使他开始谋生，他先是做珠宝商，后来成为北方铁路公司的一名职员。在业余时间，他学习音乐，经常去咖啡馆。起初，他对工人阶级粗鄙的俚语感到震惊，但随着时间的推移，他开始品味其中的丰富内涵和幽默之处。布吕昂收集了一些流行笑话，并把它们编写成歌曲。他在咖啡馆里兼职，所以其才能日渐为人所知。在早期，布吕昂自由欢乐，无忧无虑。后来他开始为贫民窟里人们的悲惨生活而哀叹，对那些“想吃就吃，想喝就喝”的生活进行抨击。他变得越来越像一个作秀的人。在自己的咖啡馆里，他总是穿着带有他的商标的靴子和红衬衫。他靠唱歌赚了很多钱，50 岁时在家乡买了一个农场。退休后，他写小说和新闻，编了一本俚语词典。1924 年，73 岁的布吕昂在瓦格拉姆大道的帝国剧院进行了复出表演，录制了一张留声机唱片。人们从唱片和发表的歌曲中可以感受到其中的喧闹，这让布吕昂与皮埃尔·杜邦和贝朗热齐名，后两者的歌曲在 19 世纪中期广为流传。虽然贝朗热的歌曲经常取材于工人阶级和落魄者，但其最终的作品中仍有相当多的艺术要素。[68]

对粗俗歌曲和笑话的品位，尽管很难记录下来，但可以从约瑟夫·皮若尔的生活中看出来，他也揭露了这一时期成功艺人群体的状况。皮若尔善于放屁，流行歌手伊薇特·吉尔伯特在回忆录中记录道，一次，皮若尔在红磨坊的表演引发了巴黎“有史以来最长的一阵笑声，最歇斯底里的一场狂欢”，甚至护士都被喊到了现场，把观众里的妇女带走，因为大笑致使她们的紧身胸衣裂开了。她们痛苦不堪，濒临崩溃。皮若尔穿着红黑相间的丝绸，留着威廉二世式的头发和胡子，冷静严肃地向观众解释道，他有着非同寻常的天赋，他会模仿年轻的女孩儿、丈母娘、新娘在新婚之夜前或是结婚后清晨的样子。该次表演的高潮是裁缝放了个屁，持续了十秒钟，皮若尔就模仿了撕破衣服的动作。他非常受欢迎，1895 年建立了自己的剧院——蓬帕杜尔。在这里演出时，他添加了模仿鸟类和其他动物的表演，还有他妹妹的黑魔法表演。因此，在莎拉·伯恩哈特的票房达到 8 000 法郎，卢西恩·吉特里的票房达到 6 500 法郎时，皮若尔一个周日的票房就达到了 20 000 法郎。他去国外巡演，在开罗尤为成功，但在马德里却被禁止演出，不得不在最后一刻改演小丑。他的父亲是一位石匠，也是一位雕塑家，他父亲的作品曾在马赛博物馆展出。皮若尔最初是一名面包师，但他的家族进军了演艺圈，他的一个哥哥成了四处奔波的演员，在巴黎开了一家小剧院，还经营彩票生意。他的妹妹经常参加咖啡馆音乐会演出。皮若尔有 10 个孩子，有的成了歌手、喜剧演员、爵士音乐家，有的成了面包师、薯片销售商或酒商。第一次世界大战结束后，皮若尔重返烘焙行业，在土伦建立了一家饼干和瘦身面包工厂，现在他的子孙还在经营这家工厂。[69] 从这个家族的经历可以看出娱乐圈凝聚力之强。皮若尔的一个儿子当过机械师学徒，也经常出入演艺圈和商圈。他的儿子马塞尔·皮若尔是著名的马赛自行车比赛冠军。

喜剧界的明星通常出身卑微，他们将自己的成功归功于工人阶级的优秀品质。特蕾莎就是其中一个。她出生于1837年，原名艾玛·瓦拉顿。特蕾莎最初是一名裁缝，后来成为埃尔多拉多歌剧院的首席歌手，声名远扬。她每月挣200法郎，这在当时可以算是巨款。后来老板阿尔卡扎承诺每月给特蕾莎300法郎，条件是改唱喜剧歌曲。最终她的薪水涨到每天233法郎。她的收入并不令人惊叹。鉴赏家怀疑她的才华，但她从一个瘦弱的女孩儿成长为一个身材高大的成熟女性，后来出版了回忆录，为其成就增添了光彩。[70] 特蕾莎变成了成功的象征，从一个平凡的女孩儿变成了富有之人。穷人也希望和她有所联系。但是特蕾莎很快就变得鲁莽傲慢，渐渐疏远了穷人。这也就是为什么明星走红和过气都如此之快。还有一位更有天赋的表演者——保罗·哈本斯，他创造了唱跳方式，即边唱边跳。他的歌曲《纳特尔消防员》为其赢得了声誉。演员们装扮成水手簇拥着他，围着他跳舞。1878年，保罗从埃尔多拉多歌剧院跳槽到斯卡拉歌剧院，每天挣150法郎。后来每天晚上保罗都乘坐自己的马车在巴黎不同的地方参加演出。他炫耀自己的富裕，每唱一首歌就换一套衣服，在纳伊买了一幢富丽堂皇的房子，他还周游欧洲和美国。保罗坐拥尼斯的埃尔多拉多歌剧院、马赛的阿尔罕布拉剧院、巴黎的巴塔克伦剧院，以及自己家乡博尔德莱的克洛斯保卢斯葡萄园。每个有抱负的演员都争相模仿保罗的发型。但他最终还是被自己的投机行为搞得不知所措，离婚也让他破了产。1906年，一场慈善演出为他筹集了资金。两年后，保罗身败名裂，与世长辞。保卢斯过去常常用洪亮的嗓音唱歌。另一个歌星则与之相反，波林会低声细语地进行演唱，还在自己面前挥舞着手帕，似乎是为了掩饰他讲的低俗笑话引起的尴尬。长期以来，波林一直是斯卡拉歌剧院和大使团歌剧院的男主角，拥有自己的杂志《巴黎唱诗班》。斯卡拉歌剧院的另一位明星是弗拉格森，其真名为波特。他擅长英语歌曲，能够自己弹钢琴伴奏。他小时候在伦敦工作过，掌握两种语言，成了最早的国际表演者之一。弗拉格森和父亲形影不离，他到哪儿父亲都陪着，深受父亲的宠爱。1913 年，弗拉格森的父亲枪杀了他，因为弗拉格森对一个情妇表现出了太多的兴趣，他父亲的内心开始嫉妒。这件事变成了绯闻，和传奇故事一起伴随着弗拉格森。德兰姆是荣誉军团的军官，他是一个伟大的苦情喜剧演员，穿着宽大的鞋子和不合身的衣服，秃头上戴着一顶美国水手帽。他唱歌时闭着眼睛，没有一个手势，但他工作很努力。他的多段婚姻给他带来了诸多流言蜚语。演员类型多种多样，苏尔巴克（生于 1860 年）专门扮演农民，他打扮成农民的样子，用土语说着独白，用唱歌的方式解释村里发生的事情。巴蒂扮演放荡的情郎，莫里西扮演有癫痫病的小丑。[71]

裸体出现在舞台上的时间很早，但无法确定具体是什么时候。到 19 世纪 90 年代，巴黎已经有 30 场脱衣舞表演。评论家弗朗西斯克·萨尔塞这样描述阿尔卡扎尔的明星卡维利小姐的表演："她脱下帽子、裙子、衬裙、紧身胸衣和内衣，每脱一件停一会儿，让观众有时间冷静。"雨果在马克西姆餐厅工作了 20 年，他回忆说，脱衣舞不止在舞台上表演。有一次，一个报业巨头邀请了 50 位客人在餐厅用餐，还带着一位年轻漂亮的金发女郎，她全身赤裸，坐在桌子中间。用餐结束后，她站起来向客人们收取小费。马约尔音乐会直到 1934 年才开始进行脱衣舞表演。1935 年，舞者琼·华纳被起诉，罚款 50 法郎。审判三周后，另一个法院裁定，脱衣舞俱乐部外裸体女孩儿的广告并不是对道德的侮辱，前提是她们的隐私部位要被遮住。第二次世界大战之后，阿兰·贝尔纳丁使裸体成为一种艺术。丽塔·雷诺阿是其最著名的实践者，并将它视为一种重要的仪式。[72] 但在两次世界大战的空当期间，音乐厅的照片显示，大部分女孩儿从腰部以上都赤裸着，女歌手的服装总是具有挑战性，远远领先于现在的时尚。

此类流行的娱乐方式让人们因不同原因而大笑。一种情况是，它将日常生活艺术化和浪漫化，以普通人的闲聊为题材，通过巧妙的模仿进行呈现，赋予其很多精彩之处。有些表演者和观众有着相同的背景，他们既不贬低观众，也不向观众说教，而是专注于取悦观众，既不做作，也不紧张。但还有一种笑声产生于角色和情境的互换，以及公众对礼仪的蔑视。在这些咖啡馆举办的音乐会中，值得尊敬的家庭生活价值观可能会暂时受到嘲笑。这就是为什么幽默的历史对其他类型的历史来说都如此重要。有关岳母的笑话对社会发展非常重要。正如一位评论员所说，在这里，粗俗总是胜过卓越，因为观众几乎总是站在“无聊的玩笑和粗俗的闹剧一边，而非优美的歌声一边”。[73]

在两次世界大战期间，法国音乐厅由莫里斯·谢瓦利埃和米斯坦盖主导。这两位明星截然不同的生活方式说明了隐藏在幸福背后的复杂性。十年来，他们一直是浪漫情侣的象征，直到他们因智力和性情上的差异而分居。谢瓦利埃和米斯坦盖都因各自的魅力而获得了巨大的成功。谢瓦利埃是一个英俊潇洒、轻松自在的年轻人，似乎从不把自己或生活看得太严肃，唱着朗朗上口的歌，也只是为了取悦自己，总是试图表现出快乐和幽默感。米斯坦盖从来没有说过自己有一张漂亮的脸蛋，但是她的热情、活力和顽皮，以及敏捷的身手，都让她充满吸引力（她给自己的美腿上了50万法郎的保险）。他们俩都出身卑微，即使后来变得富有，也知道如何与公众周旋。谢瓦利埃热爱学习，他总是努力改进自己的风格，与时俱进，开阔视野。他身上体现出许多小资产阶级的野心。他的歌曲充满中庸之道，巧妙地将所见与表面的乐观主义融合，旨在忘记而不是否认悲伤。晚年，他成了一名作家，写了9卷回忆录。谢瓦利埃需要哲学的慰藉，因为他总是感到害怕，而且他会夸大他在娱乐伙伴中引起的嫉妒。尽管他经常被邀请与名人——国王、大臣、实业家和文人——共进晚餐，但他总是感到不自在，除非是与自己同行的人或是工人阶级在一起。他的母亲和他的工作是他安全感的来源。他无法与米斯坦盖相处，因为米斯坦盖太反复无常，对他的独立性构成了挑战。米斯坦盖说谢瓦利埃喜欢扮演绅士，而她喜欢做顽童，但这是误解。米斯坦盖说自己是个很实际的女人。“上帝创造我们是为了让我们快乐……我一定要快乐。在大街上开着美国大轿车，整夜不停地狂奔，跳舞跳到天亮——这就是我的生活理念。”她买下了杜巴里在布吉瓦尔的城堡，并在昂蒂布拥有一座豪华别墅。她以自私、吝啬和勤奋著称。她活在当下。谈起他们在一起的十年，米斯坦盖说：“谢瓦利埃从来没有给过我很多，我的余生中不会有他了。但是我太爱他了，我并不想清楚地去了解他。”这两位明星的表演和私生活不仅让同行羡慕，也传达出大众的愿望，还有普遍的挫折感。[74]

剧院里流行的幽默值得仔细研究，一方面是因为其文本得以保留，另一方面是因为剧院里的笑话更加精妙，更加吸引观众。剧院为了迅速获得商业回报也经常上演一些肤浅幽默的节目，因而经典戏剧不得不在夹缝中求生存。伏尔泰曾经抱怨说：“如果笑话只吸引聪明人，那么大众肯定会不高兴，因为他们也想放声大笑。”他还抱怨道，当古和勒格朗的闹剧让观众习惯了低俗下流的喜剧，“以至于公众逐渐形成了一种偏见，即单幕剧必须是低俗的闹剧，而不是符合道德的上流喜剧”。[75] 17世纪早期，百姓和皇家对戏剧的品位差距还不大。但从1630年开始，剧院出现了一批新观众，他们对艺术形式提出了更高的要求。随着时间的推移，巴黎人民也对这些戏剧表现出了兴趣。他们会去露天剧场看戏，这对剧作家产生了重要的影响。伏尔泰过去常常雇一个伙计来逗大家鼓掌大笑，观众的认同对一部戏剧的成功必不可少。因此，严肃戏剧和通俗戏剧之间也存在相似之处，这意味着一部戏剧可以广泛获得关注，甚至可以超出阶级限制。1791 年剧院自由制度建立后，巴黎又新建了 45 家剧院。1806 年，拿破仑终结了这一制度，只允许在首都巴黎开设 8 家剧院。但是，在 1864 年，这一制度又得以恢复，剧院数量得以增加，到 1875 年达到 58 家。每家剧院都有各自的戏剧类型倾向。宫廷里上演欢快的幽默戏剧和拉比什戏剧，体操运动员进行杂耍表演，作家们写剧本。现实主义戏剧是种时尚文学。歌舞杂耍主要服务于上层社会，而杂耍演员和喜剧演员则更多是来自工人阶级。法国喜剧剧院上演的一出 30 场的戏的观看人数曾达到 2.5 万。18 世纪末期，这座大剧院年观众数量可达 17 万。戏剧因此成为大众品位的象征，与报纸和小说一起组成了生活的重要部分。

幽默的戏剧一直很受欢迎，中世纪流行戏剧的传统一直在流传，观众们最喜欢的角色是陷入困境的天真之人。早期的现代喜剧从不担心重复演出，好色的老头和淘气的仆人这样的老套角色会不断地出现，他们在剧中结尾都会得到应有的惩罚或奖励。剧作家莫里哀将幽默提升到前所未有的高度，并将它作为一种具有道德目的、有尊严的艺术加以捍卫，于是人们开始认真地对待幽默这一艺术形式。但由于莫里哀将更深层次的艺术引入其中，在他去世后的两个世纪里，喜剧一直由他主导。人们模仿莫里哀，满足于对戏剧规则的遵守。但后来，出于对五幕剧的反抗，轻歌舞剧和杂剧发展了起来。轻歌舞剧原本是欢快的歌曲，后来变成了轻喜剧，通常围绕着一个有趣的阴谋展开，伴随着一些著名的曲调。后来又逐渐发展成“喜剧歌剧”，杂耍成为一个分支，但没有音乐。轻歌舞剧表演不太注重情节，而更注重主题，从来没有超过 40 场。从 1830 年开始，轻歌舞剧成为一种流行的讽刺形式。在路易·菲利普一世统治时期，戈伊尼亚尔兄弟每年都要在圣马丁门剧院里表演，其中1841年和1941年的演出最为成功。在剧中，他们拿所有新发明作乐，特别是铁路。还有一出戏围绕着一台机器展开，把整只活羊塞进机器里，另一端出来的是大衣和肉排，人们觉得这很有趣，1867年的展览上还展出了这台机器。在法兰西第二共和国时期有很多关于政治的评论，但在拿破仑三世统治时期，政府禁止人们讨论政治，所以作家们把讽刺对象转向了生活的其他方面。克莱尔维尔和亚伯拉罕·德雷福斯创作了《两个世界》（1875），取笑了一番新闻界和文学界，其风格预示着作家和漫画作家越来越倾向于谈论自己的世界，而他人却很难理解这些笑话。这部作品基于一个可笑的想法，一位省级糕点师向一家杂志社遗赠了一笔款项，用于颁发年度最佳文学作品奖。编辑在一名女记者的陪同下参观了歌剧院和剧院，这给他提供了机会，可以对当时的演出和演员进行一系列的模仿。讽刺戏剧成功的决定性因素是表演者的演技，而戏剧的文本基本不会发表出来。因此，这种歌舞虽然几乎没有被人研究过，但更容易被后人欣赏。朱尔·杰宁在1832年的著作中声称，在他那个时代，有168场歌舞杂耍表演。但是主导这一流派的作家是斯科莱博（1791—1861）。他擅长创作完美的情节，其作品中的每件事最终都有了结果，并给人以出乎意料的解释。他是反浪漫主义的重要代表，获得了巨大成功。在浪漫主义最盛行的时候，他通过抨击浪漫主义，赚了几百万法郎。他的戏剧《同志情谊》（1836）讽刺了浪漫主义者之间的相互赞美。[76] 在法兰西第三共和国时期，维克托里安·萨杜（1831—1908）沿用了斯科莱博的创作方法，其重点在阴谋诡计，人类特征在很大程度上被遗忘了。乔治·费多（1862—1921）代表了轻歌舞剧发展的高潮。他把歌舞提到高等数学的水平，把逻辑发挥到极致，把幻想发挥到荒谬的程度。实际上，他的创作是侦探小说或填字游戏的替代品，但无情的夸张让这种行为变得荒谬可笑。这种戏剧节奏欢快，手势动作自由，和哑剧有些相似。人们都说费多的戏剧充满笑声，其最后一幕就是哑剧，因为演员们在喧闹声中无法让观众听见自己的声音。费多是一个旧政权侯爵的后裔，《范尼》一书的作者的儿子。巴黎大主教谴责费多行为不端，说他是因为懒惰才成为作家的。费多 7 岁就开始写剧本，父母为他感到骄傲，准许他不写作业。21 岁时，他的第一个剧本上演了。后来费多把可观的版税押在证券交易上，损失了几百万法郎。为了还债，他不得不继续写作。他沦落到住在圣拉萨尔终点站的一间单人房里。他最喜欢去那不勒斯咖啡馆喝酒。尽管娱乐已经产业化了，但剧院的不安全因素还在。[77]

费多的戏剧之所以能够重复上演，是因为它们都基于荒谬的情境而非现实，这就给演员提供了很多机会。拉比什（1815—1888）更加有趣，他最喜欢的主题是有关包办婚姻的问题。法兰西第二帝国时期，男人们对婚姻充满热情，但却以一种过于简单的方式表现出来。拉比什只想逗人发笑，对自己作品的态度极为谦虚，只是勉强同意出版自己的戏剧选集。他总共写了 175 个剧本，1856 年有 8 出戏上演。1860 年之后，他和奥芬巴赫一起成为公认的幽默戏剧大师。但在 1877 年，拉比什停止了创作，他把自己的收入投资在一个 900 公顷①的农场上，更愿意把时间花在当村主任上。许多年轻人都梦想和拉比什一样获得成功。拉比什是一个糖浆制造商的儿子，他创作幽默风趣的剧本是因为他自己喜欢笑，同时他也没有什么远大志向。拉比什是一位温和的讽刺作家，他的幽默就像一剂疫苗，最

① 1 公顷等于 0.01 平方千米。——编者注

终加强了听众的自满情绪。[78]但是，根据当时的说法，他的戏剧中最引人发笑的段落现在看来往往无足轻重，因为演员的手势和风格都很重要。幸运的是，拉比什有和蔼可亲的杰弗里作为他的主要演员之一，杰弗里的表演确保了这些戏剧不会给观众留下觉得很讽刺的印象。拉比什笔下的人物，尤其是女性人物，在平凡的时候并不引人注目，但是一旦遭遇困境就会很有趣。因此，拉比什总是能逗乐一些人，他写的某些类型的笑话总是很成功。有一类笑话占主导地位——资产阶级的荒唐可笑，这是资产阶级统治的另一面——据说就是在这一时期建立起来的。这也是为什么拉比什式幽默要么显得过时，要么是形式主义。重要的是要记住，与此同时，20 世纪自由主义和进步主义的发展，往往成了历史焦点。此外，还有大量的三流戏剧和闹剧，通过不断重复一些关于前卫绘画、瓦格纳和性别平等的笑话，逗得观众开怀大笑。[79]

库特林①的戏剧表现出一种更辛辣、更悲哀的幽默。这种幽默既包含对资产阶级的期待，也有对资产阶级的憎恨。生活的失败者一般会认同这一观点。库特林笔下写的是野心的另一面。他认为懒惰和失败都应得到包容。库特林出身演艺世家，祖父经营一家烟草店；他的父亲在银行工作，为奥芬巴赫写了许多成功的喜剧歌剧，也为《法院公报》写了一些关于刑事审判的有趣报道。这是一个稳步上升的家庭，但是库特林发现，这种努力向上的压力令他无法承受。他被送进了一所好学校，但这只让他对教育和学校压抑单调的教学产生了持久的恐惧感。他回忆起自己的童年时，满是痛苦，说："学校的孩子就像炽热的铁，带着一种时间永远无法治愈的忧郁。"他被送去做生意

① 真名乔治·穆瓦诺（1858—1929）。

（在迪瓦尔公司当职员），但只干了几个星期。服兵役期间，他对严苛的纪律、不断的惩罚和徒劳的任务强烈地表示不满，他把自己搞生病，得到了休息许可，花了6个月的时间从磨难中康复。最后，他的父亲给他在宗教部安排了一个初级公务员的职位，每月工资100法郎。这是一份稳定的工作，虽然工资没有工人多。库特林忍受不了这一切。他讨厌工作。他更喜欢坐在咖啡馆里，看着人们来来往往，最多就是打打牌。令他父亲愤怒的是，库特林从没想过要成功。他过去经常很长时间不在办公室，但并没有受到惩罚，因为他的老板喜欢资助艺术事业，同时重视作为一名记者的库特林，这样可以让公司和他自己免受媒体的攻击（这是宗教部与教会斗争最激烈的时期。老板不是别人，正是杜梅——教会解体的主要策划者之一）。最后库特林把自己一半的薪水给了一个失业的朋友，让他去办公室替自己工作，并仿造他的签名。库特林终于可以自由地投身于新闻和剧本创作，这是他年轻时为了补充微薄的薪水而从事的工作，但也是为了实现他更深层的抱负——成为一名旅行演员。1889年，查尔斯·巴雷特创建了一家保留剧目公司，他也是一个与社会格格不入的人，库特林与他一起去了法国游玩。① 库特林在戏剧演出之前很少讲话，他也会参加演出，他想成为戏剧界的全才。他时而过着安静的生活，咖啡馆是其生活的中心，他说："改变一个人的宗教信仰比改变一个咖啡馆要容易得多。"他四处旅行，在风俗摄影师齐佩特的陪同下，游览了比利时和荷兰。他和一个女演员住在一起，他们有孩子，但库特林不能忍受孩子，便把孩子们送到了他们的祖父母那里。

① 保留剧目公司一直存活到今天，继续由让维耶管理，他是库特林戏剧中一位主要演员的儿子。

库特林既痴迷于女人，又鄙视她们，把女人当作“快乐的工具”。他去妓院，和许多参演他的戏剧的女演员睡觉，但他总是对性不满意。库特林经常写关于性的文章，在他的《哲学》(他晚年出版的格言集)一书中，他用了一章内容论述性。[80]“不重要的事情：爱情、女人等。”他和女人们总是没完没了地争吵，但他最终在情妇临终时娶了她，然后又娶了一个。吵架对库特林来说是生活中必不可少的一部分，他喜欢在服务员找错钱的时候在咖啡馆里大吵大闹。当有人反驳他时，他会勃然大怒，而且总是坚持要自己说最后一句话。他酷爱搞恶作剧，但当他成为恶作剧的对象时，他会勃然大怒。他是一个矛盾重重的人，清晰的思想从来都不是他的强项。他反对圣职者，但当宗教游行队伍经过时，他会庄严地脱下帽子。他嘲笑医学，但总是向医生咨询。他称自己是“波希米亚人，资产阶级背景让他烦恼，让他过早地沉睡”。自卑情结让他痛苦不堪，即使戏剧取得了成功，也没能缓解他的这种自卑。他自称没有想象力，只是个“伞柄雕刻家”。这可能就是他对工作恐惧的根源所在。库特林在47岁时名声达到巅峰，却停止了写作。他说自己讨厌工作，而且有能力停止写作。他在乡下度过了余生，每天都去咖啡馆，打桥牌，和朋友们闲聊。他说，世界上有两类人，他们有着完全不同的心态：去咖啡馆的人和不去咖啡馆的人。[81]

库特林戏剧的幽默把所有不满都变成了游戏。这种幽默属于特定的阶层。库特林戏剧中的人物几乎都来自中产阶级和较低的资产阶级，通过展示他们必须处理的矛盾和无法逃脱的荒谬处境来取笑他们。这些戏剧讲述的是公务员、士兵、律师、记者、演员、出租车司机和公共汽车售票员面临的问题，以及他们自身的不足所带来的挫折。他们反对愚蠢、自私、懒惰、骄傲、易怒和不诚实，但并没有指出任何道德问题。库特林也没有解决办法。他不抱任何希望，因为在自己的生活中，他发现成长的过程极其痛苦。他不断地自我克制是对逝去青春的哀叹，也是对年龄增长的诅咒。他说："我疯狂地热爱青春年华，我满怀激情地爱着它，就像爱一个要自杀的情妇。"他想在自己的墓碑上刻下这么一句话："天生年轻，一直年轻。"他否认任何年龄的人都有快乐，说只有年轻人才有快乐。所以他用一生去嘲笑，去遗忘。在他的戏剧中，角色极其缺乏同情心。据统计，275 个男性角色中只有 16 个，65 个女性角色中只有 2 个，可以说是可爱的。[82] 库特林对身边人的忠诚深感不安。他从不厌倦"重读那些欺骗我的情妇和背叛我的朋友的来信"。他写了大量有关背叛的文章，以及关于感激和义务存在的问题。巴丹先生的"店员不愿去他的办公室"，但又害怕失去工作，因此有趣的人物就呈现了出来，他的困境对库特林本人和观众来说，都非常真实。库特林不是革命家，但他的幽默却属于更广泛的范畴，即使不是革命，也能被看作是抗议，是真正的起义的另一种表现——纸上谈兵。

在这一时期，专业艺人对幽默的运用能力有了极大的增长，最明显的莫过于幽默新闻。纸上幽默达到了前所未有的规模。也许有人会说，这种幽默是对生活中更大的压力和复杂性的一种回应，而这种敏锐的情感，会让人们更容易遭受挫折，并对荒谬逐渐持欣赏态度。但是，在目前的知识背景下，这种观点很难得到证实。奇怪的是，幽默新闻是文学和艺术研究中最少涉及的一个领域。这一时期的大多数漫画家不过是些名字而已，我们很难探求他们背后的思想。1830 年，完全致力于发表漫画的杂志首次亮相。诚然，在此之前也有一些幽默杂志出版，如今也在继续发行，但是幽默杂志的出版大大拓宽了漫画的范围，也提升了其影响力。查尔斯 · 菲利蓬（1800—1862）是这一发展的倡导者。[83] 他对赚钱很感兴趣，也热衷于用新形式抨击政府。《漫画》（1830）和《机智》（1832）是最重要的共和党报纸，讽刺国王路易·菲利普一世，菲利蓬在讽刺漫画中将国王变成了一颗梨，因此被送进了监狱。但同时，被讽刺的对象更为广泛了——最新的发型、戏剧、发明、时装、士兵、律师、妓女和资产阶级。菲利蓬的成功在于，他能够集合大约20名艺术家，定期给他们提供新点子。1835年后的一段时间里，《机智》变成了日报，也正是因为这份报纸，多米埃创造了罗伯特·马凯尔——现代投机者的化身。格兰德维尔把人类变成了动物，并对政治游行进行了详尽的研究。漫画成为十分重要的政治武器，每个政党都有了各自滑稽的报纸：君主制派有《特利布莱特周刊》（1878—1993），拿破仑派有《人民的权利》（1885—1886），布朗格派有《狄安娜》，共和党派有《月亮》（1865—1868）和《日食》（1868—1919）。也并不是每个人都觉得同样的事情有趣，几乎每一种职业、每一种兴趣都产生了一份幽默的报纸，其中既有吸引人的笑话，也有攻击敌人的工具。士兵有《军旅生活》（1883），运动员有《半人半马》（1866），租户有《反门房》（1881—1882），啤酒业有《好啤酒》（1865）来诋毁德国人，广告商有《喜剧广告》（1855），银行家有《笑声》（1877）和《证券交易所日常》（1882），有普罗旺斯血统的巴黎人有《塔尔塔林》（1844）。把政治讽刺和笑话结合得最完美的报纸是《绑鸭报》（成立于1915年）。如今，该报社已成为某种国家机构，表现了小人物对权威和屈从的抵抗，同时又顽固地坚持诸如反军国主义、反教权主义、尊重教育等观念：创立者始终认为它是神圣的。[84]

法兰西第二帝国时期，政治新闻受到了限制，因而人们转向了娱乐报纸。《巴黎生活》杂志诞生于1863年的巴黎，1949年停刊。初期主要是刊登有关小说、戏剧、音乐、运动、时尚的信息。它试图为那些休闲过度的人提供均衡的放松形式，它能全面了解女性时尚和巴黎八卦，也很吸引男性读者。它最成功的几期都被转印成轻度色情读物，但也只是轻微到足以逃脱起诉罢了。1890 年，一家竞争对手杂志因不雅内容受到审判，其辩护律师称《巴黎生活》杂志也好不到哪儿去。他说，这本杂志总是展示女性如何穿长筒袜，女性各种各样的姿势，充斥着很多不雅内容。有一页漫画画的是女人如何洗澡，而且浴缸是透明的。还有一页画的是女人穿衬衫，而读者除了想象着如何脱去那件衬衫，它再无其他吸引人之处。每家报纸杂志都只存在一些细微差别。报纸《法国邮件》(1884—1913)经常惹上法律麻烦，但却是在艺术上最为出色的报纸之一。有人因其大胆前卫的思想而爱读这份报纸，同时也感到担忧，常常陷入自我矛盾之中。热罗代制药公司为这家报纸提供了资金，还建议读者读报前购买其旗下的医药产品。《巴黎事件》(1880—1882)也许是最充满色情的报纸之一，但也是最成功的报纸之一。其 15 万份的高利润销售量让罚款和审判都变得无足轻重。[85]

专业的幽默作家常常也是尖刻的讽刺作家，但因此要说法式幽默总是尖刻的，那就错了。从表面上看，我们会认为法式幽默是一种辛辣的攻击工具。这与柯勒律治对伏尔泰幽默的批评相一致。柯勒律治认为伏尔泰的幽默缺乏感染力，卡莱尔则认为伏尔泰的幽默代表的仅仅是头脑的快乐，而不是内心的快乐，表现出的是轻蔑，而非同情。18 世纪和 19 世纪之交，英国复辟时期的幽默让位于更加平和的幽默，古怪之人被当作乐趣的源泉，风景描绘不再和讽刺联系在一起，而是和情感相连。[86] 然而法国经历了更为动荡的政治和社会的发展，因此法式幽默并没有经历像英式幽默那样的转变。有人说英国在 19 世纪展现的自足与稳定都体现在幽默上。虽然1918年以后，社会背景发生了改变，但是更为强硬的幽默风格又回来了。法国幽默家之苦也许反映出艺术家和作家有不同的社会地位。幽默作品和漫画很少获得官方认可，以画漫画为生的人都不是墨守成规之人。愤怒的幽默家吸引了更多人的关注，部分原因是他们表达的更多，而且更有力量。但我们也不能忽视为数不少的快乐幽默家。例如，与印象派画家一起出现的还有一些成功的漫画家，如林德、莫里安、努马、吉拉尔和维尔尼埃，他们擅长表现乐趣和日常生活的丰富多彩。阿尔伯特·洛必达（1848—1926）的漫画中没有痛苦与悲伤。他是一个非常谦虚的艺术家，和7个孩子安静地住在勒维塞内。他的父亲是个木匠，曾试图让他成为一名公证员，但洛必达有着丰富的想象力，对科幻小说和幻想着迷，而幻想总是天真无邪的。[87] 阿尔方斯·阿莱（1855—1905）是洛必达的对手。作为一名药剂师的儿子，他接受了药剂师的培训，但在最终考试前放弃了这个选择，开始在咖啡馆上班。他在咖啡馆的小桌子上花了大量的时间写作，喝不完的酒能帮助他前进。他拿一切开玩笑，把每一种情况都推到荒谬的地步，运用科学知识创造一些非凡的发明来解决常见的问题。例如，他提议将雨伞制造业国有化，这样就可以生产不同尺寸的雨伞，从而减少雨伞在街上相撞的频率。他在竞选国会议员时提出了一项计划，主张废除自行车税，重新设立执照，以增加法国不断减少的人口，以及镇压官僚主义，建立美术学院。他称自己的幽默文学为“商业旅行者”。阿莱每年能挣两万法郎。他在英国买家具。他有一间豪华浴室，热水供应从不间断。他曾和一个比他年轻许多的漂亮女孩儿结婚，并以濒临破产告终。虽然人们经常看到他大笑，但并非人人都觉得他很快乐。瓦基埃克–卢梭夫人拒绝为他授勋，她觉得阿莱很愚蠢。[88]

马修·阿诺德声称法国人的轻浮以“人的欲望”为基础，接受肉体的意愿作为生命的一部分，因此产生了一种比英国人更轻松的乐趣。法国是一个天主教国家，而清教主义从未在其中获得完全的统治地位。或许和爱尔兰人的幽默相比，而不是和英国或美国的幽默相比，法式幽默会更为有用。[89]加布里埃尔·谢瓦利耶于1936年写的关于小便池的小说《克洛谢梅尔》取得了非凡成功，无疑彰显了拉伯雷式粗俗幽默传统的生命力。书中没有单独的人物，只有各种类型的人物，他们很真实，能给人们带来欢乐。这是一种社会群体的笑声，克服了羞怯和谨慎。[90]

然而，幽默背后也会暗含悲伤。在哑剧上，知识分子把欢乐转变成了忧郁。皮埃罗和花衣小丑原本是快乐的角色，但浪漫主义把他们变成了生活悲剧的哲学评论家。19世纪30年代，知识分子发现了哑剧，当时曾在工人阶级剧院的德布罗扮演皮埃罗，后来被查尔斯·诺迪尔和朱尔·雅宁塑造成了一位时尚英雄。他成为纯粹工人阶级的象征，被视为幻想的创造者。幻想可以让人摆脱丑陋的现实。从前，哑剧的主角是花衣小丑和科隆比纳（意大利传统戏剧中的女性角色），他们是年轻的恋人，最终战胜了所有困难。皮埃罗是一个一直被伤害、被欺骗、被惩罚的人，是主要角色，随着德布罗的名气越来越大，他让皮埃罗也变得邪恶，他开始反击，开始为所欲为。19世纪80年代，小丑恐怖的一面被无限地放大，以至于有时小丑就穿黑色的衣服。[91]

杜米埃是把这些小丑描绘成悲伤者的人之一，因为他认为小丑实际上是一个没有安全感、被人鄙视、四处游荡的艺术家。杜米埃认同且怜悯他们。然而，我们很难用任何简单的公式来概括杜米埃的作品，尽管据统计，有关他的书和文章不下340本（篇），但他几乎没有留下任何踪迹让后人能够追溯其思想。在他职业生涯的早期，菲利蓬给他提供了创作的主题，也为漫画提供了传奇故事，或是花很少的钱雇了一些聪明的年轻人来画漫画。杜米埃是共和党人，但他也怀有当画家的雄心壮志。他画漫画主要是为了谋生，但总是希望自己能专注于更宏伟的艺术形式。他是一个玻璃工人的儿子，和他父亲一样，他也是一个为市场工作的工匠。他安静沉稳，经常陷入沉思。他的表达并不流利。他喜欢观察生活，并记录生活。杜米埃最发人深省的一句话是“要成为时代之人”，这也是他留下的为数不多的几句话之一。和他同时代的尚普夫勒里（非常了解杜米埃）认为，漫画是“人类情感的表达”。漫画很残酷，因为它反映了处于反抗状态的人民的反抗情绪，只有在革命时期才具有重要意义。杜米埃的许多作品都讽刺了资产阶级，但其情绪并不总是愤怒的，他善良的本性和对人物性格与相貌的刻画远远超过了其政治意图。他将笑声看作生活问题的答案，“保持着幽默和平和”。[92]

福兰也是一位漫画家，深受生活不公和受害者的启发。他说，“上层人士有神经问题，底层百姓有饥饿问题”。但对他来说，绘画的兴趣才是头等重要的事情。他首先画男人和女人，赋予他们表情，“只有他们出现在我面前时，我才会问他们想说什么——我问他们，他们才会回答”。[93] 他指出，漫画不必好笑。威利特的艺术似乎带着幻灭和遗憾，但他坚持认为，人们把过于复杂的意图都归咎于他了。他喜欢画皮埃罗，但这并不具有象征意义，他说：“皮埃罗穿上衣服才能吸引我。我需要一个足够通情达理的人物，通过他的行动来表达人类所有的激情。我不想让他穿上普通的衣服，皮埃罗的衣服是诗人的衣服。”[94]

从漫画中可以推断出的东西有一定的局限性。[95] 散文中的讽刺并没有简单得多。例如，阿尔丰斯·都德的《塔尔坦》就是普罗旺斯人快乐生活的写照。他把自己的书描述为“加莱加德”(galégade)——普罗旺斯语，意为一阵嘲笑声。《塔尔坦》像一幅自画像，表现了都德在英雄野心和怯懦恐惧之间的犹豫，夸张到滑稽的程度。他在书中还提出了一个问题：南方的笑声是否比北方的多？两个地方的笑声肯定存在差异。[96]

柏格森是这一时期最著名的笑声分析学家。他认为笑是一种社会艺术，观众越多，笑声就越多。在他看来，被嘲笑的人其实是不合群的。他之所以表现滑稽，是因为无法适应周围的环境，或者是不考虑他人而只顾自我表现（比如心不在焉）。因而被嘲笑的对象都是不遵守社会规定的人和失败者。嘲笑是为了羞辱，就如同复仇一般，与同情和感情不相容。柏格森得出结论——喜剧本质上是智慧的创造。[97]这类幽默在法国必不可少，它强化了社会的批判性和斗争性。然而这不是幽默最重要的作用。幽默是一种超脱世俗的途径，而不是一种加强联系的手段。因此，幽默是情感的反映，甚至超过了智力的反映。我们可以在普鲁斯特身上看到这一点，他在各种主题上都使用了带有强烈讽刺意味的幽默。但是他的幽默非常普遍，甚至包括死亡、爱情和作者本人。普鲁斯特可以用超然的视角看待自我。他写道：“欢乐是万物之基。”他向我们展示，即使只有两个人——（在这个例子中是）作者和他的读者——串通一气说很有趣，那么每一个行为，每一句话，无论表面上多么严肃，都可以被证明是有趣的。他仅用非常严肃的面部表情就证明了自己的观点。[98]保罗·瓦莱里说：“焦虑是我真正的职业。”他是一个法国南方人，怀着对欢乐和活泼的极大钦佩，他把幽默变成了笛卡儿普遍怀疑的逻辑结果。他不仅把生活当作一场戏剧，而且把生活当作一场游戏，在其中，他既是观众，也是演员。

瓦莱里用这样的方式把自己从疯狂中拯救了出来。[99]

不同形式的幽默或许维持了社会的平衡。每一个严肃的政治宣言，每一项科学和工业的成就，都需要从有关它们的笑话当中来看待。然而可惜的是，这些笑话没有过多的记载，历史学家对它们的研究也很少。追求幽默不应被看作对生活现实的逃避，幽默是要在生活中创造快乐，要反抗道德束缚。因此，幽默虽然没有留下太多记录，但还是应该同立法者和教育工作者的长期努力一样得到记录。

7. 饮食

法国人认为饮食是衡量生活质量的一个很重要的方面。想要了解法国人的价值观，就一定要知道其对享受口腹之欲及探讨口腹之欲的重视程度。法国赢得美食之乡的国际声望，也只是从 19 世纪初开始的，当时人们对法餐的概念与后来的 20 世纪的不尽相同。可以说，法餐的历史与法国政治的发展并驾齐驱。大厨和美食学家们开创了餐馆的理念，起初代表的是一种民主进程，随后很快便被特权和暴利凌驾。与雅各宾式极端民主主义集权的碰撞，以及区域个性的凸显，产生了具有法式鲜明特色的饮食。当然，在引领餐饮时尚的同时，也不乏诸如食品原料掺假、穷人挨饿、酗酒人数攀升等丑陋的社会现实夹杂其中。

进入 19 世纪，大多数法国人的吃食仍然赶不上巴黎美食家们的步伐。农民的餐桌上以热食为主，火炉上的大吊锅一直沿用至 19 世纪中叶。从此后流传下来的遗产分割清单中，我们可以看出大锅热食的方法逐渐绝迹。在马贡地区，大锅的使用在 1850—1870 年彻底消失，而在法国其他地区，大锅存在的时间更久，诺曼底地区（尽管其受巴黎影响很大）甚至沿用至“二战”后。过去法国人吃饭用勺子和人手一个的小折刀，直至19世纪末，穷人家里都很少有整套餐具，这说明穷苦农家当时仍以熬煮食物为主。他们的主食是蔬菜汤，里面泡入大块的老面包。更穷的人家连老面包都没有，只能往汤里加点儿盐，有的甚至连盐都不敢多加，这是人们之前在法国封建旧体制时期遭受盐税剥削的后遗症。为了节省燃料，人们往往一次熬煮几顿饭喝的汤，喝剩的汤渣也不会被倒掉，人们只添加新料进去即可，汤的味道由此变得驳杂。另一种主食是粥，也就是用水或牛奶熬煮谷物或玉米面、荞麦面之类的面粉，它作为主食一直沿用至19世纪末。再以后，粥就只是晚饭的一道餐食，或是专给小孩子们喝的。一旦人们摆脱了赤贫状况，就开始养猪。农民常会每一两年杀一头猪。猪肉主要用来提取动物油，从而使人们的烹饪水平有了质的飞跃。猪肉也用来和菠菜、土豆、栗子等一起烹制，猪内脏和猪血还可以用来做香肠。鲜猪肉还有了新的做法，主要是用来煮或炖，也可以用焖肉锅焖，这种锅可放在上下两层炭火之间把肉焖熟。不过，总体生活水平提高后，农民的餐食也不可一概而论，而是依据地方特产和习俗的不同而有差异。比如，据调查，在马贡地区，直到19世纪末，兔肉才被摆上农民的餐桌，而其他地区早就大量食用兔肉了。各地区互不往来也导致有的村落吃鱼肉很多，有的村落却几乎不吃鱼。西南地区常吃鸡肉，而马贡地区1870年后只在宴会上才能看到鸡肉的身影。鸡肉珍贵，农民多用于变卖换钱。各地区即使有特产，除非有点儿家底，否则农民也不一定能吃得上。马贡地区盛产蘑菇，但农民也只在1900年以后才开始吃它，甚至到现在还有人舍不得吃。栗子多受农民青睐，但其他种类的坚果只用于榨油。

人们一般认为，在传统上，法国南部地区用橄榄油烹调，北部用黄油，但这也只是20世纪70年代左右的情况。虽然在多数时候，烹饪的基础用料是水而不是油，但食用油种类繁多，并不单一，具体使用情况要视不同地区和社会阶层而定。莫尔比昂是主要的黄油产区，20 世纪前，该地所产黄油全部用于出口。1900 年以前，法国各地普遍使用坚果油，直到 1920 年，在都兰地区，坚果油的使用仍很普遍。坚果油既是照明燃料又是食用佳品，所以备受人们喜爱。在孚日省，人们不用黄油涂面包，他们往往使用猪油。这种习惯和当地人食用牛奶的方式有些关系。这里的人（除了病人）很少喝牛奶，牛奶不易保存，所以人们通常会将其制成软奶酪、乳清和脱脂乳以便贮存。在法国西部，人们用盐腌制黄油以便保存，其他很多地方的人还会将其融化储存。不过，液态黄油比较珍贵，人们很少食用。农民喜欢新鲜奶酪，吃的时候，他们一般还会加些香料或者大蒜，而精制奶酪则会被拿到镇上去卖，当时连用葡萄叶包着发酵做成的山羊乳酪都可以外销。在马贡地区，做饭用黄油代表一个人比较有社会地位，而一般人吃菜籽油、坚果油和猪油。农民很少吃新鲜果蔬，原因之一是他们一般自己种什么就吃什么，买菜的习惯是很多年后才慢慢养成的，沙拉也是后来才逐渐丰富起来的。再就是因为他们喜欢将食物贮存起来慢慢吃，把菜做成干豆、扁豆等干菜。他们也很少生吃水果，常将水果做成水果罐头或果酱。在那个年代，糖比较贵，所以人们大都会用甜菜根代替糖，有时也会用蜂蜜代替糖。据记载，克拉姆西在 1832 年就有 2 540 个蜂箱。

不过，面包才是最重要的食物，以上这些都只是面包的陪衬而已。在尼韦奈（法国旧省名，今涅夫勒），农民用在面包上的花费达到家庭支出的三分之一到二分之一，当然，地区不同，花费情况也有所不同，做面包用的原料也存在差异。市面上大部分面粉掺假严重，有时甚至还会掺入有害物质，人们不知道自己吃的到底是什么。在有些地区，比如尼韦奈，人们会在面粉中掺入等量的小麦粉、大麦粉和黑麦粉；在另一些地方，比如莫尔旺地区，则只有黑麦面包。城镇居民对农民的烘焙手艺不敢恭维，他们觉得农民做的面包放的时间太久了，吃起来硬得跟石头似的。1860 年，在纳韦尔（涅夫勒省省会），市面上的优质面包仅有十分之一，到 1900 年有三分之一，面包还分很多等级。大约从 1880 年开始，面粉的质量才逐渐好起来。面包店名声不好，他们为了牟取暴利，缺斤少两，欺骗顾客。这时候农民做的面包开始受欢迎了，不过制作这种面包用的是新做法，不是传统面包做法。老式的面包要么不太卫生，要么原料不纯。而这种新面包的味道较以往不同，里面加的盐量有了很大变化。在 18 世纪，面包中很少加盐；到 19 世纪，面包中的含盐量骤增至 3%，达到整个欧洲面包含盐量之最。“二战”后，面包含盐量降至 1.2%~1.5%，但在多雨之年，其含盐量也会涨至 2.5%，主要视当年的小麦品质而定。[1]

农民的烹饪也受到外界影响。19 世纪，农民偏向中世纪饮食思想，喜欢将多种食材混合在一起，不管量的多少（中世纪食谱很少会对食材的量加以详述），再加入很多香料调味。人们很喜欢香料，它们既能保存食物，又有药理功效，而且香料价格昂贵，人们还可以借此炫富。在法国，1900 年以前，农民厨房里的香料种类不是很多，香料和香草有几种就可着劲儿用几种。中世纪的美食家常喜欢猜测菜的食材，借此炫耀自己懂得多，这也是当时人们用餐时很喜欢的一项娱乐活动。农民的烹饪方式一直没怎么变，既不受烹饪科学的推动，也没受贫穷限制，仍是可劲儿地将各种食材和香料混在一起烹饪。1867 年法国农业部赞助出版的一本菜谱中提到，农家菜不是太清淡就是口味太重，做法原始、偏传统、没什么花样。[2] 通过对比卷心菜汤的两种做法，我们便可以发现农村和巴黎的烹饪方法到底有何不同，一种是该本菜谱的作者米修夫人给出的农家菜做法，另一种则是烹饪大师维亚德在其著作《皇家厨师》中提到的做法。农民做这道汤的方法为：取卷心菜一颗、韭葱一枝和大蒜一瓣，简单将三者一起水煮，最后滴入一滴黄油即可。而维亚德的做法则比较适合有钱人，方法如下：先取两颗卷心菜水煮，然后将其小心沥干，放在涂有动物油的嫩牛肉片上，再加入胡萝卜、洋葱和蘑菇。这么做菜既耗时又费钱，农民可没有那么多空闲时间来这样精心地准备一道菜。看过农民做菜的人都会觉得他们喜欢最省事的烹饪方式，而资产阶级的烹饪方式则无限追求精致饮食，大量使用更多种类的食材。在农民烹饪书中，蔬菜类食谱占比超过三分之一，而在维亚德的烹饪书中，其占比还不到 5%，毕竟用肉、鱼和禽类可以做出更精致的菜肴。多数农民的烹饪方法甚至不太健康，很多人觉得他们做的汤“有毒”、臭烘烘的，做土豆的时候，他们总是熬煮得过烂，而维亚德则列出了一系列针对土豆做法的颇具巧思和创新性的食谱。他还列出了 10 种洋蓟的做法，而农民的食谱中洋蓟只有 5 种做法。食谱不断多样化，引领着餐饮风尚的发展。维亚德的书首版发行于 1806 年，到 1873 年发行第 31 版时比首版尺寸大了一倍，汤类的烹饪方法也从最初的 74 种增至 134 种。[3]

20 世纪 50 年代的一项调查显示，农民式烹饪长期未变。这说明在法国，两种不同类型的烹饪方式长期共存。在莫尔比昂等传统地区，人们每餐都要喝汤，以蔬菜汤为主，汤都是慢慢熬煮而成的。其实，很多工人也有着农民的饮食习惯，他们也以汤食为主，比如，20 世纪 50 年代初圣艾蒂安地区有 49.6% 的家庭早餐仍要喝汤。随着现代化的到来，人们逐渐放弃早餐喝汤的习惯（富裕家庭还配上蛋、奶酪和熟肉，以及葡萄酒或苹果酒），改为喝咖啡、吃面包这样简单的早餐习惯。再后来，城镇居民吃午餐时基本也不喝汤了，比如 1950

年在马赛市只有三分之一的穷人午餐仍旧喝汤。不过，晚餐喝汤的习惯并没有消失，在这个一天中最重要的一餐里，人们依然保留着喝汤的传统。1919 年以后，人们惯常的烹饪方式发生了重大改变，不再煮肉，也不用动物油熬汤，穷人开始在肉上涂抹黄油，然后烘烤着吃。当时在城镇还出现了新潮流，人们越来越喜欢去肉铺买鲜肉。1950 年有三分之二到十分之九的城镇家庭吃鲜肉多过腌肉，而在农民中这个比例只有 50%。大体上，农民比城镇居民摄取的热量多 300 卡路里，这主要是因为农民吃面包相对较多。饮食现代化的最后体现是人们对面包这一主食的摄取量开始减少，但农民直至 20 世纪才不再以面包为主食。[4]

传统观念认为，富人摄取的肉类比穷人多，这种看法的正确性还有待商榷。1850 年，巴黎年人均消耗鲜肉 62 千克，雷恩市 60 千克，波尔多 53 千克，斯特拉斯堡 44 千克，图卢兹 38 千克，卡昂 28 千克。如果计入腌肉用量，那么巴黎年人均消耗肉量则为 72 千克，卡昂为 33 千克。肉的消耗量似乎与城镇经济发展水平和社会构成没什么直接关联，像圣艾蒂安这样的人口构成以工人阶级为主的城镇，年人均鲜肉消耗量为 49 千克；而第戎的人口构成以资产阶级为主，其年人均鲜肉消耗量也仅为 42 千克。各地区的饮酒差异也基本类似，波尔多地区年人均消费葡萄酒量最大，为 196 升；卡昂则最低，仅为 12 升；巴黎居中，为 113 升。如果计入苹果酒、啤酒等酒精饮品，雷恩市则位居榜首，年人均消耗量为 440 升；卡昂次之，为 245 升；布雷斯特最低，为 80 升。第戎是主要的葡萄酒产地，不过当地人喝啤酒更多。[5]出现以上种种差异的原因在于各地乃至各家都有自己的饮食习惯，很难统一起来。

1856 年，厨师莱昂蒂娜小姐这样写道："可惜大多数人不愿意改变饮食习惯，仅食物带来的果腹之用就足以让他们心满意足。”大部分人并不清楚什么食物健康、什么食物有害，所以“多达半数的人身体长期存在问题”。[6] 当时，医生已经对人体的消化过程有了一定的了解，但是关于不同食物所起的作用，人们仍然全凭臆测。当时人们认可的饮食规律主要是：不同性情的人应食用不同的食物。对那些不存在温饱问题的人来说，重点是既要保证身体健康，又要满足口腹之欲。而传统烹饪方法不是走这个极端，就是走那个极端，要么节制饮食，要么暴饮暴食。[7] 市面上畅销的烹饪书都在提倡科学饮食，建议人们改变饮食习惯，比如，提醒多血质人群多吃蔬菜，少吃柠檬、西红柿和洋葱这类口味过重的食物；淋巴系统有问题的人要远离甜食，水果也要少吃；神经系统有问题的人要注意少喝茶；喝浓汤可以治疗性功能衰竭；喝咖啡则有利于缓解神经衰弱，但对体弱的女性则有害，其实很多食物都对体弱的人有害。年龄、性别、性情、气候、职业等因素都会影响人们的饮食选择。此外，食物是否“好消化”也会有影响，比如人们认为猪肉不如牛肉好消化。直到 1913 年，据一位医生记录，近代科学出现之前，很多关于饮食的迷信说法仍然盛行不衰。婴儿一不舒服，就要给他清肠，甚至连支气管炎这类病都采用这样的办法。很多女性对报纸上各种促消化、治便秘的药品广告特别痴迷。人们总是抱怨自己“肠胃不好”，很多庸医就打着“调理”脾胃的旗号赚了个盆满钵满。还有各种类型的食物恐惧症患者，有的讨厌吃芹菜和酸模，有的怕吃巧克力。为了消化好，有人天天吃泻药，甚至还有人天天服用灌肠剂。[8] 一些人认为农民没有这些烦恼，是健康的典型；但另外一些人认为，农民的吃食不堪入口，跟毒药差不多，毫无营养，他们觉得“这些穷鬼毫无意外地做事拖沓、懒惰成性”。[9]

如今享誉世界的法餐主要源自19世纪，当时法国社会有四类群体通过彼此间不断切磋、对比、竞争，努力发展了各自的餐饮理念，他们是职业男厨、餐厅老板、美食家，以及为资产阶级提供家政服务的女厨。在19世纪，职业厨师在行业内不断发展。所有有关厨师发展史的书都会提到维特，1602年，他因在宴席上未能及时备好两份烤肉，深以为耻而自杀。其实在19世纪之前，很多大厨已创出不少精美菜式，但比起厨师界大咖安托南·卡莱姆（1784—1833），这些人就显得黯然失色了。卡莱姆是一位作家、建筑师，同时也是一位大厨。他赋予烹饪极高的艺术水准，他认为烹饪是“最古老的艺术，是为人们提供最重要的生活服务的艺术”。同时，烹饪也是一门科学，涵盖了农业、化学和药理学的相关知识，通过烹饪表演和广告宣传可以对其进行全民推广。卡莱姆给俄国沙皇和政客塔列朗当过厨师。不过他最喜欢的是给巴黎的罗斯柴尔德公爵当厨师的日子，在那里，他可以随意消费，他说：“对那些珍视声誉的厨师来说，这是激发天分的唯一方式。没有钱，就无法创造最精致的菜品，那么即使厨师的天分再高又有什么用呢？”卡莱姆还就此提出了“理想烹饪”的概念，就是说，不考虑经济成本才能做出理想的食物。虽然只有皇室贵族、百万富翁一类的人才能品尝到卡莱姆烹制的食物，但是其烹饪风格还是颇具影响力的，他在食材的准备方法上进行了几项重要革新。第一，大大减少香草和香料的使用，他这样写道：“现代烹饪需要知道如何以合理的烹制方法萃取食物的营养液。”第二，限制不同类型食物的随意混搭，比如在大型晚宴上，鱼这道菜往往配以牛羊杂碎、鸽子、鸡冠、腰子等辅菜，但卡莱姆只把同类食物搭配在一起，鱼的配菜只能是其他鱼类。第三，他改良了装盘，充分利用烤肉叉创造出大量珍馐佳肴，将其盛放在精雕细琢的银制餐具、水晶盘中，看上去赏心悦目，并为了凸显主菜，采用新的配菜方式。显然，他把自己在建筑美学领域的思维模式带入了烹饪领域。卡莱姆认为，一旦人们发现这种烹饪艺术的价值所在，就会意识到厨师的重要性：厨师不应只待在厨房，而应来到餐厅，来到食客身边，体察他们的反应和需求。他们就像真正的医生，其为受众带来的福祉是那些装腔作势的江湖郎中远远比不上的（尽管卡莱姆自己也不过是凭一本1709年的旧食谱起家的）。[10] 卡莱姆认为厨师就是"人间的上帝"，他极度傲慢和自信。他鄙视拿破仑帝国时期的大臣康巴塞雷斯，这个人坚持要把剩菜也利用上，同时不让卡莱姆用他最好的红酒烹饪。卡莱姆很同情拿破仑的厨师，觉得拿破仑对饮食的要求太低，厨师几乎无用武之地。卡莱姆建议经济能力有限的人即使不能完全按照他的食谱做菜，也不要随意精简将就，集中资本做出一道美食就够了，他说："与其糊弄出四餐俗味，倒不如只烹出两顿佳肴。"在他的烹饪著作中，汤和鱼肉的做法均有500种之多。（他提醒读者一定要读完他的整本书，否则"就会与无数良思失之交臂，错过史上最精良的一部烹饪巨作"。）卡莱姆坚信法餐是世界上最棒的美食，他倒没有瞧不起俄罗斯农民做的白菜浓汤、罗宋汤或英式甲鱼汤，但他对这些食物多少有些非议。[11]

卡莱姆被尊为法国顶级厨师，不过他的烹饪理念所带来的影响也不能一概而论。他注重食物的奢华丰盛，在他引领之下的法餐以豪奢著称，尤爱使用酱汁，法国使馆及后来那些讲究排场的高档酒店大多采用这样的宴饮风格。西班牙酱汁虽然名字中有"西班牙"三个字，用的却是法式的奢华配方，由动物油、火腿、禽肉、嫩牛肉、野兔肉和山鹑肉按比例制成，普通人家可做不出这样的调味品。卡莱姆的烹饪风格本身也以奢靡著称，在法兰西第二帝国时期，他更是铺张到极致。这一时期还有一位名厨于尔邦·杜布瓦（曾担任普鲁士国王的主厨）出版了带插图的烹饪书，里面展示了许多制作精良、巧夺天工的美食。与卡莱姆不同的是，他加进去很多色彩鲜艳却不能食用的东西用作菜品装饰。[12] 这么做是为了营造“华丽的视觉效果”，但也有非常大的缺点，因为呈现如此精美的食物需要提前做大量精心准备，往往人们还没开始吃，食物就已经凉了。“法式上菜”就像一场戏剧演出，分三幕进行，不同的菜肴不会同时出场，而是按幕依次“登台”。第一幕出场的有浓汤、丰富的肉菜和主菜；第二幕出场的有烧烤和附加甜点；第三幕则为餐后甜点。在这一时期的法餐菜单上，菜品种类繁多。在塔列朗举办的一次晚宴上，单主菜就不少于 48 种，当然，并不是所有菜品大家都要一一品尝，只是给宾客多些选择而已。所以如果是 30 人的晚宴，卡莱姆一般只准备 6 只飞禽（不是每个人都能吃到这道菜），但他还会准备很多其他菜。小吃一般在上菜间隙呈上，供那些吃完主菜仍意犹未尽的客人食用。主菜吃完后，会有人收拾饭桌，然后一起呈上各种烤肉和甜点，但这种类似自助餐的方式也有一定缺陷，一是呈上来的食物很快就凉了，二是大家很难均分食物。所以从 19 世纪中期起，人们日渐青睐“俄式上菜”，厨师会在厨房将所有食物均分备好，然后服务生会给每个人呈上一份相同的餐食，每餐菜品的种类也随之减少了。直到 1890 年左右，这种“俄式上菜”才被普及。之前旧式“奢华之风更多的是让人眼花缭乱，而非满足人们的口腹之欲”，所以也就渐渐没那么盛行了。杜布瓦说，人们不应崇尚“铺张浪费”，饮食“可以精致丰富，但不可过度过量”。他以菜品的精致弥补了菜式减少的问题。

在法兰西第三共和国时期，艾斯可菲可能是最有影响力的厨师了，他再一次改变了饮食风尚。20 世纪初，他便提过：虽然卡莱姆和杜布瓦都是响当当的名厨，但他们的时代已经过去，他们的餐饮风尚只适合法兰西第二帝国时期那些“生活安逸、未来无忧”的人。而如今，人们生活在一个匆忙的世界，他们那套不再适应群众的需求，人们此时最需要的是快捷服务。以往，为了做出精美的饰菜，做出宛如艺术品的佳肴，厨师会利用底座、烤肉扦、边饰和各种菜品做装饰，而艾斯可菲统统不用这些东西。他创造出新方法，简化了食品外观，去掉了大部分不可食用的装饰，增进了食物的味道和营养成分，使其口味更清淡，“更易于让脾胃虚弱的人消化吸收”。他认为，“我之所以能成功是因为我的美食为女性而生”。而事实上，直到20世纪末，带女性去餐厅用餐才开始变得体面、流行起来。不过艾斯可菲的食谱可以说是史上最详细的食谱了，几乎每种原料都标有准确用量。他说，“烹饪永远都是一门艺术，会成为一门科学”，容不得半分差错。艾斯可菲并不反对传统的豪华大餐，这种大餐“兼具仪式感和宴请的作用”，但他引用卡莱姆的格言说：“烹饪以服务于人为宗旨。”现代人不再喜欢西班牙酱汁的味道，“它实在是太过浓稠”。在19世纪末的20多年中，酱汁一直以其浓烈夸张的味道掩盖住了食物原本的味道，搞得所有食物吃起来味道都差不多。艾斯可菲在他的烹饪书中不惜用67页的篇幅专写酱汁，但他用得更多的是原汁、清淡的肉汁和鱼汁。他重新启用了一些老式的奢华食谱，他运用糖与冰的技艺非常精湛，发明了一种名叫草莓蜜桃冰激凌的冷饮——最初叫“天鹅钓鱼”，在一个冰制天鹅的翅膀中间放置了桃子和香草冰激凌（象征梅尔巴演唱过的歌剧《罗英格林》中的天鹅），后来他又加入树莓酱，于是有了今天的草莓蜜桃冰激凌。艾斯可菲不仅是主厨，还与瑞士人恺撒里兹合伙经营酒店集团，开办了一系列新型大酒店，如今已遍布欧洲。这些酒店成为全球贵族的娱乐场所，为他们提供新的吃喝玩乐的天地。艾斯可菲自己的大半生则是在伦敦的萨沃伊酒店和卡尔顿酒店度过的。其间，他管理着 80 名厨师。他崇尚高效，认为一切烹饪方式都要随需求而变，必须满足那些有钱的老主顾的需求。他的工作宗旨就是团队合作，以前如果有人点“法式煎蛋套餐”，厨师需要耗时 15 分钟才能备好，而现在套餐中的蛋类由蔬菜厨师负责，内脏类由烤肉厨师负责，松露巧克力由调味品厨师负责，这样套餐只需几分钟就能做完。艾斯可菲经常给媒体撰稿，特别是期刊《烹饪艺术》，这使他的烹饪理念在自己的酒店、其他大酒店乃至整个餐饮行业都颇具影响力。不过也并非所有人都推崇他的理念。他对“餐前甜点成为菜品”的现象感到很失望，认为餐前甜点不过是商家让顾客乖乖坐在餐厅里等待用餐的一种手段。19 世纪，餐前甜点有了巨大改变。起初，由大司仪（专门的厨师）准备餐前甜点，大司仪有自己的独立厨房，同时负责制作各种甜点及餐桌装饰。[①] 直到 19 世纪后半叶，才有专门的厨房制作这类食物，多少因为这个，甜点便主要都是冷盘。在 19 世纪，汤食也有了一些改变，以前的汤中含有大量食材，一盘汤几乎够一餐食用，而现在，汤仅是用来打开味蕾、清清口的。这种种改变，使得奢华法餐变化很大，1939 年的法餐和 1850 年的截然不同。[13]

不过，无论在什么时期，法餐都不是一个单一的概念，那些名厨各有千秋，谁也没能完全掌控所有人的饮食偏好。所以，当艾斯可菲大力提倡简餐之道时，别人也同时在精致美食的道路上励精图治。在同期厨师写出的食谱中，单“酒焖葱蒜兔肉”这道菜的做法就长达 10 页之多，烹饪这道菜时要加入鹅肝酱、松露、法国白兰地及很多调味品，最后基本品尝不到什么兔肉的味道。[14] 20 世纪 20 年代，巴黎有

---

① 艾蒂安是 19 世纪中期巴黎英国大使馆大司仪，影响力很大，是最后一代大司仪。

一家有名的高档餐厅名为普罗斯佩·蒙塔尼餐厅，位于埃舍尔大街。这里的菜品源自卡莱姆派，餐厅主厨为了创造完美的菜品，曾仔细研读了塔列朗的存档中有关卡莱姆食谱的记载。拿破仑三世的御厨朱尔·古菲（1807—1877）也有一批崇拜者，他后来还担任过赛马俱乐部的主厨，将浮夸奢靡之风发挥到极致。古菲在好几家国际酒店寻求过庇护，他要求他所住的酒店的法餐必须比法国本土的还要正宗。各大餐厅彼此竞争，衍生出很多新奇的搭配。曾有位主厨说，这些新菜色简直"光怪陆离"。[15]而艾斯可菲显然没能引领轻食快餐的餐饮潮流，他的烹饪书传播很广，甚至让人快忘了他是从事高级烹饪的厨师。不过还是有不少人呼吁推广快餐。相比那些大厨之作，注重经济实惠的烹饪书发行得更多，当中比较成功的作品并不怎么受餐饮风尚变化的影响，重印次数也很多。①燃气的使用促进了烹饪方式的多样化，同时也推动了整个快餐行业的发展。尤其是在燃气公司组织授课、发布食谱、突出燃气烹饪的优点之后，更是如此。大众餐厅精简菜品并非出于什么烹饪理念，只不过是想多牟取些利润而已。[16]一位餐厅老板将其包括 3 250 道食谱的百科全书中的每道菜的介绍缩短至一到两行，这样就可以将其浓缩做成便携本了。[17]1930 年的一本"十分钟菜谱"里提到人们对快餐有很大需求，学生、女工、店员、艺术家、学者、诗人、劳动者及懒人都需要快餐，连拿破仑也曾自夸吃饭速

① 据说 19 世纪初期最流行的一本烹饪书是 L. E. 奥多的《乡村与城市食谱》（1818，1832 年发行至第 10 版，1833—1900 年再版 41 次）。该书作者是出版商，并非厨师。另有一部烹饪书《厨师》也一直很受欢迎，1740 年出版，到 1896 年已发行至第 29 版。《中产阶级厨师》出版于 1746 年，到 1866 年已发行至第 22 版。20 世纪的相关记录详见罗斯小姐（Mademoiselle Rose）的相关作品（弗拉马利翁出版社出版）。

度快。这本食谱中推荐用调汤粉做汤，但调汤粉的质量良莠不齐。[18] 士兵最先食用罐头制品，政府机构的专职厨师也喜欢拿罐头这类比较便宜的食品来供应食客。农民也长期食用罐头制品。1878 年，在牛肉价格比较高的时期，法国开始从美国进口牛肉罐头，当时人们很支持这种做法，因为这些牛肉罐头比欧洲牛肉的价格低 40%。[19] 虽然法国人很早就发现了保存及冷藏食物的方法，但法国罐头食品产业并没有充分利用这种新方法。1804 年，阿佩尔在巴黎郊外的马西建立了一家食品储藏工厂，后来他在穷困潦倒中逝去。1847 年，利尼亚克的一个叫马丁的人开始制炼乳；1854 年，他开始生产风干牛肉。1874 年，查尔斯·泰利耶在奥特伊开了一家食品冷冻工厂，两年后他造出法国第一艘冷藏船。英国是南美肉类进口大国，法国并不能与之比肩。19 世纪末 20 世纪初，法国罐头产量为每年 1.2 亿罐，其中沙丁鱼罐头有 8 000 万罐，法国人自己仅消费了 15% 的沙丁鱼罐头，其余全部用于出口。当时法国的罐头食品产业规模仅为美国的六分之一。1899 年，法国设立了委员会，对军方频发的食品中毒案件进行调查（当时军人为罐头食品的主要食用群体）。这或许也可以表明，当时食品卫生问题还没得到足够重视。有人认为法国人不吃罐头食品，是因为他们觉得这种食品档次太低，该看法正确与否有待商榷。要是罐头食品更好买到或价格更合理的话，法国人也许会习惯吃它。法国人不吃它们也有可能是因为担心生产商为了省钱，使用传统的掺假手段来降低成本，毕竟以前生产商总这么干；还有可能因为非罐头食品零售利润太高，法国生产商懒得去尝试生产新型罐头食品；也有可能是因为家庭自制的腌制食品最终成了罐头的替代品。艾斯可菲很看好番茄罐头，他花了 15 年才说服法国生产商生产这类罐头。[20]

法餐享誉世界，这在很大程度上要归功于其餐饮行业的发展。巴黎第一家有菜单卡的餐厅是“博维利耶尔”餐厅，成立于1782年，位于瓦卢瓦画廊。法国大革命时期，法国的餐厅数量开始激增，整个餐饮行业蓬勃发展。1789年，巴黎只有不到50家餐厅，而到1820年，巴黎就有了将近3 000家餐厅。那些被贵族解雇的主厨也纷纷自己开餐馆。切克斯·梅奥特（曾经是孔代亲王的厨师）是大革命的倡导者之一，他起草了1793年法国宪法。很多像金匠、珠宝商这样的奢侈品工匠生意不景气，也纷纷投向烹饪行业。在食品昂贵、匮乏的时期，有钱人会选择去餐馆用餐。梅奥特的餐厅出了名的人多，来用餐的都是些靠可疑手段发家致富的承包商和投机商，他们在这里像国王一样吃喝享用。德·让利斯夫人写道：“雅各宾党人不顾礼仪，毫无节制，对流行美食食用无度。”整个巴黎大街上遍布各种档次的餐馆，到1800年，全巴黎好像都被它们改头换面了。巴拉斯和拿破仑·波拿巴常去的“普罗旺斯三兄弟”餐厅，日营业额高达15 000法郎，所有帝国将领都是这里的常客。它和很多法国大餐馆在这一时期都享誉世界，1814年俄国军官刚打进巴黎（1814年3月反法盟军兵临巴黎城下），就忙不迭地去这些餐馆享用美食。历史学家也注意到，虽然大革命时期饥荒不断，但有钱人仍在尽享丰盛美食。王政复辟时期，法国的豪华餐厅更是极尽奢靡，盈利颇丰。当时赫特福德勋爵把他巴黎房产的地上一层以每年12 000法郎的价格租给餐厅。到1848年，餐厅转手价格甚者高达32万法郎。据说在法兰西第二帝国时期，开餐厅不到5年就能回本，更有甚者赚的钱足够餐厅老板安享晚年。“英国咖啡馆”（咖啡馆名字）主厨的年薪为25 000法郎，老板是省议会议员，在乡村别墅里过着安逸闲适的生活。“里奇咖啡馆”开于拿破仑三世统治时期，建得富丽堂皇，其酒窖藏酒价值20万法郎。到19世纪70年代，一些像“普罗旺斯三兄弟”和“菲利普”这样的老字号餐馆逐渐消失，“拉普洛斯”等新餐馆开始声名鹊起。同时，有大量酒席承办商涌现，他们出售外带餐食，还为顾客提供上门服务。这其中最成功的酒席承办商是舍韦，他在大革命中被逮捕之前，一直给玛丽·安托瓦内特（法王路易十六的王后）供应玫瑰花。后来他开始做蛋糕等食品，还和他的17个孩子一起到街上兜售食品，他的食品店成为巴黎最受欢迎的一家。1869年，第四代舍韦继任家族企业时，其客户已遍及全球，其食品会供应到俄罗斯圣彼得堡的婚庆宴席上，还出口至美国。1890年马克西姆餐厅成立的时候，勒博迪糖厂觉得餐饮行业发展前景不错，便给予其资金支持，各分店餐厅的菜品通常达200多种，而且价格刻意定得较高，主要为吸引有钱人用餐。

然而，巴黎的与众不同之处就在于这里餐厅的选择众多，随着外出用餐活动日渐普及，富人也好，穷人也罢，都能找到适合自己的用餐之地。在巴黎的拉丁区，人们花不到1法郎就能在弗利克托餐厅吃得很好，不过这里的桌布一周只换一次；或者也可以去维奥餐厅，那里每天有600名学生前去用餐，肉菜30生丁，素菜15生丁，红酒15生丁，所有菜品都是平价的。[21] 在莫里哀大街上的切兹·杜福尔餐厅，只花1法郎80生丁就能享用5道菜加红酒，面包随便吃。法兰西第二帝国时期的艺术家和画家常去蒙帕纳斯乡村餐厅吃健康简单的农家菜，或者去巴蒂诺尔的儒昂餐馆，那儿专门卖“卡昂风味腊肠”。那时，已经有很多小酒馆出现，这些酒馆里的食物虽然质量一般，但是其整体氛围却惬意怡人。很多小酒馆位置隐秘，有钱的老绅士会带女演员朋友来这种小地方寻开心。1840—1845年，有人开着货车穿梭在巴黎的大街小巷卖荷式肉汤，让穷苦人在街边就能喝上营养又便宜的汤。1855年，有人在莫奈埃街上开了“杜瓦尔肉汤店”，随后10年间，又增开10多家分店。杜瓦尔早先是肉贩，其肉汤店开始时只卖美味的肉汤和精品牛肉，但他很快就凭借这种新型的大众餐饮模式而生意火爆。他的连锁餐厅宽敞开阔，大理石餐桌干净整洁，餐厅服务员衣着得体、服务娴熟，餐食价格固定且便宜，客人用完餐到前台买单后便可离开。[22] 1860 年，有两家时尚的英国餐厅开业，提供英国菜和啤酒。一家名为希尔餐厅，位于嘉布遣大道；另一家名为彼得餐厅，位于黎赛留大街。可惜人们对英式餐饮的市场需求有限，直至 1926 年，仅有三家英美餐厅能够跻身巴黎美食榜。与此同时，有 11 家意大利餐厅、8 家俄罗斯餐厅、4 家犹太餐厅和 1 家印度餐厅名列榜单。[23] 早在法兰西第二帝国时期，就已经出现了商务餐和“政务餐”，“政务餐”是以宴会形式举行政治会议时的用餐。其时，宴会盛行，各个组织、社会团体、各行各业和各个公司都喜欢大摆宴席。19 世纪 40 年代，很多企业开业时或者发行新的戏剧时也会举办宣传晚宴。[24] 1900 年，宴饮之风达到鼎盛，法国总统宴请全国各市市长，共有 22 695 人参加。杜伊勒里宫花园里的帐篷下餐桌鳞次栉比，排到 7 千米之外，时下著名的波特-查博餐饮公司总经理在园中驾车巡视，侍者领班们则是骑自行车来回提供服务。[25] 当然，无论是在这类盛宴上，还是在巴黎各大餐厅里，并非所有菜品都称得上美食。从一开始就有人抱怨餐厅玩弄手段欺骗顾客，因为餐饮业终归是食品行业的衍生（食品行业造假掺假、欺瞒顾客早就臭名昭著）。19 世纪 90 年代，《美食手册》上便已列出 927 家自诩高档的餐厅，同时期另一位作者更是列出多达 1 400 家，[26] 但其中真正的好餐厅仅占少数。1858 年，西奥多·庞维勒在一篇关于餐厅的文章中抱怨道：巴黎的诗人、艺术家和作家“只有一个期望——别总是没完没了地吃羊排和生牛排，可他们没得选，巴黎的餐厅就给他们提供这些，实在太残忍了……餐厅用的基础调料是一种含有面粉的棕色酱汁，这种东西太难吃了，就像是把最有害的成分和最可怕的毒药混合到了一起。大家都讨厌这种棕色酱汁，可餐厅却总是想尽办法、软硬兼施地让你吃下去”，每道菜都少不了这种棕色酱汁。烤肉很少是现烤的，通常是头天做好，上菜前再加热而已。马得拉酱汁和马得拉葡萄酒其实一点儿关系都没有。[27] 法餐的声望源于法国精英厨师们的烹饪著作，也源于为数不多的二流厨师的烹饪技能，这就跟法国的文学艺术一样，并不全都是高质量的，甚至其中大部分连优质都称不上。但是就如同文学佳作一样，法国能成为美食天堂，是因为法国人一直推崇上乘的烹饪之道，对菜谱和品质的讨论也热烈非常。

法国的专业厨师是个很有意思的群体，但却很少有人关注他们的职业生涯和思想。厨师们看重自己在社会当中的地位，但其定位却总是模糊不清。名厨斐利亚·吉尔伯特在 32 家报刊上发表过文章，他说：“我们践行艺术，我们有权获得大家的尊重和关注。烹饪能够也必须同人文科学并驾齐驱，共同发展。但人们似乎对厨师存有偏见，对他们避而远之。在人们眼中，厨师只知道唯利是图。”[28] 可厨师们认为自己也应该被看成科学家。为了提升自己的社会地位，他们在努力提升专业技能。1883 年，烹饪学院成立，学院成员需要发表“论文”，文章中常包含大量的历史研究。事实上，这些专业厨师都有一个共同特征，那就是喜欢学术研究和写作，他们喜欢自己做演讲，也喜欢互相参加彼此的演讲会。此外，他们还非常喜欢旅游。值得注意的是，他们还四处宣传支持法国的言论。到 1900 年，据说有一万名法国专业厨师在世界各地工作，主要为各国统治阶层服务，这也使得他们颇具影响力。法国厨师的输出规模仅次于法国图书的出口。厨师一般都出身卑微，像奥古斯特·哥伦比亚（生于 1845 年）12 岁的时候就给图卢兹的一位糕点厨师当学徒，他研读了卡莱姆的糕点制作专著，一心想跟随这位大厨的步伐，一展胸中抱负。卡莱姆早年贫穷的经历也确实说明了“天生我才必有用”。哥伦比亚用他微薄的积蓄买了烹饪书，参加环法自行车赛后，他创立了“烹饪研究协会”，并在巴黎成立了一所烹饪学校，该学校对外提供借书服务，还定期组织演讲活动。哥伦比亚首次进行演讲时，有600名厨师前来聆听。他将烹饪分为三个等级：一是“大众餐”，二是“资产阶级餐”，三是“奢华餐”。他还发行期刊，宣传自己的饮食思想。后来他当了哈茨费尔特-威尔登堡王子的主厨，为了让他有足够的时间写书，王子还会给他放长假，他写了至少三本书。哥伦比亚是一位出色的演讲家，操着一口法国南部口音，说话有声有色，妙语连珠，所言尽是名言警句、奇闻逸事。[29] 法国厨师们崇尚博学和历史研究，对很多事情都充满好奇。他们喜欢频繁更换工作，甚至从俄国到美国，在不同的国家之间穿梭。法国厨师对本国的烹饪之道很是自豪，同时对国外的烹饪方法也广有涉猎，他们还经常在期刊上发表文章讲述自己在全球各地的烹饪经历，连哥伦比亚、韩国的都有。他们基本都是从糕点铺的学徒做起的（之前卡莱姆认为做糕点是厨师的基本技能，自他以后，人们便认为制作糕点是厨师行业必备），一般从学做糕点起步。成功的厨师会在贵族和富人府邸工作，其中顶级厨师更喜欢为金融家和外国贵族服务，他们一年中大部分时间都在大酒店度过，比如维希市的大酒店，或者伦敦的某些俱乐部，最后他们通常都能过上殷实富有的日子，要么自己开餐厅当老板，要么在食品厂当经理。这些厨师之间会彼此结为姻亲关系，于是巴黎的各大餐厅就形成了一个非常专业的团体。他们对自身的评价很高。1907年，有厨师公开抱怨说：医生总想干涉厨师的领域，总是啰里啰唆地告诉人们该吃什么，不该吃什么，“但他们的建议都是胡说八道”，烹饪是“我们厨师独有的财富，是我们创造了烹饪，并将其发扬光大。我们让烹饪充满乐趣，让餐食美味可口。所以我们必须捍卫烹饪，抵御一切外来干预”。医生只应为病人提供服务，而厨师才是负责满足人们食欲的人。[30] 艾斯可菲写道：“美味佳肴才能让人获得真正的幸福。”可惜并不是说厨师们践行了烹饪艺术，就总能获得相应的回报。他们的工作环境常遭诟病，比如厨房通风差，危害身体健康；很多厨师由于大量出汗，需要补水；吃的饭还不如喝的酒多，酗酒现象屡见不鲜。年轻厨师则抱怨自己很少从主厨那儿学到什么，但主厨却要求他们绝对服从他。对此，主厨则认为：年轻厨师的技能有限，还不足以独当一面。因为资产阶级崇尚节俭，餐厅也逐渐商业化，竞争日趋激烈。当时厨师行业还没有形成统一的行业性组织，厨师没有假期，常陷入失业的窘境，季节性失业司空见惯。如果通过劳工介绍所找工作，他们还会遭到压榨剥削，介绍所会向他们收取过高的费用（高达薪酬的 20%）。[31] 整个行业都是如此，餐厅服务员和厨房帮工饱受欺压，乔治·奥威尔在他的《巴黎伦敦落魄记》（1933）中生动形象地记录了他们所遭受的苦难。[32]

一类新群体的出现促进了厨师行业的发展，他们就是美食家。勃利亚·萨瓦兰（1755—1826）被公认为第一位且最伟大的美食家，但也不是所有人都认可他，不少厨师对他颇有非议，这说明美食学并非一门简单的科学。萨瓦兰的作品《味觉生理学》（1826）是很重要的一部著作，它阐释了人们为什么要关注饮食，充满才思又别具一格，在文学界也有一定声望。他在书中说：“相比于发现一颗新的星球，发现一道新菜肴可以给人带来更多的幸福感。烹饪学不是某类知识的分支，它自成一体。我们应该建立烹饪学院，教授烹饪学相关课程，比如渴的种类、煎炸的理论知识、饮食习惯对社交及婚姻和谐的影响等。”并非人人都能成为美食家（对先天的身体和器官机能都有一定的要求），但作家、医生、牧师，尤其是金融家在品味美食上往往更具天赋。我们常在餐厅看到英国人大吃大喝，点双份的肉，点最贵的菜，要最有名的葡萄酒，喝得醉醺醺地然后离开，但这并不是吃的真谛。卡莱姆批评勃利亚·萨瓦兰无趣至极，唯独他写的文章倒还有点儿意思，但也并不符合卡莱姆的"宴饮之王"的理想美食家形象。在卡莱姆看来，萨瓦兰只是旧派的文人、空谈的理论家。同时代的美食家还有格里莫·德·拉雷尼埃尔，他出版了《饕餮者年鉴》一书，给人们带来新视角。拉雷尼埃尔虽然长期受绦虫病折磨，却很能吃。他要求客人至少喝上 18 杯咖啡。在美食方面，他并不觉得越精致越好，而是喜欢那些富有想象力或有滑稽娱乐感的食物，再配上稀奇古怪的笑话。[33] 有些人喜欢互相攀比谁吃得最多，就是自他那里沿袭下来的传统，其中一个典型人物是巴尔扎克笔下的蒙特利沃伯爵，这个人每天吃 120 个牡蛎。在法兰西第二帝国时期，蒙托格伊街的"菲利普"餐厅里依然有这样的饮食传统，该餐厅每到周六就会推出活动：选出 18 名食客，这 18 人可以在傍晚 6 点到夜里 12 点吃一顿"大餐"；然后从夜里 12 点到早晨 6 点，他们会享用第二餐；接着从星期日早晨 6 点到中午，他们会继续吃第三顿。这三顿每餐含有约 10 道菜，且酒水无限畅饮。[34] 韦龙博士（1798—1867）可能是最后一位合格的"宴饮之王"了。他是"雷尼奥止咳糖浆"的制造商，还开有一家报社，又是歌剧院经理，这三重身份让他赚了不少钱。他的厨师索菲做出的餐食令人惊叹，每一餐几乎都是一幕永恒的电影，而用餐者也可以随心所欲地离开餐桌，韦龙自己通常会最先用完餐，然后去歌剧院。[35]

美食学的一大特征就是其拥趸总会哀叹人们的品位日渐消亡，美食越来越少。早期的一本专门期刊《美食学》（1839）曾写道，人们嘴上总说对美食的兴趣早已不及法兰西第一帝国时期那么浓厚，但实情并非如此，并列举了对比数据：1800 年，巴黎仅有 3 家店供应熟食和佳肴，而现在这样的店有 40 家，其中 10 家还享有很高的声誉。该刊物发行量为 2 000 份，组织过很多品酒会和短途旅游活动，也会报道哪里能找到各种特殊的好食材。它提出餐桌上“不谈政治”的规则，即用餐时应进行轻松愉快的交谈，不能影响人们对食物的兴趣，“有教养的人吃晚餐时，汤一呈上就不会再出声了”。而用餐时谈话的主要内容应该与食物相关。比如，吃蛋的时候，吃的人总要回忆起路易十五对蛋的钟爱，相信蛋要是做好了，可以是世上最美味的食物。[36] 19 世纪末，又有一位理论家提出一项新的用餐规范，“第三道菜呈上来之前，谈话内容只能围绕吃来进行，如正在吃的食物、吃过的食物或未来想吃的食物”，但“吃好后，用餐者就可以聊些其他的趣事了”。[37] 这类美食学并不遵循餐桌上的社交传统，认为专心用餐可以很好地让除女性之外的用餐者免受社交礼仪的约束。或许是因为这一点，文人们才特别推崇这种餐饮习惯。正如勃利亚·萨瓦兰预期的一样，这些人主要是作家或在文学上有所涉猎的人、公务员和医生。其中最出名的是查尔斯·蒙斯莱（1825—1888），他是个畸形足的文人、戏剧评论家，还创作些歌舞杂耍表演，著有《实用烹饪学》。他提倡实验和创新，对那些因循守旧的厨师大力抨击：为什么不能吃老鼠却能吃猪肉呢？（事实上，波尔多的桶匠并不讨厌老鼠，反而将其视为佳肴，他们会把老鼠切成两半加点儿调料烤着吃。）为什么沙拉的种类这么少？是不是忽视了花也可以用来做沙拉？（龚古尔兄弟说过，沙拉的种类比政治党派还要多。）[38] 男爵布里斯（1813—1876）也是个文人，他可能是第一位在日报上撰写烹饪专栏的人，他写的食谱《365 天菜单》很有名气。不过，在增进人们对美食学的兴趣，以及将美食学变成全民娱乐这方面，古农斯基做出的贡献无人能及。他原名莫里斯·萨扬（他听从了幽默作家阿尔丰斯·阿莱的建议，以古农斯基为自己的笔名），是个孤儿，身宽体肥，是位文人兼新闻工作者。他最初在巴塔克兰剧院当秘书，对歌舞杂耍表演有所涉猎。1907 年，他给米其林的摩托车轮胎设计了“必比登”这样的广告角色，即米其林轮胎人，他从汽车行业、旅游业和餐饮业的共同利益出发，将三个行业整合在一起。同年，《日报》上首次刊登了《米其林星期一》，展现汽车给人带来的乐趣。古农斯基曾在法国自驾游，用多年时间写出 28 卷的“法国的美食”系列。1933 年，他把这些压缩为一卷，命名为《法国美食宝藏》。他一直在卡斯泰尔诺达里游历，倾力找寻出色的厨师。他会为了吃上一道上好的豆焖肉，毫不犹豫地选择等 14 个小时（这道菜从开始做到呈上来需要 14 个小时）。1927 年，在某家报纸组织的全国性投票中，古农斯基当选为“美食王子”。他创立了美食学院以制定饮食标准，学院有 40 名成员。到目前为止，越来越多的人开始认真对待美食，还会组建俱乐部来弘扬美食学这门艺术。餐饮俱乐部最早出现于 19 世纪初，而现在其规模和数量早已今非昔比，它们吸引了很多各行各业乃至各党派中的有钱人、能说会道的人及有权有势的人，影响力很大。这些人纵享汽车这种新的娱乐方式，各省的旅馆、餐馆的顾客也随之大增。美食学院成员中有法国总理安德烈·塔尔迪厄、律师事务所董事长费尔南·帕扬、第戎市市长莫里斯·梅特林克、歌剧院的秘书长和一位法国巴斯德研究所的医生。森茨俱乐部成立于 1912 年，当时只有累计行车里程达 4 000 千米的人才有资格入会，会员中包括法国几大公司的董事长和有要职在身的公务员。还有律师餐饮俱乐部（“最后的宫殿”，1927），歌手、歌曲创作者及出版商的餐饮俱乐部（“歌唱的火锅”，1930），医生餐饮俱乐部（“贪婪的埃斯库拉人”，1934），以及高尔夫球手餐饮俱乐部（1921年由期刊《高尔夫球》组建）。

地方饮食也被赋予新的面貌。美食家让人们看到，整个法国就像一座人们忽略了的宝藏，这里有大量的神奇美食等待发掘，当时有很多地方特色食物吸引着越来越多的人的眼球。其中很多并非纯粹的传统食物，而是大厨创作出的特色菜。虽然有关外省厨师的记录较少，但他们和巴黎的厨师一样发挥着重要作用。法国里昂之所以盛誉在外是因为以下几点：一是当地各大餐厅的发展。这些餐厅与巴黎的餐厅是同时建立的（只不过里昂的餐厅比较特殊，由很多女性名人掌管，如盖夫人、费尔沃夫人和布拉齐耶夫人）。二是19世纪初当地餐饮俱乐部的流行。三是当地资产阶级群体的兴起，他们的光顾使地方上勤奋苦干的厨师开始崛起。[39]但总的来说，虽然各地流行的烹饪书中使用的食材有所不同，但人们却很少能按书做出真正精致的美食。比如1740年出版的《烹饪牛人》这本书，到1896年已发行至第29版，里面列出的基本上就是一些简单易做的方法，书中也谦称其目的只是教要从事家政服务的农家女孩儿一些基本的规则。一些独创的地方菜重新采用了简单的烹饪方法及农民过去使用的长时间炖煮的方式，只不过会加些农民用不起的更优质的食材。[40]在巴黎流亡的南部地区的人为传播普罗旺斯美食做出了很大贡献。法兰西第二帝国时期，位于“南方产品”街图尔比戈大街的克里斯特食品店和鲁迪耶食品店也为他们提供了烹饪必备原料。不过，直到19世纪末，番茄在法国北部地区才不再稀缺。[41]想要拓展外省菜式，不仅需要交通运输上的发展，同时需要进行商业种植的改革。在20世纪第一个十年中，教育部向各学校下发了一本各省综合食谱，据说这是第一本全国性的食谱。[42]莱昂·都德夫人当时也写了本书，引得很多人关注各地特产，地方特色美食开始流行起来。目前对于人们是如何利用这些新产品和新方法的，还没有太多研究。奇怪的是，最近多卷发行的法国地方史中对饮食也几乎是闭口不谈。可能市面上一开始出现的是一些稀奇古怪的菜色，相较之前那些不专业的烹饪方式，在传统食谱的基础上进行再创造就算是比较有创意的改革了。早在1854年，纳韦尔地区的格拉维耶杂货铺就在卖罗克福羊乳干酪、格鲁耶尔干酪、荷兰奶酪、葡萄干、无花果、扁桃仁、大枣、橘子、沙丁鱼和鳀鱼。而要想全国人都能吃得起这些奢侈的食品，首先国家得繁荣起来：该杂货铺的售货清单凸显了贫富群体在饮食上的巨大差异。另外，里昂的卡尼斯杂货铺也是出了名的不辞辛苦，花费了大量的时间和精力去改进简单食材。此后，食材种类日趋丰富。到19世纪中期，烹饪书中通常会用大量的篇幅来探讨品目繁多的果蔬种类。但随着农民越来越关注城镇化生产，食品生产标准化取得飞速进展，梨在以前可达50种之多，现在只剩两三个主要品种了。地方菜和各地方言一样，当经济基础遭受一定重创后，只能重整旗鼓，卷土重来。

饮食就像政治一样也分很多派系。古农斯基曾对当时的美食家进行了分析。极右派食客崇尚“奢华精致博学风”，他们喜欢优秀的大厨和顶级的食材，要吃“证书级食物”，而事实上他们吃的都是些“宫廷酒店类食物”，都是些仿造“证书级食品”做出来的“赝品”。右派喜欢用柴火等慢慢烧出来的传统食物，比较喜欢自己家花园里种出来的菜，喜欢在自家工作了30年的老厨子的手艺，还会用酒窖贮存一些在葡萄蚜虫灾暴发之前酿造出来的葡萄酒。后来就有了资产阶级饮食（也叫区域化饮食），这是一种比较中立的饮食风尚，推崇这种餐饮风尚的专家认为人们可以在餐馆里享用不错的食物，他们乐于看到优质酒店不断发展。左翼人士喜欢简单的快餐，哪怕是一个煎蛋卷、一片火腿、一块牛排都能让他们感到满足。他们不讨厌罐头食品，有时还会觉得豆类罐头食品和新鲜豆类一样好吃。他们喜欢去小酒馆，在那里享受“乡村美食”，喝着小酒馆里的当地特色葡萄酒，也觉得充满乐趣。另外一个派系就是极左派，他们喜欢新花样，同时也总是心怀忧虑，为了获得奇妙的体验不断探寻新的味觉感受。他们喜欢殖民地美食和国外美食，有人是这种饮食风尚的忠实粉丝，甚至还有人为此付出生命。[43] 以上每个饮食派系都对如今法餐的发展做出了一定的贡献。有人倾向于把整个国家的饮食风格等同于中产阶级的饮食风格，中产阶级餐饮可以说是经过精心制作的相对来说还算不错的饮食，相应的规范也如同古典散文的规则一样完善。尽管如此，对于这种看法，有人赞同，也有人反对。在保持和提高食物的高标准上，资产阶级群体其实和大厨或者餐馆做出了同样的努力。所以细数烹饪上的成就时，若仅局限于公共部门的贡献则失之偏颇。1846 年，一位博学多才的导游说：“在巴黎，要想尝到最好的食物，得去有钱的资产阶级家里吃才行。”高级餐厅的厨师看不起女厨，不过部分原因是出于职业上的妒忌，这些提供私人服务的女厨虽然出身卑微，但是烹饪水平相当高，人们习惯称她们为“蓝带厨师”，其厨艺颇有特色。这位导游说：“在挑选和准备食物上，这些女厨倾其所有精力和才智创造出足够多的美味佳肴。在巴黎，优秀的厨师相对比较自由，有能力的厨师还可以和当时有名的主厨一较高下。就是通过这些有名的主厨，人们才得以了解政府机关、各大宴席上的佳肴及各种名点心。”他们并不会制作出宛如恢宏建筑的菜品，也不能像烹饪大师那样制作奢华夸张的饮食。他们既不用“硕大无比的进口布丁”，也不会很快采用新的烹饪方式。不过他们却非常注重食物的质量和卫生。

资产阶级饮食需要这些厨师同相应的家庭中的女主人合作，而如果经济水平降低，他们就要付出更多的努力，尤其是在选购食材方面。那位导游指出，与此形成鲜明对比的便是另一类餐饮：食堂里的“极简”午餐、工厂学校里的劣质食物、小商贩简陋加工的粗糙食物。[44]资产阶级用的烹饪书中要求，厨师要有足够的闲暇时光，工作时则要全身心投入。而女厨准备好的餐食，用餐者基本要吃上两个小时，以示对每一餐的尊重。[45]人们视美食为稳定生活的一个基础。19 世纪 80 年代开始，烹饪学走进各大学校，烹饪成了一门蕴含诸多传统美德的学科。当时一本知名的家政学课本中写道，酱汁太浓有害，但厨师还是应该知晓酱汁的做法，因为没有它就做不出完整的晚餐。该书还指出，家庭主妇最为重要的一项职责便是精心烹饪，做出宛如艺术品的菜肴，给人呈上可口诱人的餐食。[46]世俗学校一般比较注重科学的营养理念，天主教会学校则更注重传统，偏爱那些能带来感官享受的餐食。不过，资产阶级家庭出身的女孩儿从母亲那里学到的更多，学校则对穷人家庭的孩子影响更大。[47]1873—1953 年进行的对 547 名主妇的家庭开支研究显示，整个资产阶级对饮食的态度也并不完全一致。该研究对被调查家庭的收入和支出进行了详细对比，得出非常重要的结论：其餐饮行为最大的特征就是极其多样化。该结论对之前的观点——“资产阶级餐饮”就是典型的法餐——进行了有力的驳斥。只有部分资产阶级极其重视饮食，1873—1953 年，这些被调查者用于购买食物的支出占收入的比例为 21.5%~25%，但具体的花销其实差距非常大。调查中有五分之四的家庭用于食物的支出占收入的比例为 14%~34%，也有家庭购买食物的支出与收入占比只有 10%。恩格尔定律认为：一个家庭的收入越多，家庭收入中（或总支出中）用来购买食物所占的比例就越小，但是该研究结果却与恩格尔提出的定律不符。调查中有一个家庭，家庭成员有丈夫、妻子和一个十几岁大的女儿，全家用于购买食物的支出占收入的比例仅为 17.5%，但因为这家人比较有钱，所以这个比例的花费其实也是一笔很大的数目。用于购买酒的支出也是一个干扰因素，通常占食物总支出的十分之一到三分之一，少部分家庭略高于三分之一，甚至还有一家用在酒上的花销占食物支出的 49.6%（这一数值可能是计入了酒窖的开支）。从 19 世纪末到 1953 年，受访者用于酒类的支出大幅下降，比例从 19 世纪末的 17.3% 跌至 1945—1953 年的 7%~8%。在这一阶段，酒类支出占比高于 10% 的情况也非常罕见。除此之外，用于酒类的支出和用于食物的支出并无关联。受访者在不同食物上的花销也存在非常大的差异：用于购买面包的花费占 3%~16%，肉类 17%~40%，奶酪 1%~7%，1914 年之前蔬菜占食物总支出的 6%~8%，之后又增至 10%~12%。可以看出，食物并不总是人们的首要支出。用于衣服的花销占收入的比例为 3%~18%，有超过三分之一的受访家庭男性比女性用在衣服上的花销更大。[48] 总的来说，资产阶级饮食从法国全国来讲并不具备代表性。如果男爵布里斯的《365 天菜单》准确地记录了法兰西第二帝国时期巴黎人的饮食偏好，那么基于此书，我们可以看出，当时巴黎人吃的猪肉和鸡肉都比农民少。这本书中猪肉只出现了 24 次（大多是以猪肉熟食的形式出现），而用牛肉做的菜则有 139 道，羊肉做的菜有 102 道。羊腿是最常见的肉菜，出现了 32 次。人们几乎每天都要吃鱼（出现 363 次），吃的野味（168 次）比家禽（139 次）多一些。人们所吃的禽类中，鸡肉占一半的比例。相比农民，资产阶级家庭蔬菜吃得比较少，在含有蔬菜的菜式中，用到它们的次数分别为：土豆 62 次，豆类 38 次，洋蓟和芦笋 27 次，菠菜 26 次，绿豌豆 24 次，萝卜 23 次，蘑菇 19 次，花椰菜 18 次，芹菜 17 次，酸模 15 次，干豌豆 14 次，生菜和洋葱13次，西红柿和黄瓜7次。另外，大米出现了75次，意大利面63次。直到1840—1860年，土豆这种食物才开始登上资产阶级的餐桌，到19世纪后半叶，奶酪才成为一道常见小菜。以前水果非常稀缺，1850年，一颗梨的价格是一片罗克福羊乳干酪的两倍。[49]那些喜欢美食的人能享受到的美食服务也发生了变化。1851年，巴黎平均每2 640人可以享受到一家糕点店的服务，而到1900年，每9 000人才能享受到一家糕点店的服务（糕点店从402家降至294家，而巴黎人口却增加了一倍多）。虽然当时巴黎的1 880家面包店中有一半的店都开始兼做蛋糕，但它们做蛋糕的水准可能赶不上专业烘焙师，后者除了做甜蛋糕，还会做各种各样的点心。[50]因此，19世纪资产阶级的饮食习惯发生了巨大的改变。能随心所欲、足吃足喝的群体数量增长缓慢，一直不是很多。

烹饪史上有个很大的疑问：英国比法国更富有，有那么多更有钱的贵族，他们可以随心所欲地享用最好的美食，可为什么英国没有像法国那样发展出如此精致而丰富的饮食呢？或许是因为英国太过繁荣，优质肉类供应充足，自然没必要对食物进行太多加工，美国亦然。英国人更看重精致甜食，其用糖量是法国的三倍多。法国厨师抱怨法国人不办大型晚宴和派对，雇用的顶级男厨也不多。而英国的情况是：人们都很有钱，在家里也能款待宾客，所以相对来说，他们出去吃的次数就少些，因此英国的餐厅也就比法国的少很多。而其实正是这些餐厅的存在，才使得法国成为烹饪强国。但我们也不能片面地就这一时期两国的饮食情况做对比。英国也曾出版大量烹饪图书，英国人也喜欢美食。[51]早在1725年，就有很多法国图书被译成英文版，[52]英国的贵族还雇用了很多法国厨师。我们对比后可以发现：英国的高级美食比起法国的毫不逊色。而当后来英国贵族失去地位时，他们的奢华生活也随之逝去。与此同时，法国却是另一番景象，贵族的厨师自己开餐馆，传扬贵族的品位，由此，上流社会的饮食理念比下层人的理念传播得更广。当时英国有钱的工人迈入中等阶层以后，依然保留着原来的饮食习惯。但法国的农民成为资产阶级以后，就想着成为小庄园主那样的人物，至少在饮食上，他们要和小庄园主吃得一样才行。法国人为了传播他们的饮食做了很多工作，出口了大量的图书，而英国向外输送更多的是殖民者、传教士和行政人员。

法国人寻求快乐或减轻不快的另一种方式便是喝酒。丹纳说："葡萄酒是我们的哲学家，它在生活中所起的作用相当重要、相当复杂，就像我们的社会和政治理念一样。"葡萄酒很好地展示出法国人令人赞赏的民族特性，如人际间的真挚坦诚，温和幽默，善于交流，品位细腻。阿尔贝·勒布伦（法兰西第三共和国总统）在 1934 年公开说："葡萄酒带给我们的不单单是健康与活力，它还能放松心情，在令我们的身心宁静的同时，也促进人们和谐共处。"此外，在困难时期，葡萄酒还能让我们在踌躇中获得信心、重拾希望。[53] 这一时期法国人喝葡萄酒的方式极其多样，虽然饮酒风尚在不断变化，但人们对酒的痴迷却从未改变。[54]

法国并非一直是饮酒大国。以前葡萄酒算是奢侈品，只有有钱人才喝得起，农民能喝到带酸味的劣质酒也就基本满足了。到 18 世纪末，镇上的工人想找地方喝点儿酒解渴，还是没几家酒吧可去。上流社会自己酿酒主要是自家喝。受各省之间关税壁垒及交通问题的影响，各地区在葡萄酒方面互通甚少，而且相互之间进行交易也十分不畅，因此，如果特别有钱的人想喝点儿特别的饮品，往往会选择西班牙或葡萄牙的进口葡萄酒。博讷地区的葡萄酒是个例外，在巴黎声誉极高（可能在荷兰享有的声誉更高）。波尔多葡萄酒在英国比在巴黎更有名气，直到路易十四将其用在医疗领域之前，都是如此。而到法兰西第二帝国时期，波尔多葡萄酒才像如今这样有不同的等级。波尔多葡萄酒的地位逐渐上升，而法兰西岛大区（大巴黎地区）和奥尔良地区的葡萄酒却声誉受损，这两个地方的葡萄酒本是此前巴黎的葡萄酒来源。在 18 世纪和 19 世纪，人们可以选择的葡萄酒种类，以及饮酒的人数都发生了巨大改变。民主崛起的同时，葡萄酒的产量也大增，同时人们也有了饮酒权和话语权。这主要是因为当时普通酒的产量（主要产自南部地区）迅猛增加。1840—1875 年，法国葡萄酒产量翻了约一番。之后发生了根瘤蚜虫灾害，致使法国大多数葡萄园重新栽种美国的葡萄苗，葡萄酒的味道发生了改变。再加上葡萄酒的供应量连续 10 年低于 1840 年，导致那些换了口味的人要么开始喝外国葡萄酒，要么就喝其他酒精饮品。在这一时期，烈酒大行其道。铁路兴建后，低档葡萄酒依靠这种便宜的运输方式开始被运往法国各处，但同时人们也开始采用新方式调制混合葡萄酒，于是酒变成了工业制品。

1865 年出版的一本葡萄酒指南建议：喝完汤应该喝雪利酒（西班牙产的一种烈性白葡萄酒）或者马得拉白葡萄酒；在第一道菜和第二道菜之间，应该喝法国白兰地、朗姆酒或者苦艾酒。不管吃什么，都可以喝波尔多葡萄酒或者勃艮第葡萄酒；用餐时，要先上一般的酒，后上好酒，吃甜点时则应喝香槟酒。[55]“酿酒教育”逐渐出现，“红酒鉴赏家”也成为近代的产物。最初，红、白葡萄酒可以随意喝，吃蔬菜的时候则要搭配饮用最好的葡萄酒。但现在有新派评论家谴责这样“太初级，毫无章法”。当然，也有人对各种教条不忿，但规则还是逐渐形成了。20 世纪 20 年代，法国著名的波拿巴主义记者兼决斗术和饮酒方面的专家保罗·德·卡萨格纳克认为：吃鱼的时候应该喝白葡萄酒，餐后吃甜点和奶酪时也可以喝白葡萄酒，波尔多和勃艮第葡萄酒不能同时享用，波尔多葡萄酒不需要醒酒（也有人说需要醒酒）。[56] 人们的选择之多前所未有。这些规则应运而生或许也是必然，但这些规则很难延续下去，因为葡萄酒的生产变化太过频繁。勃艮第葡萄酒曾经是法国顶级红酒，但在经历根瘤蚜虫灾元气大伤之后，再也没有达到原来的地位。据说，新的葡萄园中没有哪一个能媲美 1869 年的慕西尼酒村或者 1865 年的香贝丹酒村。勃艮第是当时最大的葡萄酒产区，那里的土地分配非常分散，只有 27 公顷（约合 67 英亩①）的土地用来生产香贝丹葡萄酒，而且这 27 公顷的土地还分散在 25 个人手中；伏旧园有 50 公顷，分散在 38 个人手中。这也意味着没人能生产自己的葡萄酒。波尔多地区的情况则完全不同，这里土地非常充足，所以就有个体葡萄园经营者自己生产葡萄酒。伊甘酒庄占地面积为 148 公顷，其中有 90 公顷种植葡萄藤，均产 125 桶葡萄酒（每桶约 1 000 升）。玛歌酒庄有 90 公顷葡萄园，能产出 275 桶顶级葡萄酒。所以，在勃艮第地区，主要是批发商生产葡萄酒，不同酒的标签上的产地不同，声誉也随之不同。19 世纪的标签和商标法为的是保护生产商的权益，而不是消费者的权益，直到 1919 年，才有相关法律要求红酒产地必须与其标签上所写的相符，可这却带来了严重的后果，导致任何产自波玛（勃艮第地区一市镇）的葡萄酒都可以在标签上说自己是波玛酒（法国勃艮第产的无果味红葡萄酒）。然而，波玛酒最初是高级葡萄酒，

① 1 英亩约为 4046.86 平方米。——编者注

市面上的低级葡萄酒是不用这个名字的。但当时这些葡萄酒却有权以其名自居，农民利用这一形势不遗余力地种植葡萄，连那些从来没种过葡萄藤的劣质土地都用上了，生产出来的葡萄酒被贴上高档酒的标签卖出去，还不违法。大家也都知道，波玛酒此前也并不全是由那个村子种的葡萄所制，它兼并了夏山葡萄酒。一些产地有了知名度后，邻近的村子也纷纷打着同样的产地标签卖自产酒，比如，当时跟香贝丹酒一样好的莫雷庄园的酒也用香贝丹的酒名卖出去，现在倒是再也不会这样做了。[57] 波尔多的葡萄酒一般不只是包含当地产的葡萄酒，据说经过了改良，比如加入埃米塔日或鲁西荣产区的葡萄酒，使其苦味全消。塔恩省的伽亚克生产葡萄酒主要是为了卖给波尔多产区的生产商用于调制混合葡萄酒。[58] 有些好酒酒精含量非常低（很少高于 8 度），法国北方人不太喜欢，其酒精浓度还需要再增加才行。此外，葡萄酒的质量因年而异，而消费者则要求酒的味道经年如一，这就需要制造商们具有非常高超的调酒技艺。1903 年，有酒商写道："现在最多只有 10% 的葡萄酒未经掺兑。"[59] 于是葡萄酒鉴赏家不得不对抗各种高价和欺诈问题，这也是消费者面临的挑战。有些专家称他们只能区分葡萄酒年份上的差别，无法区分同类型的葡萄酒产地。当然，这场与生产商之间的对抗并不公平，各地葡萄酒贸易的发展水平不同，使消费者面临的状况更加复杂。

大部分葡萄酒都是劣等酒，而随着批量生产这种数量优先的生产方式在法国南部地区普及，劣等酒也变得越发常见，其制造工艺的改进速度赶不上粗制滥造的速度。过去农民习惯自己喝最劣等的酒，把最好的酒拿出去卖，能卖个好价钱。所以到了 19 世纪中叶，就出现了很多不知名的葡萄酒，人们说这种酒"气味难闻，质量还差"，其酒产量大但只在当地销售。19 世纪最重要的变化当数葡萄酒批发商的兴起（这样的群体在18世纪很少见），葡萄酒零售商激增。1790年巴黎只有4 300家酒吧，而法国大革命使得人人都可以开酒吧，其数量在之后迅速增长。虽然也有限制措施，但售卖葡萄酒的酒吧和商店的数量还是在不断增加。相关数据如下：

表7.1 1830—1953年法国售卖葡萄酒的酒吧和商店的数量

年份	数量	年份	数量
1830	282 000	1913	483 000
1865	351 000	1922	452 000②
1900	435 000	1937	509 000
1901	464 000①	1953	439 000

这表明：1937年法国平均每81人有一家酒吧，1953年每97人有一家酒吧。而1953年，意大利每225人有一家酒吧，德国每273人有一家酒吧，英国每425人有一家酒吧。[60] 1880年以后，1851年颁布的法令（规定必须有当地行政法官的授权才能开酒吧）被废除，法国酒吧数量骤增，10年间，巴黎的酒吧数量增加了37%。但是各地区的酒吧数量还是存在较大差异。在法国北方，1890年平均每46人就有一家酒吧，在一些市镇，每3个成年人就有2家酒吧。而在葡萄酒产区，人们平均拥有的酒吧数量就更多了。但当时的热尔省却是平均每187个人拥有一家酒吧（波士顿当时是每580人有一家酒吧）。随着酒吧

① 直到1901年，巴黎才被包括在统计中。

② 包括阿尔萨斯和洛林地区。

数量的激增，酒吧间的竞争变得极其激烈，获取利润的唯一方式就是将酒掺兑稀释。因此从零售商处买的酒和从种植商处买的酒（现在很少有从种植商那儿买酒的）品质相差甚远。到 1919 年，在酒中掺水和将不同的酒混合的做法都完全合法。通常，为了调制出酒精含量比建议销售的高出 5 度的葡萄酒，批发商会当着零售商的面进行勾兑，或者让其参与勾兑。然后零售商还可兑入 20% 的水，这时酒的浓度仍然比法定的最低 10% 的酒精度还要高。然而，种植商将酒卖给批发商之前，也经常在酒中掺水，所以有时候消费者喝的酒中酒和水各占了一半。在酒中兑水并没有什么危害，实际上，19 世纪时，在酒中兑水稀释很常见，甚至好酒也会兑水。最近鉴赏家们才提出禁止兑水的建议。法国政治家甘必大则认为兑水稀释不该被禁止，认为这算是“诚实的欺骗”。法国南部产的葡萄酒通常是 15 度，这些酒到了巴黎的酒吧里通常都变成掺了三分之一水的 10 度的酒。酒吧老板不得不这么做，因为这样可以少上税，还能提升约 25% 的利润。顾客也会拿酒经受的“洗礼”开玩笑说，这样看来，只有国家吃了亏。其实，掺入酒精、糖、白垩及各种各样的化学物质和染色剂要比掺水严重得多，这其中有些物质是造酒过程中的正当添加物，而有些却极其有害。虽然也有些业余分析师研究出不少巧妙的办法识别掺假欺诈行为，但想要全部识别还是很难。1880 年，巴黎市政实验室从当地的酒吧随机抽取了 300 个葡萄酒样品进行检测，发现其中有 225 个严重掺假，50 个轻微勾兑，只有 25 个没有做任何勾兑。那些造假的酒吧老板要么是激进分子，要么是布朗热主义者，要么是政府高层，可惜他们并没有把自己的领导力用在对付最常见的商业欺诈上。[61]

顶级葡萄酒都有公认的名号，只占市面上所售葡萄酒的十分之一。法国是世界上酒类消耗量最大的国家。1950—1954 年，法国每位成人消耗纯酒精 30 升，相当于 200 升葡萄酒、25 升啤酒和 3.8 升烈酒（按照相应的纯酒精含量来计算）。这个消耗量是其邻国意大利的两倍，数据如下：

表 7.2 各国成人人均酒精消耗量（1950—1954）[62]

国家	纯酒精（升）	酒品种类（升）		
		红酒	啤酒	烈酒
法国	30	200	25	3.8
意大利	14.2	130	4.5	1.1
美国	8.8	5	100	3.3
英国	8.5	1.5	137	0.8
联邦德国	5.1	12	66	1.6
瑞典	5.1	2	36	3.6

这个数字只是全国的平均消耗量，实际上，布列塔尼成年男性的纯酒精年平均消耗量是 54~70 升，普罗旺斯则只有 21~31 升。法国喜欢喝烈酒的人占总人口的 7%，其中 30% 来自布列塔尼，3%~4% 来自普罗旺斯，这些烈酒爱好者消耗了全法国市面上四分之一的酒。他们自己没法儿反抗国家相关禁止酗酒的规定，但却受到法国最有权力的一群人的保护，即私人酿酒团。他们钻当时的法律空子——从事酒精买卖需要缴税，而普通个体制造烈酒供自己使用则可以免税。这时期，这类群体的数量增加了 6 倍。

表 7.3 1877—1955 年法国自酿酒人数

年份	自酿酒人数
1877	490 000
1890	550 000
1900	930 000
1920	1 730 000
1925	2 640 000
1934	3 100 000
1951	3 100 000
1955	2 490 000

自酿酒人数激增，形成了一股统一的力量，政府也无力对此加以对抗。在法国，23 个省份中有一半的选民自酿酒，另外还有 24 个省中有三分之一的选民自酿酒。

苦艾酒随之成为一种很受欢迎的酒，饮用苦艾酒也成了人们忘记烦恼的一种方式。20 世纪，人们带着更大的好奇心深入分析遇到的各种烦恼，对于不想忘记的烦恼，就去想办法解决，从而逐渐得出越来越多的详细解决方案。本书的续篇《法兰西浪漫史——焦虑与伪善》将对这些烦恼和忧虑进行详述。

注释

第一章　品位的高低

1. Micheline Tison-Braun, *La Crise de l'humanise*(1958), I, ii. 更详细的论述参见: Lucien Goldman, *Pour une sociologie du roman*(1964)。
2. Estivals, *La Statistique bibliographique de la France sous la monarchie au 18e siècle* (1965),415.
3. Brigitte Levrier, 'Sources bibliographiques et statistiques concernant la production intellectuelle en France et l'exportation 1900—1951', Mémoire présenté à l'Institut National des Techniques de la Documentation, Conservatoire National des Arts-et-Métiers(1952 typescript)(B. N. Q. 4666), 9—18.
4. *Pratiques culturelles des Français*(Dec. 1974).
5. Claude Pichois, 'Les Cabinets de lecture à Paris pendant la première moitié du XIxe siècle', *Annales*(1959),521—34.
6. R. D. Altick, *The English Common Reader. A Social History of the Mass Reading Public 1800—1900*(Chicago, 1957)。这本书也没有法语版。
7. François de Dainville, 'La Géographie du livre en France de 1764 à 1945', *Le*

Courrier géographique (Jan.—Feb. 1951),43—52.

8. *La Lecture publique en France. Notes et études documentaires*, No. 3459, 1 Feb. 1968; C. de Serres de Mesplès, *Les Bibliothèques publiques françaises* (Montpellier, 1933); J. Hassendorfer, *Les Bibliothèques publiques en France*(1957).

9. J. A. Neret, *Histoire illustrée de la librairie et du livre français*(1953).

10. 'Les Bestsellers du siècle', *Bulletin du livre,* 15 Oct. 1961 and 15 June 1962 (nos. 65 and 81).

11. R. Escarpit, *Le Livre et le conscrit*(1966),85—7.

12. Julien Cain，*Le Livre français*（1972），263—279；*Bibliographie de la France*（1971），680—682.

13. Eacarpit, 参见第 48、79 页。

14. Philippe Van Tieghem, professeur de première au lycée St. Louis, 'Ce que lisent nos élèves', *Revue universitaire* (Dec. 1934), 408—15.

15. A. Joannidès, *La Comédie-Française de 1608 à 1920. Tableau des représentations par auteurs et par pièces*(1921).

16. Arthème Fayard 档案图书馆，销售数字登记册。欲了解“二战”出版业的历史，请参阅 Comité d'Organisation des Industries, Arts et Commerce du Livre, 'Sèances de la commission consultative centrale' (stencilled minutes in B. N. 4° Fw 106 etc.)。

17. C. Flammarion, *Mémoires biographiques et philosophiques d'un astronome*(1911),214.

18. Alfred Humblot, *L'Édition littéraire au 19e siècle*(1911).

19. Schwartz, *Guide du courtier en librairie. Conseils pratiques pour la vente et la diffusion du livre*(1922).

20. Henri Baillère, *La Crise du livre*(1904), 82.

21. J. Espagno, *Ouvrages d'occasion, Catalogue*(75 rue Madame, 1886—7).

22. Charles Dodeman, *Le Journal d'un bouquiniste*(1922).

23. Bernard Grasset, *La Chose littéraire*(1929), 172; Baillère, 参见第 58 页。

24. Cain, 参见第 214—215 页。
25. 见第二章。
26. Édouard Théodore-Aubanel, *Comment an lance un nouveau livre*(1937).
27. E. Théodore-Aubanel, *Carillons des lauriers. Promenade à travers le jardin des prix littéraires*(1937).
28. R. Laffont, op. cit.
29. J. Makowsky, *Histoire de l'industrie et du commerce en France*(1926),3. 194.
30. Vapereau, *Dictionnaire des contemporains*(第 6 版 , 1893)。
31. 关于其他出版商 , 详见 A. Parménie and C. Bonnier de la Chapelle, *Histoire d'un éditeur et de ses auteurs: P. J. Hetzel* (1953); J. Mistler, *Le Librairie Hachette de 1826 à nos jours* (1964); J. Debu-Bridel, *Las Éditions de Minuit* (1945); D. Montel and G. Rageot, *Rapport sur l'organisation de la lecture publique, du commerce du livre etc.* (1937); A. Dinar, *Fortune des livres* (1938); A. Rétif, *Pierre Larousse* (1975)。
32. Abbé Louis Bethléem, *Romans à lire et romans à prescrire: essai de classification au point de vue moral des principaux romans et romanciers 1500—1932* (第 11 版, 1932)。
33. 菲亚出版社档案记载。
34. M. Issacharoff, J.-K. *Huysmans devant la critique en France 1874—1960* (1970), 15.
35. A Luchini, *La Production, la distribution et la consommation du livre religieux en France* (1964); Catholicisme (encyclopédie) (1952), 3. 1358.
36. G. Rageot, *Le Succès: auteurs et public* (1906); F. Baldensperger, *La Littérature: création, succès, durée* (1913).
37. 见我的《法兰西浪漫史——焦虑与伪善》一书 (1981) 第三章。
38. 该信息来自巴洛斯博士，他对《法国书目》进行了计算机分析。
39. Gabriel Boillat, *Un Maître de 17 ans: Raymond Radiguet (Neuchâtel, 1973).*
40. Statistique de la France, *Résultats généraux du dénombrement de 1876* (1878),

198—203.

41. R. Escarpit, *Le Littéraire et le social* (1970), 140, 145, 155.

42. M. Mansuy, *Positions et oppositions sur le roman contemporain* (1971), 35.

43. Camille Mauclair, 'La Condition matérielle et morale de l'écrivain à Paris', *Nouvelle Revue* (Sept.—Oct. 1899), vol. 120, 26—52; Anon., 'Ce que gagnent les écrivains', *Revue encyclopédique* (1897), 957—8; Bernard Leuilliot, *Victor Hugo publie Les Misérables* (1970), 24—32; A. Bellesort, 'L' Écrivain français d'aujourd'hui', *Revue hebdomadaire* (1926), vol. 2, 147—68.

44. F. Baldensperger, *La Critique et l'histoire littéraires en France au 19e et au début du 20e siècles* (New York, 1945); ef. Henri Peyre, *Les Générations littéraires* (1948); L. L. Schücking, *The Sociology of Literary Taste* (1944); G. Lanson, 'L' Historie littéraire et la sociologie', *Revue de métaphysique et de morale* (1904), 621—42.

45. Robert Mandrou, *De la culture populaire aux 17e et 18e siècles* (1964).

46. Charles Nisard, *Histoire des livres populaires ou de la littérature de colportage* (1864, 2nd edition).

47. J. Dumazedier and J. Hassendorfer, *Éléments pour une sociologie comparée de la production, de la diffusion et de l'utilisation du livre* (1962), 17—20; 参见 Cain, 第 113 页。

48. J. J. Darmon, *Le Colportage de librairie en France sous le second empire* (1972).

49. J. L. Borel, *Eugène Sue* (1962).

50. 参见 Marcel Allain's 'Confessions' in Noel Arnaud, *Entretiens sur la para-littérature* (1970), 79—96。

51. 'Le Roman Feuilleton', 欧洲特刊 (1974 年 6 月), 有很好的参考书目 ; J. J. Tourteau, *D'Arsène Lupin à San-Antonio. Le roman policier français* (1970); Regis Messac, Le Detective Novel et l' influence de la pensée scientifique (1929)。

52. Pierre Pierrard, *La Vie ouvrière à Lille sous le second empire* (1965), 268—76.

53. Odile Limousin, 'Essais statistiques sur l'évolution de l'édition du livre pour

enfants et l'évolution de la scolarisation de 1800 à 1966', *Bibliographie de la France* (1971), chronique, 699—711.

54. P. Guérande, *Le Petit Monde de la comtesse de Ségur* (1964).

55. Marc Soriano, *Guide de la littérature enfantine* (1959); Anne Pellowski, *The World of Children's Literature* (1968); Paul Hazard, *Les Livres, les enfants et les hommes* (1949 edition); M. T. Latzarus, *La Littérature enfantine en France dans la seconde moitié du 19e siècle* (1923).

56. 该数据出自菲亚出版社档案。

57. Jacques Deslandes, *Histoire comparée du cinéma*, 第 1 卷 : 1826—96(1966), 第 2 卷 : 1896—1906 (1968); Maurice Bardèche and Robert Brasillach, *Historie du cinéma* (1935); Jean Mitry, *Historie du cinéma: art et industrie*, 3 卷 , 直至 1925 年 (1963—73)。

58. René Clair, *Réflexion faite. Notes pour servir à l'histoire de l'art cinématographique de 1920 à 1950* (1951), 26; 和 Paul Reboux in 'Histoire du cinéma', *Le Crapouillot*, 特刊 (1932 年 11 月), 11。

59. Lucien Rebatet (François Vinneuil), *Les Tribus du cinéma et du théâtre* (1941).

60. 参见 Clair, 111—12。

61. P. E. Salès Gomès, *Jean Vigo* (1957), 是少数根据私人文件改编的电影传记之一。

62. Pierre Leprohon, *Renoir* (1967), 121, 127; François Poulle, *Renoir 1938* (1969); Charles W. Brooks, 'Jean Renoir's The Rules of the Game', *French Historical Studies* (Fall, 1971), 264—83, 以及他即将出版的关于 20 世纪 30 年代法国电影的作品。

63. Dourdin Institue, *A Survey for the French National Cinema Center*, 由 Jane Palmer White 改编 (1954 年 9 月)。

64. 同上，第 34 页。参见 Thorold Dickinson, *A Discovery of Cinema* (1971); André Malraux, *Esquisse d'une psychologie du cinéma* (1946); Pierre Leprohon, *Cinquante ans de cinéma français 1895—1945* (1954); G. Charensol, *Quarante ans de cinéma 1895—1935* (1935)。

第二章 共性与迷信

1. A. de Tocqueville, *De la démocratie en Amérique* (1951 edition), 1. 256, 265—6, 2. 145; 作者同上 , *L'Ancien Régime et la Révolution* (1856), 第 2 卷，第 3 卷的第 1 和第 2 章 ; 作者同上 , *Souvenirs* (1893); A. Redier, *Comme disait Monsieur de Tocqueville* (1925); G. W. Pierson, *Tocqueville and Beaumont in America* (New York, 1938); J. Lively, *The Social and Political Thought of Alexis de Tocqueville* (Oxford, 1962)。
2. 参见 Marcel Cohen, *L'Écriture et la psychologie des peuples* (1963)。
3. 参见 H. J. Martin, *Le Livre et la société écrite* (1968); Lucien Lévy-Bruhl, *Les Fonctions mentales dans les sociétés inférieures* (1910); 作者同上 , *La Mentalité primitive* (1922); 作者同上 , *L'Âme primitive* (1927); 作者同上 , *Le Surnaturel et la nature dans la mentalité primitive* (1931); 作者同上 , *La Mythologie primitive* (1935); 作者同上 , *L'Expérience mystique et les symboles chez les primitives* (1938); 作者同上 , *Carnets* (1949); Jean Cazeneuve, *Lévy-Bruhl* (1961); 作者同上, *La Mentalité archaïque* (1961)。关于民俗学家的情况 , 参见 Robert J. Theodoratus, *Europe: a selected ethnographic bibliography* (New Haven, 1969); P. Y. Seignolle 的作品 ; Robert Jalby, *Le Folklore du Languedoc* (1971) , 该系列其他丛书由 Maisonneuve 出版 ; 以及 Van Gennep, *Bibliography* (1964); J. and C. Fraysse, *Mon Village* (1965)。有关向识字阶段过渡的比较研究见 M. E. Morgaut, *Cinq années de psychologies africaines* (1962)。
4. Louis-Henri Couderc, *Astrologues, voyantes, cartomanciennes et leur clientèle. Enquête médico-psychologique sur la pratique commerciale de l'occultisme* (巴黎医学论文 , 1934)。
5. F. J. Cazin, *Traité des plantes médicinales* (1847 年第 5 版 , 1886)。
6. Charles Lancelin, *La Sorcellerie des campagnes* (1910).
7. Monique Bornes, épouse Vernet, 'Les Saints guérisseurs en Bas Rouergue' (民族学研究生论文，未发表，1969)。
8. Frédéric Uhmann, 'Le Culte des saints en Lozère' (人类学研究生论文，未发表，

1969), 156。

9. Marcelle Bouteiller, *Médecine populaire d'hier et d'aujourd'hui* (1966) 中有很好的参考书目。作者是民间艺术与民俗博物馆信仰部负责人。参见 Pierre Neuville, *Les Meilleurs Guérisseurs de France* (1951)。

10. P. Saintyves, *L'Astrologie populaire étudiée spécialement dans les doctrines et les traditions relatives à l'influence de la lune* (1937).

11. M. Gauquelin and J. Sadoul, *L'Astrologie hier et aujourd'hui* (1972), 53, 55.

12. Louis Lucas, *La Chimie nouvelle* (1854); 作者同上, *La Médecine nouvelle* (1862); P. Encausse, *Sciences occultes ou 25 années d'occultisme occidental. Papus, sa vie, son œuvre* (1949)。

13. *Bibliographie des œuvres d'Arnold van Gennep*, ed. K. van Gennep (Épernay, 1964); A. van Gennep, *Le Folklore: croyances et coutumes populaires françaises* (1941); 作者同上, *Manuel de folklore français contemporain* (1943—58); C. and J. Seignolle, *Le Folklore de Hurepoix (Seine, Seine-et-Oise, Seine-et-Marne)* (1937), 83。参见 *Niveaux de culture et groupes sociaux* (1967), 巴黎高等师范学院会议记录。

14. Agénor Bardoux, in Anon., *L'Église de France et les réformes nécessaires* (1880), 32.

15. Daniel Mornet, *Histoire de la clarté française* (1929); Pierre Moreau, *Le Classicisme des romantiques* (1932); Harold T. Parker, *The Cult of Antiquity and the French Revolution* (Chicago, 1937).

16. Henri Peyre, *L'Influence des littératures antiques sur la littérature française moderne* (New Haven, 1941). 这本书对进一步的研究提出了有益的建议。参见 Charly Clerc, *Le Génie du paganisme. Essais sur l'inspiration antique dans la littérature française contemporaine* (1926)。

17. Henri Peyre, *Writers and their Critics. A Study of Misunderstanding* (New York,1944), 92—3.

18. Paul Janet, *Victor Cousin et son œuvre* (1885), 158.

19. D. Nisard, *Histoire de la littérature française* (4 vols., 1844—61)，和 *Précis de l'histoire de la littérature française* (1878), *Études de critique littéraire* (1858); *Modern Language Notes* (1888), 第 294 页当中的讣告；E. des Essarts, 'Désiré Nisard', *La Nouvelle Revue* (1888), vol. 51, 929—36; René Bray, *La Formation de la doctrine classique en France* (1927)。

20. Paul Gisell, 'Sur la popularité d' Anatole France', *Revue mondiale* (1 Nov. 1924), 22—9.

21. Gaston Picard, 'L' Influence littéraire et sociale d'Anatole France. Enquête', *Revue mondiale* (1 and 15 Dec. 1924), 227—56, 339—66.

22. H. M. Chevalier, *The Ironic Temperament. Anatole France and his time* (N. Y. 1932); J. Levaillant, *Les Aventures du scepticisme. Essai sur l'évolution intellectuelle d'Anatole France* (1965); L. B. Walton, *Anatole France and the Greek World* (Durham, North Carolina, 1950).

23. Raymond Aron, *La Sociologie allemande contemporaine* (1935), 170. 参见C. Bouglé, *Bilan de la sociologie française* (1935)。

24. E. Durkheim, 'L'Individualisme et les intellectuels', *Revue bleue* (1898), 4th series, vol. 10, 7—13; 英译版由 Steven Lukes 出版。参见 Joan Rowland, 'Durkheim's social theory with special reference to the position of the individual in society'（研究生未发表论文，伦敦，1948）。

25. 不可或缺的资料来源是 Steven Lukes, *Émile Durkheim: his life and work* (1973), 其中也有最好的参考书目。特别是 E. Durkheim, *L'Éducation morale* (1938), 还有 Claude Lévi-Strauss, 'La Sociologie française' in G. Gurvitch and W. E. Moore, *La Sociologie au 20e siècle* (1947), 513—45。

26. Yash Nandan, 'Le Maître, les doctrines et le magnum opus: une étude critique et analytique de l'école durkheimienne et de l'Année sociologique'（未发表的研究生论文，巴黎 V, 1974), 129。

27. 关于模仿从众的竞争理论，参见 Gabriel Tarde 的作品，尤其是 *Les Lois de l'imitation* (1890)，以及 Jean Milet, *Gabriel Tarde et la philosophie de l'histoire*

(1970); A. Matagrin, *La Psychologie sociale de G. Tarde* (1910)。

28. H. D. Mann, *Lucien Febvre* (1971).

29. T. N. Clark, *Prophets and Patrons: The French University and the Emergence of the Social Sciences* (Cambridge, Mass., 1973). 关于心理问题，例如分离、激进主义和内向的关系，参见 M. Brewster Smith, J. S. Brunner and R. W. White, *Opinions and Personality* (1956)。对历史学家来说，这本书充满了有趣的观点。

第三章　时尚与美

1. 杰奎琳 · 维奥，《家具传》（未出版，模板印制，1966 年），一部讲述家具知识的开山之作（杰奎琳为福尼博物馆馆长，此博物馆以工业艺术特色见长）。

2. J. A. Roubo, *L'Art du menuisier* (1769—72), 2. 366.

3. Pierre Verlet, *La Maison du 18e siècle en France: Société, décoration, mobilier* (1966).

4. Fourdinois MSS. (福尼图书馆)。

5. J. Viaux, 'Le mobilier Napoleon III', *Revue de l'ameublement* (Mar. 1965), 191—7, (Apr. 1965), 175—81, (May 1965), 123—9.

6. Charles Blanc, *Grammaire des arts décoratifs. Décoration intérieur de la maison* (第二版，1882 年), 10, 22, 135, 146, 337—9.

7. H. Havard, *L'Art dans la maison. Grammaire de l'ameublement* (1884), 356, 431.

8. Pierre Olmer, *La Renaissance du mobilier français 1890—1910* (1927); 同上，*Le Mobilier français d'aujourd'hui 1910—1925* (1926); Francis Jourdain, *Né en 76* (1951), 175—6; Madeleine Prouvé, *Victor Prouvé 1858—1943* (未注明出版日期),13。

9. A. Mailfert, *Au pays des antiquaires: Confidences d'un maquilleur professionel* (新版，1959)。

10. Janine Capronnier, *Le Prix des meubles d'époque 1860—1956* (1966), 75, 83.
11. Paule Garenc, *L'Industrie du meuble en France* (1957).
12. Maison Aristide Boucicault: Au Bon Marché，*Album de l'ameublement* (1878).
13. Aux Galeries Nancéiennes, *Album de l'ameublement* (1898).
14. 参见 Suzanne Tardieu, *Meubles régionaux datés* (1950), 以及 J. Gauthier, *Le Mobilier des vieilles provinces de France* (1933)。
15. Marius Vachon, *La Crise industrielle et artistique en France et en Europe* (未注明出版日期)（c. 1886）。
16. Marius Vachon, *Les Industries d'art* (南希 , 1897)。
17. H. Clouzot and C. Follot, *Histoire du papier peint en France (1935);* M. Vachon, *Les Arts et les industries du papier 1871—1894* (1894), 205—17.
18. René Colas, *Bibliographie générale du costume et de la mode* (2 vols., 1933).
19. 参见雷恩市博物馆举办的相关大规模展览。
20. Dr. G. A. Picquenard, *De l'evolution moderne du chupen et du jilet dans le costume masculin aux environs de Kemper* (Vannes, 1904).
21. J. Boulenger, *Les Dandys* (1907).
22. Charles Eck, *Histoire chronologique du vêtement (homme) jadis et aujourd'hui, suivie de l'art de se vêtir au 19e siècle* (1867).
23. Charles Blanc, *L'Art dans la parure et dans le vêtement* (1875), 239, 366.
24. Georges Dehesdin, *Exposition internationale de Milan, 1906. Section française, groupe 42* (1908), 599.
25. Pierre de Nouvion and Émile Liez, *Un Ministre des modes sous Louis XVI: Mademoiselle Bertin, marchande de modes de la reine* 1747—1813 (1911).
26. Gaston Worth, *La Couture et la confection des vêtements de femme* (1895).
27. 参见 Henriette Vanier, *La Mode et ses métiers. Frivolités et luttes de classes 1830—70*(1960)。
28. 参见 *les Dessous élégants* (创办于 1901 年), 是紧身胸衣制造商联盟的宣传报 ; 以及 Dehesdin，同上，525—36。

29. H. Despaigne, *Le Code de la mode* (1866), 14, 30.

30. Germaine Deschamps, *La Crise dans les industries du vêtement et de la mode à Paris pendant la période de 1930 à 1937* (1938), 1—20.

31. Paul Poiret, *En habillant l'époque* (1930); Lucien Français（Lucien t'Serstevens 的笔名）, *Comment un nom devient une griffe* (1961); Bernard Roscho, *The Rag Race. How New York and Paris run the breakneck bussiness of dressing American women*（纽约，1963 年）。

32. Marcel Brunschvig, *La Femme et la beauté* (1929).

33. Ernest Feydeau, *L'Art de plaire. Études d'hygiène, de goût et de toilettes, dédiées aux jolies femmes de tous les pays du monde* (1873), 113.

34. Alfred Capus, *L'Institut de Beauté* (1913).

35. Henri Lavent, *Le Peuple et la beauté* (1902); Eugène Montfort, *La Beauté moderne* (1902); Émile Bayard, *L'Art de reconnaître la beauté du corps humain* (1926).

36. A. Coffignon, *Les Coulisses de la mode* (1888), 19, 30.

37. Laure-Paul Flobert, *La Femme et le costume masculin* (Lille, 1911); Pierre Dufay, *Le Pantalon féminin* (1906).

38. Edmonde Charles-Roux, *L'Irregulière, ou mon itinéraire Chanel* (1974).

39. 时尚数据试分析参见 Jane Richardson and A. L. Kroeber, *Three Centuries of Women's Dress Fashions. A Quantative Analysis*（加州大学伯克利分校和洛杉矶分校，1940 年），以 及 Raoul de La Grasserie, *Du rôle psychologique et sociologique du monde et de la mode*（博洛尼亚，1902 年，由雷恩市某法官提供）。标准的通史仍非James Laver, *Taste and Fashion from the French Revolution to the Present Day*（1937 年，1945 再版）莫属。同时参见 Giselle d'Assailly，*Les 15 révolutions de la mode*（1968）。

40. 参见本书第四章。

41. *Exposition universelle de 1867 à Paris: rapports du Jury internationale publiés sous la direction de M. Michel Chevalier* (1868), 第 1 卷导论。

42. Secrétariat d'État à la Culture, *Pratiques culturelles des Français* (Dec. 1974), 41, 100—13.

43. Pierre Bourdieu and Alain Darbel, *L'Amour de l'art. Les musées d'art européens et leur public* (第二版 , 1969 年), 36。

44. F. Ravaisson, *De l'enseignement du dessin dans les lycées* (1854).

45. Eugène Guillaume and Jules Pillet, *L'Enseignement du dessin* (1889); J. J. Pillet and P. Steck, *L'Enseignement du dessin en France dans les établissements universitaires* (Berne and Paris, 1904).

46. L. Guébin, *L'Enseignement du dessin* (1908), article by Quénioux, 63—89; P. Buisson, *Nouveau dictionnaire de pédagogie et d'instruction primaire* (1911), article by Quénioux under 'Dessin'; Marcel Braunschvig, *L'Art et l'enfant. Essai sur l' éducation esthétique* (1907).

47. 相关内容参见 Horace Lecoq de Boisbaudran (罗丹的老师), *Coup d'œil sur l'enseignement des Beaux-Arts* (1782).

48. J. Pichard, 'Les Images éducatives et leur utilisation dans l'enseignement au 19e siècle' (未 出 版 , Centre Audio-Visuel, 1961); Bibliothèque Nationale, Cabinet des Estampes, 学校使用的旧照片文档。

49. Ministère de l' instruction publique, *Rapport de la commission chargée d'étudier ... l'organisation des musées de province* (25 Oct. 1907), by Henry Lapauze (1908).

50. 此博物馆于 1849 年展出了 149 幅画作 , 1875 年展出了 240 幅。

51. *Arts musées et curiosité en France* (1946) 为诸多博物馆的列表内容 ; J. Comyns Carr, *L'Art en France* (1887), 是《曼彻斯特卫报》记者为博物馆撰写的评论。

52. Jeanne Laurent, *La République et les Beaux-Arts* (1955), 29.

53. Musée National des Arts et Traditions Populaires, *Cinq siècles d'imagerie française* (1973); J. Mistier, *Épinal et l'imagerie populaire* (1961); 连环画请见 F. F. Empaytaz and J. Peignot, *Les Copains de votre enfance* (1963)。

54. Jean Laran, *Inventaire du fonds français après 1800, Cabinet des Estampes* (1930 ff.) 列出了法国国家图书馆馆藏的 50 万幅 19 世纪的印刷画作。

55. Éts. Braun et Cie, *Un Siècle de technique* (1948); Ad. Braun et Cie, *Catalogue général des reproductions inaltérables au charbon* (1896); 同上, *Galerie contemporaine* (1905 and 1907). Julius Meier-Graefe, *Manet* (柏林 , 1903), *Cézanne* (慕尼黑 , 1910); Les Albums d'art Druet, *Cézanne* (1926); Éditions Rieder, *Maîtres de l'art moderne* (1925): 1. Toulouse-Lautrec 2. William Blake, 3. William Turner。

56. 有关获得原始资料的难处请见 Marcel Neveux. *Le Dépôt légal des productions des arts graphiques* (巴黎法学论文 , 1934); 'Centenaire de la carte postale 1871—1970'，*Le Vieux Papier* (1970 年 12 月), fasc. 238; Jules Adeline, *Les Arts de reproduction vulgarisés* (n.d.); L. Tarible, *Les Industries graphiques* (1952 年第 5 版)。

57. *L'Illustration* 索引 , 1843—1932。

58. Yvonne Bernard, *Psycho-sociologie du goût en matière de peinture* (1973).

59. Robert Francès, Psychologie de l'esthétique (1968), 87, 127.

60. A. 豪泽 (A. Hauser) 的《艺术社会史》(*A Social History of Art*, 1951) 便是一个惊人的例子。

61. Gisèle Freund, *La Photographic en France au 19e siècle* (1936); Félix Tournachon Nadar, *Quand j'étais photographe* (1900); Disderi, *Esthétique de la photographie* (1862); 据 Secrétan, *Prix courants de tons les articles de photographie* (1859 年 5 月) 记载，当时相机的价格从开始的 200 法郎涨至 2 000 法郎，达盖尔银版相机价值 195~480 法郎。

62. 亚伦 · 沙尔夫的《艺术和摄影》（Aaron Scharf，*Art and Photography*，1968）就这一问题，给出了极富智慧性的阐释。

63. Patrick Trevor-Roper, *The World through Blunted Sight. An Enquiry into the Influence of Defective Vision on Art and Character*(1970).

64. Georges de Sonneville, *Collections et collectionneurs bordelais* (Bordeaux, 1893), 1—7.

65. *Catalogue de tableaux anciens et modernes...formant la célèbre collection de M. E. Secrétan* (1889); 价格在《20 世纪拉鲁斯》的二次增补版 (1890) 中得以实现。

66. Charles Blanc, *Le Trésor de la curiosité* (1857), 艺术品的价格主要来源于此。

67. Ivan Golovine, *Manuel du marchand de tableaux* (1862), 124.

68. Raymonde Moulin, ‘Les Expositions des Beaux-Arts en province 1885—7’（未发表的巴黎论文，1967, 藏于索邦图书馆), 246。

69. Jean Dauberville, *La Bataille de l'impressionisme, suivi de En encadrant le siècle*, par Jean Dauberville (1967), 516. 参见 *La Collection Oscar Schmitz* (1936), 它描述了勒阿弗尔的瑞士棉花商人对印象派画家的资助情况 (1861—1933)。

70. 参见 Maurice Rheims, *Art on the Market: Thirty-five Centuries of Collecting and Collectors from Midas to Paul Getty*（1961)。

71. Michel Robida, *Le Salon Charpentier et les Impressionistes* (1958).

72. G. Marionneau, *Brascassat, sa vie et son œuvre* (1872).

73. 参见 F. Haskell，*Patrons and Painters. A Study in the Relations between Italian Art and Society in the Age of the Baroque*（1963），其想法很有激励作用；*Rediscoveries in Art*（1976），作者同上，是一本不可多得的读物，自其交付印刷以来出版不辍。

74. J. P. Crespelle, *The Fauves* (c. 1962), 344—7.

75. J. Meier-Graefe, *Paul Cézanne*（慕尼黑，1913)。

76. 法国画作的出口数额以“千新法郎”计。

77. René Brimo, *L'Évolution du goût aux Étais-Unis d'après l'histoire des collections* (1938).

78. A. Vollard, *Souvenirs d'un marchand de tableaux* (1948); Gustave Cogniot, *Les Indépendants* 1884—1920（第三版，未注明出版日期), 29—30; D. H. Kahnweiler, *Confessions esthétiques* (1963); Rheims, 同上 105; Grespelle, 同上 336。

79. M. H. Dumesnil, *Le Salon de 1859*（*1859*），引用了 Joseph C. Sloane, *French Painting between the Past and the Present. Artists, Critics and Traditions from 1848 to 1850*（普林斯顿，1951 年），第 33 页。

80. Nicolas Martin, *Le Parfait Connaisseur, ou l'art de devenir un critique d'art en*

deux heures, imité de l'allemand (1861).

81. 参见 R. Moulin 在 *Lex Expositions*（1967 年，第 216 页）中引用的 *Le Dauphiné*（1886 年 8 月 12 日）。又见 L. Venturi, *History of Art Criticism*（纽约，1964 年新版）。

82. 参见 Charles Baudelaire, *The Painter of Modern Life and other Essays*(1964 年，英译版）。

83. E. Zola. *Salons*，由 F. W. J. Hemmings 编辑 (1959)。

84. Sioane, op. cit. 16 n.

85. Pierre Angrand, *Monsieur Ingres et son épogue* (1967),165.

86. 作者同上，'L'État mécène, période autoritaire du second empire 1851—60', *Gazette des Beaux-Arts* (1968), vol. 71, 303—48。

87. 参见 Horace Lecoq de Boisbaubran, *Coup d'œil sur l'enseignement des Beaux-Arts* (1872) 第 69 页及之后部分；J. de La Rochenoir, *La Couleur et le dessin appris seul* (1857); R. de Lasalle, *L'Aquarelle en six leçons* (1856); Mme Veuve Cavé, *L'Aquarelle sans maître* (1856); J. P. Thénot, *Le Pastel appris sans maître* (1856); Victori, *Tout le monde artiste. Procédé pour faire de jolies peintures sans avoir la moindre notion de dessin* (1898); Camille Bellanger, *Le Peintre; Traité usuel de peinture à l'usage de tous le monde* (1898); Madame Bourdox-Sody, *Nouveau Procédé de l'art de peindre, sans maître et sans notions du dessin* (1882)。

88. Albert Boime, *The Academy and French Painting in the Nineteenth Century* (1971), 这部作品很重要。

89. Jacques Lethève, *Impressionistes et symbolists devant la presse* (1959), 23, 73, 76.

90. Marius Vachon, *W. Bouguereau* (1900).

91. 参见 Francis Jourdain, 'L'Art officiel de Jules Grévy à Albert Lebrun', *Le Point* (1949 年 4 月), 有大量复制品。

92. 参见 Ètienne Moreau-Nélaton, *Millet raconté par lui-même* (1921); R. L. Herbert, 'Millet Revisited', *Burlington Magazine* (1962 年 4 月刊), 第 294—305 页；L.

Le Poittevin, *J. F. Millet, portraitiste* (1971 年)。

93. 对于艺术与社会政治之间的联系，可参见 Timothy J. Clark 富有独创性且趣味盎然的作品 *The Absolute Bourgeois: Artists and Politics in France 1848—51* (1973),以及 *Image of the People: Gustave Courbet and the 1848 Revolution* (1973)。

94. 参见 J. Rewald, *The History of Impressionism* (纽约,1961 年新版) 及 *The History of Post-Impressionism* (纽约,1962 年第二版); L. Venturi, *Les Archives de l' Impressionisme* (1939); Pierre Francastel, *Art et technique au 19e et 20e siècles* (1956)。

95. 参见 Sven Lörgren, *The Genesis of Modernism. Seurat, Gauguin, van Gogh and French Symbolism in the 1880s*, (斯德哥尔摩, 1959 年), 第 81 页; Jean Renoir, *Renoir my father* (1962 年)。

96. 参见 Maurice Vachon, *Puvis de Chavannes* (1985), 62; Jon Whiteley, *Puvis de Chavannes* (即将发表)。

97. P. Jullian and A. Bowness, *French Symbolist Painters* (海沃德画廊展览目录,1972), 第 17 页。

98. 参见 Meyer Schapiro, *Vincent van Gogh* (1951), 96; Jean Leymarie, *Van Gogh* (1951)。

99. John Golding, *Cubism. A history and an analysis 1907—1914* (第二版,1969 年), 是关于立体画派最好的指南; Christopher Gray, *Cubist Aesthetic Theories* (巴尔的摩, 1953 年)，讲述其哲学关联。

100. M. Semphor, *Abstract Painting* (1964 年), 第 92 页。

101. 参见 Henri Matisse, *Écrits et propos sur l'art* (I972), 50; C. E. Gauss, *The Aesthetic Theories of French Artists, 1855 to the present* (巴尔的摩，1949 年); Marcel Brion, *L'Œil, l'esprit et la main du peintre* (1966)。

102. 参见 Rudolf Arnheim，*Art and Visual Perception* (1954 年)。

103. 参见 Auguste Rodin, *L'Art. Entretiens réunis par Paul Gsell* (1924), 217；Alan Bowmess，*Rodin: sculptures and drawings*（海沃德画廊展，1970）。

104. A. Cornet, *L'Enseignement du chant* (1889); *Le Monde*(1962 年 8 月 7—11 日)。

105. M. Delcasso and M. Gross, *Recueil de mcreaux de chant à une, deux et trois voix*

à l'usage des écoles normales et des écoles primaires(最早发表于 1856 年，截至 1870 年，已再版 11 次)。

106. 参见 Ch. Poirson, *Guide manuel de l'orphéoniste*(1868); P. Marcel, *L'Art du chant en France*(1900); 'De la musique dans les campagnes', *Journal d'Amiens*(1864 年 7 月 20—21 日，8 月 29—30 日); Édouard Garnier, 'La Musique de chambre', in *La Phare de la Loire*(1868 年 12 月 8 日 , 南特); F. G. Hainl, *De la musique à Lyon depuis 1713 jusqu' à 1852*(里昂 ,1852); Oscar Comettant, *Les Musiciens, les philosophes et les gaietés de la musique en chiffres* (1870)。

107. J. M. Bailbé, *Le Roman et la musique en France sous la monarchie de juillet* (1969),105.

108. Bernard Gavoty, *Les Français sont-ils musiciens?* (1950), 165, 168.

109. Auguste Laget, *Le Chant et les chanteurs* (巴黎和图卢兹，1874)，332。

110. *Almanach de la musique*(1867).

111. Victor Maurel, *Dix ans de carrière 1887—1897*(1897),151—2, 246; A. Laget, 同上，45—7。

112. Bernard Gavoty, *Les Français sont-ils musiciens?*(1950),50,136.

113. Alicia de Schwarzer, 'Certains aspects de la sociologie de la musique en France 1960—70' (未发表的回忆录 , École Pratique des Hautes Études,1972)。

114. Oscar Comettant, *Histoire de cent mille pianos et d'une salle de concert* (1890); L. E. Gratia, *Les Instruments de musique du 20e siècle* (1931).

115. *Pratiques culturelles des Français* (1974).

116. Elizabeth Lion, 'L'Offre et la demande de musique. Essai d'analyse économique' (未发表的回忆录，École Pratique des Hautes Études 1970),94—6。

117. *Annuaire O.G.M. (ex-Musique-Adresses) du commerce et de l'industrie de musique, radio, phono* (1939).

118. 参见 Paul Beaud and Alfred Willener, *Musique et vie quotidienne* (1973),12。

119. Schwarzer, 同上，30—6。

120. 参见 R. Francès, *La Perception de la musique*(1958); A. Silbermann, *La Musique, le radio*

et l'auditeur(1955); 参见同上 , *Introduction à une sociologie de la musique*(1955)。

121. 参见 André Coenroy, *La Musique et le peuple en France*(1941), 可借此查询当时最流行的歌曲，第 76 页；以及 Henry Raynor, *A Social History of Music*（1972 年），遗憾的是，本书只讲述到 19 世纪早期的情况。

第四章　报纸与腐败

1. Montesquieu, *Lettres persanes* (1719), 第 130 封信 ; F. Funck-Brentano, *Les Nouvellistes* (1905)。
2. C. Bellanger 等人 , *Histoire générale de la presse française*, 第一卷（*des origines à 1814*) (1969), 159, 439。
3. E. de Girardin, *Émile* (1828).
4. Maurice Reclus, *Émile de Girardin* (1934); E. de Girardin, *L'Abolition de l'autorité par la simplification du gouvernement* (1851), *L'Abolition de la misère par l'élévation des salaires* (1850), *L'Impôt* (1852), *La Liberté* (1857), *Le Désarmement européen*(1859), *Pensées et maximes* (1867), *L'homme et la femme* (1872), 等等。
5. Bernard Coste, 'Adolphe Guéroult et l'Opinion nationale'（博士论文 , 未发表 , 藏于巴黎法学院图书馆 , 1968 年)。
6. 引自 R. L. Williams, *Henri Rochefort, Prince of the Gutter Press* (纽约 , 1966 年), 130。
7. Henri Rochefort, *Les Aventures de ma vie* (5 vols., 1896); Williams, op. cit.
8. Pierre Denoyer and Jean Morienval, 'La Condition sociale du journaliste française', *Études de presse* (15 Jan. 1952), 10—20, and Bellanger, op. cit. 2. 343.
9. Bureau International du Travail, *Les Conditions de travail et de vie des journalistes* (Geneva, 1928), 147—9.
10. Anatole Willox, *Le Journalisme en province* (新版，1887), 130。

11. *Grande Encyclopédie Larousse* (1875), s.v. Reporter.

12. J. Barbey d'Aurevilly, *Les Œuvres et les hommes. Journalistes et polémistes, chroniqueurs et pamphletaires* (1895), 20, 204, 231—2, 342. 更多关于新闻界的轻松话题，参见 Louis Duchemin, *Durand et Cie, scènes de la vie parisienne* (1878)。

13. I. Druhen, *De l'influence du journalisme sur la santé du corps et de l'esprit* (Besançon, 1871). 20—1.

14. N. Fourgeaud-Lagrèze, *La Petite Presse en province* (Ribérac, 1869), 12, 19, 38.

15. Alexandre Guérin, *Comment on devient journaliste* (1910), 19; René Perlat, *Le Journalisme poitevin* (Poitiers, 1898).

16. Léon Levrault, professeur au lycée Condorcet, *Le Journalisme* (1930), 7—10; N. Nikoladzé, *La Presse de la décadence. Observations d'un journaliste étranger* (1875).

17. Christian Brincourt and Michel Leblanc, *Les Reporters* (1970), 347.

18. Paul Bodin, *De notre envoyé spécial* (C. 1950), 被引用在 *Études de presse* (1951 年 10 月 15 日), 325。

19. Marcel Schwob, *Mœurs des diurnales, Traité de journalisme* (1926).

20. Renée Pierre-Gosset, *Cochon de métier* (1950).

21. Florise Londres, *Mon père* (1934); Paul Mousset, *Albert Londres: l'aventure du grand reportage* (1972); Albert Londres, *Au bagne* (1923), *Le Chemin de Buenos Aires* (1927), *Pêcheurs de perles* (1931).

22. Victor Goedorp, *Figures du Tempes* (1943), 9—58. 对报刊的其他态度参见 Henri Béranger, 'Les Responsabilités de la presse', *Revue bleue* (1897 年 12 月 4—25 日), 其中列举了一些重要的公众人物。

23. Firmin Maillard, *La Cité des intellectuels: scènes cruelles et plaisantes de la vie littéraire des gens de lettres au 19e siècle* (第三版，1905)。

24. Arsène Thévenot, *Souvenirs d'un journaliste 1883—9* (Arcis-sur-Aube, 1901).

25. J. M. Villefranche, *Photographies contemporaines. Souvenirs et menus propos*

d'un, vieux journaliste (Bourg, 1890), 271:

我们写新闻为主，

我们为真理服务，

但在后人眼中，

它们却比不上一本书。

26. Edmond Claris, *Souvenirs de soixante ans de journalisme* 1895—1955 (1958).
27. Paul Pottier, *Professions et métiers: Les Journalistes*（出版日期未注明，约 1907 年）。
28. Robert de Jouvenel, *Le Journalisme en vingt leçons* (1920); Georges Bourdon, *Le Journalisme d'aujourd'hui* (1931); Joseph Folliet. *Tu seras journaliste* (1961).
29. Syndicat des journalistes français, *80 ants*, *1886—1966*(1966), 简要地介绍了相关历史。
30. 1935 年 3 月 29 日出台的法律。参见 F. Terron, 'L'Évolution du droit de la presse de 1881 à 1940', in Bellenger *et al.*, *Histoire générale de la presse française*, vol. 3 (1972), 42—4。
31. Jean Schwoebel, *La Presse, le pouvoir et l'argent* (1968).
32. Bernard Voyenne, *L'Information en France* (1972), 59.
33. 参见《法兰西浪漫史——野心与爱情》第七章。
34. *La Presse*，1848 年 10 月 3 日。
35. Émile Mermet, avocat, *La Publicité en France, Guide manuel* (1880 年第四版), 这是最早的广告顾问的作品；Henri Vathelet, *La Publicité dans le journalisme*（博士论文，巴黎，1911 年), 67—89。
36. Claude Bellenger, 'La Publicité dans la presse en 1938 et en 1951', *Études de presse* (1953 年春), 37—40。由于相关法律开始对医药广告有所限制，其占比暂时下降至 8%，服装广告上升至 14.5%，食品广告上升至 16.88%，化妆品及肥皂广告上升至 6.22%。
37. Eugène Guitard, *Deux siècles de presse au service de la pharmacie* (1913).
38. 'La publicité pharmaceutique', 是 *Le Courrier graphique* 的特刊(1938 年 5 月),

no. 15。

39. René Mante, *La Publicité pharmaceutique au point de vue de la déontologie et de l'hygiène publique* (巴黎医学论文 , 1939)。

40. Constantin Hilbey, ouvrier, *Vénalité des journaux. Révélations accompanées de preuves* (1845).

41. B. Coste, 'Adolphe Guéoult' (法学论文，未发表，藏于法学院图书馆 , 1968), 21。

42. G. Fonsegrive, *Comment lire les journaux* (1903), 22.

43. M. B. Palmer, *Some Aspects of the French Press* (牛津大学哲学博士论文 , 1973 年), 45。

44. A. N. F(7.) 13969, 引自 P. Albert, *Histoire génèrate de la presse Française*，由 C. Bellanger 等人编辑 , 第三卷，1972 年 , 第 265 页；J. N. Jeanneney, New light on the inter-war period, *in Revue fronçcaise de Science politique,* 1975 年， 第 717—738 页。

45. A. Raffalovitch, *L'Abominable vénalité de la presse, d'après les documents des archives russes* 1897—1917 (1931), vii-xvi, 28, 38—9, 57—8, 64, etc.

46. Pierre Albert, in C. Bellanger *et al.*, *Histoire générale de la presse française*, vol. 3 (1972), 249—50, 259—75, 380, 432, 435 n., 439—40, 487—9, 493, 496—509, 529.

47. Pigier, *Cours pratique de publicité* (1928 年第二版), 33; B. de Plas and H. Verdier, *La Publicité* (1951), 11。

48. Michael B. Palmer，'Some Aspects of the French Press1860—90' (牛津大学哲学博士论文 , 1973 年), 78—128, 不久将出版发行。

49. Francine Amaury, *Histoire du plus grand quotidien de la troisième république: Le Petit Parisien 1876—1944*(1972), 271—2, 366, 511, 1326, 此信息源非常丰富 ; Micheline Dupuy, *Un Homme, un journal: Jean Dupuy 1844—1919* (1959), 实属一部更私密而简短的传记。

50. F. I. Mouthon, *De bluff au chantage. Les Grandes Campagnes du Matin. Comment on fait l'opinion en France* (出版日期未注明)。

51. Allred Kupferman, 'François Coty' (未发表的巴黎论文 , 1965)。

52. René de Livois, *Histoire de la presse française* (洛桑 , 1965), 2.463; 以及 Albert in Bellanger, op. cit. 570—1。

53. Claude Estier, *La Gauche hebdomadaire 1914—62* (1962); 'Les Problèmes financiers de l' Humanité 1920—39', *Revue d'histoire moderne et contemporaine* (Oct. 1973).

54. Raymond Barrillon, *Le Cas Paris-Soir* (1959); Pierre Lazareff, *Dernière édition* (出版日期未注明 , 回忆录在 1939—1945 年战争期间在纽约出版)。

55. 1868 年，首都以外的日报读者占法国日报读者总数的 25%，1914 年达 35%，1939 年达 50%，1969 年达 62%。引自 Pierre Albert, *Documents pour l'histoire de la presse de province dans la seconde moitié du 19ᵉ siècle* (更新版 , 出版日期未注明 , 大约在 1973 年), 3。

56. G. Bellard, *Pas-de-Calais: Bibliographie de la presse française politique et d'information générale 1865—1944* (1968). 这一系列共 62 卷，由法国国家图书馆出版，每卷涵盖一个部门。

57. 其他大的地方日报还有 *La Petite Gironde* (Bordeaux), *L'Écho du Nord* (里尔), *Le Progrès de Lyon, Le Réveil du Nord* (里尔), *Le Petit Dauphinois* (格勒诺布尔), 日销售量均超过 200 000 份。相关列表，参见 Albert in Bellanger, op.cit. 604—5。亨利 · 勒纳 (Henri Lerner) 正在撰写论文《从图卢兹出发》(*Dépêche de Toulouse*)。

58. Raymond Manevy, *L'Évolution des formules de présentation de la presse quotidienne* (1956). 介绍地方报纸的经典之作当属 Jacques Kayser，*La Presse de province sous la troisième république* (1958)。有关非政治性报纸的情况 , 可参阅 N. Fourgeaud-Lagrèze, *La Petite Presse en province* (Ribérac, 1869)。相关概述参见 André Demaison, *Lex Voix de la France. La Presse de province au 20ᵉ siècle* (1932)。例如参见 Paul Mansire, 'La Presse en Seine-Inférieure sous la troisième république 1871 à 1939' , in *Études de presse* (1955), no. 12, vol. 7, 它介绍了阿兰 (Alain) 的 *Dépêche de Rouen*, 其发行量为 25 000 份，而 *Journal*

de Rouen 达 75 000 份。还可参见 André Parrain，*La Presse dans le Puy-de-Dôme de 1870 à 1914* (Clermont-Ferrand, 1972)。

59. Pierre Frédérix, *Un Siècle de chasse aux nouvelles. De l'Agence d'Information Havas à l'Agence France-Presse* 1935—1957 (1959).

60. Jean Mistier, *La Libraire Hachette de 1826 à nos jours* (1964).

61. Sondages. *Revue française de l'opinion publique* (1955), n. 3, 'La Presse, le public et l'opinion', 31—3.

62. Groupement des grands régionaux, *Enquête par sondage sur l'audience de dix grands quotidiens régienaux* (1965), 29.

63. Francine Amaury, *Le Petit Parisien 1876—1944* (1972), 1.290.

64. J. P. Séguin, *Nouvelles à sensation. Canards du 19e siècle* (1959), 157.

65. 有关遴选新闻的过程，参见 Edward J. Epstein，*News from Nowhere*(纽约 , 1973 年)。

66. Simone de Beauvoir, *La Force de l'âge* (1960), 131.

67. Georges Auclair, *Le 'Mana' quotidien. Structures et fonctions des faits divers* (1970), 33.

68. Patrick Dumont, *La Petite Bourgeoisie vue à trovers les contes quotidiens du Journal 1894—5*(1973), 21.

69. H. de Noussanne, *Ce que vaut la presse quotidienne française* (1902).

70. 关于报界立法史可参见 Irene Collins, *Government and Newspaper Press in France 1814—81* (牛津 , 1959 年)。

71. Roger Bellet, *Presse et journalisme sous le Second Empire* (1967), 16.

72. Marcel Hoursiangou, *Le Journaliste en France. Conditions éonomiques et juridiques de son activité* (波尔多法学论文 , 1936 年), 113—214。

73. Georges O. Junosza-Zdrojewski, *Le Crime et la presse* (1943).

74. 有关金融报刊的情况参见同上，第 521 页；还可参见 J. Gascuel and R. Sedillot, *Comment lire un journal économique et financier* (1957 年 , 1960 年第二版), 以及 Francine Batailler 等人 , *Analyses de presse* (1963), 第三部分 ,

'Sociologie de lecteurs de la presse *é*conomique et financière', 177—232。这些内容讲述了 20 世纪 50 年代和 60 年代的相关情况；开展关于这个问题的有趣历史研究，还有很大空间。

75. Richard L. Admussen, *Les Petites Revues littéraires 1914—1939. Répertoire descriptif* (密苏里州的圣路易斯及法国巴黎 , 1970 年)。

76. 依据 *Annuaire de la presse française* (1882 年、1901 年和 1930 年)。

77. Dr. Achille Chéreau, *Essai sur les origines du journalisme médical français suivi de sa bibliographie* (1867).

78. Marcel Lhopiteau, 'Contribution à l'histoire des journaux médicaux' (巴黎医学论文 , 1950 年 , 未出版 , 藏于巴黎医学院图书馆)。

79. *Bulletin mensuel de l'Association professionelle des journalistes médicaux français* (1932 年 3 月), 3。

80. 'La Presse et l' édition médicale' , *Le Courrier graphique* (1938 年 12 月) 的特刊 , 尤其是第 65—71 页。

81. Émile Bourquelot, *Le Centenaire du Journal de pharmacie et de chimie* 1809—1909 (1910), 24.

82. *Bulletin mensuel de l'association professionelle des journalistes médicaux français* (巴黎医学院图书馆藏有这一罕见出版物在 1932—1935 年的副本)。

83. Louis Dulieu, 'Le Journalisme médical montpellérien' in *Montpellier médical* (July-Aug. 1958), 3rd series, vol. 54, no. 1, 28—38.

84. Lhopiteau, 同上，第 78 页。

85. 《法国新闻年鉴》披露了关于医学报刊及其登载的广告的有趣细节。请参见，例如 , *L'Actualité thérapeutique* (1890), 其为免费资源; *La Semaine médicale* (1881); *Maman* (1929); 等等。

86. Evelyne Sullerot, *Histoire de la presse féminine en France des origines à 1848* (1966), 期待此作品有后续内容出版。

87. *La Mode illustrée* (请特别参阅 1860 年的简介部分及 1902 年的特刊); *Le Livre d'or de La Mode illustrée* (1904); Mme Emmeline Raymond, *Autobiographie d'une*

inconnue (1888)。

88. Henriette Vanier，*La Mode et ses métiers. Frivolité et luttes de closses 1830—1870* (1960)，主要讲述服装业及其工人的情况。还可参见 *Les Dessous élégants* (创刊于 1901 年)， 这是时尚杂志的典范，专攻紧身胸衣和内衣的内容，而且杂志里充斥着广告。

89. Evelyne Sullerot, *La Presse féminine* (1963), 主要讲述 20 世纪 50 年代的相关情况。

90. Dominique Prieur and Alain Chahin, 'La Presse enfantine en Grande Bretagne et en France, Étude économique' , (未出版的高等教育回忆录 , 藏于巴黎法学院图书馆 , 1970 年)。

91. 参见 Béatrice de Buffevent, *Qu'attendent de leurs journaux les 11—14 ans?* (1963); Elisabeth Gérin, *Tout sur la presse enfantine* (Bonne Presse, 1958)。

92. 此为 1947 年的数据。参见 Édouard Seidler, *Le Sport et la presse* (1964)。

93. J. and P. Godfrin, *Une Centrale de la presse catholique. La Maison de la Bonne Presse et ses publications* (1965), 161.

94. Anon., *Les Revues catholiques françaises à l'exposition internationale de la presse catholique au Vatican en 1936* (1936).

95. 此信息基于 Paul Verschave, *La Situation de la presse catholique en France en 1936* (1936)。

96. Louis de Vancelles, *'Le Nouvelliste de Lyon' et la defense religieuse 1879—1889* (里昂 , 1971), 85, 212。

97. Paul Delourme, *Trente-cinq années de politique religieuse ou l'histoire de l'Quest-Éclair* (1936).

98. Abbé P. Fesch, *Les Souvenirs d'un abbé journaliste* (1898), 218—34; Georges Hourdin, *La Presse catholique* (1957).

99. Georges Dangon,'Sociologie du maître imprimeur' , *Le Courtier graphique* (1936 年 12 月), 3—12, (1937 年 1 月), 3—10。

100. Clément Janin, *Les Imprimeurs et les libraires dans la Côte d'Or* (Dijon, 1883),

90—4.

101. H. Malet, *Les Imprimeurs de Narbonne 1491—1966* (纳博讷 ,1966 年); Émile Pasquier, *Imprimeurs et libraires de l'Anjou* (昂热 ,1932 年)。

102. Léon Emblard, 'Les Imprimeurs et les journaux à Valence', *Bulletin de la Société départementale d'archéologie et de statistique de la Drôme* (瓦朗斯 , 1902 年), vol. 36, 49—56。

103. 儒勒 · 德奥克莱尔，新闻大亨埃米尔 · 德 · 吉拉丹创办的巴黎餐厅由他运营。他后来娶了杜瓦尔肉汤连锁餐馆创始人的遗孀，去世时身价百万。

104. G. Bouchon, *Histoire d'une imprimerie bordelaise. Les Imprimeries G. Gounouilhou* (波尔多 , 1901 年)。

105. Georges Auclair, 'Conditions d'existence d'une presse quotidienne départementale: le cas de La Rochelle' , *Revue française de sociologie* (1962 年 10—12 月), 415—31。

106. Joseph T. Klapper, *The Effects of Mass Communication* (伊利诺伊州格伦科 , 1960 年)。

107. A. J. Tudesq, *L'Élection présidentielle de L. N. Bonaparte* (1965), 145—98.

108. G. Cholvy, *La Géographie religieuse de l'Hérault* (1968).

109. M. Mottin, *Histoire politique de la presse 1944—9* (1949).

110. 关于报刊风格，参见 Criticus, *Le Style au microscope* （*grands journalistes*）(1953)；Charles Bruneau, *La Langue du journal* (1958)。

111. 关于阶级与读者的问题，参见 C. A. Tuffal, 'Étude de la presse quotidienne parisienne. Le rapport entre informateurs et informés', (未出版的图卢兹政治科学领域博士论文 ,1966)。

第五章　科学与舒适

1. Jean Meynaud, *Les Savants dans la vie internationale. Éléments pour un*

autoportrait (洛桑 , 1962 年), 14。

2. René Taton, Charles Bedel 等人 , *Enseignement et diffusion des sciences en France au 18e siècle* (1964), 669。

3. D. Mornet, 'Les Enseignements des bibliothèques privees 1750—1780' *Revue d'histoire littéraire de la France* (1910), 449—96.

4. Maurice Caullery, *La Science française depuis le 17e siècle* (1933 年 ,1948 第二版), 198。

5. J. J. Salomon, *Science et Politique* (1970), 60—5.

6. Henry Le Ghatelier, *Les Encouragements à la recherche scientifique*, Mémoires et documents du Musée social (1914), 58—88.

7. 参见 J. Ben-David,'Scientific Productivity and Academic Organisation in 19th century Medicine'，其被转载于 B. Barber and W. Hirsch, *The Sociology of Science* (纽约 ,1962 年), 305—28; 还可参见 T. J. Markovitch, 'L'Évolution industrielle de la France', *Revue d'histoire économique et sociale* (1975), 266—88; P. K. O'Brien , *Two Paths to the 20th Century* (1977)。

8. F. B. Artz，*The Development of Technical Education in France* (麻省剑桥，1966)。

9. Michel Bouille, 'Enseignement technique et idéologies au 19e siècle' (未出版的论文，École Pratique des Hautes Études, 1972)。

10. J. C. Thoenig, *L'Ère des technocrats. Le cas des ponts et chaussées* (1973).

11. Jacques Monod，*Chance and Necessity. An Essay in the Natural Philosophy of Modern Biology* (1972), 158.

12. M. Crosland, 'The Development of a Professional Career in Science in France' , *Minerva* (1975 年春), 38—57。

13. Harry W. Paul, 'The Issue of Decline in 19th Century French Science' , *French Historical Studies* (1972 年春，第 416—450 页)，它的面世是对 Robert Gilpin，*France in the Age of the Scientific State*(普林斯顿 ,1968 年，第 35 页) 的宝贵批判。

14. 参见 C. Bernard, *La Science expérimentale* (1878); C. Bernard, *Philosophie*. Manuscrit inédit présenté par Jacques Chevalier (1937); Joseph Schiller, *Claude Bernard et les problèmes scientifiques de son temps* (1967); Reino Virtanend, *Claude Bernard and his place in the history of ideas* (内布拉斯加州大学林肯分校 ,1960 年)。

15. 参见 *Discours de réception de M. Lotus Pasteur* (1882); R. Vallery-Radot, *La Vie de Pasteur* (1900)。

16. M. Berthelot, *Science et morale* (1897), 508—15.

17. 参见 A. Boutaric, *Marcellin Berthelot* (1927)，197—8; R. Virtanen，*Marcellin Berthelot. A Study of a scientist's public role* (内布拉斯加州大学林肯分校研究，新系列，第 31 期 , 1965 年)。

18. 参见 Robert Reid, *Marie Curie* (1974); Eve Curie，*Madame Curie* (1939); P. Bignard, *Paul Langevin* (1969); Maria Sklodowska-Curie , *Centenary Lectures* (维也纳 , 1968), 33—23, 125—35; Marie and Irène Curie，*Correspondance 1905—1934* (1974)。

19. 参见 Pierre Bignard, *Frédéric Joliot-Curie. The Man and his Theories* (1961 年；1965 年英译版；第 70、81 至 82、141 及 157 页)。还可参见 Liam Hudson，*Contrary Imaginations* (1966), 这本书是基于对英国学生的访谈，对文理专家差异进行的心理学研究。

20. 参见 Dr. Louis Fleury，*Science et religion* (1868); François Russo S. J. , *Pensée scientifique et foi chrétienne* (1953)。

21. Charles Richet，*The Natural History of a Savant* (1923 年，1927 年由奥利弗 · 洛奇爵士将其译成英文)。

22. V. Meunier, *La Science et les savants en 1865* (1865)，第一季度 , 212。

23. 对进化的争论，可参见例如 R. E. Stebbins，'French Reactions to Darwin' (明尼苏达博士论文，未发表，1965 年)。

24. V. Meunier，*Essais scientifiques* (1857)，尤其是第一卷 , 'L'Apostolat scientifique'。

25. 参见 Abbé Moigno, *Les Splendeurs de la foi* (1883), 1. 35, 3. 1446—59; *Cosmos: Revue encyclopédique hebdomadaire des progrès des sciences* (1852—63); *La*

Science populaire (1883—4)，由保皇党人编辑。

26. 参见 Hilaire Cuny, *Camille Flammarion et. l'aslronomie populaire* (1964); C. Flammarion, *Mémoires biographiques et philosophiques d'un astronome* (1911)。

27. Henri Bordier and Émile Mabille, *Une Fabrique de faux autographes ou récit de l'affaire Vrain Lucas* (1870).

28. 参见 E. Littré, *Auguste Comte et la philosophie positive* (1864, 第二版)，32; D. Mornet, *Histoire générale de la litterature française* (1925), 204。

29. Bayet and André, *Écrivains politiques du 19e siècle* (1924).

30. A. Comte, *Cours de philosophie positive* (1830—42, 1894 年版), 4. 282。

31. A. Comte, *Système de politique positive* (1854), 第四卷，附录第 5 页。

32. W. M. Simon, *European Positivism in the Nineteenth Century* (伊萨卡, 1963 年), 第 46 页。

33. 参见 *Bulletin de la société française de philosophie* (1958), 孔德特刊，第 15 页。

34. H. Gouhier, *La Jeunesse d'Auguste Comte* (三卷, 1933), 是非常出色的作品; E. Littré, *Auguste Comte et la philosophie positive* (第二版，1864); T. Chiappini, *Les Idées politiques d' Auguste Comte* (巴黎论文, 1913); Stanislas Aquarone, *The Life and Works of Émile Littré* (莱顿, 1958); E. Littré, *Conservation, révolution, positivisme*(1852); D. G. Charlton, *Positivist Thought in France during Second Empire* (牛津, 1959); Pierre Arnaud, *La Pensée d'A. Comte* (1969)。

35. E. Renan, *Souvenirs d'enfance et de jeunesse*, 由让·波米尔编辑 (1959), 第51页。

36. E. Renan, *L'Avenir de la science in Œuvres complètes*, 第二卷 (1949), 726—7, 758。

37. Jean Pommier, *La Pensée religieuse de Renan* (1925), 此作品对勒南的情况进行了很好的分析。

38. 参见 Prosper Alfaric, *Les Manuscrits de la Vie de Jésus d'Ernest Renan* (Publications de la Faculté des lettres de l'université de Strasbourg, 第 90 册, 1939 年), 引言；P. M. J. Lagrange, *La Vie de Jésus d'après Renan* (1923 年)；还可参见 *Vie de Jésus*

第 13 版前言部分。

39. 参 见 H. W. Wardman, *Ernest Renan* (1964); Henriette Psichari, *Renan d'après luimême* (1937)。

40. Victor Giraud, *Essai sur Taine: son œuvre et son influence* (弗里堡 , 1901), 第 138 页 , 引自《泰晤士报》1893 年 3 月 7 日版。

41. 参见 Sholom J. Kahn，*Science and Aesthetic Judgement. A Study in Taine's Critical Method*（1953 年）, 13。

42. H. Taine, *Étienne Mayran* (1910), 35.

43. 同上 , *Vie et correspondance* (1901—7), 1. 83。

44. 同上 , *Histoire de la littérature anglaise* (1863)。

45. H. Taine, *Les Origines de la France contemporaine* (第 24 版 , 1902), 2. 76。

46. 参 见 A. Aulard, *Taine，historien de la révolution française* (1907); L. Halphen, *L'Histoire en France depuis cent ans* (1914), 100—3。

47. 参见 'Quelques opinions sur l'œuvre de H. Taine', Enquête, *La Revue blanche* (1897 年 8 月 15 日), 263—95；André Cresson, *Hippolye Taint. Sa vie, son œuvre, avec un esquisse de sa philosophie* (1951), 这个总结很有意义 ; André Chevrillon, *Taine, la formation de sa pensée* (1932); R. Gibaudan, *Les Idées sociales de Taine* (1928); Maxime Leroy, *Taine* (1933); Alvin A. Eustis, *Hippolyte Taine and the Classical Genius* (加州大学出版社 , 1951); P. G. Castex, *La Critique d'art en France au XIXe siècle: Taine et Fromentin* (Cours de la Sorbonne, 1964)。

48. 参见 Jean Chesneau, *Une Lecture politique de Jules Verne*(1971); Simone Vierne, *Jules Verne et le roman initiatique* (1973)；Marcel Moré, *Le Très Curieux Jules Verne* (1960) 和 *Nouvelles Explorations de Jules Verne* (1963)；Robert Fath, *L'Influence de la science sur la littérature française dans la seconde moitié du 19e siècle* (洛桑 , 1901) 及 J. J. Bridenne, *La Littérature française d'imagination scientifique* (1950)。

49. 参见 F. W. J. Hemmings, *Zola* (牛津 , 1953); I. M. Frandon, *La Pansée politique de Zola* (1959)；R. Ternois, *Zola et son temps* (1961); H. Mitterand, *Zola*

journaliste (1962); Guy Robert, *E. Zola* (1952) 及 *La Terre d'E. Zola* (1952); E. M. Grant, *Zola's Germinal* (1970); D. Baguley, *Fécondité d'E. Zola* (多伦多 , 1973)。

50. 关于不断提升的生活水准这个问题，可参见 J. Fourastié, *Machinisme et bien-être* (1962)。

51. A. Chirac, *Lettres d'un Marseillais sur l'exposition universelie de 1867 à Paris* (1868).

52. Achille de Colmont, *Histoire des expositions des produits de l'industrie française* (1855), 56, 317.

53. J. B. A. M. Jobard, *Industrie française. Rapport sur l'exposition française de 1839* (1841), 1. 3, 2. 95.

54. Colmont, 同上，368。

55. *Exposition universelle de 1867 à Paris. Rapports du jury international publiés sous la direction de M. Michel Chevalier* (1868), 尤其是第 1 卷和第 18 卷 ; C. A. Oppermann, *Visites d'un ingénieur à l'exposition universelle de 1867* (1867), 16—18, 141, 189, 446; Jules Mesnard, *Les Merveilles de l'Exposition de 1867* (1868), 1. 39。

56. 参见 Richard D. Mandell，*Paris 1900. The Great World's Fair*(多伦多 , 1967); Georges Gerault, *Les Expositions universelles envisagées au point de vue de leurs résultats économiques* (1902); G. de Wailly, *A Travers l'exposition de 1900* (1899—1900)。应该就工业展开展进一步的研究，其相关资源非常庞大。Régine de Plinval-Salgues, 'Bibliographie analytique des expositions industrielles et commerciales en France depuis l'origine jusqu'à 1867'（未发表的回忆录 , Institut National des Techniques de Documentation, 1960) 列举了 1 020 项。还可参见 Colette Famy, 'Bibliographie analytique de l'exposition universelle tenue à Paris en 1878' (未 发 表 , I. N. T. D., 1962) 及 Colette Signat, 'Bibliographie analytique des documents publiés à l'occasion de l'Exposition Universelle de 1900 à Paris' (未发表 , I. N. T. D., 1959), 它对 48 卷的 *Rapport du jury international*（1902—1906）做了很好的阐释。

57. *Sondages* (1956), no. 2, 13—32.

58. Henry Delpech, *Recherches sur le niveau de vie et les habitudes de consommation, Toulouse 1936—8* (1938), 70—2, 261, 303.

59. M. de Clinchamps, *Enquête sur les tendances de la consommation des salariés urbains. Vous gagnez 20% de plus. Qu'en faites vous?* (1955), 31.

60. M. Lévy-Leboyer, 'Croissance économique en France au 19e siècle', *Annales* (1968 年 7—8 月), 第 806 页。

61. J. P. Bardet, P. Chaunu 等人，*Le Bâtiment: enquête d'histoire économique 14—19e siècles* (1971),1—120。

62. J. P. Bardet, 同上 , 60; *Statistique des families et des habitations en 1911* (1918)。

63. CORDES (Commissariat général du plan, Comité d'organisation des recherches appliquées sur le développement économique et social), *Recherche comparative internationale sur les critères de choix entre les modes marchands et non marchands de satisfaction des besoins* (Puteaux, 1973 年 2 月), 2.25。

64. Ministère de l'instruction publique, *Enquête sur les conditions de l'habitation en France. Les maisons-type*, 第一卷 (1894), 引言由福维尔执笔。1906 年，三分之二的法国家庭还没有室内或室外的卫生间。

65. Dr. R. Martial，*L'Hygiène sociale*（1933 年 1 月 25 日）指出，卫生状况并未持续地提升。

66. *Enquête sur l'habitation rurale en France* (1939), 33.

67. *Exposition universelle de 1867 à Paris. Rapports* (1868), 第 13 卷 , 892。

68. *Exposition Internationale des industries et du travail de Turin* (1911)，groupe XII, classes 62 à 70: 'La Ville moderne: rapport général' (未注明出版日期), 119—22。

69. A. Sauvy, *Histoire économique de la France entre les deux guerres*, 第三卷(1972), 'Le logement', 第 99 页。

70. Société des Nations, Services d'Études Économiques, *L'Habitation urbaine el rurale* (日内瓦 ,1939 年 8 月), 第 77—99 页。

71. A. de Fovillc, *Enquête* (1894), 同上 1. xliii. A. Pinard, *La Consommation, le bien-être et le luxe* (1918), 91，它认为，1918 年，79% 的房屋是房主自住的。

72. CORDES, 同上，2.22。

73. Blanche Bernstein, *The Pattern of Consumer Debt 1935—6. A Statistical Analysis*（纽约，1940），第 19、35 和 36 页。

74. 参见 Ch. Couture, *Des différents combinaisons de vente à credit dans leurs rapports avec la petite épargne* (巴黎法学论文, 1904); G. Dufeyel, *Indicateur Dufayel* (1901—4), 这是他房地产公司的刊物 , 共 28 卷。

75. A. C. Dedé, *Traité pratique de la vente à crédit des automobiles* (1937) (标致公司的员工编辑出版), 59, 63。

76. Léonce Daries, *Autos d'occasion. Piraterie moderne!* (图卢兹 , 1937)。

77. Jean Boucher, *De la vente à tempérament des meubles corporels au point de vue économique* (巴黎法学论文 , 1906), 138。

78. Clinchamps, 同上 44—5, 68。47% 的人有自行车。

79. 参见 M. Chevalier, *La Science mise à la portée de toutes les intelligences. Le désir de bienêtre est legitime; il peut obtenir satisfaction; mais sous quelles conditions?* (1851), 7。

80. Émile Watelet, *Les Récents Troubles du Nord de la France au point de vue historique et économique* (1912).

81. A. Lemonnier, *La Ligue des consommateurs* (1910); M. Deslandres, *Pour la reconstitution de la Ligue sociale d'acheteurs* (1931).

82. 参见本人撰写的《法兰西浪漫史——焦虑与伪善》第 5 章。

83. Jean Paul Mercat, 'Évolution de la médecine de campagne en Indre-et-Loire de 1900 à pos jours' (未发表的医学论文 , Tours, 1970), 95。

84. *Annuaire statistique* (1939), 36*。20 世纪 30 年代心脏病患者的数据是不完整的。

85. P. Guillaume, *La Population de Bordeaux au 19e siècle* (1972).

86. A. Landry, *L'Hygiène publique en France* (1930), 15, 44, 89, 116.

87. M. D. Grmek, 'Préliminaires d'une étude historique des maladies', 发表于 *Annales* (1969 年 11—12 月), 1473—83, 体现出我们在这一论题方面的差距。Monroe Lerner and O. W. Anderson，*Health Progress in the U.S. 1900—1960* (1963)，是一本很好的比较研究图书，法国在这方面做得还不够。关于地区差异，可参见 R. Morot，*Pathologie régionale de la France* (1958), 2, 63, 333, 375; Louis Spillmann and Jacques Parisot, *Guérir est bien, prévenir est mieux. L'effort réalisé en hygiène et en médecine sociales dans le département de Meurthe-et-Moselle* (1925), 179。

88. *Annuaire statistique* (1939), 199*.

89. Les Cahiers de l'industrie pharmaceutique, 第 5 期 , *La Consommation pharmaceutique dans les pays du marché commun* (1969), 12；同上 , 第 1 期 , *Le Développement de la consommation pharmaceutique* (1967)，15。

90. Henri Péquignot and J. P. Étienne, *Éléments de politique et d'administration sanitaires* (1954), 25.

91. *Santé et société. Les Découvertes biologiques et la médecine sociale au service de l'honmme*, 38e Semaine Sociale de France (1951), 12—17.

92. Claudine Herzlich, *Santé et maladie. Analyse d'une représentation sociale* (1969).

93. A. M. Batissat-Champomirr, 'Évolution de la consommation de quelques médicaments au centre hospitalier de Montluçon' (未发表的药学论文, Clermont-Ferrand, 1969), 31—3.

94. Anon. (Jacques Makowsky), *Histoire de l'industrie et du commerce en France* (1926),3.96.

95. H. Huchard and Ch. Fiessinger, *La Thérapeutique, en vingt médicaments* (1913, 第三版); Ernest Léonhart, *La Thérapeutique médicale à Strasbourg de 1800 à 1870. Évolution des tendances médicales et résultats pratiques* (斯特拉斯堡医学论文 , 1925)。

96. François Caron, *Histoire de l'exploitation d'un grand réseau. La Compagnie du chemin de fer du Nord 1846—1937* (1973) .

97. Patrick Fridenson, *Histoire des Usines Renault*, vol. 1: 1898-1939 (1972), 这是业

界最好的历史类著作之一，它对大量相关话题的文献都起到很好的指导作用。

98. 参见 Janine Morice, *La Demande d'automobiles en France* (1957)； Ho-Thoï-Sang, 'Le Marché des voitures de tourisme en France depuis la fin de la guerre'（图卢兹经济学论文，1958 年，未发表）。

99. 参见 H. M. Astruc, *L'Automobile à la portée de lous* (*ouvrage de vulgarisation*) (1920 年，1938 年第 60 版）。

100. Maurice Wolkowitch, *L'Économie régionale des transports dens le Centre et le Centre-Ouest de la France* (1960), 第 188 页及之后部分。

101. André Clavier, *Étude économique des autobus régionaux desservant Bordeaux*（波尔多论文，1936), 54.

102. 参见 J. P. Peugeot, *Le Film de l'automobile*（未注明出版日期，约 1958 年）。

103. Pierre Naville 等人，*L'État entrepreneur. Le cas de la régie Renault* (1972), 参见其中关于劳资关系问题的讨论。

第六章　幸福与幽默

1. Howard Mumford Jones, *The Pursuit of Happiness* (Cambridge, Mass., 1953), 132。参考 V. J. McGill, *The Idea of Happiness* (New York, 1967)。

2. Robert Mauzi, *L'Idée du bonheur dans la littérature et la pensée françaises a u 18 siècle* (1960).

3. Jean Maisonneuve, *Psychosociologie des affinités* (Paris doctoral thesis, 1966).

4. M. Agulhon, *La République au village* (1970), 是了解现代法国社会的重要作品。

5. Elizabeth Glass, *Getting Married: Women and Marriage in Parisian Society*（即将出版）, 第三部分。

6. Jean Michel Guilcher, *La Tradition populaire de danse en Basse Bretagne* (Chambéry, 1963, 博士论文）。

7. Boucher de Perthes, *Chants armoricains ou souvenirs de Basse Bretagne* (1831), 187.

8. G. Desrats, *Dictionnaire de la danse, historique, théorique, pratique et bibliographique* (1895), 293。德拉（Desrats）本身是一位博学的舞蹈大师，他的父亲是著名的舞蹈大师，与塞拉里于斯（Cellarius）同时代。
9. F. de Mesnil, *Histoire de la danse à travers les âges* (1905), v; Charles Narrey, *Ce que l'on dit pendant une contredanse* (1863); Pierre Veron, *Paris s'amuse* (1861) ; Auguste Vitu, *Les Bals d'hiver* (1851).
10. *Tony Fanfan (pseud. of Antonio Watripon), Paris qui danse. Étude, types et mœurs* (1861), 28—35.
11. 关于 G. Desrats, *bals publics,* in B.N. 8° Z. Le Senne. 5544. 的手稿笔记，附有大量简报。
12. André Warnod, *Bals, cafés, cabarets* (1913, 5th edition), 97.
13. Goerges Pillement, *Paris en fête* (1972), 366 ff.
14. José Germain, *Danseront-elles? Enquête sur les danses modernes*（未注明出版日期，约 1923 年）。
15. Agnes Villadary, *Fête et vie quotidienne* (1968), 151, 引自 J. Duquesne, *Les 16—24 ans, ce qu'ils font, ce qu'ils pensent* (1962)。
16. 见我的《法兰西浪漫史——野心与爱情》一书。
17. 被列入国民图书馆"匿名"索引；参考 Mathurin Cordier 和 J. B. de La Salle 的版本，以及 *Le Crapouillot*, no. 19 (1952), 有关 Les Bonnes manières 的那期；Michelle Calais, 'Répertoire bibliographique des manuels de savoir-vivre en France' (I N.T. D. mémoire, 未出版，1970)。
18. Madame Emmeline Raymond, *La Civilité non puérile mais honnête*(1865, 1867 年第 3 版)。
19. Baronne Staffe, *Usages du monde. Règles de savoir-vivre dans la société moderne*(1887).
20. 参见 Baronne Staffe, *Mes secrets* (1896) 和 *Indications pratiques pour réussir dans le monde, dans la vie* (1906)。
21. Armand Bourgeois, *Conférence sur Madam Louise d' Alq et ses œuvres* (1901);

Madam Louise d'Alq, *Le Nouveau Savoirvivre universal*: 三卷 (i) *Le Savoirvivre en toutes les circonstances de la vie,* (ii) *La Science du monde,* (iii) *Les Usages et coutumes de chaque profession* (1881，新版本); 作者同上, *Essais pour l'éducation du sens moral. La Science de la vie, La vie intime* (未注明出版日期，约 1895 年); *Les Causerie familières* (1880—95); *Paris charmant: Journal illustré des modes parisiennes* (1878—93)。

22. Germaine Charpentier, *La Jeune Fille moderne, Guide de convenances et de politesse* (Strasbourg, 1936).

23. M. M. Laloyaux, *Savoir-vivre, Politesse, éducation* (1942, 1954 年第五版), 50—51,119。

24. André Bragade, *Le Bonheur en famille, pourquoi pas?* (1934).

25. Col. N..., *Conseils d'un ancien à un jeune gendarme* (1949 年第 10 版)。

26. 见我的《法兰西浪漫史——野心与爱情》一书。

27. *Les Peinture, témoins de leurs temps,* vólume iv: *Le Bonheur.* 1955 年 3—5 月在加利拉博物馆展出 [B. N. 8°. V. 61463(4)]。

28. Victorin Vidal, *L'Art d'êre heureux. Études morales* (1898),338—66.

29. 参见第 12 章和我的《法兰西浪漫史——焦虑与伪善》一书第 2 章。

30. Jules Payot, *La Conquête du bonheur*(1921)和 *La Morale à l'école* (1907), 242—3。

31. Duc de Lévis Mirepoix and comte Félix de Vogüé, *La Politesse, son rôle, ses usages* (1937).

32. Paul Reboux, *Pour balayer les vieux usage. Le Nouveau Savoir-vivre* (1930,1948 年再版时几乎没有改动)。

33. Marc de Saligny, *Précis de nouveaux usages*(1948),II.

34. Giselle d'Assailly and Jean Baudry, *Savoir vivre tous les jours* (Maine, 1951).

35. Theodore Zeldin, *Conflicts in French Society* (I971), 有关"忏悔、罪与享乐"的章节。

36. René Rémond, *Oui au bonheur.* Semaine des intellectuels catholiques (1970).

37. Marcelle Auclair, *La Pratique du bonheur* (1956) and *Le Bonheur est en vous* (n.d.).

38. G. Rotvand, *L'Imprévisible Monsieur Durand*(1956), 95.
39. Christiane Collange, *Madame et le bonheur*(1972), 27.
40. 同上，第 90 页。
41. Abbé Raoul Pradal, *Le Bonheur, fin dernière de l'homme. Étude historique et critique.* Thèse de doctorat en philosophie presentée à la faculté catholique de Lyon (Montpellier, 1908); François Mauriac, *Souffrances et bonheur du chrétien* (1931); André Maurois, *Cours de bonheur conjugal* (1951); Victor Hugo, *L'Art d'être grandpère, in Œuvres complètes* (1914), 8. 621 ff.
42. Alasdair Clayre, *Work and Play* (1974); M. R. Marrus, *The Rise of Leisure in Industrial Society* (历史论坛小册子 , 1974), 和他即将出版的关于“休闲在法国的兴起”的书。
43. Richard Holt, ‘Sports in France 1871—1914’（未出版，牛津大学博士论文 , I977)。
44. J. J. Verzier, *La Chasse. Son organisation technique, juridique, économique et sociale* (里昂论文 , 1926), 14; Comte de Chabot, *La Chasse à travers les âges* (1898)。
45. J. Dumazedier and A. Ripert, *Le Loisir et la ville* (1966), 1011.
46. J. J. Jusserand, *Les Sports et les jeux d'exercise dans l'ancienne France* (1901).
47. Claude Duhan, *Histoire de l'aviron bayonnais. Tome I. L'Époque héroïque* 1904—14 (巴约讷 ,1968),44—95。
48. Georges Pastre, *Histoire générale du rugby* (图卢兹 , 1968), I. 208; 作者同上 , *Rugby, capital Béziers* (1972)。
49. Gaston Bénac, *Champions dans la coulisse* (图卢兹 , 1944)。
50. Jean Lénnet, *Les Loteries d'état en France au 18e et 19e siècles* (1963).
51. Marcel Charpaux, *La Loterie créatrice* (1943).
52. J. A. Roy, *Histoire du Jockey Club de Paris* (1958).
53. 参见 Guy de la Brosse, *La France au galop* (1973), 74: R. Longrigg, *The History of Horse Racing* (1972)。

54. E. G. Sabatier, *Chevaux, courses et jeu. Histoire des courses et du pari-mutuel* (1972); L. F. Gabolde, *Les Sociétés de courses* (1937); G. de Contades, *Les Courses de chevaux en France* 1651—1890 (1892).

55. 摘自Eugen Weber, 'Gymnastics and Sports in Fin de Siècle France', *American Historical Review* (1971 年 2 月),70—98，这是法国第一位研究该课题的专业历史学家的重要文章。另见他即将出版的有关环法自行车赛的论述。

56. J. Giraudoux, *Sans pouvoirs* (1946); *Le Sport* (1928).

57. G. Duhamel, *Scénes de la vie future* (1930).

58. M. Maeterlinck, *L'Intelligence des fleurs* (1907); Raymond Pouilliart and J. Willens, *Le Sport et les lettres. Le Sport dans la littérature française* 1919—25 (Louvain, 1953) and G. Pronteau, *Anthologie des textes sportifs de la litérature* (1948).

59. Georges Denis (ed.), *Encyclopédie générale des sports et sociétés sportives en France* (1946), 22—3. 这部巨作对每项运动都做了全面的统计。

60. M. T. Eyquem, *La Femme et le sport* (1944). 关于维希政权时期的体育发展，参见 André Frahier, *Sport et vie rurale*(1943); 至于体育设施的不足问题，可参见 M. Joffet, *Les Études et les réalisations sportives de la ville de Paris* (1943)。

61. Richard Holt, 'Sports in France 1871—1914' (牛津大学，未出版博士论文，1977) 是最全面的一般历史研究。

62. Pierre Janet, *Philosophie du bonheur* (1898 年第 9 版), 20。

63. Louis Philibert (avocat à la cour d'appel de paris), *Le Rire: Essai littéraire, moral et psychologique* (1883), 450, 455.

64. Suzanne Tardieu, *La Vie domestique dans le mâconnais rural préindustriel* (1964), 140 ff. ; Émile Violet, *Les Joies et les peines des gens de la terre* (Mâcon, 1946).

65. Maurice Chevalier, *Ma route et mes chansons* (1946), 29.

66. André Chadourne, *Les Cafés-Concerts* (1889 年第 3 版), 13, 163。

67. Albert F. McLean, *American Vaudeville as Ritual* (University of Kentucky Press, 1965), 46.

68. A. Zévaès, *Aristide Bruant* (1943); *Le Mirliton* (1885—94); A. Bruant, *Dans la rue* (1889—95).

69. Jean Nohain and F. Caradex, *Le Pétomane* 1857—1945. *Sa vie, son œuvre* (1967).

70. Emma Valadon, dit Thérèsa, *Mémoires de Thérèsa de l'Alcazar, écrits par ellemême* (1865, 6次重印); Albéric Menetière, *Les Étoiles du café concert* (1870)。

71. Jacques Charles, *Cent ans de music hall* (Geneva and Paris, 1956); 作者同上, *Caf'Cone* (1966)。

72. Jean Charvil, *Histoire et sociologie du strip-tease* (1969); Denys Chevalier, *Métaphysique du strip-tease* (1960).

73. Menetière, 参见第 35 页。

74. Maurice Chevalier, *Ma route et mes chansons* (1946), 216; *Londres, Hollywood, Paris* (1946), 15; *Temps gris* (1948), 17, 130—2, 157, 196, 204; *Par çi, par là* (1950), 9, 25; *R a tant d'amour* (1952), 7—11; *Artisan de France* (1957); André Rivollet, *Maurice Chevalier, De Ménilmontant au Casino de Paris*(1927), 239, 247; Mistinguett, Memoirs, 翻译为 *Mistinguett, Queen of the Paris Night* (1954), 135, 143, 163。

75. John Lough, *Paris Theatre Audiences in the Seventeenth and Eighteenth Centuries* (Oxford, 1957), 190.

76. Maurice Descotes, *Le Public de théâtre et son histoire* (1964), 287—90.

77. Marcel Achard 等，'La Question Feydeau', *Cahiers Renaud-Barrault* (1960 年 12 月), no. 32, special issue. 参见 Henri Beaulieu, *Les Théâtres du Boulevard du Crime 1752—1862* (1905); Jacques de Plunkett, 160 *ans de théâtre. Fantômes et souvenirs de la Porte Saint Martin* (1946)。

78. Philippe Soupault, *Eugène Labiche* (1964). 特别是他的 *Perrichon and Le Chapeau de paille d'Italie*。

79. 参见 Félix Gaiffe, *Le Rire et la scène française* (1931).

80. *La Philosophie de Georges Courteline* (1917).

81. Picrre Bornecque,'La Vie de Georges Courteline'(未发表的博士论文，蒙彼利埃，

1968)。

82. Pierre Bornecque, *Le Théâtre de Georges Courteline* (1969) , 453—4.

83. Edwin de T. Bechtel, *Freedom of the Press and l'Association Mensuelle. Philipon versus Louis-Philippe* (New York, 1952) ; J. Prinet and A. Dilasser, *Nadar* (1966) .

84. F. Batailler 等 , *Analyses de presse* (1963),'L'Idéologie du *Canard enchainé'* 一节 , 91—176。

85. Philippe Jones, 'La Presse satirique illustrée entre 1860 et 1890', *Études de presse* (1956) ,vol. 8, no. 14, 7—116. 'Les Journaux pornographiques', 刊登在 *Annuaire de la presse française*(1881) 上的匿名文章 , 91—119。

86. S. M. Tave, *The Amiable Humorist, A Study in the Comic Theory and Criticism of the Eighteenth and early Nineteenth Centuries* (Chicago, 196o).

87. A. Robida, *La Vie éléctrique* (1895)，以及 *Le XIXe siècle* (1888)。

88. Anatole Jakovaky, *Alphonse Allais* (1955); *Tout Allais* (1964), 他作品的再版，共 10 卷。

89. Francis Halkett, 'The Frivolous French', *The Atlantic Monthly* (波士顿，1926 年 6 月), 726—33.

90. Gabriel Chevalier, *Clochemerle* (1936); Marcel Tetel, *Étude sur le comique de Rabelais* (佛罗伦萨 , 1964)。

91. V. J. Rubin, 'Clowns in Nineteenth Century French Literature: Buffoons, Pierrots and Saltimbanques' (未发表的博士论文 , 伯克利 , 加利福尼亚 , 1970); F. Haskell, 'The Sad Clown: some notes on a nineteenth century myth', in U. Finke, *French Nineteenth Century Painting and Literature* (曼彻斯特 , 1972), 2—16。

92. Champfleury (J. F. F. Husson), *Histoire de la caricature moderne* (1865 年第 2 版), x, 170, 175; K. E. Maison, *Honoré Daumier, Catalogue raisoné* (1968); Oliver W. Larkin, *Daumter, Man of his Time* (1967); Arsène Alexandre, *Honoré Daumier* (1888), 199; 如果你想要一个聪明而有充分理由的政治解释 , 可参见 T. J. Clark, *The Absolute Bourgeois* (1973), 99—123。关于对资产阶级嘲讽的模棱两可性，请参阅 Edith Melcher, *The Life and Times of Henry Monier 1799—1827*

(Cambridge, Mass. 1950)。

93. Adolphe Brisson, *Nos humorustes* (1900), 44.

94. 同上，152; 以及 Paul Gaultier, *Le Rire et la caricature* (1906), ch.3。

95. Jacques Lethève, *La Caricature et la presse sous la troisième république* (1961); J. Grand Cariteret, *Les Mceurs n la caricature en Frane*（未注明出版日期）; 以及 Raoul Deberdt, *La Caricature et l'humour français au 19e siele*（未注明出版日期）都很有参考价值。

96. Murray Sachs, *The Career of Alphonse Daudet* (Cambridge, Mass, 1965).

97. H. Bergson, *Le Rire. Essai sur la signification du comique* (1900).

98. Maya Slater, 'The Humour in the Works of Marcel Proust'（牛津大学未发表博士论文，1970)。

99. Paul Gifford, 'L'Humour chez Paul Valéry'（未发表的博士论文，图卢兹—米拉伊尔，1971)。

第七章　饮食

1. J. J. Hemardinquer, *Pour une histoire de l'alimentation* (1970); Suzanne Tardieu, *La Vie domestique dans le Mâconnais rural pré-industriel* (1964), 92—138.

2. Madame Marceline Michaux, *La Cuisine de la ferme* (1867).

3. A. Viard, *Le Cuisinier impérial, ou l'art de faire la cuisine et la pâtisserie pour toutes les fortunes, avee diférents recettes d'office et de fruits confits, et la manière de servir une table depuis 20 jusqu'à 6o couverts* (1806); *Le Cuisinier national,* 1873 年第 31 版。

4. J. Claudian and Y. Soville, 'Composition des repas et urbanisation' in J. J. Hemardinquer, 174—87; R. Mandrou, *Introduction à la France moderne 1500—1640* (1961), 其中有一些关于这一时期食物的论述可做参照。

5. Mandrou, op. cit; and of Armand Husson, *Les Consommations de Paris* (1856).

6. Mademoiselle Léontine, *La Cuisine hygiénique, confortable et économique, à l'usage de toutes les classes de la société* (1856 年新版)。
7. L. M. Lombard, *Le Cuisinier et le médecin... ou l'art de conserver ou de rétablir sa santé par une alimentation convenable* (1855).
8. Dr. A. Mollière, *Les Préjugés en diététique et dans les maladies des voies digestives* (1913).
9. Lombard, 同上，114。
10. Lémery, *Dictionnaire des aliments* (1709).
11. Antoine Carême, *L'Art de la cuisine française au 19e siècle. Traité élémentaire et pratique suivi de dissertations culinaires et gastronomiques utiles au progrès de cet art* (1833).
12. Urbain Dubois and Émile Bernard, *La Cuisine classique. Études pratiques, raisonnées et démonstratives de l'école française appliquée au service à la russe* (1864); Urbain Dubois, *Cuisine artistique, Études de l'école moderne* (1882 年第 2 版)。
13. A. Escoffier, avec la collaboration de Philéas Gilbert et Émile Fetu, *Le Guide culinaire* (1912 年第 3 版 , 包含 5 000 多个食谱 , 专门献给 Urbain Dubois 和 Émile Bernard); E. Herbodeau and P. Thalamas, *Georges Auguste Escoffier* (1955)。
14. *Gastronomie pratique d'Ali Bab* (1907). 阿里 · 巴比 (Ali Bab) 是工程师巴比斯基（Babinski）的笔名 , 他是著名精神病学家的兄弟。
15. E. Darenne（法国烹饪学院秘书长）, *La Cuisine française et étrangère* (1883 年 5 月 26 日); Mourier, 'La Cuisine naturelle et la cuisine composée', 出处同上 , 第 63 页。
16. *La Cuisine française et étrangère* (1893 年 11 月 30 日), 155。1894 年，巴黎有 140 000 个燃气灶具。出处同前 , 1894 年 10 月 25 日。
17. P. Dagouret, *Petite Eicyclopédie du restaurateur* (第 8 版 , 1923)。
18. Édouard de Pomiane, *La Cuisine eni dix minutes. Ou l'adaptation au rhythme moderne* (1830), 14, 74.

19. *La Cuisine française et étrangère* (1893 年 9 月 25 日), 'Les Conserves alimentaires'。
20. 参见 *Le Gourmet. Journal des intérêts gastronomiques* (1858 年 2 月 28 日), 第 2 期中关于储存罐头食品的重要性的建议 ; Herbodeau and Thalamas, *Escoffier* (1955), 101—3。
21. 参见 Jules P. Vatel, *Mémoires d'un garçon d'hôtel* (1892) 中对王子先生街（Monsieur le Prince）的一家餐厅的描述，该餐厅是库尔贝和瓦莱斯经常光顾的地方。
22. 参见 *Larousse du dix-neuvième siècle* 中皮埃尔-路易-杜瓦尔 (1811—1870) 的传记。
23. Edouard Dulac, *Le Tour de France gastronomique. Guide du touriste gourmand* (1926).
24. Eugène Briffault, *Paris à table* (1846), 75.
25. André Castelot, *L'Histoire à table* (1972), 1. 82.
26. Chatillon-Pléssis, *La Vie à table à la fin du 19e siècle. Théorie pratique et hislorique de gastronomie moderne* (1894).
27. Théodore de Banville, 'Les Restaurateurs', *Le Gourmet, Journal des intérêts gastronomiques* (18 July 1858), 1—2.
28. Philéas Gilbert in *L'Art culinaire: Revue bimenseulle, organe spécial de la société des cuisiniers français et de l'école professionnelle de cuisine* (883), 23.
29. *La Cuisine française et étrangère* (1893 年 7 月 25 日), 95—8。
30. *La Cuisine française et étrangère* (1907 年 1 月), 2. 这本杂志 (1891—1927) 包含许多内容非常有趣的传记。
31. J. Barberet, 'Les Cuisiniers', in *Le Travail en France: menographies professionnels*, 第 6 卷 (1889), 15 —285。
32. 关于服务员的内容，请参阅 Union syndicale et mutuelle des restaurateurs et limonadiers du département de la Seine, fondée le 14 janvier 1876, *Annuaire de l'exercice 1890—1891* (1892), 该书描述了他们为争取留胡子的权利所做的斗争。
33. Maurice des Ombiaux, *La Physiologie du goût de Brillal-Savarin* (1937); Jean

Armand-Laroche, *Brillat Savarin et la médecine* (医学论文 , 巴黎 , 1931)。

34. Jean Paul Aron, *Le Mangeur du 19e siècle* (1973), 83.

35. Joseph d'Arcay, *La Salle à manger du Docteur Véron* (1858).

36. *La Gastronomie. Revue de l'arl culinaire ancien et moderne* (1839 年 10 月 6 日、11 月 3 日和 12 月 8 日 , 1840 年 2 月 6 日)。

37. Chatillon-Pléssis, *La Vie à table à la fin du 19e siècle* (1894), 12.

38. Charles Monselet, *Lettres gourmandes. Manuel de l'homme à table (1877)*. 参见 Léon de Fos, *Gastronomiana* (1870), Léon de Fos 也是学士 , 以前在森林管理局工作。

39. Mathieu Varille, *La Cuisine lyonnaise* (里昂 , 1928)。

40. Hugues Lapaire, *La Cuisine berrichonne* (1925) 中注意到，除浆果外，对浆果烹饪和方言兴趣最大的是德国人：一位德国教授出版了一本关于罗马高卢蛋糕制作的书。参见 Pierre Dupin, *Les Secrets de la cuisine comtoise* (1927); Maurice Beguin, *La Cuisine en Poitou* (Niort, 1932, 档案管理员 Deux Sèvres)。

41. 关于南方烹饪，参见 Marius Morard, *Les Secrets de la cuisine dévoilés* (Marseille, 1886)。

42. Edmond Richardin, *L'Art de bien manger* (n.d., about 1904); Curnonsky and Austin de Croze, *Le Trésor gastronomique de France. Répertoire complet des spécialités gourmandes des trente deux provinces françaises* (1933); Elizabeth David, *French Provincial Cooking* (1965 年第 2 版)。

43. Curnonsky, *Souvenirs* (1958), 235.

44. Eugène Briffault, *Paris à table* (1846), 53—64.

45. Anon., *La Cuisinière bourgeoise* (1746 年第 1 版 , 1866 年第 22 版 , 在里昂、阿维尼翁、贝桑松、蒙贝利亚尔等地出版) 就是这种风格的很好体现。

46. Madame M. Sage, *L'Enseignement ménager* (1909 年第 3 版), 268—77。

47. Mesdames G. Rudler and A. Saint-Paul, *L'Enseignement ménager* (1910 年， 1933 年第 12 版), 作为科学方法的一个例子；关于私立学校的做法，参见 *Le Cordon bleu* (1897) and C. Driessens, *Alphabet de la ménagère* (1891 年 , 1900 年

第 2 版)。

48. Marguerite Perrot, *Le Mode de vie des familles bourgeoises 1873—1953* (1961).

49. J. P. Aron, *Essai sur la sensibilité alimentaire à Paris au 19ᵉ siéle* (1967), 85—117.

50. A. Charabot, *La Pâtisserie à travers les âges. Résumé historique de la communauté des pâtissiers* (Meulan, S. & O., 1904); E. Darenne, *Histoire des métiers de l'alimentation* (Meulan, 1904), 162.

51. A. W. Oxford, *English Cookery Books to the Year* 1850 (1913).

52. Noel Chomel, *Dictionnaire oeconomique,* 1725 年翻译 ; *The French Family Cook* (1793); A. B. Beauvilliers, *The Art of French Cooking* (法语版 1814, 英语版 1824); *La Cuisinière de la campagne et de la ville*, 法国畅销书 , 翻译为 *French Domestic Cookery* (1846)。

53. M. L. Laval, *Le Vin dans l'histoire de France* (1935), ii, 87.

54. 对于葡萄酒生产的经济史和酒农的展望 , 见我的《法兰西浪漫史——野心与爱情》一书。

55. L. Maurial, *L'Art de boire, connaître et acheter le vin et toutes le boissons. Guide vinicole du producteur, du commerçant et du consommaleur* (1865 年第 2 版)。

56. Paul de Cassagnac, *Les Vins de France* (1927), 45.

57. 关于立法问题，参见 Joseph Giraud, *La Vigne et le vin en Franche Comté. Les Vignobles comtois devant le problème des appellations d'origine* (Besançon, 1939)。

58. J. L. Riol, *Le Vignoble de Gaillac depuis ses origines jusqu'à nos jours et l'emploi de ses vins à Bordeaux* (1913), 262.

59. P. Maigne, *Nouveau Manuel complet du sommelier et du marchand de vins.* Raymond Brunet 的新版本 (1903), 400。

60. S. Ledermann, *Alcool, Alcoolisme, alcoolisation* (1956), 78.

61. Adrien Berget, *Les Vins de France . . . Manuel du consommateur* (1900); J. Barberet, *Les Débitants de boisson* (monographies professionnelles, vol. 7) (1890).

62. 参见 Ledermanm, 第 68—69 页。

延伸阅读

总的说来，本书所讨论的主题大都属于业余爱好者的范畴。不少资深收藏家和睿智的非专业人士对本书的贡献不亚于高校学者，且未来他们将继续发光发热。目前在时尚界和电影界已有一些专业人士出现，但在对幽默和葡萄酒的研究上，专业学者仍是寥寥无几。这导致读者可参详的专业人士极少，由此造成本书的延伸阅读必然不如其他领域的系统性强，也很少有教科书能提供相关指导或过气的赘述（这可以说既是幸运，也是不幸吧）。其间夹杂的诸多迷信和愚昧思想使书中话题颇具争议，读者需格外注意，避免偏听偏信。以下书单所提供的原始资料可帮助读者得出自己的判断，或许能以此为积淀发展自己感兴趣的专长。

若想了解大众的品位和信仰，A. 范 · 热内普的《当代法国民间传说手册》（1943—1958）是最佳选择，也可以读他的《法国民俗：信仰和民间习俗》（1941）。罗贝尔 · 芒德鲁的《大众文化》（1964）对17 世纪和 18 世纪进行了分析；P. J. 赫利亚斯的自传《傲慢的马》（耶鲁大学，1978）生动地记载了布列塔尼的习俗。迈松纳夫出版社出版了大量地方性民间文学研究；位于巴黎郊区的民间艺术和传统博物馆是进行直观体验的好去处。

若想了解本书是如何深入到世代相传的信仰世界里去的，可以阅读于连·凯恩的《法国之书》(1972)、伯纳德·格拉塞的《文学之物》(1929)、罗伯特·拉方特的《编辑》(1974)、J.米斯特勒的《阿榭特书商》(1964)、A.莱蒂夫的《皮埃尔·拉鲁斯》(1975)、马克索里亚诺的《儿童文学指南》(1959)、里吉斯·梅萨克的《侦探小说》(1929)，以及F.拉卡辛的《侦探小说神话》(1974)。

报纸方面，C.贝朗格等人合著的《法国新闻史》(6卷，1969—)提供了最详尽的指南；F.阿莫里的《小巴黎人报》(1972)完整讲述了一份个人报纸的发展史；关于新闻工作者的生活，可以读亨利·罗什福尔的《我的冒险生活》(5卷，1896)或R.L.威廉姆斯的《亨利·罗什福尔》(1966)、皮埃尔·拉扎雷夫的《最新版本》(未注明出版日期，约1950)，以及迈克·B.帕尔默即将发表的对新闻机构的研究。当然，在著名文人的生平和书信中也能找到大量资料，其中记载最全面的是H.塔万特和J.普莱斯的《现代法语作家书目》(1928年及以后，多卷仍在创作中)。

绘画是人们写得最多的一门艺术，但很少有人能写得尽善尽美。本书第三章的注释中列出了一些重要作品；另有一些画家的研究和著作，包括：亨利·佩鲁肖特的《莫奈的生平》(1959，1962年英译版)、安妮·科芬·汉森的《莫奈与现代传统》(耶鲁大学，1977)、G.H.汉密尔顿的《莫奈及其批评者》(1954)、乔尔·艾萨克森的《克劳德·莫奈》(牛津大学，1978)、约翰·豪斯未发表的博士论文《莫奈的目标和方法》(伦敦，1976)、西奥多·雷夫的《塞尚的晚期作品》(1977)、埃米尔·伯纳德的《与塞尚的对话》(1978)、W.费尔德曼未发表的博士论文《朱利斯·巴斯蒂昂–勒帕吉的生活和工作》(纽约大学，1973)、T.雷夫的《德加：艺术家的思想》(1976)、C.毕沙罗的《写给儿子吕西安的信》(1972)、由 T. 斯坦顿主编的《罗莎 · 博纳尔回忆录》(1910)、G. 让–奥布里的《尤金 · 布丁》(1969)、马塞尔 · 吉切托的《保罗 · 塞律西埃》(1976)、马克 · 罗斯基尔的《凡 · 高、高更和印象派画圈》(1970)、B. 威尔斯–奥恰罗夫的《透视中的凡 · 高》(1974)、D. 库珀的《图卢兹–劳特累克》(1950)、P. L. 马蒂库的《古斯塔夫 · 莫罗》(1977)、W. A. 卡姆菲尔德的《弗朗西斯 · 皮卡比亚》(普林斯顿大学，1979)、韦恩 · 安德森的《高更的失乐园》(1972)、莉莲 · 布劳斯的《福兰》(1978)、J. D. 弗拉姆的《马蒂斯论艺术》(1973)、伊莎贝尔 · 莫诺德–方丹的《马蒂斯》(1979)、克里斯托弗 · 格林的《莱歇和前卫派》(耶鲁大学，1976)、J. 米尔纳的《象征主义者和颓废派》(1971)、约翰 · 罗素的《爱德华 · 维亚尔》(1971)、蒂莫西 · 希尔顿的《毕加索》(1975)、弗朗索瓦 · 基洛特和卡尔顿 · 莱克的《与毕加索的生活》(1965)、P. 库西恩的《乔治 · 鲁奥》(1962)、M. 索维奇的《弗拉曼克》(1956)、威廉 S. 鲁宾的《达达主义和超现实主义艺术》(1969)，以及 M. 吉厄的《布拉克》(1956)。

其他相关研究较少的内容，读者可以通过以下书目来了解：奥兰 · 沙尔夫的《艺术与摄影》(1968)、皮埃尔 · 索林的《电影社会学》(1977)、詹姆斯 · 拉弗尔的《品位与时尚》(1945)、布里吉德 · 基南的《我们想成为的女人》(1976)、乔治 · 斯奈德的《17、18 世纪法国的音乐品位》(1968)、弗里茨 · 诺斯克的《法国歌曲：从柏辽兹到杜帕克》(纽约，1970)、卢西恩 · 鲁克斯的《法国歌曲 20 年》(1966)、米歇尔 · 多里尼的《爵士乐、文化和社会》(1967)、让 · 卡森–尤夫的《广播电视社会学》(1976)。另外，可以参观福尼（家具）博物馆和装饰艺术博物馆。

关于科学思辨和发现，如果你有勇气，可以从奥古斯特 · 孔德的

《实证哲学教程》(1830—1842)读起。虽然这本书有4卷之多，且有诸多错误，但它的确是有史以来最了不起的书之一。它之于理解法国思想的重要性，正如达尔文之于理解英国思想。此外，也可以参看C.伯纳德的《实验科学》(1878)、R.维塔宁的《克劳德·伯纳德》(1960)和《马塞林·贝塞洛特》(1965)、R.瓦莱里-拉多特的《牧师生活》(1900，1921年英译本)、罗伯特·里德的《玛丽·居里》(1974)、E.勒南的《童年和青年回忆》(1959)，以及H.丹纳的《19世纪的法国哲学家》(1857年英译本)。关于技术史，可以读帕特里克·弗里登森的《雷诺工厂历史》(1972)和勒内·尚布尔的《航空史》(1972年第2版)。

娱乐也开始得到历史学家的关注，理查德·霍尔特的《现代法国体育和社会》(1980)就是最好的入门读物。关于幽默的书往往没什么趣味性，但读者可以看看老漫画，J.莱瑟夫的《法兰西第三共和国的漫画与新闻》(1961)是一本很有用的指南。也可以去那些还保留着古老传统的剧院、轻歌剧院、流行音乐会或夜总会。莫里斯·切瓦利埃的回忆录(共9卷，1946年及其后)以颇具趣味的方式展示了娱乐世界。在食物方面，最优秀的历史学家是J.P.阿隆，著有《19世纪的食客》(1973)一书；古农斯基的《回忆》(1958)也值得一读；艾伦·戴维森的期刊《闲话烹饪》会为读者跟进最新的关于食物历史的研究。在葡萄酒方面，尼古拉斯·费思的《葡萄酒大师》(1978)是一本介绍波尔多红酒的通俗易懂的读物。